Eisteddfod Genedlaethol Cymru

CAERDYDD 2018

CYFANSODDIADAU

a

BEIRNIADAETHAU

Golygydd:

W. GWYN LEWIS

Cyhoeddir gan Lys yr Eisteddfod

ISBN 978-0-9954987-5-4

Argraffwyd gan Wasg Gomer,
Llandysul, Ceredigion SA44 4JL

CYNGOR YR EISTEDDFOD GENEDLAETHOL 2018

Cymrodyr
Aled Lloyd Davies
R. Alun Evans
John Gwilym Jones
Alwyn Roberts
D. Hugh Thomas

SWYDDOGION Y LLYS
Llywydd
Eifion Lloyd Jones

Is-Lywyddion
Y Prifardd Geraint Llifon (Archdderwydd)
Ashok Ahir (Cadeirydd Pwyllgor Gwaith 2018)
Trystan Lewis (Cadeirydd Pwyllgor Gwaith 2019)

Cadeirydd y Cyngor
Richard Morris Jones

Is-Gadeirydd y Cyngor
Gethin Thomas

Cyfreithwyr Mygedol
Philip George
Emyr Lewis

Trysorydd
Eric Davies

Cofiadur yr Orsedd
Y Cyn-Archdderwydd Christine

Ysgrifennydd
Llŷr Roberts

Prif Weithredwr
Elfed Roberts

Trefnydd a Phennaeth Artistig
Elen Huws Elis

RHAGAIR

Ar ran Llys yr Eisteddfod, mae'n bleser o'r mwyaf gennyf gyflwyno i'ch sylw gyfrol *Cyfansoddiadau a Beirniadaethau Eisteddfod Genedlaethol Caerdydd, 2018* – cynnyrch yr ŵyl unigryw ac arbrofol a gynhaliwyd ym Mae Caerdydd ac a dorrodd dir newydd ar sawl cyfrif yn hanes yr Eisteddfod Genedlaethol.

Rhwng cloriau'r gyfrol eleni, mae gwaith 603 o gystadleuwyr yn cael ei dafoli a'i ddathlu (yn y 55 cystadleuaeth a osodwyd o fewn yr adrannau a ganlyn): Barddoniaeth (254), Rhyddiaith (132), Drama (31), Dysgwyr (111), Cerddoriaeth (62), Dawns (2), a Gwyddoniaeth a Thechnoleg (11). Estynnwn ein llongyfarchiadau i aelodau'r is-bwyllgorau testun lleol am lwyddo i ennyn y fath ymateb i'r gwahanol destunau a osodwyd ganddynt – gyda dim ond tair cystadleuaeth yn methu â denu cystadleuwyr o gwbl. Y mae'n destun llawenydd hefyd mai dim ond mewn pedair cystadleuaeth yr ataliwyd y wobr ac – o gofio am ddraddodiad Eisteddfodau Cenedlaethol Caerdydd y gorffennol o atal y Gadair – mae'n galondid o'r mwyaf bod teilyngdod eleni yn y gystadleuaeth arbennig honno. Yn nyddiau'r Eisteddfod Genedlaethol 'fodern' fel y gwyddom ni amdani (o 1861 ymlaen), bu'r Brifwyl yng Nghaerdydd **chwe gwaith** cyn eleni (1883, 1899, 1938, 1960, 1978, 2008) ac fe ataliwyd y Gadair mewn **pedair** o'r Eisteddfodau hynny (1883, 1899, 1960, 1978); ymfalchïwn, felly, fod y beirniaid yn ystyried bod tair o'r awdlau yn deilwng o'r Gadair yn 2018.

Y mae yna 34 o gyfansoddiadau buddugol i chi gael blas arnynt yn y gyfrol eleni (sef yr un nifer yn union â'r llynedd yn Ynys Môn). Dros y blynyddoedd, mae natur y gyfrol wedi datblygu i gwmpasu amrywiaeth o feysydd, ynghyd ag amrediad o gyfryngau mynegiant (megis lluniau, nodiant cerddorol, graffiau, mapiau, a siartiau ymhlith pethau eraill) wrth i'r cystadleuwyr fynd ati i greu o fewn y gwahanol ddisgyblaethau a gynrychiolir yma. Rwy'n siŵr y byddai hynny wrth fodd calon W. Rhys Nicholas, golygydd y *Cyfansoddiadau a Beirniadaethau* pan ymwelodd yr Eisteddfod â Chaerdydd yn 1938, a fynegodd y deisyfiad a ganlyn wrth gloi ei Ragair y flwyddyn honno:

> Un awgrym y carwn ei wneud ar gyfer y dyfodol yw y dylid gofyn i rywrai ystyried yr holl egwyddorion sy'n codi wrth drefnu a golygu cyfrol fel hon. Credaf y gellid sicrhau gwell cydbwysedd ynddi, a'i gwneud yn fwy diddorol fyth i'r miloedd sy'n ei phrynu o flwyddyn i flwyddyn.

Ddeugain mlynedd yn ddiweddarach, mae'r modd y mae rhai o'r darnau arobryn yn cael eu cyflwyno wedi mynd yn fwyfwy amlgyfryngol – gan eu gwneud yn fwy diddorol a pherthnasol i chi, y darllenwyr, gobeithio, wrth iddynt adlewyrchu rhai datblygiadau technolegol diweddar. Yn y cyd-destun hwn, hoffwn gydnabod cymorth technegol Sara Mai Hywel o Swyddfa'r Eisteddfod wrth olygu rhai o'r agweddau technolegol hyn eleni, ynghyd ag arbenigedd Dylan Jones (Cyhoeddiadau Nereus, Y Bala) yn cysodi'r emyn-dôn fuddugol yn ôl ei arfer.

Fel y llynedd yn Ynys Môn, ceir 61 beirniadaeth yn y gyfrol eto eleni gan amrywiol arbenigwyr yn eu meysydd. Ar eu gorau, mae'r beirniadaethau – oherwydd treiddgarwch y dadansoddi ac ansawdd yr adborth a'r arweiniad gwerthfawr a roddir i'r cystadleuwyr – yn enghraifft o ysgrifennu beirniadol a gwerthfawrogol o'r radd flaenaf ac yn nodwedd y gall yr Eisteddfod ymfalchïo ynddi.

Diolchaf yn ddiffuant eto eleni i bawb a hwylusodd fy ngwaith o olygu a rhoi trefn ar yr holl ddeunydd a ddaeth i law (o'r adeg pan laniodd y feirniadaeth gyntaf ar 18 Ebrill hyd yr olaf ar 5 Mehefin), fel bod y cyfan yn barod i'r wasg mewn pryd: yn arbennig, Elen Huws Elis (Trefnydd a Phennaeth Artistig yr Eisteddfod) a Lois Wynne Jones (Swyddog Gweinyddol: Cystadlaethau) am eu hynawsedd a'u proffesiynoldeb arferol wrth gysylltu â beirniaid a buddugwyr er mwyn sicrhau bod popeth sy'n ymddangos yn y gyfrol mor gywir â phosibl. Fel bob tro, mae fy nyled yn fawr hefyd i Gari Lloyd, y cysodydd yng Ngwasg Gomer, am y modd effeithiol y mae'n llywio'r gyfrol drwy'r wasg, ac i Sion Ilar, Pennaeth Adran Ddylunio y Cyngor Llyfrau, am ddylunio'r clawr.

Wrth ryddhau'r *Rhestr Testunau* y llynedd, cyfeiriodd Ashok Ahir, Cadeirydd y Pwyllgor Gwaith, at y ffaith fod y timau pwnc a fu wrthi'n rhoi'r testunau at ei gilydd ar gyfer yr Eisteddfod hon 'yn llawn pobl ifanc â syniadau newydd a chyffrous' a bod amrediad y cystadlaethau a gynigiwyd yn rhai uchelgeisiol ac arbrofol – ond heb golli rhai o'n traddodiadau pwysicaf. A lwyddodd y cyffro hwnnw i ysbrydoli'r cystadleuwyr yn unol â dyheadau'r Pwyllgor Gwaith wrth iddynt feddwl am y gwahanol destunau? Trowch dudalennau'r gyfrol, porwch yma ac acw ... ac mi gewch chi farnu drosoch eich hunain. Pob hwyl ar y darllen a'r trafod!

W. Gwyn Lewis

CYNNWYS

(Nodir rhif y gystadleuaeth yn ôl y *Rhestr Testunau* ar ochr chwith y dudalen)

* * *

ADRAN LLENYDDIAETH

BARDDONIAETH

Rhif.   *Tud.*

155. Y Gadair.
Awdl ar fwy nag un o'r mesurau traddodiadol,
heb fod dros 250 o linellau: Porth.
Beirniaid: Ceri Wyn Jones, Emyr Davies, Rhys Iorwerth.
Gwobr: Cadair yr Eisteddfod (Amgueddfa Cymru ar achlysur
pen-blwydd Sain Ffagan, Amgueddfa Werin Cymru,
yn 70 oed) a £750 (Gaynor a John Walter Jones er cof am
eu merch, Beca).
Buddugol: *Hal Robson-Kanu* (Gruffudd Owen, Caerdydd).   3

156. Y Goron.
Casgliad o gerddi heb fod mewn cynghanedd gyflawn,
heb fod dros 250 o linellau: Olion.
Beirniaid: Christine James, Ifor ap Glyn,
Damian Walford Davies.
Gwobr: Coron yr Eisteddfod (Prifysgol Caerdydd) a £750
(Manon Rhys a Jim Parc Nest, â diolch ac er cof).
Buddugol: *Yma* (Catrin Dafydd, Gwaelod-y-garth, Caerdydd).   35

157. Englyn unodl union: Llwybr Arfordir Cymru.
Beirniad: Meirion MacIntyre Huws.
Gwobr: Tlws Coffa Dic yr Hendre i'w ddal am flwyddyn a £100
(Bethan Whittall, er cof am Dafydd).
Buddugol: *Math 2* (R. John Roberts, Caernarfon, Gwynedd).   77

158. Englyn ysgafn: Cawdel/Llanast.
Beirniad: Hedd Bleddyn.
Gwobr: £100 (Eurgain Dafydd a Heledd Thomas).
Buddugol: *Nant Caerau* (Dai Rees Davies, Rhydlewis,
Llandysul, Ceredigion).   82

Rhif.   *Tud.*

159. Telyneg: Heddwch.
Beirniad: Llion Pryderi Roberts.
Gwobr: £100 (cwmni cyfieithu ac isdeitlo Testun Cyf.).
Atal y wobr.   85

160. Cywydd heb fod dros 24 o linellau: Bae.
Beirniad: Emyr Lewis.
Gwobr: £100 (Gwobr Goffa Islwyn Jones).
Buddugol: *Lasarus* (Dafydd Mansel Job, Bangor, Gwynedd).   89

161. Soned: Esgidiau.
Beirniad: Mari George.
Gwobr: £100 (Ysgol y Gymraeg, Prifysgol Caerdydd).
Buddugol: *Nel* (Elin Meek, Derwen Fawr, Abertawe).   93

162. Filanél: Breuddwyd.
Beirniad: T. James Jones (Jim Parc Nest).
Gwobr: £100 (Cymrodorion Caerdydd).
Buddugol: *Bisto bach* (Huw Evans, Cwrtnewydd, Ceredigion).   96

163. Pum Triban i'r synhwyrau.
Beirniad: Tegwyn Jones.
Gwobr: £100 (Christine James, Yr Eglwys Newydd, Caerdydd).
Buddugol: *Alawydd y Cwm* (Rhiain Bebb, Machynlleth,
Powys).   99

164. Chwe Limrig: Cwynion.
Beirniad: Dewi Pws.
Gwobr: £100 (Cymdeithas Iolo, Ysgol y Gymraeg, Prifysgol
Caerdydd).
Buddugol: *Rant* (Idris Reynolds, Brynhoffnant, Llandysul,
Ceredigion).   105

165. Cyfansoddi cerdd i'w llefaru ar lwyfan gan bobl ifanc 12-16
oed.
Beirniad: Anni Llŷn.
Gwobr: £100 (Cylch Cinio Cymraeg Caerdydd).
Buddugol: *Carn yr Ebol* (John Gruffydd Jones, Abergele,
Conwy).   111

Rhif.   *Tud.*

166. **Deg cyfarchiad mewn cardiau** ar gyfer amrywiaeth o
     achlysuron.
     Beirniad: Gwyneth Glyn.
     Gwobr: £100 (Nia Evans, Cwmni Bodlon er cof am ei rhieni,
     Hedydd a Jenny Jones [Siop y Seld gynt]).
     Buddugol: *Ifan* (John Eric Hughes, Abergele, Conwy).   116

167. **Cystadleuaeth i ymgeiswyr o dan 25 oed:**
     Cerdd wedi'i hysbrydoli gan dirwedd Cymru.
     Beirniad: Elinor Wyn Reynolds.
     Gwobr: £100 (Gwobr Goffa Daniel Ddu o Geredigion).
     Ni fu cystadlu.

168. **Ysgoloriaeth Fentora Emyr Feddyg.**
     Er cof am Dr Emyr Wyn Jones, Cymrawd yr Eisteddfod.
     Sefydlwyd yr ysgoloriaeth flynyddol hon i hyfforddi llenor
     neu fardd na chyhoeddwyd cyfrol o'i (g)waith eisoes. Ar gyfer
     Eisteddfod 2018 fe'i cynigir i fardd. Gofynnir i'r cystadleuwyr
     anfon hyd at 20 o gerddi sydd yn waith gwreiddiol a newydd
     gan yr awdur.
     Beirniad: Ifor ap Glyn.
     Gwobr: Cynigir gwobr o £100 ynghyd â'r mentora. Bydd yr
     enillydd yn cael prentisiaeth yng nghwmni mentor profiadol
     a ddewisir ar y cyd gan yr enillydd a'r Eisteddfod. Mae
     cyfanswm o £1,000 ar gael ar gyfer y mentora; yn ogystal â
     thâl i'r mentor, gellir cyfrannu tuag at gostau teithio ac unrhyw
     gostau eraill perthnasol i'r hyfforddiant o'r swm hwn. Ni all
     neb dderbyn yr ysgoloriaeth fwy nag unwaith.
     Buddugol: *Porth Curig* (Gwynne Wheldon Evans, Porthmadog,
     Gwynedd).   121

RHYDDIAITH

170. **Gwobr Goffa Daniel Owen.**
Nofel heb ei chyhoeddi gyda llinyn storïol cryf a heb fod yn llai
na 50,000 o eiriau.
Beirniaid: Meinir Pierce Jones, Bet Jones, Gareth Miles.
Gwobr: Medal Goffa Daniel Owen a £5,000 (Y wobr ariannol
yn rhoddedig gan CBAC ar adeg 70 mlwyddiant sefydlu ei
ragflaenydd, Cyd-bwyllgor Addysg Cymru, yn 1948).
Buddugol: *Ysbryd yr Oes* (Mari Williams, Caerdydd). 135

172. **Y Fedal Ryddiaith.**
Cyfrol o ryddiaith greadigol heb fod dros 40,000 o eiriau: Ynni.
Beirniaid: Sonia Edwards, Menna Baines, Manon Rhys.
Gwobr: Y Fedal Ryddiaith a £750 (Ysgol Gyfun Gymraeg
Plasmawr, Caerdydd).
Buddugol: *Aleloia* (Manon Steffan Ros, Tywyn, Gwynedd). 148

173. **Stori Fer,** heb fod dros 3,000 o eiriau: Gofod.
Beirniad: Lleucu Roberts.
Gwobr: £200 (Ysgol y Gymraeg, Prifysgol Caerdydd).
Buddugol: *hyd a lled* (Dyfan Maredudd Lewis,
Craig-cefn-parc, Abertawe). 164

174. **Llên Micro:** Casgliad o wyth darn: Gwesty.
Beirniad: Dylan Iorwerth.
Gwobr: £200 (Er cof am Tom ac Ann James, Aberaeron).
Buddugol: *Siencyn* (Menna Machreth, Caernarfon, Gwynedd). 176

175. **Ysgrif,** heb fod dros 2,000 o eiriau: Trobwynt.
Beirniad: Ifan Morgan Jones.
Gwobr: £200 (Ion, Lusa, Bedwyr a Garmon er cof am Dewi
Thomas, Caerfyrddin).
Buddugol: *Teithiwr Talog* (Dyfan Maredudd Lewis,
Craig-cefn-parc, Abertawe). 181

176. **Dyddiadur dychmygol beirniad Eisteddfod,** heb fod dros
1,500 o eiriau.
Beirniad: Hywel Gwynfryn.
Gwobr: £200 (Er cof am Tom ac Ann James, Aberaeron).
Buddugol: *Lucifer* (John Meurig Edwards, Aberhonddu, Powys). 188

Rhif.   *Tud.*

177. **Casgliad o erthyglau i bapur bro,** cyfanswm heb fod dros 2,000 o eiriau.
Beirniad: Beryl H. Griffiths.
Gwobr: £200 (E. Wyn James, Yr Eglwys Newydd, Caerdydd).
Buddugol: *Olwyn ap Gron* (Meurig Rees, Ty'n-y-groes, Conwy).   196

178. **Casgliad o lythyron dychmygol mewn cyfnod o ryfel,** heb fod dros 2,000 o eiriau.
Beirniad: Jerry Hunter.
Gwobr: £200 (Eleri a Robin Gwyndaf, Llandaf, Caerdydd).
Buddugol: *Dros Gymru'n Gwlad?* (Vivian Parry Williams, Blaenau Ffestiniog, Gwynedd).   203

179. **Taith dywys i gyflwyno ardal,** heb fod dros 2,000 o eiriau.
Beirniad: Myrddin ap Dafydd.
Gwobr: £200 (Cylch Cinio Cymraeg Caerdydd).
Buddugol: *Brodor* (John Parry, Llanfair Pwllgwyngyll, Ynys Môn).   210

180. **Darn ffeithiol creadigol,** heb fod dros 2,000 o eiriau.
Beirniad: Llŷr Gwyn Lewis.
Gwobr: £200 (Nest, Lowri a Non er cof am eu taid, y Parchedig Athro Harri Williams, a enillodd y Fedal Ryddiaith yn Eisteddfod Genedlaethol Caerdydd 1978).
Buddugol: *Tirion* (Kate Woodward, Aberystwyth, Ceredigion).   220

181. **Adolygiad o waith creadigol sydd wedi ymddangos yn ystod yr unfed ganrif ar hugain,** heb fod dros 1,500 o eiriau.
Beirniad: Lowri Cooke.
Gwobr: £200 (*Y Dinesydd*, Papur Pobl Caerdydd a'r Fro).
Buddugol: *Milcshêc* (Ciron Gruffydd, Grangetown, Caerdydd).   233

182. **Casgliad o hyd at 30 o enwau lleoedd unrhyw ardal, pentref neu dref yng Nghymru** gyda thrafodaeth ar eu hanes a'u hystyron a chofnod o'u cyfeirnod grid. Dylid hefyd, pan fo hynny'n bosibl, nodi ffynhonnell yr wybodaeth.
Beirniad: David Thorne.
Gwobr: £200 (Amgueddfa Werin Cymru [o Gronfa Goffa Elizabeth Reynolds, Brynhoffnant]).
Buddugol: *Penyberth* (Gerwyn James, Llanfair Pwllgwyngyll, Ynys Môn).   239

Rhif.   *Tud.*

183. **Dwy erthygl, o leiaf 1,000 o eiriau yr un, sy'n addas i'w cyhoeddi yn Y *Casglwr.***
Ystyrir cyhoeddi'r gwaith sy'n cael ei gymeradwyo gan y beirniad yn Y *Casglwr*.
Beirniad: Alun Jones.
Gwobr: £200 (Cymdeithas Bob Owen).
Buddugol: *teithiwr* (Heather Williams, Aberystwyth, Ceredigion).   242

184. **Cystadleuaeth i rai sydd wedi byw yn y Wladfa ar hyd eu hoes ac yn dal i fyw yn yr Ariannin:** Perthyn (hyd at 1,500 o eiriau).
Beirniad: Lois Dafydd.
Gwobr: £200 (Gwobr Goffa Shân Emlyn: Rhodd gan ei merched, Elin Edwards a Mari Emlyn).
Buddugol: *Adlais* (Nantlais Evans, Bariloche, Rio Negro).   253

ADRAN DRAMA

118. **Y Fedal Ddrama.**
Cyfansoddi drama lwyfan heb unrhyw gyfyngiad o ran hyd.
Gwobrwyir y ddrama sydd yn dangos yr addewid mwyaf ac
sydd â photensial i'w ddatblygu ymhellach o gael cydweithio
gyda chwmni proffesiynol, gyda chefnogaeth Cronfa Goffa
Hugh Griffith.
Beirniaid: Sarah Bickerton, Betsan Llwyd, Alun Saunders.
Gwobr: Y Fedal Ddrama (Er cof am Urien Wiliam, rhoddedig
gan ei briod Eiryth a'r plant, Hywel, Sioned a Steffan) a £750
(Cronfa Goffa Huw Roberts, Pwllheli).
Cyflwynir rhan o'r gwaith buddugol yn Seremoni'r Fedal
Ddrama gyda chefnogaeth Cronfa Goffa J.O. Roberts.
Buddugol: *Elffin* (Rhydian Gwyn Lewis, Grangetown,
Caerdydd).   261

119. **Cyfansoddi drama (cystadleuaeth arbennig i rai o dan 25
oed)** yn addas i'w pherfformio gyda hyd at bedwar cymeriad.
Beirniaid: Gwawr Martha Lloyd, Ian Staples.
Gwobr: £200 (Er cof am Richard [Dic] Lewis gan Bethan a'r
teulu).
Atal y wobr.   269

120. **Trosi un o'r canlynol i'r Gymraeg:**
The History Boys, Alan Bennett; *Grav*, Theatr y Torch.
Bydd y sgriptiau a gymeradwyir gan y beirniad yn cael eu
hanfon at CBAC a WAPA.
Beirniad: Manon Eames.
Gwobr: £400 (Berwyn Prys Jones, Rhiwbeina, Caerdydd).
Buddugol: *Gwenllian* (Jim Parc Nest, Radur, Caerdydd).   270

121. **Cyfansoddi dwy fonolog gyferbyniol,** heb fod yn hwy na
phedwar munud yr un.
Beirniad: Ffion Dafis.
Gwobr: £200 (Berwyn Prys Jones, Rhiwbeina, Caerdydd)
Buddugol: *Sundarela* (John Gruffydd Jones, Abergele, Conwy).   271

Rhif.   *Tud.*

122. **Cyfansoddi drama radio mewn unrhyw *genre,*** na chymer
      fwy na 30 munud i'w chynhyrchu.
      Beirniad: Ynyr Williams.
      Gwobr: £200 (Robin a Branwen er cof am eu tad, Gwyn Parry).
      Buddugol: *Ynys yr Hud* (Gareth William Jones, Penrhiw,
      Bow Street, Ceredigion).   275

123. **Ffilm fer ar unrhyw ffurf ddigidol,** hyd at ddeng munud o
      hyd. Agored i unigolion neu grwpiau. Ystyrir dangos y goreuon
      yn ystod wythnos yr Eisteddfod.
      Beirniad: Euros Lyn.
      Gwobr: £200 (Aled Tudur Evans, Yr Eglwys Newydd,
      Caerdydd).
      Buddugol: *Dw'l Ali* (Iolo Edwards, Caernarfon, Gwynedd).   301

ADRAN DYSGWYR

Cyfansoddi i Ddysgwyr

131. **Y Gadair.**
Cerdd: Pellter.
Lefel: Agored.
Beirniad: Hywel Griffiths.
Gwobr: Cadair (Er cof am Pat Neill) a £75 (Aelodau Eglwys
Annibynnol Mynydd Seion, Casnewydd).
Buddugol: *Junia* (Rosa Hunt, Pentre'r Eglwys, Pontypridd,
Rhondda Cynon Taf).   305

132. **Y Tlws Rhyddiaith.**
Darn o ryddiaith, tua 500 o eiriau.
Testun: Darganfod.
Lefel: Agored.
Beirniad: Siwan Rosser.
Gwobr: Tlws (Dafydd a Meri Griffiths, Llandaf, Caerdydd)
a £75 (Sefydliad Diwylliannol Mwslimaidd Cymreig).
Buddugol: *Junia* (Rosa Hunt, Pentre'r Eglwys, Pontypridd,
Rhondda Cynon Taf).   311

133. **Llythyr i'w roi mewn capsiwl amser,** tua 250 o eiriau.
Lefel: Agored.
Beirniad: Eirian Wyn Conlon.
Gwobr: £50 (Merched y Wawr – Cangen y Canoldir,
Birmingham a'r Cylch).
Buddugol: *Blodyn y Gwynt* (Sue Hyland, Llidiart-y-waen,
Llanidloes, Powys).   317

134. **Fy hoff Ap,** tua 200 o eiriau.
Lefel: Canolradd.
Beirniad: Lowri Mair Jones.
Gwobr: £50 (Tafol Cyf.).
Buddugol: *Mary Georgina* (Angela Taylor, Treuddyn,
Yr Wyddgrug, Sir y Fflint).   320

Rhif.   *Tud.*

135. **Sgwrs rhwng dau berson dros y ffens,** tua 100 o eiriau.
Lefel: Mynediad.
Beirniad: Dafydd W. Griffiths.
Gwobr: £50 (Cymraeg i Oedolion, Ysgol y Gymraeg, Prifysgol
Caerdydd).
Buddugol: *Kathy* (Kathy Sleigh, Sir Benfro).   323

136. **Darn i bapur bro yn hysbysebu digwyddiad,** tua 150 o eiriau.
Lefel: Sylfaen.
Beirniad: Eryl R. Jones.
Gwobr: £50 (Myfyrwyr Prifysgol Colgate, Efrog Newydd).
Buddugol: *T Naves* (Tracy Evans, Llaneurgain, Yr Wyddgrug,
Sir y Fflint).   325

137. **Gwaith grŵp neu unigol.**
Llyfr lloffion, dim mwy na phedair tudalen A4, yn cymharu
Cymru 1918 â 2018.
Lefel: Agored (ac ar gyfer disgyblion ail iaith ysgolion
uwchradd hefyd).
Beirniad: Sylfia Fisher.
Gwobr: £100 (Cymraeg i Oedolion, Ysgol y Gymraeg,
Prifysgol Caerdydd).
Buddugol: *Poppy Edwards* (Rebecca Edwards, Wrecsam).   328

Paratoi deunydd ar gyfer Dysgwyr
Agored i ddysgwyr a siaradwyr Cymraeg

138. **Gwaith unigol.**
Tasgau dosbarth yn seiliedig ar dair cân Gymraeg.
Beirniad: Angharad Powell.
Gwobr: £100 (Aelodau Cangen Tonysguboriau Merched y
Wawr).
Buddugol: *Alarch y nos* (Sarah Williams, Hwlffordd,
Sir Benfro).   331

ADRAN CERDDORIAETH

86. **Tlws y Cerddor.**
Darn i gerddorfa lawn a fyddai'n gweddu i ddrama dditectif ar y teledu, heb fod yn hwy na saith munud.
Beirniaid: John Rea, John Hardy, Owain Llwyd.
Gwobr: Tlws y Cerddor (Cymdeithas Cerddoriaeth Cymru) a £750 (Er cof am Tom Mainwaring, Rhydaman, gan Heulwen, Wyn a'r teulu) ac Ysgoloriaeth gwerth £2,000 i hyrwyddo gyrfa'r cyfansoddwr buddugol.
Buddugol: *Dewin y Dysgu* (Tim Heeley, Bae Colwyn, Conwy).   335

87. **Emyn-dôn** i eiriau'r Parchedig Denzil Ieuan John.
Cenir yr emyn ar y dôn fuddugol yng Nghymanfa Ganu'r Eisteddfod.
Beirniad: Euros Rhys Evans
Gwobr: £200 (Eglwys Annibynnol Minny Street, Y Waun Ddyfal, Caerdydd).
Buddugol: *Harri'r Chweched* (Ann Hopcyn, Caernarfon, Gwynedd).   341

88. **Cân wreiddiol gan ddefnyddio geiriau yn ymwneud â Chaerdydd,** heb fod yn hwy na phum munud. Gellir defnyddio geiriau sydd yn bodoli eisoes neu rai gwreiddiol.
Beirniad: Euros Rhys Evans.
Gwobr: £200 (Côr Meibion Taf).
Atal y wobr.   348

89. **Darn i ensemble** *jazz,* heb fod yn hwy na phedwar munud.
Beirniad: Paula Gardiner.
Gwobr: £200 (Adrian Jackson, Caerdydd).
Buddugol: *Tachwedd* (Gareth Rhys Roberts, Caerdydd).   350

90. **Trefnu alaw werin Gymreig ar gyfer unrhyw gyfuniad o offerynnau,** heb fod yn hwy na phum munud.
Beirniad: Sian James.
Gwobr: £200.
Buddugol: *Isabella* (Geraint Ifan Davies, Casnewydd).   351

Rhif.		*Tud.*

91. **Darn gwreiddiol i *ensemble* lleisiol tri llais a fyddai'n addas ar gyfer disgyblion oedran cynradd (CA2),** heb fod yn hwy na thri munud. Gellir defnyddio geiriau sydd yn bodoli eisoes neu rai gwreiddiol.
Beirniad: Lois Eifion.
Gwobr: £200 (Côr Meibion Taf)
Buddugol: *Meri-Ann* (Morfudd Sinclair, Stourport-on-Severn, Swydd Gaerwrangon). 353

92. **Cystadleuaeth i ddisgyblion 16 ac o dan 19 oed. Casgliad o ddarnau mewn unrhyw gyfrwng,** na chymer fwy nag wyth munud.
Beirniad: Ieuan Peredur Wyn.
Gwobr: £200.
Buddugol: *Athrylith* (Twm Herd, Penisa'r-waun, Caernarfon, Gwynedd). 355

93. **Cystadleuaeth Tlws Sbardun. Cân werinol ac acwstig ei naws.** Rhaid i'r gerddoriaeth a'r geiriau fod yn wreiddiol, a dylid cyflwyno'r gân ar gryno ddisg neu MP3. Caniateir cywaith. Ystyrir perfformio'r gân fuddugol yn yr Eisteddfod y flwyddyn ganlynol.
Beirniaid: Heather Jones, Richard Rees.
Gwobr: Tlws Alun Sbardun Huws i'w ddal am flwyddyn a £500 (Rhoddedig gan Gwenno Huws).
Buddugol: *Dr William Price* (Gwilym Bowen Rhys, Bethel, Caernarfon, Gwynedd). 356

ADRAN CERDD DANT

26. **Gosodiad o dan 25 oed.**
Gosodiad deulais, ond gellir cynnwys unsain neu drillais
ar adegau yn ôl eich gweledigaeth o'r geiriau 'Nadolig Yw',
W. Rhys Nicholas, *Hoff Gerddi Nadolig Cymru* (Gwasg Gomer)
ar y gainc 'Angharad', Nan Elis, (122), *Tant i'r Plant* (Gwasg
Gwynedd).
Beirniad: Lois Eifion.
Gwobr: £200 (£50 Mari Watkin, Treganna).
Ni fu cystadlu.

ADRAN DAWNS

104. **Cyfansoddi dawns ffair** i bedwar neu chwe chwpl ar yr alaw
'Ffair Fach', Rhiain Bebb, *Cofia Dy Werin* (Tant). Anfonir y
ddawns fuddugol at Gymdeithas Genedlaethol Dawns Werin
Cymru gyda'r bwriad o'i chyhoeddi.
Beirniad: Ian Roberts
Gwobr: £200
Atal y wobr. 361

ADRAN GWYDDONIAETH A THECHNOLEG

140. **Erthygl Gymraeg** yn ymwneud â phwnc gwyddonol ac yn addas i gynulleidfa eang heb fod yn hwy na 1,000 o eiriau. Croesewir y defnydd o dablau, diagramau a lluniau amrywiol. Croesewir gwaith unigolyn neu waith grŵp o unrhyw oedran. Ystyrir cyhoeddi'r erthygl fuddugol mewn cydweithrediad â'r cyfnodolyn *Gwerddon*.
Beirniad: Deri Tomos
Gwobr: £400 (£150 Gwobr Goffa Bryneilen Griffiths a Rosentyl Griffiths; £150 Cronfa Goffa Eirwen Gwynn; £100 Er cof am Dyfrig Jones gan Elenid a'r plant).
Buddugol: *Teffratastig* (Gwydion Jones, Uplands, Abertawe).   365

141. **Erthygl yn cynnwys darluniau ar unrhyw agwedd o fyd natur,** yn addas ar gyfer ei chyhoeddi yn *Y Naturiaethwr*. Ystyrir cyhoeddi'r gwaith sy'n cael ei gymeradwyo gan y beirniad yn *Y Naturiaethwr*.
Gwobr: £200 (Cymdeithas Edward Llwyd).
Beirniad: Twm Elias.
Ni fu cystadlu.

142. **Gwobr Dyfeisio Arloesedd.**
Cystadleuaeth i wobrwyo syniad arloesol a chreadigol sydd er budd i'r gymdeithas. Gall fod yn syniad neu ddyfais hollol newydd neu yn ateb i broblem bresennol mewn unrhyw faes (e.e. amgylchedd, amaethyddiaeth, meddygaeth, technoleg, peirianneg). Gofynnir am geisiadau heb fod yn hwy na 1,000 o eiriau sy'n amlinellu'r syniad. Gall fod yn waith sydd wedi ei gyflawni yn barod neu yn gysyniad newydd.
Beirniad: Peredur Evans
Gwobr: £1,000 i'w rannu yn ôl dymuniad y beirniad, gyda lleiafswm o £500 i'r enillydd.
Buddugol: *Bitw* (Cadi Nicholas, Blaenffos, Boncath, Sir Benfro).   374

Adran Llenyddiaeth

BARDDONIAETH

Awdl ar fwy nag un o'r mesurau traddodiadol,
heb fod dros 250 o linellau: Porth

PORTH

'Llenwa fi â sothach lliwgar o America, cyfog melys at fy mhoena'.'

(Yr Ods)

'Mae'r byd lawr y lôn, ond mae'r teledu'n y gwely.'

(Cowbois Rhos Botwnnog)

Bu'n noson 'Be wna'i nesa'?'
arall, o deimlo'r oria'
hirion yn pydru'n ara'.

Y flwyddyn yn chwalu'n chwim
yn ddarnau dyddiau diddim.
Heno dwi'n damio g'neud dim.

O g'wilydd af i'r gwely
ac esgus mynd i gysgu
am ryw sbel, cyn anelu

eto i ffeindio fy ffôn.
Hwn yw 'nghyffur, a 'nghyffion,
rheolwr fy ngorwelion

a throthwy fy mhorth rhithiol.
O gwffio cwsg ga'i *fuck all*
ond y gwacter arferol.

Tsiecio Twitter ran 'myrra'th
a wnaf o hyd, mewn rhyw fath
o obaith teimla'i rwbath.

*   *   *   *   *

Fe af a dilyn y llif diwaelod:
olion bod Garmon 'di tancio gormod,
(Bu'r yfwr neithiwr yn tynnu nythod
cacwn i'w ben), ac yna cawn bennod
o waldio Dafydd-Êl-dod – a ffrae iaith.
Un tsiaen hirfaith o'n bitshio anorfod.

Dwi ynghlwm i batrwm, dwi'n rhy betrus
i aildrydar rhyw sylw direidus.
Dwi ishio harthio 'mae'r peth yn warthus'
ond rwyf yn berchen i'r hen drefn barchus.
Mae'n crap a dwi'm yn hapus – cowtowio,
eto ymguddio wna 'marn gyhoeddus.

Yn nyddiau'r ffrwd newyddion – a'i derfysg
        diderfyn mae'r galon
        yn ceisio teimlo pob ton
    o hiraeth am y meirwon.

Y meirwon sy'n ymaros – yn selog
        am sylw i'w hachos ...
    ... ond ffics o Netflix dry'r nos
    a'i ddioddef yn ddiddos.

Be wnei-di? Pan fo hen benodau – *Friends*
        fel hen ffrind sy'n maddau
        dy wagedd a'th ffaeleddau?
    Mae'n haws jyst dewis mwynhau

'rhen sothach, llowcio'r cachu – poblogaidd
        siwgwraidd, ysgaru
        â dy boen, a dibynnu
    ar Phoebe a'r cwmni cu.

*   *   *   *   *

Mi a'i ar YouTube, a Chymru eto
yn ei hwyliau, mi af i ailwylio'r
haf roddodd hyder i wŷr freuddwydio.

4

Gwelaf Hal Robson yn sefyll yno
a dau ohonynt yn cau amdano
eisoes, rhaid iddo geisio – ei gwared ...
Allen yn 'gored! ... ond Hal yn gwyro ...

Troi a dangos mai meistr ei dynged
yw Hal, daeargi sy'n gweld ei darged.
Symudiad slic, mae'i fys ar y gliced!
Troelli ar echel a'r bêl fel bwled!
Mae pawb mewn sioc! Mae'n saethu fel roced
i orbit ... does mo'i harbed! – Braint dynion
hyderus, gwirion, yw drws agored.

Oedaf ... ailwyliaf bob eiliad – yn fud
    nes daw fideo'r dathliad
    i stop, a chaf gip ar stad
    erchyll fy adlewyrchiad.

                *   *   *   *   *

Dwi'n dod i 'nabod yr un wynebau
a'u hystôr dibwys o ystrydebau.
Yr wylo galar, y brolio gwyliau,
lliaws y clinig arllwys calonnau.
Lluniau priodas a lluniau prydau
a chŵn dawnus a'u heintus dalentau.
Yna, ymhlith y gwenau – dwi'n fferru:
yno'n nythu mae ei henw hithau.

                        Yn unig, rhythaf heno – ar wyneb
                        yr un wnaeth fy herio
                        mor annwyl i ddal dwylo
                        ar draeth gyda hi ryw dro.

Tapio'r sgrin, 'gweld hi'n mwynhau
hen-dos a phartis ffrindiau
a ballu, ac ma'i bellach
'di pr'odi a babi bach
ar ei ffordd. Tŷ cyfforddus.
Sweipio'i rhawd rhwng bawd a bys.

Yr hogan fedrai regi – yn lliwgar
a'i llygaid hi'n llosgi'n
wenias fel 'taen nhw'n honni
na byddai haf hebddi hi.

Gwn mai hi oedd hi o hyd.
'Run afiaith, 'run wên hefyd
â'r ferch y bûm wrth erchwyn
hardd a hy ei gwely gwyn
un waith flynyddoedd yn ôl.
Hi, ffenest fy ngorffennol.

Haul isel, tywod melyn – ninnau'n hel
rhyw hen 'nialwch wedyn
i'w losgi, gwylio esgyn
y lloer uwch traethau Pen Llŷn.

Ond un ochor i'r stori
yw'r wên braf, fe welaf fi
arlliw o friw, rhyw hen frad
yn ei gwedd. Hen gyhuddiad.
Heno gadawa'r lluniau
ryw flas cas fel drws yn cau.

Pe medrwn, dewiswn gasglu'n dusw
yr holl hanes, y tywod a'r llanw,
y machlud isel a'r lleuad welw,
hel y cerrig a'r poteli cwrw
a holl felyster chwerw ei choflaid
a'r haid gwenoliaid a'u llosgi'n ulw.

*   *   *   *   *

Rhuthro i'r bỳs-stop, jyst wrth i'r basdad
yrru i ffwr'. Mae'r boi'n ymgorfforiad
o lymder Himmler. Digydymdeimlad
yw'r un anwesa lyw ei deyrnasiad.
Arhosaf fel pen dafad – a sefyll ...
neis. Mae'n dywyll a'r nesa'm yn dŵad

am hanner awr a minnau ar oeri
bron iawn trwodd a'm sgidiau 'di boddi.
Mae 'na hen dwat sy'n mynnu ei deud hi
i'w fodan druan a'r ddau yn drewi
o ddiod ac o dlodi – hen griw sâl
yn un cowdal yn barod i'n codi.

Dwyn Wi-Fi. Bodio'n iPhone. – Hwnnw'n dweud
nad oes negeseuon
yn f'aros, felly noson – i hogyn
gael gwagio'i ofidion
i dishws a PhlayStation. Dyna ni.
Nos o ddiogi sy'n haws o ddigon.

Sganio'r bỳs am sedd ynysig – eistedd
â 'nghlustiau'n llawn miwsig.
Dwi'n un o'r dynion unig – dienw
sy'n dannod y traffig,
yn ddyn neis pur ddinesig – mor ffocing
boring, nes 'mod i bron yn berig.

                       *   *   *   *   *

Bore Brexit a'r byd ar ei shitiaf,
ro'n i ar y lôn wirion o araf
yn rhedeg i Baris, ar fy isaf,
yn hir gwyno a'r bunt ar ei gwannaf,
a meddwn, '*Fuck it,* meddwaf! – Af ar ôl
rhyw fyd rhithiol drwy yfed i'r eithaf!'

Dilyn ein gilydd hyd y lôn gelain,
Cymru 'di ennill! Cymryd i'n hunain
y lle dawnsio, a chanu'n lled unsain.
Byw heb amgyffred drwy ddiasbedain
bar hwyr y daw bore'r brain – a chrechwen
Aberhenfelen i'n sobri'n filain.

Aberhenfelen a'i boer yn filain.
Ein lluniau crap drwy WhatsApp yn atsain
y criw o *nob-heads* fel côr yn ubain.
Sborion dynion wnaeth ffyliaid o'u hunain.

Wŷr pitw'n ffeirio putain o ddinas
am wely priodas mamol Prydain.

Ym mhair y bỳs, gwelaf Gymru'r biswail:
dyn yn gosod y *Sun* dan ei gesail.
Hen hogia' na welant hwnt i'w bogail
yw hogia' 'Joe Allen yw fy mugail'.
Ar awr hesb, chwiliaf drwy'r ysbail – ddiffaith
am em o obaith rhywle o'r *mobile*.

Dwi'n teimlo'n estron. Mae anonestrwydd
'di tagu fory, ac anghyfarwydd
yw fy ngwlad afrad o Gymry afrwydd.
Ond y dagrau sy'n dod o euogrwydd.
O 'styried fy nistawrwydd – gwn mai fi
o ddiogi adawodd hyn ddigwydd.

                         *   *   *   *   *

Rhwng sweip a sweip gwelais hi
ar Tinder. Merch reit handi.
Mae'n ddel-ish ... be ma'i ishio?
Ti yw'r un, ta wnei di'r tro?
Cariad, ta *dick-pick* arall?
Dyna ddaw o fodio'n ddall.

Oriau dwl o siarad wast
a'r sgrin yn llenwi'n llanast.
Blinaf, a gofynnaf i
gael ei chwarfod ... mae'n codi
ei bawd! Teimlo'n rêl *bad-ass*
reit siŵr! Oed gŵr, ond greddf gwas.
Swagro yn gyffro i gyd,
brenin y byw i'r ennyd.

Yn y diwedd, rhyfeddol
o lwyd fu'r nwyd, jyst mynd nôl
i'w lle hi, un o'r lliaws
wna'r tro y daw ar eu traws.
Dau hyllach heb eu dillad
dau sy'n tristáu at eu stad.

Ond dau sy'n danbaid o hyd
er hynny mai rhyw ennyd
o bleser, waeth mor chwerw,
yw'r moddion aur ... meddan nhw.
Fel lleidar, dwi'm yn aros:
rasio wnaf trwy ddrws y nos.

*   *   *   *   *

*Cracia'r palmant dan lifeiriant
byw o drachwant pob edrychiad.*

*Minnau'r taeog lenwa'n wridog
noson serog a sŵn siarad.*

*Gafael dwylo, hithau heno
eisiau curo drysau cariad.*

*Ninnau'n ildio, dechrau mwytho,
hawdd yw brifo dau ddibrofiad.*

*Fy nhelyneg ddwy ar bymtheg.
Deuai chwaneg gyda'i chennad.*

*Diwedd noson, stafell dirion,
i was gwirion rhoes ei goriad.*

*O dan glydwch diogelwch
haen o d'wyllwch tynna'i dillad.*

*Wedi'n swyno safaf yno
a'i hir wylio ... aeth yr eiliad.*

*Methais. Ildiais i'r swildod
yn ara' bach, ac er bod
croen angen croen, caewyd crys
yn drwsgwl, gwnaed rhyw esgus
i 'madael er fy mod-i
yn brifo o'i hishio hi.*

*   *   *   *   *

Heddiw, wrth im orweddian
yn y t'wllwch, tu allan
herio Mawrth wna'r eira mân.

Yn ysgafn ac annisgwyl
o dyner daeth cnwd annwyl
i wneud gwaith yn ddiwrnod gŵyl.

Troi'r ffôn wnaf tua'r ffenest.
Ni lwyddaf ddal y loddest
o wyn os ydwi'n onest.

Wedyn, wrth ei bocedu
mor ddiofal, mae'n chwalu
yn filiynau darnau du.

Methu derbyn am funud.
Eistedd, a gwrando'n astud ...
... trydar wna'r adar o hyd.

Drwy'r eira tew, adar to
bach styfnig sydd yn pigo
o reidrwydd, dal i frwydro.

Mae'n oer. Mi aiff hi'n oerach
yn sicir, a phwysicach
'di rhoi bwyd i'r adar bach.

Dôr yn agor i'r egwan.
Byd oer, ac er bod eira'n
dallu, dwi'n cerdded allan.

Hal Robson-Kanu

Cystadleuaeth wirioneddol ddifyr oedd cystadleuaeth y Gadair eleni. Diolch, felly, i'r 11 a ymgeisiodd, eu trwch nhw'n gynganeddwyr graenus, ymhell tros eu hanner nhw'n feirdd o ddifri – ac o leia dri ohonyn nhw'n feirdd a chynganeddwyr tan gamp. Er fy mod i'n chwilio, wrth gwrs, am awdlau ag ôl meddwl a gofal a chariad arnyn nhw, roeddwn i hefyd am i'r rheiny fod yn awdlau â thân yn eu boliau, â gwreichion cynganeddion gwreiddiol yn tasgu ohonyn nhw. Gorau oll pe bydden nhw hefyd yn bwrw goleuni newydd ar bethau. Ac erbyn cyrraedd Dosbarth Cynta'r gystadleuaeth, ni chefais fy siomi yn hyn o beth.

Dosbarth 3

Hyfrydle: Mae gweledigaeth y gerdd hon yn cwmpasu'r holl oesau a holl rymoedd atomig yr haul a'r cread. Os yw'n cychwyn yn besimistaidd drwy ragweld, o sedd ei fws, taw angau sy'n ein disgwyl ni i gyd, mae'n gorffen gyda'r gobaith bod heulwen yn rhywle a 'rydd ein geni'. Rhaid i mi gyfaddef bod rhannau helaeth o'r gwaith yn dywyll i mi, serch hynny. Ac er bod ganddo afael sicr iawn ar y gynghanedd lusg, cynganeddwr achlysurol iawn yw *Hyfrydle* fel arall.

Cynnydd blagur: Rwy'n weddol ffyddiog i mi gael cwmni'r bardd hwn yng nghystadleuaeth y Gadair ddwywaith o'r blaen – a'r un yw ei destun a'i ddull y tro hwn, sef proffwydo dyfodiad ysbryd heddwch a chymod i'r byd. Amen. Mae'r gynghanedd yn dechnegol gywir ganddo, ond roedd angen mynegiant mwy barddonol a llai ailadroddus o'i weledigaeth.

Gwladgarwr: Gofid y bardd hwn yw'r dylanwadau estron hynny sy'n erydu'r hen ffordd Gymreig a Chymraeg o fyw, ond mae'r gofid hwnnw'n cael ei fynegi y tro hwn yn sgil glaniad ffoaduriaid o'r Dwyrain Canol. O leia, rwy'n credu taw dyna sydd yma, oherwydd y gwir amdani yw nad oes gan *Gwladgarwr* ar hyn o bryd ddigon o reolaeth dros ei gyfrwng i fedru dweud ei ddweud yn gyson ddealladwy. Ac er bod ganddo nifer o linellau a chwpledi unigol digon taclus sy'n awgrymu addewid pendant, mae gwallau iaith a chynghanedd hefyd yn dod i'r amlwg. Mae ei hoffter o sillgolli ar ôl cytsain yn bradychu'r ffwdan a gaiff i wasgu ei syniadau i ffrâm y nifer angenrheidiol o sillafau, er enghraifft 'a'i feindwr**'n** nwylo'r fandal', 'a'i bader**'n** cynhyrchu', 'yn dŵad**'i** ddylanwadu'.

Dosbarth 2

Ibo: Awdl uchelgeisiol yw hon yn cychwyn gyda golygfa sy'n darlunio'r fasnach gaethweision hanesyddol, cyn cynnig wedyn esiamplau mwy cyfoes o'r modd y mae tlodi a gormes, a ffoi a mudo ar raddfa ryngwladol, yn parhau i fod yn gyfleoedd masnachol. Er bod rhywbeth digon ecsotig am hon (diolch i enwau lleoedd fel Calabar, Zinder ac Agades); er bod y gynghanedd yn gywir a digon crefftus, ac er bod y stori'n cael ei hadrodd yn ddigon taclus ar adegau, prin yw'r dweud cyffrous a'r manylion dethol. Bron na ddwedwn i taw gwersi cyffredinol hanes yw prif ddiddordeb y bardd, yn hytrach na'r profiad dynol, unigol.

Y-Coed-Ar-Hyd-y-Glyn: Awdl ddifyr dros ben yw hon, os awdl yn wir, gan i'r bardd ddewis canu rhannau helaeth ohoni mewn 'penillion' o linellau decsill di-odl. Bywgraffiad Geordie (â chanddo enw Eidalaidd) yw cynnwys y gerdd, Geordie a ddysgodd Gymraeg wedi iddo symud i gefn gwlad Ceredigion, a dyn galluog a ddaeth mewn rhai blynyddoedd yn un o lenorion amlyca'r genedl, ac a fu farw ar yr un penwythnos ag yr oedd Tafwyl yn ei hanterth yn ei ddinas fabwysiedig. Bywgraffiad y diweddar annwyl Tony Bianchi ydyw, felly, ac mae'n cynnwys eiliadau fel hon:

> Ond wedi yfed echnos yn 'dafarn
> a'th yr Italian at y piano.
> A mowredd, be' weda' i, sôn am whare!
> Yr ias wrth iddo ddod mas â'r miwsig,
> yn newid fel 'na o ofid i afieth;
> y piano fel 'se fe'n llawn ofon
> sifil am funud; naws fel Myfanwy
> yn distewi sgwrs yfwrs y dafarn ...

Ac i mi, y penillion di-odl (fel yr uchod) yw cryfder y gerdd; yn y rhain y down i gywed llais unigolyddol y cyfarwydd hwn, yr un sy'n gallu adrodd stori a diddanu wrth fynd heibio. Gydag eithriadau, mwy llafurus yw'r canu ar y mesurau traddodiadol wedyn, fel petai gwasgu'r ystyr i ergydion seithsill ychydig yn fwy trafferthus na morio rhyddid llafar y llinellau di-odl.

Cyfnodau: Mae diddordeb hanesyddol hefyd yn rhan o wead yr awdl hon, wrth i'r bardd gyfosod profiadau tri o drigolion Bae Caerdydd, sef morwr o Somalia, ffoadur o Syria a merch Fwslemaidd; tri a welodd agweddau'r ddinas tuag atyn nhw'n newid dros y blynyddoedd. Lle bu Caerdydd yn ddihangfa iddyn nhw, profodd y tri yn eu tro ddirmyg a chasineb: 'Er nad dieithryn ydwyf,/ yn y bôn dyn estron wyf,' meddai'r morwr. 'Yn fudan rwyf fewnfudwr/ â'i lau'n dew ar lan y dŵr,' meddai'r ffoadur. 'Heddiw'r dydd yn baeddu'r dŵr/ mae 'na fwd, a mewnfudwr,' meddai'r ferch Fwslemaidd. Mae *Cyfnodau* yn gynganeddwr da, ac mae'r awdl ar ei hyd yn llawn ymadroddion bachog, trawiadau difyr a chanfyddiadau angerddol. Efallai nad yw'r penillion agoriadol cystal, ond mae'n codi stêm wedi hynny. Er mor ddiddorol yw strwythur yr awdl gyda chaniad yr un i bob cymeriad, fy ngofid i yw taw'r un siâp sydd i naratif pob caniad. Canlyniad hyn yw taw'r un tric sy'n cael ei chwarae dair gwaith yn yr awdl, ac yn artistig mae hynny'n wendid.

Dafydd 'Rabar: Drannoeth refferendwm Brexit yw man cychwyn yr awdl hon: 'Mae'n hydref o Fehefin' a'r lleoliad yw tref Caernarfon, lle mae'r bardd yn cael ei wawdio gan griw o fechgyn lleol. Daw'n amlwg ei fod wedi ei siomi'n arw yn y canlyniad, ac yn ddig wrth y sawl a arweiniodd yr ymgyrch i adael y gymuned Ewropeaidd ('Dros nos mae drws ynysu ar agor'). Aiff ar wyliau i Ferona ac ymgolli yn atyniadau'r ddinas honno, cyn gorfod dychwelyd i realiti'r Gymru sydd ohoni. Mae ei ddadrith yn dwysáu wrth iddo sylwi bod tref Caernarfon hithau ar i lawr, wrth i'r arian a'r ieuenctid 'lifo i'r de'. Yr ateb i'w ddiflastod yw ei throi hi am Ddyffryn Nantlle lle mae bro ei febyd yn gysur ac yn anogaeth iddo ailgydio yn y pethau hynny sy'n annwyl ac yn bwysig iddo. Ac aiff yn ôl i Gaernarfon i 'ddechrau o'r dechrau'n deg'. Mae'r llinyn storïol hwn yn fodd hwylus i dywys y darllenydd drwy safbwyntiau bardd sy'n ofni y bydd Brexit yn ergyd i'w ddyheadau fel un o Gymry Cymraeg y Pethe. Er bod *Dafydd 'Rabar* yn gynganeddwr medrus, serch hynny, yn gartrefol mewn sawl mesur ac mewn mwy nag un cywair, ac er ei fod e'n fardd telynegol da, rwy'n teimlo bod yr awdl braidd yn ymdrechgar. Hwyrach iddo gael trafferth troi digwyddiad o ddadrith gwleidyddol mor benodol â hwn yn naratif dramatig. Yn wir, mae absenoldeb y math o drawiadau cyson gyffrous sy'n dod pan fydd cynganeddwr yn taro ar wythïen sydd wrth fodd ei galon yn awgrymu na chafodd *Dafydd 'Rabar* yr hwyl orau arni y tro hwn.

All-lein: Dyn yn byw a bod drwy gyfrwng y byd digidol yw prif gymeriad yr awdl hon, a'i ddyfais yw'r porth sy'n rhoi mynediad iddo i'r bywyd amgen hwn ar-lein:

> ... Mae'n fan real – i tithau
> Nid taith artiffisial
> ydyw'r un o'th bedair wal ...

Wrth iddo fynd i'w waith ar y trên, nid yw'n ymwneud â'i gyd-deithwyr. Yn hytrach, mae'n dal i fyny â'r newyddion ar ei ffôn, ond wrth iddo neidio o ddolen i ddolen, daw'n amlwg taw'r we sy'n rheoli ei ddewisiadau darllen. Ar y ffordd nôl o'r gwaith wedyn, mae'n gwisgo'i glustffonau i wrando ar gerddoriaeth er mwyn boddi sŵn y ddinas go iawn. Wedi cyrraedd adref, mae'n agor potel ac yn chwilio am 'ddêt' ar-lein: 'Mae mur o luniau/ yno'n wib o wynebau/ weledol i'w cofleidio …'. Hyd yn oed wedi iddo fynd i'r gwely, 'swyn apiau'r hwyr sy'n parhau'. Mae testun yr awdl yn sicrhau bod tipyn o newydd-deb ynddi o ran ieithwedd, ac mae'n braf gweld mor gartrefol yw'r ieithwedd honno yn y mesurau traddodiadol. Mae ganddo hir-a-thoddeidiau hir iawn (14 llinell, yn hytrach na'r 6 arferol) yn cyfleu natur syrffedus bywyd ei brif gymeriad, ond mae'n gallu taro ergydion bachog hefyd ar y mesurau seithsill, er enghraifft 'Ar y we, rwyt ti'n rhywun'. Mae peth straen yn dod i'r amlwg weithiau, ond drwyddi draw cefais flas ar waith bardd sy'n gallu crynhoi ei weledigaeth fel hyn:

> … i'th hafan, byth a hefyd – y doi-di
> o adwy dy fywyd,
> a dod i fan rhwng dau fyd …

Dosbarth 1

Marconi: Dyma awdl fwyaf uchelgeisiol y gystadleuaeth, a'r awdl y caed ynddi, o bosib, beth o ganu unigol gorau'r gystadleuaeth hefyd. Mae'r uchelgais yn amlwg yng nghynllun y gerdd, sef pump o ganiadau, pob un yn rhoi i ni yn ei dro giplun o Fae Caerdydd ar wahanol adegau yn ei hanes.

Prolog yw'r caniad cyntaf: mae'n 1897 ac mae Marconi wrthi yn 'rhoi sŵn eang i'r oes newydd' wrth ddanfon ei neges radio enwog o Larnog ger Penarth i Ynys Echni, y neges radio gyntaf erioed i groesi'r dŵr, ac mae'r 'bip … bip … ar draws y bae …' yn argoeli cynnydd. Erbyn yr ail ganiad rydym wedi cyrraedd Bute East Dock yn 1905, a John Mathias, Perchennog y Cambrian Steam Navigation Co. sy'n disgrifio'r porthladd yn ei holl brysurdeb rhyngwladol ac amlieithog, pan oedd y diwydiant glo yn ei anterth. Mae'n cyfeirio at y crefyddau gwahanol a ymgartrefodd ar y glannau, heb sôn am y mwynhad cnawdol a'r corneli tywyllach sydd yno. Ond yr un yw'r nod: 'Cred pob gŵr, wrth ddŵr a thân/ genadwri gwneud arian'.

James Augustus Headley (o Barbados yn wreiddiol) sy'n disgrifio reiat hil 1919 i ni. Er iddo ymladd dros Brydain yn y Rhyfel Mawr, nid oes croeso iddo ef a'i debyg yng Nghaerdydd, ond maent yn sefyll eu tir:

Hon yw'n caer ni, a'n cornel, i'r cyw mân
a'r broc môr gael mochel:
man o hyd i wymon hel
terasau'n y tir isel.

Merch o'r Rhondda yn wreiddiol oedd Olive Salaman, a symudodd i Tiger
Bay i gadw'r Caffi Cairo gyda'i gŵr, Ali, a hi yw llefarydd y trydydd caniad
(1962). Roedd y caffi'n enwog fel canolbwynt cymdeithasol lle byddai'r
gymuned yn dod ynghyd yn ei holl ehangder ac ysblander. Fesul tipyn,
serch hynny, aeth yr awdurdodau ati i 'dacluso' Tiger Bay a'r cyffiniau: 'dod
i lanhau, a'n dileu ni'. Ac mae'n gorffen gyda'r pennill cywydd ysgubol hwn:

Wrth y môr, ni fydd fory
na thras, na theras, na thŷ
ar ôl o'n tir ar lan Taf,
ein Henfelen fyw olaf ...
Mwynhau'th ddagrau wna'i theigrod,
hi'r hafan enbyda'n bod.

Mae 'Toili Vic Parker 1978' yn adrodd i ni wedyn hanes angladd y cerddor
jazz o Tiger Bay, bron fel petai'n canu cnul diwylliant amlddiwylliannol
y rhan honno o'r ddinas, ac mae hynny'n ein paratoi ni at y caniad olaf
ond un, sef 'Troi i'r Bae, 2018'. I rai, bydd y datblygiadau ym Mae Caerdydd
dros y degawdau diweddar yn destun balchder. Ond ai dyma'r cynnydd a
ragwelwyd yn y prolog? Go brin, medd *Marconi*, gan fynd ati i ddinoethi'r
Bae ar ei newydd wedd. Iddo ef, 'cei dinod mewn cadwyni' ydyw, ac 'Yn ara'
bach, hwn yw'r bae/ y dilewyd ei liwiau':

Pa wynt sydd rhwng y pentai
hip a drud yn chwipio'i drai?
Hwn yw'n bae unrhyw-le'n-y-byd,
a'n cei haf Saesneg hefyd ...

Er i'r Bae droi'n symbol o obeithion y Gymru newydd hyderus, mae'n ofni
taw Cantre'r Gwaelod o dynged sy'n ein disgwyl, cyn iddo orffen gydag
epilog rhybuddiol o'r flwyddyn 2047 sy'n cwmpasu'n gynnil holl themâu'r
awdl ardderchog hon. Mae'n deg dweud nad yw pob caniad cystal â'i gilydd
a bod y bardd yn euog o bentyrru llinellau wrth geisio dweud mwy a mwy,
yn hytrach na dibynnu ar ei reddf fel telynegwr. Ond gwendid bardd â
chanddo'r holl adnoddau yw hynny, bardd a ganodd awdl sy'n gwbwl
deilwng o'r Gadair eleni.

gŵr dienw: Sgwrs rhwng stiward a bardd plant yn Nhafwyl yw agoriad gogleisiol yr awdl eithriadol hon. Mae'r bardd wedi addo adrodd stori wrth griw o blant y ddinas, ac mae'n awyddus i'w harwain tuag at furiau Castell Caerdydd i wneud hynny, a'r ffordd hwylusaf yw trwy gefn llwyfan y babell lle mae gîg ar gychwyn. Criw digon anodd yw'r disgyblion hyn, yn ôl y bardd, ond mae'r ffaith fod *gŵr dienw* yn adleisio'r llinell 'Pa Gwr yw y Porthawr?' (sef man cychwyn cerdd ganoloesol lle mae'r Brenin Arthur a Cai yn ceisio cael mynediad i gastell) yn awgrymu'n gryf ei fod yn gweld y plant fel rhyw fath o gyw-farchogion, 'arwyr bach garwa'r byd', chwedl yntau. Dyma, wedi'r cwbwl, y genhedlaeth nesaf o Gymry Cymraeg, ac mae dyletswydd arno i'w diddanu a'u hysgogi. Mae'n mynd ati, felly, i adrodd hanes ymosodiad Ifor Bach ar Gastell Caerdydd. (Roedd Wiliam, Iarll Caerloyw wedi bod yn dwyn tir a oedd yn eiddo i Ifor. Felly, dringodd Ifor furiau'r castell er mwyn herwgipio'r Iarll, ei wraig a'u mab, a'u cludo i goed Senghennydd, gan wrthod eu rhyddhau hyd nes iddo gael ei dir yn ôl.) Ond cyn i'r bardd fedru cwblhau'r stori, mae'r plant (gyda'u cleddyfau pren) yn tasgu i fyny'r grisiau er mwyn dynwared gwrhydri Ifor Bach, a does dim dewis ganddo ond eu dilyn.

Pan gaiff eiliad i fyfyrio, mae'n cofio nad yw wedi adrodd iddynt eto hanes un o ddisgynyddion Ifor Bach, sef Llywelyn Bren, a grogwyd, a ddiberfeddwyd ac a ddarniwyd yng Nghastell Caerdydd yn 1318, am iddo arwain gwrthyfel yn erbyn gwŷr y brenin ym Morgannwg. Cyfyng-gyngor y bardd, felly, yw a ddylai adrodd yr hanes hwn ai peidio, gan taw stori methiant y Cymry ydyw yn wyneb trais a gormes y gelyn. Wrth weld y plant yn chwarae ymladd, mae'n penderfynu peidio â dryllio eu delwedd o arwriaeth lwyddiannus Ifor Bach a'i siort, sy'n arwain at fyfyrdod ganddo ar ba fersiwn o'n hanes sydd orau i'w throsglwyddo i'r genhedlaeth nesaf. Yn ei dro, mae hwnnw'n troi'n fyfyrdod ehangach ar beth yw dyletswydd a rôl y bardd o Gymro neu Gymraes yn hyn oll ('I bwy y canwn ...?' a 'beth a ganwn ...?').

Cyflawnodd *gŵr dienw* gamp ryfeddol drwy beri i brofiad un prynhawn yn y Gaerdydd gyfoes gynrychioli canrifoedd o'n hanes. Mwy na hynny, mae'n anogaeth i'r genhedlaeth nesaf o Gymry Cymraeg (yng Nghaerdydd a phob bro arall, am wn i) berchnogi'r ddinas a'r wlad a'r iaith a'r diwylliant, heb daeogrwydd na rhagfarn, chwaith:

> I'r porth ar Daf lle curai'u hynafiaid,
> yn sŵn ergydion, nid oes nawr geidwaid,

ond os y dwrdia o hyd stiwardiaid
y cnafon plant, canaf innau'n eu plaid,
heibio'r hen ragddor, o raid, mae can dôr
arall i'w hagor mor fawr â'u llygaid.

Cyflawnodd *gŵr dienw* hefyd gampau cynganeddol i'w rhyfeddu, heb sôn am wasgu cyfeiriadaeth a dysg a haenau o ystyr damhegol i'w linellau dro ar ôl tro. Llwyddodd hefyd i ddiddanu'r darllenydd gyda'i gymysgedd o arddull lafar, ieithwedd pob dydd, a thraethu mwy clasurol (hynafol, weithiau), ynghyd â dogn o hiwmor hunanddychanol hwnt ac yma. Mae *gŵr dienw* yn brifardd o'i gorun i'w sawdl, ac mae ei awdl eleni, nid yn unig yn deilwng o'r Gadair, ond yn gyfraniad gloyw i draddodiad yr awdl eisteddfodol.

Ond y mae yn aros un bardd arall.

Hal Robson-Kanu: Awdl yn y person cyntaf yw hon hefyd, yn cyflwyno i ni fywyd dyn ifanc sy'n cyfaddef mor wag yw'r bywyd hwnnw a chyn lleied mae'n ei gyflawni go iawn o ddydd i ddydd, o flwyddyn i flwyddyn. Yr unig ddihangfa mae'n cael o'r merddwr hwn yw drwy gyfrwng ei ffôn; eto'n eironig, mae gan y ffôn ran i'w chwarae yn y diflastod cynyddol hwn. Neu, chwedl *Hal*:

Hwn yw 'nghyffur, a 'nghyffion,
rheolwr fy ngorwelion

a throthwy fy mhorth rhithiol.

Mae'n 'Tsiecio Twitter ran 'myrra'th' ac yn 'dilyn y llif diwaelod' sy'n cofnodi 'un tsiaen hirfaith o'n bitshio anorfod', ac er gwybod y dylai gydymdeimlo â thynged dioddefwyr yr ymosodiad terfysgol diweddaraf y mae'n darllen amdano ar ei 'ffrwd newyddion', mae 'ffics o Netflix' yn haws. A beth gwell na 'hen benodau *Friends*' yn gwmni 'siwgwraidd', beth bynnag? Ar YouTube wedyn, gall ailfwynhau'n hiraethus gampau tîm pêl-droed Cymru yn yr Ewros, hyd nes i'r fideo ddod i ben 'a chaf gip ar stad/ erchyll fy adlewyrchiad.' Ond ar Facebook wedyn, ynghanol 'Yr wylo galar, y brolio gwyliau/ lliaws y clinig arllwys calonnau', mae'n gweld enw ei gyn-gariad, a thrwy 'Sweipio'i rhawd rhwng bawd a bys' daw i wybod mwy amdani, ac mae'n cyfosod hyn ag atgofion am eu perthynas ac am ddigwyddiad penodol a adawodd ei ôl arno. Mae'n rhuthro i'r bỳs-stop yn y man, ac mewn darlun doniol ond dadlennol, gwelwn gyn lleied o gydymdeimlad sydd ganddo at ei gyd-ddyn, a chyn lleied o feddwl ohono'i hun.

Tasgwn wedyn i olygfa sy'n cyfosod canlyniad y bleidlais Brexit a rhialtwch y Cymry a redodd i Baris adeg yr Ewros, ac mae'n llawdrwm iawn arnynt: 'Hen hogia' na welant hwnt i'w bogail/ yw hogia' "Joe Allen yw fy mugail"' a'u 'lluniau crap drwy WhatsApp yn atsain'. Nesaf mae *Hal* yn chwilio serch unnos drwy gyfrwng Tinder ('Ti yw'r un, ta wnei di'r tro?'), ac er mor druenus y sefyllfa, mae'r ddau'n credu 'mai rhyw ennyd/ o bleser, waeth mor chwerw,/ yw'r moddion aur ...'. Yn y caniad nesaf down i ddeall beth oedd y digwyddiad hwnnw yn ei berthynas â'i gyn-gariad a adawodd ei ôl arno: yr oeddent ar fin caru'n gnawdol am y tro cyntaf, ond 'Methais. Ildiais i'r swildod ...'.

Yn y caniad olaf, mae'n awyddus i dynnu llun o'r eira sy'n disgyn y tu allan, ond wrth roi'i ffôn i'w boced, mae hwnnw'n syrthio a 'chwalu/ yn filiynau darnau du'. Ac mae'n gorfod dechrau dod i ddeall sut fyd yw'r byd go iawn heb borth y ffôn, a deall bod ganddo gyfrifoldeb tuag at y byd hwnnw. Arwyddocaol iawn, felly, yw ei benderfyniad i fynd allan drwy ddrws go iawn i'r eira oer er mwyn bwydo'r adar bach.

Os oes rhaid oedi'n hir uwch rhai o frawddegau *gŵr dienw* i geisio deall yn union beth sy'n cael ei ddweud a'i awgrymu, ac os oes angen adnabyddiaeth go lew o lenyddiaeth a hanes Cymru i weld ac i werthfawrogi rhai o'i gyfeiriadau cyfoethog, profiad tra gwahanol yw darllen awdl *Hal Robson-Kanu*.

Awdl y presennol yw hon, awdl y genhedlaeth ddigidol – cenhedlaeth y mae popeth ar flaenau ein bysedd ac os nad ydyw ar flaenau ein bysedd (ar sgrin ein teclyn, hynny yw) go brin bod gwerth iddo. Cenhedlaeth cael popeth ar unwaith a'i ddefnyddio dim ond un waith.

Os yw cynganeddu a chystrawennu *gŵr dienw* yn goeth a chywrain, arddull fwy uniongyrchol a syml o'r hanner sydd gan *Hal Robson-Kanu*, arddull sy'n gweddu i fywyd lle y gwibiwn o un ap i'r llall, o un cyfrwng i'r llall, o un profiad ansylweddol i'r llall. Ond mae'n arddull sy'n llawn ergydion cofiadwy sy'n hoelio sylw'r darllenydd o'r dechrau i'r diwedd. Arddull wironeddol lafar sydd iddi, lle mae cymysgu cyweiriau a defnyddio geiriau benthyg, enwau brandiau a rhegfeydd yn beth naturiol a chyffredin. Serch hynny, yn y rhannau hynny lle mae'n crybwyll ei gyn-gariad – yr unig rannau sydd wedi eu gosod yn y gorffennol, fel petai – mae'r dweud yn fwy clasurol delynegol, yn dangos gallu'r bardd i addasu ei idiom i weddu i'r cynnwys a'r naws. Mae'n deg dweud, serch hynny, bod ambell lithriad iaith a chynghanedd yma ac acw (o'i chymharu â cherdd *gŵr dienw* sydd yn brin iawn ei gwallau).

Fel sy'n amlwg, mae'n siŵr, dewis rhwng *gŵr dienw* a *Hal Robson-Kanu* yw hi i mi eleni. A'r dewis hwnnw wedi bod yn ben tost, am fod y ddwy yn awdlau rhagorol ymhob ystyr. Awdl gan fardd am fardd sy'n ymboeni, fel nifer ohonom, am drosglwyddo'r etifeddiaeth Gymreig a Chymraeg yw un *gŵr dienw*. Mae gofid *Hal Robson-Kanu* yn un ehangach. Mae'n fwy na gofid diwylliannol un garfan benodol o bobol, mae'n ofid am yr hyn sy'n digwydd i'r ddynoliaeth yn gyffredinol.

Am iddo, felly, fwrw goleuni ar fannau tywyll yn ein bywydau pob dydd ni, am iddo ganu mor wreiddiol, mor gyfoes ac mor berthnasol i ni i gyd, ac am ein sobri a'n gwefreiddio ni i gyd fel beirniaid, ein braint ni yw datgan, yn annibynnol ar ein gilydd ac yn unfryd, fod y Gadair eleni yn mynd i *Hal Robson-Kanu*.

Derbyniwyd 11 o gynigion amrywiol am y Gadair. Mae rhai beirdd sydd heb lwyr feistroli cerdd dafod, a rhai, ddywedwn i, wedi hogi'u crefft i safon uchel ar lawr y *Talwrn*. Cynigiai'r testun 'Porth' gyfleoedd i fynd i gyfeiriadau gwahanol ac, yn wir, dyna a gafwyd. Mae porthladd llythrennol yn gefndir i rai cerddi; mae rhai'n ei ddefnyddio fel trosiad, a rhai'n ei anwybyddu bron yn llwyr. Fodd bynnag, nid oedd 'bod yn destunol' yn un o'r llinynnau mesur i mi; gall testun cystadleuaeth fod yn fan cychwyn yn unig, neu'n drosiad sy'n treiddio drwy'r cyfan. Pe bai'n rhaid diffinio'r llinynnau mesur, byddai newydd-deb y cynganeddu'n un; byddai dyfnder a gwreiddioldeb syniadol yn un arall. Yn y pen draw, rhaid cyfaddef mai'r ymateb goddrychol na ellir mo'i ddiffinio yw'r llinyn mesur pwysicaf. Er gwaethaf pob ymgais i roi meini prawf gwrthrychol ar waith, y wefr honno y mae canu caeth ar ei orau'n ei chynnig oedd yn troi'r dafol yn y diwedd.

Dyma sylwadau am bob un, gan ddiolch iddynt oll am eu gwaith, a chan erfyn maddeuant am bob cam a wnaed.

Dosbarth 3
Hyfrydle: Nid yw *Hyfrydle* eto wedi meistroli gofynion y gynghanedd a'r mesurau caeth. Canodd i bwnc gwyddonol, athronyddol ond mae angen mwy o fynegbyst ar y darllenydd i fedru dilyn ei lwybrau meddwl. Byddai *Hyfrydle* yn elwa o ymuno â dosbarth cerdd dafod, er mwyn codi canran y llinellau cywir.

Gwladgarwr: Mae llai o linellau anghywir eu cynghanedd yma, ond mae teithi meddwl *Gwladgarwr* yr un mor ddyrys. Crefydd, dirywiad Cymreictod, iaith ... maent oll yn y pair, ond dryslyd yw'r cyfanwaith, gwaetha'r modd. Mae ambell linell a chwpled cofiadwy ganddo, er enghraifft 'a'r miwsig llym o'r mosg llawn/ yn cyfarch y rhai cyfiawn'. Er bod yr englyn a'r cywydd agoriadol yn addawol, mae gormod o wallau iaith a chynghanedd yma i ystyried y cynnig hwn ymhellach.

Cynnydd blagur: Mae gan *Cynnydd blagur* afael sicrach ar reolau cerdd dafod, a barnu o'r gerdd fer hon (llai na chant o linellau). Rhyfel yw mater ei gân, ond anodd dweud mwy na hynny. Ai at Borth Menin y cyfeirir? Er bod y cynganeddu'n gywir ar y cyfan, arwydd nad yw'n gyfforddus yn ei gyfrwng yw ei fod yn gorfod talfyrru 'yn' neu 'yr' yn amhriodol er mwyn cael y nifer cywir o sillafau, er enghraifft ''N un â'r porth 'n ddôr fu'n agor heb wegian'. Mae llawer o ganu haniaethol drwy'r gerdd, lle byddai canolbwyntio ar fanylion *diriaethol* yn tanio dychymyg y darllenydd yn well ac yn cynnal diddordeb.

Dosbarth 2

Ibo: Caethwasiaeth yw testun y bardd hwn, ac ymgais uchelgeisiol i gysylltu'r modd y cafodd pobl eu trin fel cargo dynol yn y gorffennol â'r cyfnod hwn. Mae'n agor ym mhorthladd Calabar yn Nigeria, lle dygwyd llawer o gaethweision, 'yn wartheg i arwerthiant', cyn cael eu cludo dros y môr. Wrth symud i'r cyfnod diweddar, mae'n cymharu'r caethweision â ffoaduriaid cyfoes sy'n dod o Libya i Ewrop. Dyna'i neges: yr un yw'r trueni a'r dioddef, heb fod llawer wedi newid. Mae'r enwau lleoedd estron yn creu naws, ac yn dangos ôl ymchwil i bwnc cymhleth. Er bod y cynganeddu'n gywir ar y cyfan, a chanddo rai llinellau trawiadol, tueddu i ystumio cystrawen a theithi'r Gymraeg er mwyn ateb gofynion y rheolau; mae rhai gwallau iaith yma a thraw hefyd. Tuedda i ddweud ei bregeth yn lle gadael i'r darllenydd ddod i'w gasgliad ei hun. Pe bai'n ymatal, gan osgoi haniaethu, gallai godi i dir uwch.

Y-Coed-Ar-Hyd-Y-Glyn: Cymerodd gryn amser i mi ddeall mai awdl i'r diweddar Tony Bianchi yw hon; mae'n cymryd yn hir cyn dod at ei bwnc. Erbyn cyrraedd y cyfeiriad at y 'Geordie a'r Cardi', y 'nofelau amgen' a'r 'crys Hawaii', daw'n amlwg mai'r awdur a gollwyd yn 2017 yw'r gwrthrych. Croniclir cyfnodau bywyd Tony Bianchi mewn caniadau gwahanol, o'i gyfnod yng Ngheredigion, ei berthynas anodd â'i dad, ei brofiadau'n dysgu Cymraeg a chael ei dderbyn i'r gymdeithas Gymraeg; disgrifir ei iselder a'i hoffter o gerddoriaeth ... mae'n amlwg fod y bardd yn adnabod ei wrthrych, ac mae hon yn deyrnged gynnes iddo. Gall y bardd ei fynegi ei hun yn rhugl ar gynghanedd ac mae'r mynegiant llafar, tafodieithol a'r goferu llinellau'n gweithio'n dda, gan amlaf. Mae'r gerdd yn cryfhau tua'r diwedd, ac mae'r gyfres o englynion penfyr lle disgrifir iselder ysbryd yr awdur yn wirioneddol dda. Fodd bynnag, efallai nad yw'r rhagymadroddi yn y ddau ganiad cyntaf yn talu am ei le, ac mae llacrwydd mynegiant a rhai llinellau trwsgl sy'n amharu ar y cyfanwaith. Bu'n rhaid i'r bardd weithio'n galed i gyfiawnhau 'Porth' fel testun y gerdd, ond ni waeth am hynny.

Dafydd 'Rabar: Mae'r stori hon yn dechrau â'r bardd yn wynebu tor perthynas ... ond daw'n glir mai alegori yw'r ysgaru hwn, a Brexit yw testun y gerdd mewn gwirionedd. O'r fan hynny, mae'r bardd yn dianc i'r Eidal, cyn gorfod dychwelyd, wrth i hiraeth a 'newyn am gwmnïaeth' fynd yn drech nag ef. Nid yw'r ymweliad â Ferona'n rhoi'r atebion y mae'n chwilio amdanynt, ac o ddychwelyd adref, mae'n canfod bod pobl yn troi yn yr unfan, o hyd yn 'dadlau am bethau bach'. Mae'n mynd yn ôl i fro ei febyd yn Nyffryn Nantlle, ac yno yn y diwedd mae'n canfod gobaith ac yn ailddarganfod ei gariad at y dref. Ar ei orau, dyma fardd sy'n gallu canu'n bert, er enghraifft disgrifir Caernarfon fel hyn: 'Nythfa yw hi i'n hiaith fyw/ yn ei hagrwch unigryw'. Er bod y bardd yn cael hyd i ryw heddwch erbyn diwedd y gerdd, nid yw'n gwbl eglur sut mae'r tro yn ei fydolwg yn digwydd. Symbolau gobaith, mae'n debyg, yw'r adar: 'Ac fe ddychwel yr elyrch,/ a'r adar cynnar o'u cyrch ...' ond nid yw'r esboniad yn argyhoeddi. Mae'r darn 'deialog' lle mae'n ceisio cyfleu sgwrs criw o hogiau ar stryd y dref (sy'n dechrau â 'Be uffar 'di matar, *matey?*') yn teimlo'n drwsgl ac yn anghydnaws â'r gweddill. Serch hynny, ar ei orau, mae hwn yn gallu dweud beth a fynno ar gynghanedd yn rhwydd ac yn rhugl, a'r gerdd yn cryfhau wrth fynd rhagddi.

Cyfnodau: Awdl i'r ffoadur yw hon. Tri darlun neu dair stori sydd yma ac o'u cyfosod, mae'n archwilio agweddau gwahanol ar brofiad y ffoadur. Daw'r ffoadur cyntaf o Somalia gythryblus i Gaerdydd; mae'r ail yn ffoi mewn lorri i Calais o'r rhyfel yn Syria; mae'r drydedd yn ferch Foslemaidd sydd wedi ei magu yng Nghaerdydd ac wedi dysgu Cymraeg, cyn iddi wynebu dadrith a rhagfarn. Ffoaduriaid ydyn nhw i gyd, a'u tynged yw byw ar gyrion cymdeithas. Dyma syniad trawiadol ac uchelgeisiol; mae'n dangos beth sy'n gyffredin i'r tri, a'n methiant ni fel cymdeithas yn ein hymwneud â nhw. Er nad yw'r bardd yn ysgrifennu o fewn ei brofiad ei hun, mae'n llwyddo i gyfleu awyrgylch ac i argyhoeddi'r darllenydd nad darluniau ystrydebol sydd yma. Gall ddefnyddio'i holl synhwyrau wrth ddisgrifio golygfeydd yn effeithiol, ond ceryddu yw nod pob cerdd mewn gwirionedd. Mae'n gwbl ddamniol wrth sôn am agweddau at ffoaduriaid a'r ffordd y maent yn cael eu trin, yn fwyaf arbennig yn y wasg. Dyma enghraifft o'i ganu pwerus:

> Mae'r wasg ymhob dirwasgiad yn y bae
> yn beio'r gwŷr dŵad,
> yn ddeifiol o'r amddifad –
> beio blys y rhai heb wlad.

Ar ei orau, mae hwn yn gallu ysgrifennu'n rymus, ond mae'n tueddu i bregethu yn lle gadael i'r stori ddweud ei neges ei hun. Serch hynny, dyma fardd cyhyrog sy'n gallu 'ei dweud-hi', a cherdd a gododd yn uwch yn y gystadleuaeth gyda phob darlleniad.

All-lein: Dyma un o ddwy gerdd yn y gystadleuaeth sy'n ymdrin â'r rhithfyd digidol, gan ddisgrifio caethiwed i'r cyfryngau cymdeithasol. Y 'porth' yw'r ffôn neu'r llechen sy'n ddrws i'r byd hwnnw. Unigolyn yn yr ail berson a ddisgrifir, ond mae'r 'ti' hwn yn cynrychioli cenhedlaeth, nid un person penodol. Mae'n darlunio rhywun sy'n troi at gyffuriau ac alcohol, a'r awgrym yw mai'r un yw natur ein caethiwed i'r ffôn a'i ddihangfa ddigidol. Tuedda'r gerdd i droi yn yr unfan, ond efallai fod hynny'n gweddu i'r thema; felly hefyd yr arddull pytiog, llawn enwau a berfenwau. Dyma enghraifft o'i ganu:

> Caneuon. Traciau newydd
> Galw'r *dub* i giliau'r dydd.
> Hawlio'r bît a theimlo'r bas
> amdanat, ac mae dinas
> yn y diwn a'r seindonnau
> ambell waith, yn ymbellhau ...

Braidd yn haniaethol yw'r awdl mewn mannau, yn enwedig yn yr hir-a-thoddeidiau sy'n llai cynnil na'r cywyddau a'r englynion milwr. Serch hynny, mae yma sylwadau treiddgar, a dweud bachog ar brydiau, er enghraifft pan fydd y gwrthrych yn dianc i fyd y ffôn, mae'n cymryd arno hunaniaeth newydd, sy'n rhoi hyder newydd iddo: 'Ar y we, rwyt ti'n rhywun'. Mae cerdd *All-lein* yn gyfoes ac yn wahanol ei llais; mae'n gynganeddwr cryf sydd efallai'n haeddu lle mewn dosbarth uwch. Ei anlwc yn y gystadleuaeth hon yw bod cerdd arall wedi mynd ar drywydd tebyg.

Dosbarth 1
Cyrhaeddodd tri bardd y Dosbarth Cyntaf.

Marconi: Dyma gasgliad o gerddi sydd wedi eu gwreiddio yn hanes y de-ddwyrain a'r brifddinas. Ni waeth gennyf mai casgliad sydd yma; mae digon i gydio'r cyfan ynghyd. Mae'r cerddi gwahanol yn ffurfio rhannau o'r un cyfanwaith, yr un tapestri. Y cymeriadau lliwgar sydd wedi mynd a dod drwy borthladd Caerdydd yw'r testunau, gan ddechrau (a gorffen) â Marconi'n anfon y negeseuon radio cyntaf o bentre Larnog i Ynys Echni. Mae un gerdd i Olive Salaman, a adawodd ei chartref yng nghymoedd de Cymru i briodi dyn yn Tiger Bay yn chwedegau'r ugeinfed ganrif, dyn o Yemen a oedd yn gogydd yng Nghaffi'r Cairo. Dyma flas ar ganu *Marconi* yn llais y wraig arbennig hon:

Es, hwyliais, dianc rhag startsh y Suliau,
papur wal oer a lleithder parlyrau,
o waliau'r cwm a'i alar cau, at li'
a pherygl heini cyffro'r glannau ...

Mae'n llwyddo'n rhyfeddol i ddal naws cyfnodau gwahanol, a chyfraniad
yr unigolion gwahanol i'r pair diwylliannol. Mae'r gerdd i'r gitarydd Vic
Parker a oedd yn arfer chwarae yn nhafarnau Tiger Bay yn arbennig: 'llifai
gwin/ miwsig ei werin o'i ymysgaroedd'. Canodd *Marconi* am fyd ac am
bobl na chanodd beirdd Cymraeg iddynt o'r blaen. Fodd bynnag, erbyn
cyrraedd 2018 y cyfnod hwn mae Bae Caerdydd wedi newid, a'r cyffro a fu
wedi diflannu. Erbyn hyn, 'lobïwyr yn hel beiau' sydd yno, a'r cymeriadau
lliwgar wedi mynd:

> Yn ara' bach, hwn yw'r bae
> Y dilewyd ei liwiau.

Dyma ddarlun deifiol o le digymeriad, unffurf, masnachol sydd wedi colli'r
amrywiaeth a'i gwnâi'n lle mor arbennig. Nid yw'n gorffen yn obeithiol
chwaith:

> Ofnaf rywfodd mai boddi
> a wnawn, ni waeth be wnawn ni,
> ar draeth cyfalafiaeth lom,
> a mwd uniaith amdanom.

Mae'r gerdd olaf yn bwrw cip i'r dyfodol, ac yn adleisio signal radio
Marconi yn y gerdd gyntaf. Mae lle i amau cywirdeb ambell linell, lle nad
yw'r aceniad naturiol yn cyd-daro â'r gynghanedd, ond yn anaml y mae'r
rhain yn codi. Ar ei orau, mae hwn yn fardd deallus, sy'n gallu taro'n galed
... ac mae ganddo rywbeth gwerth ei ddweud.

gŵr dienw: Y peth cyntaf i'w ddweud am y *gŵr dienw* yw ei fod yn
athrylith o gynganeddwr. Mae ei ddefnydd dyfeisgar o'r gynghanedd a'i
barodrwydd i fentro â'r mesurau'n mynd â gwynt y darllenydd. Bron nad
yw'r goferu rhwng llinellau a phenillion fel pe bai'n creu ei fesurau a'i
ieithwedd ei hun. Gwae'r gwrandäwr neu'r darllenydd sy'n disgwyl i'r
gystrawen a'r mesur gydredeg yn daclus; mae'r *gŵr dienw* yn herio ein
disgwyliadau am sut dylai cerddi caeth swnio. Yr ail beth i'w ddweud am
ei awdl yw bod cyfeiriadau llenyddol a hanesyddol yn drwch drwyddi o'r

llinell gynta'n deg, a her y bardd i'r darllenydd (a'r beirniad) yw bod rhaid deall y rhain, cyn datgloi'r ystyron. Y 'porth' yw porth Castell Caerdydd, a'r bardd fel pibydd brith yn tywys y plant i mewn i'r castell adeg Gŵyl Tafwyl, cyn sôn wrthynt am hanes Ifor Bach a Llywelyn Bren. Mae'r ddau ffigwr hanesyddol yn troi'n symbolau cyferbyniol yn ei ddychymyg, y naill yn symbol o wrthryfel llwyddiannus a'r llall yn symbol o fethiant. Dienyddiwyd Llywelyn Bren, ac mae'r disgrifiad o'r modd erchyll y gwnaed hynny'n ysgytwol:

> ... llosgi'i galon ac arllwys ei goludd
> dan draed, a'r dwndwr wedyn yn codi,
> yna'n chwarteri ei dorri, y dyn
> nad oedd yn ddyn wedyn, wedi'i ddad-wneud,
> ac yna'i ail-wneud yn gynnil i ni
> dan frain, i'w gweld yno fry yn cnoi'i ben ...

Ond nid cerdd hanesyddol mohoni; yn hytrach, gofyn cwestiynau am ein perthynas ni â'n gorffennol y mae. Pa rannau o'n hanes ydyn ni'n dewis eu cofio a'u cyflwyno i'r genhedlaeth nesaf? Mae'n gwestiwn personol i'r *gŵr dienw*: 'I bwy y canwn ...?' Beth yw ei ddyletswydd fel bardd, a'i ddyletswydd fel athro i'r plant sydd, dros dro, dan ei ofal? Mae yntau'n ochri ag Ifor Bach, a'r awgrym mewn hir-a-thoddaid tua diwedd yr awdl yw mai trwy sôn am arwyr Cymreig llwyddiannus y gorffennol y mae tanio arwyr yn y genhedlaeth newydd.

Bu'n rhaid darllen awdl *gŵr dienw* yn betrus-ofalus, rhag colli'r cyfeiriadau a'r adleisiau sydd ynddi, ac mae'n siŵr fy mod wedi methu cryn nifer ohonynt. Mae rhai ymadroddion rhyfedd ganddo, sydd o bosib yn ddyfyniadau neu'n lled-gyfeiriadau at gerddi gan Feirdd yr Uchelwyr, ond sydd yn dywyll i mi. Cordeddog yw'r mynegiant ar brydiau ac mae ystyr ac ergyd llinellau'n gallu mynd ar goll o'r herwydd. O bosib, gellir dadlau bod ystyr rhai llinellau a'r gair mwyaf priodol i gyfleu'r ystyr hwnnw'n cael eu haberthu er mwyn llunio cynganeddion cywrain, ond mater i'w drafod yw hynny. Heb ddeall y symboliaeth, mae ergyd y gerdd a'i diweddglo'n llai effeithiol, ac efallai nad yw'r cyfyng-gyngor a ddisgrifir yn gyfyng-gyngor y bydd pawb yn gallu uniaethu ag ef. Nid yw'n gerdd sy'n ildio'i chyfoeth yn rhwydd. Wedi dweud hynny, mae hwn yn fardd gwreiddiol a gwefreiddiol ar brydiau, a achosodd gryn benbleth i feirniaid y gystadleuaeth hon.

Hal Robson-Kanu: O'r dechrau'n deg, aeth cerdd *Hal Robson-Kanu* â'm bryd i. Trawodd ar yr un syniad ag *All-lein,* a'r ffôn symudol yn borth i'r rhithfyd digidol, ond llwyddodd *Hal Robson-Kanu* i ddatblygu'r syniad ymhellach a'i droi'n gerdd afaelgar. Yn y person cyntaf y mae hwn yn siarad, ac felly mae'n haws cydymdeimlo â'r bardd yn ei ddiflastod nosweithiol, wrth iddo droi at ei ffôn:

Hwn yw 'nghyffur, a 'nghyffion,
rheolwr fy ngorwelion

a throthwy fy mhorth rhithiol.

Mae'r gerdd, fel y bardd ar sgrin ei ffôn, yn gwibio o un peth i'r llall, fel nad oes dyfnder mewn dim. Hyd yn oed o ddarllen newyddion ofnadwy am bobl yn marw, mae'n clicio ac yn dianc. Llwyddir i gyfleu arwynebolrwydd y cyfan, sy'n beth anodd ei wneud heb swnio'n ffwrdd â hi. Mae'n troi at YouTube i ailwylio gêmau pêl-droed Ewros 2016, cyn i'r rheiny orffen ac mae'n gweld ei adlewyrchiad ei hun ar sgrin ei ffôn, felly mae'n gwibio i fan arall. Wrth daro ar enw cyn-gariad iddo, mae'n chwilio am ei hanes a'i lluniau i gael cip ar ei bywyd fel y mae wedi'i grynhoi ar y cyfryngau cymdeithasol. Mae'n 'sweipio'i rhawd rhwng bawd a bys' (un o linellau mwyaf ysgytwol y gystadleuaeth), er mwyn cael gwybod popeth amdani. Dyma fardd y gwacter ystyr cyfoes, sy'n gwybod mai eilaidd ac annigonol yw ymwneud pobl â'i gilydd ar y llwyfan digidol, ond rywsut, fel un sy'n gaeth i gyffuriau, ni all gadw draw. Dyfnhau mae'i ddiflastod yn dilyn Brexit, ac yna mae'n cwrdd â chariad unnos ar-lein ... mae pob caniad yn suddo'n is i drobwll diffyg ystyr. Erbyn diwedd y gerdd, fodd bynnag, ac eira mis Mawrth yn gefndir, daw tro annisgwyl, ac mae'n gorfod wynebu'r byd a bywyd go iawn eto. Gallai diweddglo gwahanol fod wedi difetha'r awdl, ond nid felly cerdd *Hal Robson-Kanu;* mae'r awdl yn cloi'n gynnil ac yn annisgwyl.

Cymaint ei rwyddineb, a naturioldeb ei fynegiant, gallech feddwl nad oes llawer o grefft ar waith, ond twyll yw hynny. Mae'n nodweddu'r dweud bachog, cynnil, llawn gwrthebau a glywir ar *Y Talwrn* o dro i dro. Gall newid cywair yr un mor rhwydd ag y mae'n newid mesur. Mae'n hel meddyliau am eiliad mewn englynion milwr, yna'n disgrifio cyffro gêm bêl-droed mewn hir-a-thoddaid, cyn telynegu mewn englynion atgofus. Nid bardd di-grefft sy'n gallu gweithio englyn un frawddeg sy'n swnio mor naturiol a diymdrech â hwn, wrth ddisgrifio'i gyn-gariad:

Yr hogan fedrai regi – yn lliwgar
a'i llygaid hi'n llosgi'n
wenias fel 'taen nhw'n honni
na byddai haf hebddi hi.

Mae cyfeiriadaeth yng ngherdd *Hal Robson-Kanu*, fel yn yr awdl flaenorol, ond cyfeiriadau at bethau byrhoedlog, Seisnig-Americanaidd ydyn nhw, pethau na fyddant yn para degawd yn y cof, heb sôn am wyth can mlynedd … ond dyna'r pwynt. Cyfeirir at Phoebe o'r gyfres *Friends*, WhatsApp, Tinder … pethau a fydd yn ddryswch i feirniaid llên y dyfodol pell efallai, ond sydd eto'n talu am eu lle yma.

Dylid nodi bod rhai brychau yma a thraw, ac ôl brys. Byddwn i'n dadlau nad yw 'dangos … dynged' yn drawiad cywir yn yr hir-a-thoddaid sy'n sôn am yr Hal Robson-Kanu go iawn yn sgorio gôl, ond pwynt cymharol ddibwys yw hwn a'r ambell frycheuyn arall y gall ysgolion barddol eu trafod maes o law. Mae hon yn gerdd sydd ar brydiau'n ysgytwol; gall fod yn ddoniol (nodwedd brin iawn yn y gystadleuaeth); gall fod yn ddamniol, ac mae hi drwyddi draw'n ddealladwy. Nid *oherwydd* ei bod yn ymdrin â byd cyfoes *apps* a gwefannau y mae hi'n rhagori; mae'r argyfwng a ddisgrifia'n hŷn na'r rheiny, ac yn argyfwng y mae beirdd wedi mynd i'r afael ag ef erioed.

Mae'r tair cerdd yn y Dosbarth Cyntaf yn llawn haeddu'r Gadair, ddywedwn i, a bu Eisteddfod Caerdydd yn ffodus ohonynt. Er bod cerddi *Marconi* a'r *gŵr dienw* wedi codi sawl gris erbyn yr ail a'r trydydd darlleniad, ni chollodd cerdd *Hal Robson-Kanu* ddim o'i grym na'r wefr a gefais ar y darlleniad cyntaf. Felly, cerdd *Hal Robson-Kanu* sydd biau Cadair 2018, yn fy marn i. Gobeithio y bydd yn denu cenhedlaeth newydd at yr awdl a cherdd dafod; hynny yw, os gall pobl y genhedlaeth honno godi'u golygon oddi wrth eu ffôns.

11 a fentrodd i'r gystadleuaeth. Wrth gyrraedd ei brig, mae'n braf dweud i mi gael mwynhad a phleser mawr; dylai fod yn fater o falchder i'r brifddinas ac i'r Eisteddfod bod y frwydr wedi bod yn un mor gref. Ond arweiniodd hyn hefyd at gryn gyfyng-gyngor; bu dewis rhwng y goreuon yn dasg galed gythreulig. Mae'n debygol iawn mai mater o chwaeth bersonol a dim arall sydd wedi dylanwadu ar bethau y tro hwn.

Mae'r rhan fwyaf o'r beirdd wedi ymateb yn ddigon testunol, hyd yn oed os oedd cynnal cerdd hyd at 250 o linellau yn ormod o her i ambell un. Roedd y ddinas – a Chaerdydd – yn bresenoldeb amlwg yn nifer o'r awdlau a chanwyd hefyd ar amrywiaeth iach o fesurau. Y gwahaniaeth rhwng y rhai da a'r rhai gwych oedd bod y goreuon wedi fy ngadael yn gegrwth sawl tro; wedi rhoi'r ias honno i rywun y mae'n anodd ei diffinio'n iawn. Gwnaeth y tri gorau hyn eleni.

Dosbarth 3

Hyfrydle: Efallai y bydd yr ymgeisydd hwn yn ei gicio'i hun, am iddo anghofio cynganeddu'r rhan fwyaf o'i gerdd. At hynny, mae'n ddrwg gen i ddweud i mi ei chael yn anodd iawn deall yr hyn sy'n digwydd yma.

Gwladgarwr: Mae gan hwn well gafael ar hanfodion cerdd dafod, er bod camacennu'n dipyn o faen tramgwydd iddo. O ran ei bwnc, rhywbeth am y cysylltiad rhwng ffoaduriaid, yr Arabiaid, y Saeson a'r Cymry sydd ganddo. Ond y tu hwnt i hynny, nid wyf yn sicr beth.

Cynnydd blagur: Awdl fer, a dim o'i le ar y cynganeddu o safbwynt technegol. Y mynegiant yw'r gwendid. Mae yma ryfel a heddwch, ond dyma un arall sy'n arbenigo ar fod yn hynod astrus a geiriog.

Problem y tri uchod yw nad ydynt wedi llwyddo i droi eu meddyliau a'u gweledigaethau yn greadigaethau y mae pobl eraill am allu eu deall y tro hwn. Ymddiheuraf iddynt am unrhyw beth eglur na lwyddais i'w weld.

Dosbarth 2

Ibo: Awdl sy'n cyflwyno hanes caethweision y ddeunawfed ganrif cyn symud yn ei blaen i gymharu hynny â stad ffoaduriaid heddiw. Holi a wneir ai dyma 'ddoe ar ei newydd wedd'. Mae *Ibo* yn cynganeddu'n debol, ond nid yw'n ddigon rhugl yn y grefft i gael ei ystyried o ddifrif mewn cystadleuaeth fel hon. Mae'r brawddegu a'r cystrawennu o dan straen yma, a'r holl gerdd yn teimlo'n rhy hir o beth tipyn.

Cyfnodau: Cerdd mewn tri chaniad sy'n darlunio cymeriadau ym Mae Caerdydd heddiw. Maent i gyd yn fewnfudwyr sy'n wrthodedig yn y gymdeithas sydd ohoni, ac anodd yw peidio â synhwyro cysgod senoffobaidd Brexit dros y cyfan. Mae *Cyfnodau* yn gynganeddwr cryf. Edmygais yr hir-a-thoddeidiau am y rhyfel cartref yn Syria ('tra bo dwy fyddin/ yn pledro gwŷr, yn pladuro gwerin') a'r darlun trawiadol o'r ffoadur yn Calais. Gall ganu'n epigramatig ('Er nad dieithryn ydwyf,/ yn y bôn, dyn estron wyf'), ac mae hefyd i'w ganmol am lynu wrth ddelwedd y môr drwy'r gwaith. Y prif wendid yw anghysondeb ac anallu i gynnal safon: er enghraifft, cefais drafferth deall y caniad cyntaf yn iawn, ac nid yw'r trydydd darn hanner cystal â dechrau'r ail.

Dafydd 'Rabar: Dyma godi i dir uwch. Refferendwm Brexit yw'r cefndir, a'r bardd yn crwydro strydoedd Caernarfon gan edliw celwyddau'r gwleidyddion a'r rheiny a bleidleisiodd dros adael. Mae'n dianc ar wyliau i brydferthwch Ferona, ond dychwelyd sy'n rhaid i ddiflastod 'tref yr inc', sy'n 'un swp/ o siopau dadrithiad'. Mae'r awdur wedyn yn ceisio solas ym mro ei febyd yn Nyffryn Nantlle ac ar y Foryd. Yno, wrth gael 'ennyd i mi fy hunan', daw i sylweddoli nad yw'r 'anorfod Gaer yn Arfon' ar drai wedi'r cyfan; mae'r dref yn 'hafan i'n hacen hyfyw' ac yn 'nythfa ... i'n hiaith fyw'. Wrth ddirnad hyn, mae'r bardd yn penderfynu aros i wynebu her yfory. Er bod mynegiant *Dafydd 'Rabar* yn glir a'i drawiadau ar adegau'n ffres a gwreiddiol, adeiladwaith yr awdl yw'r gwendid pennaf yn fy marn i. Rwy'n derbyn mai un o'i phrif themâu yw'r ymgiprys rhwng yr awydd i ffoi a'r angen i wynebu cyfrifoldeb, ond teimlaf fod y darn am ddianc i Ferona yn rhy hir. Mae'n achosi anghydbwysedd wrth roi'r awdl gyfan ar y glorian. At hynny, nid yw rhediad rhesymegol y diweddglo yn taro deuddeg; mae rhywbeth braidd yn orgyfleus am y modd y mae tro i Ddyffryn Nantlle a'r Foryd yn newid bydolwg y bardd yn llwyr. Eto, mwynheais ddarnau sylweddol o'r gwaith hwn.

Y-Coed-Ar-Hyd-Y-Glyn: Teyrnged i'r diweddar Tony Bianchi, a hynny gan gyfarwydd o fardd sydd â'i lais unigryw ei hun. Olrheinir hanes y gŵr o Newcastle yn dysgu'r Gymraeg, stori'i berthynas broblematig â'i dad, a disgrifiad o'r iselder a ddaeth i'w blagio ('aeth pluen yn hoelen wyth/ o boen yn trydyllu'i ben'). Cyfeirir at allu Tony Bianchi i ganu'r piano a'i hoffter o *arias* Bach, ac mae hynny'n rhoi rhyw fath o ffrâm i'r cyfan. Darlun hoffus a lliwgar a gawn, a'r diweddglo wedi'r farwolaeth annhymig yn creu naws sy'n cyfleu rhyw lonyddwch tragwyddol. Mae'r bardd yn amrywio'i gyweiriau o'r clasurol i'r tafodieithol, ac yn amrywio'i fesurau yn yr un modd – yn fwyaf trawiadol drwy ei ddefnydd helaeth o linellau decsill di-odl. Go brin ei fod yn cydymffurfio â geiriad y gystadleuaeth wrth wneud hyn, ond mae'n dechneg ddeheuig i fwrw'r naratif yn ei flaen. Er y byddai modd gwerthfawrogi'r gerdd heb wybod dim am Tony Bianchi, rwy'n bur sicr bod hon yn awdl sy'n gweithio'n well o wneud. Nid wyf chwaith gant y cant yn sicr bod y darnau agoriadol sy'n cyfeirio at draddodiad yr Hen Ogledd ac yna gyd-destun y chwedegau yn clymu'n gwbl gyfforddus â'r gweddill. Ond fel teyrnged bersonol a chelfydd, mae hon yn awdl ddifyr sy'n cyflawni'i diben.

All-lein: Dyma awdl sy'n gafael ac yn ein sugno i mewn i'w byd digalon. Adroddir hanes gŵr ifanc, unig, a hwnnw wedi syrffedu ar stad ei fywyd dinesig, di-nod. Mae'n galaru am gariad coll ac wedi cael llond bol ar ei swydd ddiflas. Llawer gwell ganddo yw dianc i fyd rhithiol y we a'i apiau ('Ar y we, rwyt ti'n rhywun,' meddai). Dyma lifo o un olygfa i'r llall, o'r gwely, i'r trên, i'r gwaith, i'r nos drefol, i'r ap dêtio, ac yna yn ôl i'r gwely a chwmni'r ffôn. Mae'r cynganeddu'n ffres wrth i awyrgylch tywyll y ddinas fwrw cysgod dros bob dim. Hoffaf y gwrthgyferbyniad rhwng y byd go iawn a'r byd rhithiol, a'r cymeriad yn symbolaidd ffafrio'r ail dros y cyntaf. Dywed fod y we 'yn fan real ... Nid taith artiffisial/ ydyw'r un o'th bedair wal/ drwy'r ffôn, ond lôn y dilyni – go iawn'. Mae'n deffro a'r 'bore afiach, real, yn brifo'. Byddai modd honni bod yr awdl yn tin-droi'n ormodol o amgylch yr un thema hon. Ond credaf fod hynny'n fwriadol ac i fod i gyfleu'r gwacter ystyr sydd ynghlwm wrth fod yn gaeth i fywyd ar y we. Yn hytrach, y gwendidau yw nad yw pob gair yn taro deuddeg o hyd. Er enghraifft, ai rhoi 'lluniaeth' y mae hysbysebion ar y rhyngrwyd? Ai 'gwirio' hashnodau y mae rhywun? Pam fod propaganda yn 'dod i ran' rhywun? Ac yn y blaen. Ceir hefyd bum pennill hir-a-thoddaid yn yr awdl a'r rheiny'n 14 llinell yr un. Nid peth hawdd yw cynnal penillion mor hir ar yr un odl, ac mae arlliw o straen ar y rhain. Serch hyn i gyd, dyma fardd talentog a lwyddodd i fy mhlesio gydag awdl sy'n dweud llawer wrthym am ein harferion byw heddiw. Mae'n gyfoes ac yn berthnasol, ac mae'r diweddglo digalon, diobaith yn gweddu hefyd. Yn anffodus iddo, canodd bardd arall ar thema debyg – yn fwy llachar y tro hwn. Hynny, ynghyd â safon y tri sy'n weddill, sy'n cadw *All-lein* allan o'r Dosbarth Cyntaf eleni.

Dosbarth 1

Marconi: Mae rhywun yn teimlo'n syth ei fod yng nghwmni artist o fardd. Bae Caerdydd yw ei gynfas, a dyma gerdd fwyaf atmosfferig y gystadleuaeth. Agorir yn 1897 wrth i Marconi anfon y signalau di-wifr cyntaf dros ddŵr y Bae, gan '[r]oi sŵn eang i'r oes newydd' a honno'n 'oes well'. Mae i'r datganiad hwn arwyddocâd eironig pan ddown at y diweddglo maes o law. Yr hyn a gawn wedyn yw cyfres o bortreadau sy'n ein dwyn drwy hanes Tiger Bay yn yr ugeinfed ganrif, gan ddarlunio dirywiad graddol yr ardal hyd nes bod 'yr hen deigrod yn rhuo'n eu dagre' (llinell anfarwol). Erbyn y gerdd olaf ond un, rydym yn y Bae heddiw: lle cwbl ddienaid yn sgil y fflatiau modern a'r gyfalafiaeth ddigymeriad sydd yno bellach. Dyma'r 'bae/ y dilewyd ei liwiau,' meddai'r bardd, gan honni 'nad oes cof gan Mermaid's Quay'. Ceir cyfeiriad at ysgol Gymraeg newydd Hamadryad, a'r bardd yn ddigon soffistigedig i holi ai doeth 'hwrjio' ein hiaith ar ardal fel hon. Ond mae'n casglu hefyd mai dyna'r unig ddewis rhag ofn 'y dihunwn dan donnau' maes o law. Byddai wedi gallu dirwyn pethau i ben yn drawiadol yn y fan honno, ond mae un caniad eto i ddod. Cychwynnodd yr awdl gyda 'bip … bip' Marconi ar draws y Bae. Dyma gloi yn 2047 gydag awgrym o ddifrod newid hinsawdd gan fod y môr bellach yn gynnes, 'yn ddwfn a hallt, ddafnau'n nes'. Does dim i'w glywed ond 'panig, sgrech drôn, cri ffonau' a'r signalau yn creu 'bip … bip … bip' eto ar draws y dŵr. Rwy'n credu bod y diweddglo hwn yn ysgubol. Mae'n clymu dechrau a diwedd ynghyd ac yn gyrru ias i lawr asgwrn fy nghefn bob tro rwy'n ei ddarllen.

Mae'r gwaith yn orlawn o ganu cynganeddol gwreiddiol a chelfydd, sy'n creu ril o luniau cyfoethog yn y meddwl. Bron na all rhywun arogli heli'r môr yn codi oddi ar y dudalen wrth ddarllen. Mae'n gerdd sydd hefyd yn gofyn y cwestiynau mwyaf un am ein dyfodol fel pobl, ac yn holi beth yw gwir werth cynnydd. Os oes rhaid canfod beiau, byddai modd honni mai dilyniant o gerddi ac nid awdl a gafwyd mewn gwirionedd. At hynny, braidd yn annisgwyl oedd gweld cymeriad y bardd ei hun yn ymddangos yn y person cyntaf tua'r diwedd; rhoi geiriau yng ngheg cymeriadau eraill, neu sylwebu o bell, a wnaeth tan y pwynt hwn. Hynny yw, nid wyf wedi fy llwyr argyhoeddi fod popeth yn clymu'n gwbl daclus yn ei gilydd oherwydd hyn. Ar adegau, efallai y gallai'r bardd fod wedi tocio rhyw fymryn yma ac acw hefyd. Ond cefais fwynhad mawr yn darllen y gwaith hwn, ac mae'n dal i fy swyno ar ôl darlleniadau niferus.

gŵr dienw: Awdl yw hon sy'n adrodd stori'r bardd yn gorfod diddanu criw o blant yng Nghastell Caerdydd yn ystod rhialtwch Gŵyl Tafwyl. Ceir cyfeiriadau yma at hanesion Ifor Bach a Llywelyn Bren, y naill yn symbol o lwyddiant y Cymry a'r llall o fethiant. Trwy ymateb y plant – ac ymateb y bardd ei hun – gwaith yw hwn sy'n holi cwestiynau am ein hanes fel cenedl a'r modd rydym ni'n dewis cyfleu a throsglwyddo'r hanes hwnnw i'r genhedlaeth nesaf. Rwyf wrth fy modd â'r ffordd y mae'r bardd yn defnyddio gorchwyl un prynhawn i gyfleu hyn. Wrth drafod digwyddiad un awr, mae'n pontio'r canrifoedd ac yn datgan neges ymarferol ynghylch sut y dylem wynebu'r dyfodol (sef drwy roi ffydd yn y genhedlaeth iau ac adrodd ein straeon cadarnhaol wrthynt).

Prin fod y crynodeb uchod yn gwneud cyfiawnder â'r cyfoeth o ddyfnder sydd yn yr awdl – o ran ei syniadaeth, ei hadeiladwaith a'i chrefft. Mae'n gerdd sy'n llawn haenau o ystyr, ac mae'n gyforiog o gyfeiriadaeth a symboliaeth (o'r llinell gyntaf un sy'n adlais o 'Pa Gwr yw y Porthawr' yn Llyfr Du Caerfyrddin hyd at y cyfeiriadau hanesyddol ac arwyddocâd Caerdydd a'r castell ei hun). Ar ben hyn oll mae *gŵr dienw* yn gynganeddwr cwbl ryfeddol sy'n amrywio'i fesurau'n llithrig o fewn caniadau er mwyn gyrru'r naratif yn ei flaen. Hoffaf y modd y mae'n cyfuno iaith lenyddol ac iaith fwy llafar a chyfoes, gan roi ymdeimlad o glasuroldeb a gwreiddioldeb llwyr ar yr un pryd. Ni ellir ond edmygu ei grefft anhygoel, hyd yn oed os oes rhaid i'r meddwl weithio'n galed i ddilyn rhediad y stori yn sgil adeiladwaith cywrain, cymhleth a sangiadol rhai o'r brawddegau.

Mae'n rhaid cyfaddef i mi bendroni fymryn dros ran olaf yr awdl. Tan y caniad hwnnw, llais yn ymylu ar y sinigaidd a glywn i'n bersonol yn llefaru. Tua'r diwedd, mae'r bardd yn teimlo fod yno 'egin Cymreigio' ymhlith y plant ac mae'i fydolwg yn newid. 'Nid oes un dewis! Yn wên y deuwn/ â chân i'n harwyr bychain,' meddai. Nid wyf gant y cant yn sicr bod yr angerdd annisgwyl hwn a phendantrwydd gweledigaeth yr hir-a-thoddeidiau olaf yn gwbl gydnaws â meddyliau mwy ymholgar y bardd gynt. At hynny, does dim dwywaith nad yw hon yn awdl sy'n dibynnu rhywfaint ar ddysg ei chynulleidfa er mwyn ei deall a'i gwerthfawrogi. Heb y ddysg honno, mae perygl iddi syrthio'n fflat. Llithrodd *gŵr dienw* ddwywaith hefyd (nid oes cynghanedd yn 'a minnau/ bron am eiliad wedyn' tra bod y llinell 'o gopa'r wal, dringo' yn bendrom). Ond o'r darlleniad cyntaf, gwyddwn fod *gŵr dienw* wedi canu awdl arbennig sy'n gofyn cwestiynau pellgyrhaeddol am y modd yr ydym yn ein diffinio'n hunain fel pobl. Credais y byddai'n anodd iawn disodli'r awdl hon o'r brig.

Hal Robson-Kanu: Dyma awdl ddinesig arall sy'n trafod ein perthynas â'r cyfryngau digidol, ac yn holi beth yw ystyr – neu ddiffyg ystyr – bod yn Gymro ifanc heddiw. Mae'r cymeriad mewn cryn wewyr wrth ofyn ac ateb y cwestiynau hyn wrth i fateroldeb a diflastod cymdeithas fodern ei blagio. Ond mae'n gwneud hyn gyda thalp cryf o hunanddirmyg a hunanddychan hefyd, a'r cyfan mewn awdl loyw a llachar.

Yr hyn a gawn yn syml yw pentwr o ddarluniau o fywyd gŵr sydd wedi llwyr flino ar ei stad. Yn eu plith mae cip ohono'n gaeth i'w ffôn a Twitter; y ddihangfa y mae Netflix yn ei rhoi rhag newyddion trist y byd; fideos o lwyddiant tîm pêl-droed Cymru ar YouTube sy'n gwneud dim ond pwysleisio diflastod presennol y bardd; hanes bywyd cyn-gariad ar y cyfryngau cymdeithasol sy'n digalonni'r bardd fwyfwy; darlun comig ohono'n colli'r bws; atgof o deithio i Ffrainc wedi refferendwm Brexit a'i euogrwydd ei hun ynghylch y canlyniad; noson o nwyd arwynebol â merch oddi ar Tinder; a golygfa ysgytwol o'i fethiant i garu â'i gyn-gariad ers talwm. Drwy wibio o un digwyddiad truenus i'r llall, credaf fod y bardd yn creu effaith gronnus sy'n atgyfnerthu'r gwacter ystyr ac yn dwysáu'r syrffed y mae'n ei deimlo, gyda'r cyfryngau digidol yn llercian yn y cefndir ac yn rhoi undod thematig i'r cyfan.

Ond mae rhyw fath o dro yn y gynffon hefyd. Daw'r gerdd i ben yn eira mis Mawrth, wrth i'r bardd ollwng ei ffôn ar y llawr, a hwnnw, yn symbolaidd iawn, yn chwalu'n deilchion. Dyma sylweddoli bod yr adar yn dal i drydar, ac angen eu bwydo. Mewn diweddglo hynod drawiadol, mae'r bardd yn penderfynu 'cerdded allan' er bod yr eira'n 'dallu'. Mae awgrymusedd diriaethol y darn hwn yn peri inni gwestiynu ein perthynas â'r byd o'n hamgylch a'r hyn sy'n wirioneddol bwysig yn ein bywydau ni.

Awdl yw hon sy'n frith o linellau ac ergydion cynganeddol sy'n llorio rhywun. 'Lliaws y clinig arllwys calonnau' yw'r disgrifiad o'r rheiny sy'n byw eu bywydau ar y we. Disgrifir y cyn-gariad fel 'yr hogan fedrai regi – yn lliwgar/ a'i llygaid hi'n llosgi'. Eto, unig ddewis y bardd yw 'sweipio'i rhawd rhwng bawd a bys'. Er bod y gyfatebiaeth braidd yn bell, gwirionais ar ei ddisgrifiad ohono'i hun fel rhywun 'mor ffocing/ *boring* nes mod i bron yn berig' (ac os yw ein nofelwyr gorau'n cael rhegi, pam ddim ein hawdlwyr?). Mae'r darn sy'n disgrifio'r gyfathrach rywiol ar ôl cyfarfod â merch ar Tinder yn gwbl wych. Ac mae hynny cyn cyrraedd y diweddglo ysgubol.

Awdl garlamus a greddfol yw hon, a'r bardd yn gallu amrywio'i gyweiriau'n ddeheuig. At hynny, mae ei ddefnydd helaeth o dafodiaith lafar ogleddol yn dangos pa mor hyblyg yw'r gynghanedd yn ei ddwylo. Nid yw'n waith cwbl ddi-fai: mae'r defnydd o'r iaith lafar honno ar dro yn gwthio pethau'n agos iawn at ddibyn anghywirdeb ieithyddol (os nad drosto). Ceir ambell drawiad cynganeddol amlwg ac nid wyf yn gyfforddus â'r anghysondeb rhwng yr iaith lafar ac iaith fwy ffurfiol *oddi mewn* i benillion unigol ('dwi' ac 'rwyf' yn yr un darn, er enghraifft). Mae yma hefyd fymryn o ôl brys.

Ond dyma waith a gipiodd fy anadl, a'r cyfan yn creu darlun sy'n argyhoeddi o ddiflastod un Cymro ifanc â'i fywyd ar ddechrau'r unfed ganrif ar hugain.

Ar ôl dim ond un darlleniad, gwyddwn fod *Marconi, gŵr dienw* a *Hal Robson-Kanu* ill tri yn llwyr deilyngu'r Gadair. Mater oedd hi wedyn o ailddarllen a phwyso a mesur a cholli llawer iawn o gwsg. Oherwydd bod eu hawdlau fel cyfanweithiau yn fwy gorffenedig, penderfynais mai rhwng *gŵr dienw* a *Hal Robson-Kanu* oedd hi yn y pen draw.

Gan *gŵr dienw* y mae'r gwaith mwyaf tyn, y cynganeddu mwyaf cywrain, a'r haenau dyfnaf o ystyr. Mae arddull *Hal Robson-Kanu*, ar y llaw arall, yn fwy syml ac mae'n gerdd haws i'w deall. Efallai fod awdl *gŵr dienw* yn fwy gwastad ond mae mwy o ergydion i'ch taro yn awdl *Hal Robson-Kanu*. Er bod thema *gŵr dienw* yn pontio'r canrifoedd ac yn holi cwestiynau am ein hanes a'n dyfodol fel cenedl, mae'n gwneud hynny ar lwybr gweddol gul: mae'n ymwneud â bydolwg a gweledigaeth y bardd ei hun (a hynny'n benodol fel *bardd*) am y pethau hyn. Mae awdl *Hal Robson-Kanu* yn gofyn cwestiynau am ein cyflwr fel pobl mewn ffordd ehangach. Ar un wedd, awdl bersonol yw awdl *Hal Robson-Kanu*, ond drwy gyfuniad o ddychan, hunanfeirniadaeth a'r emosiynau y mae'n eu creu, mae'n awdl hynod o gymdeithasol hefyd; mae'r bardd yn defnyddio'i brofiadau fel unigolyn i ddweud rhywbeth mwy am ein byd ni heddiw. Mae caniad olaf *gŵr dienw* yn ddatganiad ymwybodol o'i weledigaeth a'i genadwri. Mae *Hal Robson-Kanu* yn darlunio'i weledigaeth mewn ffordd ddiriaethol a mwy awgrymog.

Gan *gŵr dienw* y mae'r deallusrwydd a'r gyfeiriadaeth. Ond *Hal Robson-Kanu* sy'n apelio fwyaf at fy emosiynau ac yn gwneud i mi bendroni am ystyr ein bywyd modern. Er bod *gŵr dienw* yn chwip o fardd, a *Marconi* yn go agos at ei sawdl, awdl *Hal Robson-Kanu* a roddodd y wefr fwyaf i mi eleni – o drwch blewyn. Oherwydd hynny, a pherthnasedd llwyr y gwaith i'm cenhedlaeth i, cadeirier *Hal Robson-Kanu*.

OLION

Hyrddiadau

Mae 'na wynt ynddi
a thonnau bychain afon Taf fel pebyll
yn cael eu hyrddio ar eu hochrau.
Prismau'n bodolaeth
yn diflannu yn ôl i'r düwch heb adael ôl.

Dim ond y gwynt sy'n gyson
a'i biffian dros y tir
fel un a ŵyr y gwir.
Gwybod, serch ein hymdrechion ffuantus
nad ŷm ond crwyn brau
sy'n chwythu mor boenus ysgafn â phapur tisw
ar hyd wyneb y dŵr
cyn rhwygo.

Ai'r gwynt sy'n ein creu,
yn ein plycio o'r gwlypteroedd
er mwyn blasu melynwy'r haul am blwc?
Ac i ba le yr aiff ein hatgofion llachar wedi inni dewi –
yn ôl i'r dŵr du gyda ni?

Dere i fferm y Grange

Dere ar daith, fy nghariad,
dala'n dynn yn fy llaw.
Naw wfft i'r sglodion yn y ffwrn,
gwishg dy gôt a der i ben draw'n pentref ni,
i fferm y Grange.

Dere i wrando ar y waliau'n
sibrwd hanesion newydd wrthom.

Paid â becso am y swper –
dyma gyfle cariadon ifanc yn eu henaint
i hawlio'r eiliadau.

Dacw hi'r fferm!
Doda dy fysedd yn dyner ar y cerrig oer.
Bu mynachod yma unwaith
ac yn ddiweddarach
roedd Cainc yr Aradwr yn troi'r menyn
a'n hiaith ni'n gymysg â'r llaeth enwyn.
Weli di? Ei bod hi'n perthyn?
Hi oedd dechreuadau ein dinas ni –
ein gwawr fawr felen.

Mae'n cnoi'n sydyn a'r gwynt yn codi,
felly dala fy llaw eto, nei di?
Cledr yn erbyn cledr,
bysedd rhwng bysedd.
Crwydrwn lannau'r Taf tuag adref
a'n gwres, drwy'n gilydd, yn herio'r oerni.

Mae Ahmed yn siarad Cymraeg

Ydy, mae'n noson flasus o wanwyn, Ahmed
ond chei di ddim cicio'r bêl yn erbyn wal y garej mwyach.
Mae Osian wedi hen fynd i'w wely, fel mae'n rhaid i tithe.
Fi yw dy fam, sgen i ddim dewis ond syllu
i'r llygaid du a dweud y drefn, dy warchod ydw i.

Beth hoffet yn stori? Gallaf hudo'r *Arabian Nights* yn fyw iti,
neu gall Dad ddod at erchwyn y gwely i adrodd yr *hadiths*.
Neu beth am y llyfr lliwgar sy'n llawn Cymraeg?
Gall Mami lyncu print du'r geiriau Saesneg
a gelli di droi'n athro balch, fel rwyt mor hoff o wneud.

Dw i'n clywed y Gymraeg yn debyg i'r Arabeg, wyddost ti, Ahmed.
Yr 'ch' a'r sillafau sy'n cwato yn nyfnder dy lwnc.

Paid strancio, fy mychan tlws,
fe weli di Osian ar y buarth ben bore
a daw bwrw'r Sul cyn inni droi.

Heno, tynnwn y llenni'n dynn
a dwyn i gof y straeon sy'n ein harwain at fyd Huwcyn cwsg.
Man lle mae geiriau newydd y dydd yn dod i orffwys
cyn plannu eu hystyron yn nhiroedd dyfnion y cof.
Man lle mae Muhammad a'r Mabinogi
a Mami, Ahmed, yn dishgwl amdanat ti.

Elsbeth, sydd newydd ei geni
(Pentre Gardens, Grangetown)

Pan gyrhaeddaist ti o'r golau
a dodi dy dalcen yn erbyn f'un i
roedd olion hen wareiddiad ynot.
Hen wreigan newydd sbon
yn dod â hanes inni.

Ond fesul anadl
sylwais fod d'atgofion yn pylu
a bod bywyd wrthi'n dy rwydo'n gyfan i'r byd hwn.

A nawr yn sydyn, ry'n ni adre,
yn bwrw'n swildod fel pedwar
a'th lygaid yn chwilio doethineb dy rieni.
Oes mae 'na Osian, ond ymbalfalu ry'n ni, cred fi.
Pawb ohonom yn teithio'n bellach, fesul eiliad,
o'r man cychwyn hwnnw
sy'n llawn golau.

Ymlafniaf yn ôl drwy'r niwl
at y lleufer, Elsbeth.
A phan ddof o hyd iddo eto
trochaf ynddo
nes mod i'n socian llachar
ac yn goleuo'r hewl i ti.

Roedd fi
(Bethany Jones, Cornwall Street, Grangetown)

Mae fy 'roedd fi' yn rheg i rai,
yn cosbi eu clustiau
fel cefais i fy cosbi
am siarad Saesneg wrth cnoi gwm
yn *portacabin* fy plentyndod.

Poerais y Cymraeg mas gyda'r gwm
a'i sticio dan y bwrdd ...
nes y dest di
a *c-sec* dy sach yn dynn amdanat.
Roedd dy arogl fel y diwrnod cyntaf erioed –
fel y pridd a'r haul.
Ac roedd fi'n gwybod, o'r eiliad cyntaf,
taw Celyn fyddai dy enw.

Ti'n gweld, rwy'n cofio emyn Pantycelyn
yn y gwasanaeth.
Chwysu yn fy brethyn
a croesi coesau mor hir
nes nid fi oedd bia traed fi,
ond roedd geiriau'r dŵd yna dal yn *catchy*!

Heddiw rwy'n ymestyn at yfory
ac yn cnoi'r Cymraeg fel *bubblegum* yn ceg fi.
Edrych, Celyn!
Ar maint y swigen pinc mae Mami newydd chwythu!

Noson olaf Morfudd
(Pentre Gardens, Grangetown)

Gorffwys dy ben yn erbyn f'un i
a gad i hanes ein teulu lifo'n ddi-dor rhyngom.
Yn fuan, fe fydda i yn ôl gyda'r goleuni
a chyn pen dim, rwy'n gwybod, bydd Sarn wedi ei werthu.
Paid â gadael i dywyllwch amheuaeth dy lowcio,
ti'n fy nghlywed i?

Dyma'ch cartref nawr, dw i'n deall hynny.
Dyna pam y glaniais i
a chodi pabell.
Carco Osian wrth y tân
er mwyn i chi gael bwrw mla'n.

Cofia am Grib Fawnog, nei di?
A chofia jôcs Mam-gu.
Adrodd hanes y cwyr yn toddi dros fy sgert
wrth Osian
a dangos fapiau fy mebyd i Elsbeth.
Grangetown yw eu cae chwarae
ond mae 'na gaeau lu yn eu clytwaith
a'u gorllewin yn gry'.
Parc y bugel, ti'n cofio'r hanes,
lle ges i gusan fy ngwanwyn gan dy dad ...

Rwy'n gwanio
felly dala fi heno, fy merch.
Ydy, mae'n neud lo's ond gwna i mi wenu
drwy addo aredig ein straeon, nei di?
Oherwydd pan ddaw pelydrau'r tylw'th
i befrio ar lannau'r Taf
ambell bnawn,
fe fydd 'na fedi
ac am ennyd hefyd, fe fydda i.

Elaine
(*Cambridge Street, Grangetown*)

Mae 'na Gymraeg yn ei Saesneg
a'i halaw'n frith o hen drawiadau
na ŵyr amdanynt.
Fflachiadau cyson
sy'n ceisio cynnau coelcerth y co'.

Wrth groesi'r strydoedd am y swyddfa
daw Cymraeg pobol eraill i'w chlyw

ac Elaine yn fud
fel y coed sydd newydd eu plannu
i wella safon byw.

Yn achlysurol, ar ôl cinio
mae'r felan yn llamu i'w stwmog
fel cadno
a daw cnoadau cywilydd
sy'n anodd eu hesbonio –
ai dyma sut mae iaith yn ffarwelio?

Fel chwilod yn cythru drwy'r dail
mae'r llythrennau'n rhuthro heibio,
heb yn wybod i un
sy'n deall fod rhywbeth o'i le
ond yn methu'n lân ag egluro.

Ry'n ni wedi colli Elaine
ac mae ei henaid yn udo.

Jentrifficeshyn
(*Tafarn y Grange, Grangetown*)

Madde i fi, dros beint fel hyn,
am gorddi'r dyfroedd
ond nid ni yw'r werin datws nawr, nace?
Ni sy'n hel pobol o'u tai,
yn gwyngalchu'r walie ac yn hudo pentref newydd
o adfeilion Grange y dosbarth gweithiol.
Gyrrwr tacsi oedd drws nesaf –
ei injan ynghyn ac alawon ei orsaf radio'n
drybowndian yn nhes yr haf.
Roeddwn i'n arfer ei regi'n biws
ond chlywi di ddim gwynt egsôst mwyach.
Gwyn a Mel sydd yno nawr
ac ymchwydd mewn bol.
Nhw â'u Tafwyl a'u Steddfod Gen
yw alaw newydd y Trelluest hwn.

Madde i fi, cellwair, tynnu coes –
ond oes 'na wir ynddi?
A beth wedyn pan ddaw'n amser iti
werthu cartref dy fam, Morfudd druan.
Mae Aberteifi'n agos at dy galon, mi wn
ond o'i gadw oni fydd gen ti dŷ haf, yn faich?
Isht! Dim ond cwestiwn.
Dim ond codi pwnc dros ein cnau
tra'n bod ni'n aros i'r cwis ddechrau.
Wyddost ti, gyda llaw, beth yw'r enw Cymraeg cywir am Grangetown?
Ie ... ti'n iawn!

Y Morwyr
(Dathlu dyfodiad Ysgol Hamadryad)

Llongddrylliad hardd y glannau,
rwyt ti'n dod yn dy fla'n yn bert.
Wele fast dy sgaffaldau
a tharpolin-dros-dro dy hwyliau.
Yn fuan, byddi'n llong
a daw morwyr bach y morglawdd
i drochi yn nhonnau dysg.

Pe bai amser yn drysu am fore,
yn rhoi cam yn unig o'i le,
byddai Trebiwt yn llwyfan aur
a chaneuon yn cyniwair.

Baledi morwyr Llŷn a Môn
wrth geisio'r hawl i hwylio,
a chorws bywiog y morwyr bach
yn sgrialu am yr ysgol.

Fel nodwydd record, neidia,
cymysga'r nodau –
nes y caiff pawb glywed
alawon ei gilydd am y gorau!

Clyw nhw'r morwyr bach
a chlyw nhw'r morwyr mwy!
Pawb ar waith dan ganu
wrth i fastiau'r llongau godi –
yn opera o Gymra'g.

Rhewi
(Penwythnos Mawrth 3, 2018)

Dydy dŵr afon byth yn tewi –
o un eiliad i'r na'll
mae'n llifo ac yn llyfu,
yn llowcio.
Ond bore heddiw
mae'r eira'n lluwchio
ac afon Taf fel dŵr llyn.
A rewodd hi ein straeon yn gorn
a'u dala'n dynn?

Gwyn ein byd am dridiau
ond buan y daw'r dadmer.
Cyhyrau'r dŵr yn grwgnach
dan haelioni'r haul
nes rhwygo'r rhew fel papur tisw
a mynnu llifo am yr aber ...

Ar ein gwaethaf
rhaid gwneud lle
i lesni yfory
a thrennydd
a thradwy ...
gan roi i eiliadau heddiw
wres tanbaid ein sylw.

Yma

Wedi'r sioc gychwynnol o weld nid yr amlen a ddisgwyliwn, ond parsel – ie, parsel – yn cynnwys 42 o gynigion am y Goron eleni, rhaid cyfaddef i mi wedyn deimlo gwefr o feddwl bod cynifer o feirdd yn chwennych ennill Coron genedlaethol. Fodd bynnag, buan y gwelais fod ambell fardd heb roi ystyriaeth ddigonol i ofynion y gystadleuaeth. Cynigiwyd Coron 2018 am *gasgliad* o gerddi – nid am *bryddest* na dim arall; gan hynny, fe lwyddodd sawl bardd i'w torri eu hunain allan o'r gystadleuaeth ar unwaith. Trueni mawr yw hynny, ond penderfynais na allwn ystyried eu gwaith er tegwch i'r rhai a barchodd amodau'r gystadleuaeth yn llawn.

Roedd y testun gosod eleni, 'Olion', bron yn gwahodd cerddi ôl-sylliadol a lleddf, a phrin oedd y beirdd a lwyddodd i ymryddhau rhag hynny a chanu mewn cyweiriau amrywiol. Nid pob bardd ychwaith a roddodd ystyriaeth ddigonol i hanfod 'casgliad', sef crynhoad o eitemau sy'n perthyn i'w gilydd, a threfn bwrpasol arnynt. Er i lawer o gerddi cymen iawn gael eu cyflwyno i'r gystadleuaeth, y casgliadau gorau i'm meddwl i oedd y rhai crwn, â pherthynas organig rhwng y cerddi, a'r rheiny'n cyfarch eu testun mewn modd cynnil, ffres.

Cerddi diddosbarth

Gosodais y pryddestau ynghyd, heb eu dosbarthu.

Caer: Cerdd hir sy'n cydblethu hanes ymweliad â thraeth ger Caer Arianrhod â hanes Arianrhod yn y *Mabinogi*. Mae'r arddull yn uniongyrchol a'r mynegiant yn weddol gywir, ond nid oes yma lawer o grefft.

Kriegsgeneration: Marwnad i München yw'r bryddest hon, ac 'Almaenwr a'i canodd'. Chwyddedig a rhethregol yw'r arddull, er na ellir amau dilysrwydd y teimladau ysgogol.

Tasog: Pryddest ar ffurf nifer o ganiadau byrion, sy'n dangos gallu'r bardd i lunio llinellau tyn. Myfyrdod claf sy'n dioddef o salwch terfynol sydd yma, debygaf, ond anodd dilyn y trywydd.

Crysiófnic: Ymson a osodwyd yng ngenau Gwyddno Garanhir. Mae ynddi rai llinellau hudolus, a byddai'n werth i'r bardd weithio ymhellach ar hon.

Jones: Adroddir hanes Cymro sy'n dychwelyd (fel ysbryd?) i Gatalwnia, i bentref a boblogir gan atgofion sy'n 'brathu'r cof fel draenen yn yr ystlys'. Gwaith synhwyrus ac ynddo lawer o rinweddau, er nad yw'r llais yn gyson glir.

Y Tir Tywyll: Cyfres o ganiadau byrion a glymwyd yn dynn yn ei gilydd. Gosodwyd teitl un o gerddi Waldo ar ddechrau'r casgliad, a cheir yma sawl adlais o waith y meistr hwnnw, nid lleiaf y trafod ar y berthynas rhwng dyn a natur, a'r elfen o weledigaeth gyfriniol a chyfannol. Mae tinc hen ffasiwn ar lawer o'r canu, er mor raenus ydyw.

Virga: Wedi dyfyniad o waith yr anthropolegydd Tom Ingold, ceir tair cerdd am yn ail â darnau rhyddiaith. Mae ambell elfen afaelgar yn y cerddi, ond nid cystadleuaeth ar gyfer rhyddiaith oedd hon.

Dosbarth 3

Gwawr Fryn: Braidd yn gyfyng yw'r casgliad hwn: dwy gerdd yn ymestyn dros ryw gant a hanner o linellau, a llawer o'r rheiny'n cynnwys un neu ddau o eiriau'n unig. Y testun yw'r Ail Ryfel Byd a'r Holocost. Mae yma fynegiant croyw o ddicter, ond prin yw'r grefft farddol ac mae'r mynegiant yn bur wallus.

Olivander: Ceir rhai llinellau unigol trawiadol yma, ond methais wneud fawr o synnwyr o'r cerddi fel cyfanweithiau. Mae gwallau yn y mynegiant.

Bryn Gro: Rhoddodd y bardd lais i'r anifeiliaid maen sy'n dringo waliau Castell Caerdydd: y Morgrugysor, y Belicanes, y Llewpart a'u cymheiriaid. Mae yma ddigon o ddychymyg a thalp da o hiwmor, ond rhigymllyd a chlonciog yw'r cerddi.

Dosbarth 2b

Llosg: Tair cerdd am yr ymosodiad terfysgol ar gyngerdd yn Arena Manceinion ym mis Mai 2017. Braidd yn eiriog yw'r cerddi, a byddai'r ail (sy'n disgrifio'r ymosodiad ei hun) ar ei hennill o fod yn fwy cynnil – gwell awgrymu na cheisio disgrifio golygfa erchyll yn fanwl. Mae angen mwy o ofal gyda'r mynegiant.

Cyffro: Trychineb naturiol yw'r testun, sef dinistrio 'paradwys' Ynys Barbwda (yn fwyaf arbennig) gan Gorwynt Irma ym mis Tachwedd 2017. Er bod ambell gerdd yn well na'i gilydd, mae yma duedd i rethregu a disgrifio'n oreiriog, ac mae gwallau yn y mynegiant.

Peredur: Yr erlid ar Fwslemiaid Rohingya ym Myanmar yw'r testun. Ni ellir amau dicter y bardd am y sefyllfa, ond disgrifiadol a goreiriog yw'r cerddi. Yr orau ohonynt yw 'Ahab', sy'n rhoi llais uniongyrchol ac ingol i un o ddioddefwyr yr erchylltra. Mae'r mynegiant yn wallus.

Cerrig: Ymwisga'r bardd fel artist sy'n peintio llun o bentref adfeiliedig mewn cyfres o bortreadau o adeiladau unigol – y caffi, y siop, y capel ac yn y blaen – a fu unwaith yn llawn bywyd ond sydd bellach yn wag. '[A]dfer enaid â llinellau fy mrwsh' yw'r bwriad, meddai'r bardd; ond prin yw'r bywiogrwydd yn y cerddi goreiriog hyn.

Culhwch: Mae'r casgliad hwn yn agor ac yn cau â cherddi i'r fagwrfa awen honno, Tŷ Newydd; rhyngddynt ceir cyfres o gerddi sy'n sôn am ailgynnau hen berthynas a'i diwedd trist, a sut y daw'r bardd i delerau â'i golled trwy farddoni. Cerddi ar fydr ac odl sydd yma'n bennaf, ond mae'r dweud yn afrwydd yn aml ac ambell odl yn drwsgl.

Cusan y Cosmos: Gosodwyd dyfyniad o waith y ffisegydd Brian Cox ar frig y casgliad hwn sy'n dehongli theorïau Cox (ac eraill) am ddechreuadau'r bydysawd mewn delweddau a dynnwyd o feysydd cerddoriaeth a beichiogrwydd. Er bod yma amryw o linellau trawiadol, fel y disgrifiad o'r sêr yn '[d]otio sgôr y gwacter/ nes ei lanw/ yn finims o fawl', teimlais i'r ddelweddaeth chwythu ei phlwc cyn y diwedd, a daw'r casgliad i ben nid â bang mawr ond â gwich!

Mametz: Y testun yw'r Rhyfel Byd Cyntaf a'i ganlyniadau erchyll – i'r rhai a laddwyd a hefyd i'r rhai a oroesodd. Pum cerdd sydd yma, ac er bod elfennau da ym mhob un byddent yn fwy ergydiol o'u tocio a'u gwneud yn fwy cynnil. Roedd lle hefyd i amrywio'r 'llais', sy'n mynd yn undonog ac ymdrechgar erbyn y diwedd.

Gwyddfid: Cyflwynwyd chwe cherdd ar bynciau amrywiol. Ar ei orau, gall *Gwyddfid* greu lluniau trawiadol mewn geiriau, er enghraifft yn 'Auschwitz' lle disgrifia '[r]oliau o wallt/ fel twyni tywod/ ar draeth dynoliaeth'. Ond anghyson yw'r safon ac mae lle i weithio ymhellach ar rai o'r cerddi.

Y Meddwl Annibynnol: Casgliad hwyliog am anifeiliaid sŵ mewn arddull uniongyrchol ac iaith hygyrch. Ceir tro sy'n peri gwên yng nghynffon y rhan fwyaf o'r cerddi – peth amheuthun mewn cystadleuaeth â chymaint tuedd at y dwys-ddifrifol. Gallai'r rhain weithio'n dda gyda dosbarth o blant hŷn neu arddegolion efallai.

Afanc: Cyferchir naw o '[g]readuriaid diflanedig', yn cynnwys yr awrocs, y dodo a'r carfil mawr, gan orffen â cherdd goncrid i'r 'Pangolin Sunda' (creadur na ddiflannodd eto ond sydd mewn perygl). Defnyddiwyd amrywiaeth o fesurau gwahanol, a cheir ambell fflach gofiadwy, fel y disgrifiad o deigrod Jafa 'wedi diffodd/ sêr gwib eu streipiau'. Ond ni chefais lawer o fywyd yn y canu yn gyffredinol – fel yn achos y creaduriaid hwythau, druain, sydd dan sylw.

Fflamingo: Dyma fardd sy'n syllu ar Gymru trwy lygaid deifiol, a'i dafod yn ei foch yn aml. Canolfan Hanes Uwchgwyrfai, crefydd enwadol, y lyncs a ddihangodd o sŵ'r Borth – dyma rai o bynciau'i gerddi difyr. Yng ngwaith *Fflamingo* y cefais rai o linellau mwyaf cofiadwy'r gystadleuaeth:

> Heddiw,
> gwe pry cop a gwano
> ydi'r unig bethau'n trendio
> yn fy nghapel i.

Ond yma hefyd y cafwyd y ddelwedd fwyaf treuliedig, wrth ddisgrifio'r 'Hen Ogledd dan Eira', 'dan y siwgr eisin gwyn/ a'r wyneb cacen 'Dolig'.

Cae Canol: Ar ei orau gall *Cae Canol* lunio *vers libre* rhythmig, llawn delweddau, sy'n cydio yn y glust a'r dychymyg. Mae cerddi fel 'Ti' a 'Ti ... eto' yn hiraethus o enigmatig, yr ymdeimlad o golled ar ôl un annwyl yn 'Fo ...' yn cyffwrdd â'r galon, ac mae'r gerdd glo, 'Wedyn', yn gyfoethog ei chyfeiriadaeth. Fodd bynnag, ar ganol y gwaith gosodwyd math ar ddrama-gerdd na welaf unrhyw rinwedd ynddi.

Y Cwcwll Gwyn: Casgliad amrywiol ei gynnwys ac anwastad ei safon. Ar ei orau gall y bardd hwn ganu'n drawiadol yn y *vers libre* ac ar fydr ac odl. Hoffais gydbwysedd cyferbyniol y gerdd agoriadol, 'Ar lan y môr', a hefyd y darlun brawychus o ddifaterwch ynghylch arwyddocâd ein hanes yn 'Y sgip'. Mae dawn dweud yma'n sicr, ond mae tuedd i'r canu droi'n rhigymllyd.

Dic y Crogwr: Anwastad yw'r casgliad amrywiol hwn eto. Mae'r gerdd agoriadol, 'Gwanwyn Prâg', ar fesur filanél, yn hyfryd enigmatig, ond ceir dwy filanél arall wedyn nad ydynt hanner cystal am na pherthyn yr un ing iddynt. Mae 'Ymla'n', am ddigartrefedd yng Nghaerdydd, yn well cerdd nag 'Ymchwil yn parhau' ar yr un mesur. Ceir ambell fflach sy'n awgrymu bod deunydd bardd yma, ond ni lwyddodd i'm cyffroi y tro hwn.

Dosbarth 2a

Rydym bellach wedi cyrraedd tir tipyn uwch o ran ansawdd y canu a hefyd yr ymwybod â'r cysyniad o gasgliad.

Ifan: Gall *Ifan* lunio soned afaelgar – dyna fesur llywodraethol ei gasgliad, yn cyfrif am wyth o'r 11 cerdd. Sonnir am amrywiaeth o brofiadau bywyd a theulu, o fwyara gyda'i wyrion i losgi celfi hen fam-gu. Naws hen ffasiwn sydd ar lawer o'r cerddi; eto mae'r gyfeiriadaeth – at bethau fel yr Xbox a'r Smart TV – mor gyfoes â dim yn y gystadleuaeth. Casgliad cymen a chynnes, ond cefais fesur y soned yn ormesol erbyn y diwedd.

Fforddoliwr: Casgliad sy'n cofio am y diwydiant llechi yn ei anterth. Mae yma ymdeimlad o hiraeth ar ôl cymeriadau a ffordd o fyw a aeth heibio, ac yn y gerdd olaf cyfleir y lletchwithdod o weld '[a]nturwyr ffug yng nghragen y graig/ a'u dileit [*sic*] mewn creiriau rhydlyd'. Byddai'r casgliad yn gryfach petai mwy o amrywiaeth o ran cywair ac arddull, ac mae mân frychau yn y mynegiant.

Loge Las: Casgliad arall sy'n syllu'n ôl ar hanes bro. Ardal a wenwynwyd gan y diwydiant plwm sydd yma, ac afon 'Ystwyth/ yn glaf yn ei gwely' yn symbol o effaith y gweithfeydd ar y tir a'r bobl. Mae amser wedi gwella rhai pethau – '[p]wythodd y meddyg amser/ y dolur ar groen y tir' – ond dieithriaid sydd yn hen gartref y bardd bellach, ac ni chododd yr un ffenics o ludw plasty Hafod. Gallaf ddeall pam y gosodwyd 'Ffosydd' hyfryd-gytbwys yn gerdd olaf y casgliad, ond teimlaf fod angen rhywbeth pellach i glymu'r gwaith yn dwt.

Letty: Mae'r casgliad amrywiol hwn yn mynd â ni o Fur Hadrian i Sarajevo, o gyhoeddusrwydd lladd Jamie Bulger i gam-drin rhyw wraig ddi-sôn-amdani. Gŵyr *Letty* am werth ailadrodd a gall ganu'n gynnil effeithiol, ond weithiau mae'n dweud gormod – byddai'r gerdd i bentref ffug Cilieni, er enghraifft, yn gryfach heb ei linell olaf sy'n cyfeirio'n uniongyrchol at '[g]roesawu byddin'. Mae 'Bys', ar y llaw arall, yn gynnil iawn, ond anodd derbyn senario'r diweddglo.

Biwtar: Colled, yn enwedig colled ar ôl person arall, yw'r brif thema, a chefais y gerdd agoriadol, 'Sut yr aeth y gwenoliaid adref', a hefyd 'Brodyr', yn arbennig o deimladwy. Mae hiwmor 'Yoga' yn chwa o awyr iach mewn cystadleuaeth ddwys, ac felly hefyd eironi diweddglo 'Cynnwys ddim ar gael'. Llai llwyddiannus yw nifer o'r cerddi eraill: byddai 'Ffôn y gwynt' a 'Hedfan nôl i'r Hydref', er enghraifft, yn elwa o'u tocio.

Dryw: Cerddi am berthnasau yw'r rhain, a theithiwn o Fôn yn y gerdd gyntaf i Aber-fan yn yr olaf. Mae *Dryw* yn fardd deheuig sy'n gallu tynnu lluniau â geiriau: dacw'r fam yn crafu moron 'a'th aeliau'n/ gwatwar crwman dy gefn'; to'r ganolfan hamdden 'sy'n fflawntio'i rychau'; a'r bardd newydd gamu o'r gawod 'yn gwisgo siaced o wres dyfroedd'. Dyma waith synhwyrus y mwynheais ei ddarllen, er i mi gael 'Mêts' ychydig yn ddryslyd.

Vik: Casgliad destlus sy'n archwilio natur perthynas – â chariad, â chymar, â phlentyn yn y groth, â thaid, â chenedl ac â'r hunan. Gall *Vik* ysgrifennu *vers libre* soniarus a darlunio'n fanwl. Hoffais yn arbennig 'Shifft coch: Cymru v Iwerddon, 9/10/17', sy'n harneisio delweddaeth cainc *Branwen* wrth drafod y 'sarhaed' a wnaeth y Gwyddelod i dîm pêl-droed Cymru, a hefyd 'Ymbalfalu' a'r atgofion a gyffroir gan arogleuon. A phwy feddyliai, wir, fod pilio garlleg yn weithred mor erotig ...?

Van Gogh: Mae'r gerdd fer sy'n rhagymadrodd i'r casgliad hwn yn manteisio ar eirfa arlunio, nodwedd sy'n parhau i'r gerdd nesaf, 'Brasluniau', sy'n diweddu â'r cwestiwn 'Pwy ydwyf?' Ateb (rhannol) i'r cwestiwn hwnnw yw'r cerddi dilynol, sy'n ymwneud â phlentyndod a chynefin, â threftadaeth grefyddol a diwylliannol, â chymuned ac iaith, cyn diweddu â cherdd sy'n ailgydio yn nelweddaeth arlunio. Y cerddi gorau yw 'Dwy Raw', sy'n cyferbynnu gwaith corfforol y tad â'r mab sy'n gweithio â'i ysgrifbin, a 'Crafangau', sy'n trafod agweddau amwys at iaith a diwylliant. Casgliad diddorol.

co bach: Dyma un o feirdd mwyaf amlwg ddiwylliedig y gystadleuaeth. Cyflwynodd ei gerddi dan deitlau sy'n adleisio'n eironig ddywediadau neu ddyfyniadau cyfarwydd, er enghraifft: 'Anwybod nid yw'n obaith', 'Nid segurdod yw clod cledd', 'Ai'r dillad sy'n gwneud y dyn?' Mae'r gerdd gyntaf yn gri gan lyfrau am i'w 'heneidiau' gael eu rhyddhau. Yn y cerddi dilynol cwrddwn ag amryw o'r eneidiau hynny: Goronwy Owen a'r Bardd Cocos, Daniel Owen, T. H. Parry-Williams, Rhiannon (y *Mabinogi*), Ann Griffiths a Heledd. Dyma gasgliad aeddfed gan fardd medrus, a'i linellau olaf yn herio pob darllenydd ystyriol: 'Hwn yw dy waddol di,/ gwna ohono a fynni'.

Unrhyw un: Gosodwyd yr isdeitl 'Cerddi Canol Oed' ar frig y casgliad hwn, a honna'r bardd iddo gyrraedd y pwynt tyngedfennol hwnnw yn ei fywyd 'un noson rhwng gemau Ewros a'r Eisteddfod' – yr un adeg â Brexit. Cerddi hunanymholgar yw'r rhain: beth yw gwacter? pwy ydw i? sut ydw i'n perthyn i'r sawl sydd o'm cwmpas? Ond nid rhyw ffugathronyddu a wneir,

ond archwilio trwy ddelwedd a dychymyg: o weld argraff llofnod ei fam-
gu o chwith ar ei fawd, neu wrth ddychmygu ei angladd ei hun a'r bardd
yn cael ei '[w]asgu/ i arch o englyn/ [...] a phobl yn dod yma o dudalennau
Facebook'. Hoffais 'Anadl' a 'Rhwng dau dân' yn arbennig, ond mae llawer
o gryfderau yn y casgliad hwn ar ei hyd.

Dosbarth 1
Cododd wyth casgliad uwchben y lleill i hawlio'u lle yn fy Nosbarth Cyntaf
i. Ynddynt mae'r ymdeimlad o gasgliad yn gliriach, y canu'n fwy cyson
hyderus, a'r beirdd yn manteisio'n llawnach ar hyblygrwydd cystrawen y
Gymraeg a chyfoeth ei geirfa.

Ar draws y Fenai: Cyflwynwyd oriel o gerddi ecffrastig yn ymateb i waith
Kyffin Williams, peth priodol iawn yng nghanmlwyddiant geni'r artist.
Ailgrëwyd detholiad o'i luniau mewn geiriau: yn bortread neu'n dirlun,
gwelwn y paent yn dafelli a thalpiau nodweddiadol o dechneg Kyffin. A dyna
gryfder a gwendid y casgliad hwn ynghyd. Trwy ailadrodd geiriau fel 'ffrâm',
'cynfas', 'palet', 'artist', fe'n hatgoffir yn gyson mai *disgrifio lluniau* a wneir.
Ambell gerdd yn unig sy'n gwneud mwy na hynny: 'Y Fartha Fendigaid
Hon' sy'n cyflwyno Mrs Hughes (1989) yn nhermau Martha'r Testament
Newydd, a 'Prynu Cof' sy'n dehongli'r ymateb dosbarth canol i'r bywyd
gwerinol, gwladaidd a ddarluniodd Kyffin, a ninnau'n 'ymdrybaeddu mewn
olion artiffisial/ o'r egsotig a fu unwaith yn gymaint rhan o bridd ein gwlad'.
Y diffyg hwn sy'n cadw'r casgliad rhag codi'n uwch yn y Dosbarth.

Neb: Teithiwn ar draws de Cymru yng nghwmni *Neb*. Taith lythrennol
a throsiadol sydd yn y gerdd agoriadol, 'Gyrru heibio i Sarn Helen', ac
adlewyrchir anesmwythyd a chyffro'r tad newydd yng ngosodiad concrid
y gerdd. Mae 'Codi Castell Henllys' yn herio ystrydebau am goloneiddio:
ymfalchïa'r bardd yng nghyswllt 'brodorol' ei deulu â'r safle, gan ddifrïo'r
teulu o Saeson sydd hefyd yn ymweld â'r *'iron age fort'* – nes sylweddoli
mai ef ei hunan a'i deulu yw'r coloneiddwyr mewn gwirionedd, '[c]anys
fe laniodd y Celtiaid yma, un dydd,/ yn oresgynwyr, yng nghynefin rhyw
deulu diniwed/ a chodi Castell Henllys'. Bardd ymwybodol o gynhysgaeth
goll sydd yn 'Rhwng Gwempa ac Ystrad Merthyr': dychmyga'i hun yn dilyn
un o lwybrau anghofiedig y glêr

> a bod cywyddau mawl a marwnad
> yn gorwedd yn y caeau o'n cwmpas,
> hen haenau o hanes yn gwneud dim mwy
> na chael ei bori neu dyfu'n silwair.

Daw'r casgliad i ben 'Ym Mynwent Llanfabon' mewn myfyrdod ar golled a pharhad. Ac yn y cyd-destun hwnnw y gwelir arwyddocâd y gerdd sy'n ei blaenori, 'Calon' – nid lle ar fap ond 'stafell fach i gadw pawb/ sy'n ein gadael, i fyw'n wên, y rhai a fu'n wael, /fel bod ganddyn nhw yfory a haf arall'. Gallai'r canu fod yn fwy cynnil mewn mannau, ond dyma gasgliad ystyriol, hygyrch.

Troedyrhiw: Gŵyr pawb am y profiad o fod â gair ar flaen y tafod ond methu dod o hyd iddo, neu fethu rhoi bys ar ddarn o wybodaeth – y peth hwnnw sydd 'yno' ac eto fymryn y tu hwnt i'n gafael. Rhyw brofiadau felly sydd yn nifer o gerddi'r casgliad cyfoethog hwn: y meirwon sy'n dychwelyd atom yn ein breuddwydion yn 'Troi a Throsi'; y gobaith am y darganfyddiad nesaf sy'n ysgogi 'Dyn y Synhwyrydd Metel'; credoau cyndeidiau ein cyndeidiau yn 'Duwiau Bach'; llinynnau sgwrs mewn cartref gofal yn 'Sgwrio' [*sic*] – pethau anghyraeddadwy sy '[f]el clecian ceiniog/ Yn nhwba masîn golchi'. Mewn cyferbyniad, peth materol ond yr un mor anghyffyrddadwy yw testun cerdd orau'r casgliad, 'Y Gyfrodedd': darn o frethyn a ddarganfuwyd ym medd merch o'r Oes Efydd, a'r bardd yn '[g]weld yn y cerpyn brau/ Arlliw, rhithiol bron,/ O batrwm y gwehydd'. Casgliad llawn dychymyg a dweud gafaelgar er nad yw pob cerdd yn taro deuddeg ar ei ben.

dan yr wyneb: Rydym ar daith eto yn y casgliad hwn. Dechreuwn yn Syria, ond ymwelwn hefyd â thraeth Port Manec'h yn Llydaw, â Dallas a Normandi, yn ogystal â sawl man yng Nghymru. Hoffais gynildeb 'Portread o Feddyg' sy'n disgrifio 'imiwnedd' llawfeddyg i'r bomiau sy'n syrthio dros Ddwyrain Ghouta 'rhag i'w llaw droi'n arf Assadaidd/ dros galon Syria', a hynny'n cyferbynnu ag 'imiwnedd' y bardd i'r erchylltra: diffodda'r teledu 'a'i gadael yn ddideimlad yn ei lwch'. Mewn cyferbyniad, cyd-dynnu hyfryd rhwng dwy genedl sydd yn 'Port Manec'h' facaronig dyner. Yn 'X' archwilir eironi'r 'gusan' sy'n dynodi'r fan lle saethwyd JFK, a'r bardd yn sylweddoli mewn dychryn wrth ffocysu lens ei gamera 'mor hawdd yw saethu dyn/ ar stryd yn Dallas', ac ymateb crafog yw 'W. N.' i sefyllfa'r Gymraeg yn y gweithle. Yn y cerddi cynnil hyn, cefais *dan yr wyneb* ymhlith beirdd gorau'r gystadleuaeth, ond teimlais fod yr elfen goncrid yn 'March y Môr' yn tanseilio ing y gerdd honno, ac mae rhagymadrodd a throednodyn hanesyddol 'Penlle'r Castell' yn ormesol – hyd yn oed o'u deall yn eironig ôl-fodernaidd. Ond dyma gasgliad sy'n llwyr deilyngu'i le yn y Dosbarth Cyntaf.

Rhuddlan: Casgliad sy'n agor a chau â cherddi i'r lleuad yw hwn, a hynny'n rhoi argraff orffenedig i'r gwaith. Cerdd i ferched sy'n golchi dillad dan olau'r lloer yn Andalucia yw'r un agoriadol, 'Lleuad lân', a sonnir am ferched ac am ddillad mewn sawl cerdd arall. Disgrifir y profiad synhwyrus o fyseddu defnydd 'sari swil' mewn siop ail-law yn 'Diwyg', gan orffen ar nodyn athronyddol ingol. Ingol hefyd, a gwych o gynnil, yw 'Dwy eneth', am dreisio a lladd dwy gyfnither yn India; mae'r darlun ohonynt yn crogi 'ar ganghennau'r mango/ [...] ffrwythau anaeddfed yn yr awyr/ ym mreichiau'r crwyn melysgoch' ymhlith delweddau mwyaf ysgytwol y gystadleuaeth gyfan. Daw'r casgliad i ben â dwy gerdd dyner, i'r 'Siôl fagu', ac i'r 'Lleuad Fêl', sydd eto'n dangos dawn *Rhuddlan* ar ei gorau gynnil. Ond teimlais i'r bardd golli'i ffordd a'i weledigaeth tua chanol y casgliad gyda 'Cofgolofn', 'Kalashnikov' a 'Cân rebel 2019', ac afrwydd hefyd yw ymadroddi'r soned 'Rhoi gwaed'. Er hynny, dyma gasgliad sydd ymhlith rhai gorau'r gystadleuaeth, yn cynnwys cerddi o'r safon uchaf.

Mas: Casgliad dirdynnol am y profiad o 'ddod mas'. Mae'r gerdd gyntaf, sy'n disgrifio profiad plentyn o gael ei gloi mewn cwpwrdd wrth chwarae 'cwato', yn ddelwedd am gynnwys gweddill y casgliad sy'n olrhain hanes *persona*'r bardd yn dod i delerau â'i ogwydd rhywiol, yn datgelu hynny i'w deulu ac yn canfod cariad â phartner hoyw. Cyfleir yn deimladwy iawn unigrwydd plentyn sy'n sylweddoli na all byth gyflawni gobeithion ei rieni yn 'Cyfri' ond nid tan ddechrau'r drydedd gerdd, 'Whilo', y cawn yr awgrym clir cyntaf am yr hyn a fyddai'n peri gwir arwahanrwydd iddo: 'O'n i wastad bach yn od, sbo./ Wastad jyst tam' bach yn *queer*'. Darlunnir perthynas glòs rhwng y plentyn a'i dad wrth iddo chwarae pêl-droed yn y parc 'fel y lleill', ond ciliodd ei dad

      fel gwallt at ochr y cae,
      ei wên yn wannach na'r rhieni eraill,
      ac ynte'n rhedeg ar ôl ei fab o hyd
      trwy stadiyme pell ei lyged.

Henaint yw achos y pellter sy'n datblygu rhyngddynt, ond awgrymir bod rheswm arall, dan yr wyneb, a hwythau 'yn dal i gipedrych tua'r llwyni'. Mwy amlwg anghysurus yw'r berthynas â'i fam a'r diwylliant crefyddol a gysylltir â hi yn 'Twymach'; ond iddi hi mae'r bardd yn datgelu ei fod yn hoyw, yn y car wrth ddychwelyd o wers piano, ar foment a ddelir i'r dim – a geiriau (cwbl eironig) ei fam wrtho: '*Cer mas*'. Yn 'Allan' disgrifir ymweliad cyntaf y bardd â bar hoyw, ac mae'r gerdd ddilynol, 'neu beidio', ar ffurf deialog â seicolegydd (neu â'i hunan?) yn gweithio'n dda. Ceir poen a phleser serch yn 'Ffeindio' ac 'Aros', a daw'r casgliad i ben â cherdd ddirdynnol arall, 'Eto', sy'n rhedeg tuag yn ôl, fel ffilm; ynddi mae'r bardd yn cymodi â'i fam yn ei henaint, 'â'n cypyrddau ni ein dau ar agor led y pen'. Nid yw dwy gerdd gyntaf y casgliad, nac 'Aros' tua'r diwedd, gystal â'r gweddill yn fy marn i, a braidd yn stroclyd yw'r disgrifiad o ryw hoyw yn 'Ffeindio', ond dyma gasgliad arbennig o deimladwy gan fardd sy'n meddu ar lais croyw.

Enlli: Dyma fardd cynnil iawn sy'n ein tywys o Bowys i Uffington (*via* Denmarc), a chyfeiriadaeth ei gerddi'n cwmpasu'r Hengerdd, *Mirabilia Britanniae*, llyfrau gramadeg, mythau, straeon tylwyth teg a hen gredoau seryddol. Gall *Enlli* ganu'n ddychanol, fel yn 'Ôl y Daith', sy'n darlunio'r diwylliant Cymraeg fel llong gyda '... Derec Llwyd Morgan yn feistr arni/ ac RWP yn chwysu stecs yn y gali'. Ond mae'r gerdd honno'n gwbl anghydnaws â gweddill ei gasgliad, sy'n cynnwys cerddi tyner, teimladwy a'r berthynas (anghysurus yn aml) rhwng byd pobl a byd natur yn thema gyson ynddynt. Gwelir hynny'n eglur yn y gerdd agoriadol, 'Cwm Sorgwm', y mae cynilder ei llinellau cyntaf yn dwyn i gof ein hen ganu gwirebol: 'Mae'r caeau'n grin gan frath Tachwedd,/ y gwerni ger y nentydd swrth/ yn ysgerbydau gwelw'. Mewn cyferbyniad â marweidd-dra'r tirlun, 'mae'r ffermwr ffraeth yn gyffro oll/ gan wefr chwe mileniwn o amaeth ar ei dir' – ond wedyn daw'r ciplun agos ohono: 'ymylon ei amrannau'n goch/ gan wenwyn oes o drochi defaid'. Yr un berthynas anesmwyth rhwng pobl a natur sydd yn 'Casglu', lle mae'r bardd yn torri iorwg a chelyn er mwyn '[d]od â'r gwyllt i'r tŷ/ [...] y cread noeth yn fendith/ ym mherfedd y gaeaf o gwmpas y tân'; a hefyd yn 'Pabïau' yn ei ymateb amwys i harddwch llipa'r petalau. Mae *Enlli* yn fardd academaidd sy'n ei ddarlunio'i hun yn hela ystyron amwys rhyw orffennol cymhleth mewn '[c]yfnodolion sych/ a olygwyd gan Brwsiaid moel' ('Y Mamau'), ond hefyd yn y tirlun, 'yn helfa wyllt dros ros a bron,/ hyd arfordiroedd unig' ('Meini'). Ac wedi'i wau'n gelfydd rhwng y cwbl y mae edefyn o ganu serch, sydd eto'n ymddangosiadol anghysurus: 'ni chei grwydro, gariad fy nghalon,/ trwy niwl yr haf ar dy fryniau. [...] A bellach ni allaf fod yn driw,/ ni elli dithau fod yn ffyddlon' ('Angharad'). Fel ceffyl gwyn Uffington, testun y gerdd olaf, dyma gasgliad sy'n 'ymddiddan rhwng dau fyd' gan fardd cynnil, anesmwyth ond cyffrous. Mae yn ei gerddi awgrym cyson o rywbeth cyfrin, cyfrinachol bron, a thywyll yn aml. Ond er mor hudolus ei waith, fe'm gadawyd yn teimlo na ddatgelodd ddigon o'i gyfrinach i mi ei werthfawrogi'n llawn. Fel y casgliadau eraill a gyrhaeddodd frig y Dosbarth Cyntaf, nid yw pob cerdd o'r un safon uchel ac mae peth ailadrodd diangen ar eirfa ac ymadrodd.

Yma: A'r Eisteddfod Genedlaethol yn ymweld â Bae Caerdydd, dyna hyfryd yw bod casgliad sy'n dathlu Cymreictod yr ardal leol hon yn glanio tua brig y gystadleuaeth Mae'n bosibl bod o leiaf ddeugain mil o siaradwyr Cymraeg yng Nghaerdydd a'r cyffiniau agos, rhai'n Gymry brodorol, eraill wedi mudo yma o rannau eraill o'r wlad, ac eraill eto'n 'Gymry newydd' – dysgwyr a phlant sy'n derbyn addysg gyfrwng Cymraeg er nad dyna iaith yr aelwyd. Cymreictod 'cymysg' Trelluest (bathiad diweddar am Grangetown) – yr ardal sydd am yr afon â safle'r Eisteddfod – yw testun casgliad *Yma*. Ynddo fe'n cyflwynir i gymuned o gymeriadau a osodwyd ar 'fap' o strydoedd penodol: Ahmed a'i gyfaill Osian; Elsbeth, chwaer fach newydd Osian, a'u mam-gu, Morfudd, a symudodd yma o Geredigion i garco'r wyrion; plant yr ysgol Gymraeg newydd, Ysgol Hamadryad; a Bethany Jones hynod gofiadwy a boerodd 'y Cymraeg mas gyda'r gwm [cnoi]/ a'i sticio dan y bwrdd ...' yn yr ysgol – a'i gadael yno nes geni'r plentyn mae'n rhoi'r enw Celyn arno am ei bod yn 'cofio emyn Pantycelyn/ yn y gwasanaeth' ac 'roedd geiriau'r dŵd yna dal yn *catchy*!' Cerddi sgwrsiol a chynnes yw'r rhain, ond maent hefyd yn soffistigedig a'u hamseru'n wych yn aml. Dyma ddiweddglo 'Mae Ahmed yn siarad Cymraeg', a'i fam (nad yw'n medru'r Gymraeg) yn ei anfon i'r gwely, i

> [F]an lle mae geiriau newydd y dydd yn dod i orffwys
> cyn plannu eu hystyron yn nhiroedd dyfnion y cof.
> Man lle mae Muhammad a'r Mabinogi
> a Mami, Ahmed, yn dishgwl amdanat ti.

Un nodwedd hyfryd ar y casgliad yw'r modd y cyfeiria'r cerddi'n ôl ac ymlaen at ei gilydd. Er enghraifft, disgrifir Elsbeth newydd-anedig fel 'hen wreigan newydd sbon', ac ymhen dwy gerdd rydym wrth erchwyn gwely angau ei mam-gu, Morfudd, a'r gerdd honno'n llawn delweddau a dynnwyd o'r bywyd gwledig a adawodd ar ôl pan ddaeth i Gaerdydd. Unwaith eto mae amseru'r diweddglo'n wych:

> Ydy, mae'n neud lo's ond gwna i mi wenu
> drwy addo aredig ein straeon, nei di?
> Oherwydd pan ddaw pelydrau'r tylw'th
> i befrio ar lannau'r Taf
> ambell bnawn,
> fe fydd 'na fedi
> ac am ennyd hefyd, fe fydda i.

Gall *Yma* ganu'n dyner fel hyn, ond hefyd â'i dafod-yn-y-boch, fel yn 'Jentrifficeshyn', sy'n codi cwestiynau dilys ynghylch beth yn union sy'n digwydd pan fydd Cymry Cymraeg yn 'coloneiddio' rhan o'r ddinas lle na fu'r Gymraeg yn iaith y mwyafrif. Hoffais y ffordd y mae'r casgliad yn agor ac yn cau yn nyfroedd Taf, lled-gyfeiriad o bosibl at y gerdd 'Holi Afon Taf', lle mae'r afon yn rhestru'r ieithoedd a glywodd ar ei glannau – Cymraeg, Lladin, Ffrangeg a Saesneg – ond bydd y Gymraeg yn arhosol tra bydd ynddi ddŵr. Dyma gasgliad teimladwy, amserol ac apelgar gan fardd sy'n lladmerydd huawdl dros Gymreictod cymysg, byrlymus ein prifddinas.

Yn y diwedd, roedd pedwar casgliad gwahanol iawn i'w gilydd yn ymgiprys ar frig fy Nosbarth Cyntaf i: gwaith *Rhuddlan*, *Mas*, *Yma* ac *Enlli*. Mae i bob un ei gryfderau pendant, ond mae pob un hefyd yn syrthio'n brin o'i safonau uchaf ei hunan ar brydiau. Felly, a oes teilyngdod? Wedi pwyso a mesur, credaf fod tri o'r pedwar hyn yn deilwng o Goron genedlaethol: *Mas*, *Yma* ac *Enlli*. Ond dim ond un Goron sydd, felly pwy sy'n ei chael? Rwy'n gosod *Enlli* hanner trwch blewyn ar y blaen i *Mas*, ac *Yma* drwch blewyn ar y blaen i *Enlli*. Rydym fel beirniaid yn gytûn, felly, mai *Yma* sy'n mynd â hi eleni. Gan hynny, coroner *Yma* â phob braint ac anrhydedd ddyledus, a llongyfarchiadau calonnog i'r bardd.

Diolch am y gwahoddiad i feirniadu'r gystadleuaeth hon unwaith eto. Roedd y testun yn un da, er efallai yn annog y beirdd i edrych tua'r gorffennol, ac aeth sawl un i alarnadu 'gwynfa goll' yr hen gymdeithas Gymraeg. Mae'n bwysig canu am ein gorffennol (ac os na wnawn ni, wnaiff neb arall drosom!) ond mae'n bwysig hefyd ddefnyddio'r awen i ganu am heddiw.

Diolch i'r beirdd am rannu eu profiadau. Roeddwn i'n edrych ymlaen at weld y profiadau hynny wedi'u saernïo'n gerddi cofiadwy, ac at ddarllen casgliadau lle roedd y cerddi hynny'n siarad â'i gilydd, yn creu rhyw fath o undod. Roedd rhai o'r beirdd yn fwy llwyddiannus na'i gilydd wrth gyrchu at y ddau nod yna, fel y cawn weld!

Daeth 42 o gynigion i law, ond er mai 'casgliad o gerddi' y gofynnwyd amdano, pryddestau a gafwyd gan *Jones, Crysiófnic, Caer, Kriegsgeneration, Tasog* ac *Y Tir Tywyll*.

Roedd rhai ohonynt wedi rhannu eu pryddestau yn ganiadau unigol. A oeddynt felly ar dir i'w hystyried fel 'casgliad o gerddi di-deitl'? Mae'r fath beth â cherdd ddi-deitl, wrth reswm. Ond casgliad cyfan ohonynt? Penderfynwyd peidio â'u hystyried.

Ymddiheuriadau am eu siomi; a hefyd, ymddiheuriadau i *Virga*. Roedd yr awdur hwn wedi cyflwyno 'casgliad', ond nid 'casgliad o gerddi' mohono, gan fod pum darn rhyddiaith ynddo, yn ogystal â thair cerdd. Os llym, llym amdani; felly, allan â *Virga* hefyd. Yng ngeiriau rhywun doethach na fi, 'nac anfoner sgonsan i gystadleuaeth gacan gri'. Hyd yn oed os oes cyraints ynddi.

Dyna ddigon o wamalu. Mae 35 yn cael aros yn y ras. Dyma air am bob un yn ei dro.

Dosbarth 3

Bryn Gro: Buasai'r cerddi hyn, am anifeiliaid Ardalydd Bute yn cynnal eisteddfod, yn gallu bod yn sail i gyfres animeiddiedig efallai, neu gyfrol o gerddi i blant. Ond prin fod *Bryn Gro* o ddifri ynglŷn â'r Goron, gyda pherlau fel hyn am y fwltures: 'Fy enw i yw Fera/ Ar beth dwy i'n swpera [...] Cig, cig, cig a mwy o gig/ Ofnadwy am godi ig.' Diolch iddo am roi gwên ar wyneb beirniad, beth bynnag.

Gwawr Fryn: Dwy gerdd yn unig a gafwyd gan y bardd hwn, un am gyrch fomio yn ystod yr Ail Ryfel Byd, a'r llall am yr Holocost. Ydy dwy gerdd yn gasgliad? Roedd ambell ddelwedd yn gafael, er enghraifft 'olion y siopau bach/ yn chwythu fel conffeti di-eisiau' ond canu moeswersol digon di-fflach a gafwyd ganddo ar y cyfan. Darllened *Tir Newydd*, Gerwyn Wiliams i'w ysbrydoli, os yw am ganu mwy i'r cyfnod hwn.

Gwyddfid: Casgliad digyswllt braidd. Mae eisiau i feirdd fod yn feiddgar wrth chwilio cymariaethau, ond di-chwaeth i mi oedd disgrifio Auschwitz fel '(p)entref gwyliau dioddefaint', efo 'mwg barbeciw yn codi/ o'r simneiau'. Ond mae'r gerdd 'Esme', sy'n cyfarch rhywun â *dementia*, yn codi i dir tipyn uwch.

Llosg: Yr ymosodiad terfysgol yn ystod cyngerdd Ariana Grande ym Manceinion y llynedd yw canolbwynt y tair cerdd hon. Testun teilwng ac amserol, ond y mae *Llosg* yn trio'n rhy galed i anrhydeddu y rhai a gollwyd, ac yn gorgymhlethu ei ddweud, er enghraifft 'llusgwn ein hieuenctid blys/ tua maes y gân'.

Cyffro: Testun digon amserol a ddewisodd *Cyffro* hefyd, sef effeithiau corwyntoedd Irma a Jose ym Môr y Caribî fis Medi diwethaf. Doeddwn i ddim yn or-hoff o'r cyffyrddiadau rhethregol, fel 'brysiwch chi eneidiau truenus' a 'chi feidrolion defrodol' [*sic*] ond ceir ambell ddelwedd ddirdynnol fel yr 'hen yrrwr/ yn ei gerbyd/ yn yswigo/ i'w dranc', wrth i don fawr gipio'i gar.

Dosbarth 2(ii)
Y *Meddwl Annibynnol*: Cerddi am anifeiliaid y sŵ. Ceir ambell sylw difyr amdanynt, er enghraifft y swricat sy'n treulio 'shifft bob dydd' yn 'sganio'r pellteroedd' [...] am nad yw 'wedi anghofio/ beth ydi cyfrifoldeb perthyn'; a cheir ambell linell gofiadwy, fel yn y gerdd i'r fflamingo, 'nid oes neb yn clywed adenydd ei ateb' ond teimlwn ar y cyfan fod y bardd hwn yn anelu at gynulleidfa ysgol yn hytrach na'r Goron.

Cerrig: Cofnodi'r newid a fu mewn pentref ar Ynys Môn a wna'r bardd hwn. Darlunia brif adeiladau'r pentref yn eu tro – y garej, y neuadd, y caffi, ac yn y blaen – yn ceisio 'adfer enaid â llinellau fy mrwsh'. Defnyddia *Cerrig* ei frws yn ddigon hyderus, ond weithiau mae'r 'lliwiau' yn rhedeg i'w gilydd fel petai, a'i ddelweddau'n ymgymysgu: 'sych yw llygaid y beddau bellach/ yn chwistrellu enwau'r mudandod'. Ond drwyddi draw, mae'n cyflwyno darlun annwyl, os pruddglwyfus, o'i hen gynefin.

Peredur: Does dim amau didwylledd y bardd hwn, sy'n berwi o ddicter ynglŷn â'r erlid ar Foslemiaid Rohingya. Mae *Peredur* yn ein cyflwyno i nifer o'r ffoaduriaid unigol, gan geisio rhoi gwedd ddynol ar yr ystadegau erchyll. Ond yn rhy aml mae ei ddicter yn drech na'i fynegiant, er enghraifft mae Miriam (un o'r ffoaduriaid) yn 'adrodd/ ei diheurbrawf caregog'. Ond weithiau mae *Peredur* yn llwyddo i'w dweud hi, a'i dweud hi'n dwt. Yn yr un gerdd, disgrifia fel y 'ffyrnwyd ei rhieni a'i brawd bach/ yn fyw, yn ulw ar aelwyd eu magwraeth'. Wel, dyna fathiad a gipiodd fy ngwynt! Diolch iddo am geisio rhoi llais i'r profiadau erchyll hyn.

Letty: Cerddi syml, digon apelgar – ond yn rhy syml eu mynegiant weithiau. Dyma fardd sy'n gallu procio'n effeithiol, gan ein hatgoffa am ddwyn Mynydd Epynt, James Bulger, a 'lladd drwy lens llwfr' yn Sarajevo. Diolch iddo am ein hatgoffa fod deng waith mwy o blant yn marw o newyn bob dydd nag a fu farw pan ddymchwelwyd y Ddau Dŵr yn Efrog Newydd. Ond y gerdd orau gen i oedd 'Wncwl Dai yn gadael Brynteg' – cerdd gynnes ond cynnil am adael fferm am y tro olaf.

Culhwch: Mae'r casgliad yn agor ac yn cau yng nghanolfan ysgrifennu Tŷ Newydd, gyda dwy gerdd benrhydd, ryddieithol braidd. Mae *Culhwch* efallai'n adnabod ei wendid ei hun, am fod gweddill y casgliad ar fydr ac odl; ys dywed y bardd ei hun: 'mydr ac odl sy'n help i roi trefn/ er mwyn i mi fagu rhyw asgwrn cefn'. Angen nerthu ei hun i ddweud hanes ailgydio mewn perthynas y mae; ond yn anffodus, perthynas fyrhoedlog ydoedd, gan i'w gymar newydd farw'n annhymig. Mae'n stori drist ac mae 'na anwyldeb yn y dweud – ond mae'r mydryddu braidd yn gloff weithiau. Hefyd, mae llygad *Culhwch* yn ei dwyllo pan geisia odli geiriau fel 'pwyll' hefo 'gwyll'; a 'penyd' hefo 'llwyd'. Y glust biau hi bob tro!

Cusan y Cosmos: Mae yma gerddi i'r 'haul', i'r 'sêr', i'r 'lloer' ac i 'ni' – oherwydd fel y noda'r bardd, 'fe'n gwnaed oll o lwch y sêr, ac o ddyfnderoedd y gofod y daw pob atom yn ein cyrff ni'. Dyma gynfas eang, felly, ar gyfer casgliad o gerddi, ond yn ei awydd i gyfleu ei bwnc, mae *Cusan y Cosmos* weithiau'n dewis cyffelybiaethau cartrefol – a'r rheiny'n bychanu anferthedd y cosmos mewn modd anffodus braidd: 'roedd y cread yn corddi/ yn gawl o gân/ wrth ffrwtian ar bentan bod'. Ond mae ei afael ar rythm yn sicr ac mae'n gallu trin geiriau, fel yn ei gerdd i'r 'Haul': 'Ei wên a'i wres yn cwtsho'r had/ cyn denu'r dywysen i ddawnsio'.

Afanc: Ysgrifennodd gerdd yr un am saith o anifeiliaid sydd wedi darfod o'r ddaear (fel y dodo, awrocs, teigr Jafa, ac ati); ac un am y pangolin, sydd mewn perygl o'u dilyn. Er mor gymeradwy yw'r testun, y perygl i *Afanc* oedd y byddai'n ailadrodd yr un stori dro ar ôl tro. Anwastad yw'r canu, ond mae'n cyfleu'r anifeiliaid druan yn hynod effeithiol ar adegau; disgrifiodd weddillion y dodo yn Rhydychen 'yn frown a chrimp fel hen ledr/ a channwyll dy lygaid trist wedi diffodd'. Ei gerdd i'r teigr oedd orau gen i: 'ynghrog wrth bostyn/ sgrag o gig/ yn siglo'n araf/ fel cloch yn canu cnul'.

Fflamingo: Roeddwn i'n mwynhau bod yng nghwmni'r bardd hwn. '[C]aniwtio'n braf' oedd ei fathiad hyfryd i ddisgrifio'r pleser o fynd i'r gymdeithas hanes leol, ac mae peth o ffraethineb y comedïwr *stand-up* ganddo, pan sonia am wefan yr Annibynwyr: 'gwe pry cop a gwano/ ydi'r unig bethau'n trendio/ yn fy nghapel i'. Hoffais hefyd y syniad gogleisiol o ba mor swnllyd y buasai y mynwentydd milwrol tawel yn Ffrainc, pe deuai'r milwyr ifainc nôl yn fyw. Ond er mor hoffus yw *Fflamingo*, braidd yn llac yw mynegiant ei gerddi, gan amlaf.

co bach: Casgliad ymwybodol 'lenyddol', sy'n agor a chloi gyda llyfrau ar silff yn erfyn ar y bardd i'w darllen; mae'r cerddi eraill yn pledio'r achos dros wahanol awduron Cymraeg, o Heledd ymlaen. Mwynheais 'Carreg na threigla', lle defnyddir dwy soned yn ddeheuig iawn i adleisio gwaith y sonedwr mawr hwnnw, T. H. Parry-Williams. Mae *co bach* yn amlwg yn fardd medrus, ond wnaeth cysyniad canolog y casgliad hwn ddim cydio ynof, mae arna i ofn.

Cae Canol: Cerdd heriol am blant ifanc yn rhoi'r mynydd ar dân, sy'n agor y casgliad diddorol hwn ('Ysgwydiad blwch yn faraca/ swnllyd/ yn dy law'). Mae'n cloi efo'r gerdd 'Wedyn' sy'n cynnig rhyw olwg ôl-apocalyptaidd ar y byd ('Pan ddaw y rhyfeddodau oll i ben'). Rhwng y ddau begwn, cawn sonedau, cerddi penrhydd, a hyd yn oed ryw fath o ddrama-gerdd, ond mae'r safon yn bur anghyson. Petai'r bardd hwn yn canu fel y gwnaeth yn y gerdd 'Ti ... eto', ar hyd y casgliad, byddai'n hedfan i mewn i'r Dosbarth Cyntaf.

Olivander: Dyma un o leisiau mwyaf gwreiddiol y gystadleuaeth. Wrth grwydro Pen-y-groes, mae'n rhannu ei feddyliau am berthyn, mae'n ymsona wrth fesur ar gyfer llenni newydd, ac yn dychmygu bywydau rhai o'r bobl fu'n byw yn ei dŷ o'i flaen; hyn oll, cyn darganfod drws Gwales yng ngwaelod yr ardd. Os tynnwr coes ydyw, mae'n dynnwr coes difyr! Ond nid yw'n glir bob tro lle mae ehediadau ei ddychymyg yn mynd â ni.

Dosbarth 2(i)

Loge Las: Gogledd Ceredigion yw cefndir pob un o'r cerddi hiraethus hyn; ac eto, mae 'na rywbeth yn ddigyswllt ynddynt. Yn sicr, dyw'r ddwy gerdd am ogoniannau plas yr Hafod ddim yn yr un byd â'r bywyd gwerinol sy'n gefndir i'r pum cerdd arall. Mae *Loge Las* yn canu'n gofiadwy am y difrod a wnaed i afon Ystwyth gan y gweithfeydd plwm 'wrth i friwiau agored y mwynfeydd/ chwydu eu llysnafedd i'w dyfroedd'. Mewn cerdd arall, mae hen siafft yn '[g]ornwyd agored ar odre'r bryn/ yn gofeb i'r prysurdeb gynt'. Mae'r dweud bob tro'n hyderus a chaboledig, ond hoffwn weld y bardd medrus hwn yn gwthio'i ddadansoddiad o ddirywiad cefn gwlad ymhellach.

Mametz: Pum cerdd swmpus yn ymwneud â'r Rhyfel Mawr. Gall *Mametz* ganu'n gynnil o awgrymog weithiau, er enghraifft 'gadawyd mwy nag esgyrn ar ôl'; 'llygaid llydan dall i'r tywallt gwaed'; ond gall hefyd ganu'n rhyddieithol, er enghraifft 'ac os y concra ei ofnau/ gall gerdded yn dal eto/ ac anghofio ei hunllefau'. Ond ar ddiwedd pedair blynedd o gofio'r Rhyfel Mawr, mae'r cerddi hyn yn rhoi rhybudd amserol i ni, rhag eto ganiatáu troi'r 'ifainc poeth eu gwaed/ yn llif oer o enwau a fferrodd mewn carreg'.

Y Cwcwll Gwyn: Roedd rhywbeth yn llais y bardd hwn oedd yn mynnu gwrandawiad. Canodd 16 o gerddi, a'r rhan fwyaf ar fydr ac odl. Y cymoedd glofaol heddiw oedd cefndir y rhan fwyaf ohonynt, ond fel huddyg i botes, daw cerddi i benddelw yn Lerpwl, ac eglwys Llandeilo Tal-y-bont. Mae'n feddyliwr effro ac yn fydryddwr rhwydd; ac ar ei orau mae'n trawsblannu peth o egni gwirebol yr hen benillion i'r cymoedd ôl-lofaol. Ond mae angen tynhau ymhellach ar y dweud, cyn y gall symud i'r brig yn y gystadleuaeth hon. Mawr obeithiaf y gwna – mae ganddo lais gwerth ei glywed.

Dryw: Bardd galluog, a ganodd chwech o gerddi sy'n mynd â ni o Rosyr i Ysbyty Gwynedd, ac o gegin Mam i Aber-fan. Mae ei ddoniau disgrifiadol gyda'r gorau yn y gystadleuaeth; yn yr ysbyty roedd 'blas rŵm ffrynt ar y jôcs'; yng nghegin ei fam mae'r 'tatws yn tagio'i gilydd/ wrth reslo â'r swigod berw'. A beth am hwn i ddisgrifio'r eiliadau yn syth ar ôl diffodd cawod?

> yn gwisgo siaced o wres dyfroedd,
> nes teimlo'r cynhesrwydd
> yn troi tu min,
> a'r oerfel yn drwm yn y dafnau.

Ond weithiau mae ei ddiléit disgrifiadol yn ei arwain at oreiriogrwydd, ac roedd ambell gerdd yn dywyll ei hystyr, fel 'Dadlaith' a 'Hollt'.

Dic y Crogwr: Dyma grefftwr sicr sydd yn canu'n rhwydd ar fydr ac odl; ond yn rhy rwydd efallai! Er bod ambell gerdd wych yn y casgliad, fel 'Rhengo'dd', mae ambell un arall braidd yn ffwrdd-â-hi, fel 'Ymchwil yn parhau' ('Ar ben ysgol safai Twm/ yn geidwad y silffoedd trwm'). Mae *Dic y Crogwr* wedi cynnwys tair filanél yn ei gasgliad; penderfyniad dewr iawn! Camp yw canu llinell sy'n werth ei chlywed *un* waith – gyda'r mesur hwn, mae gofyn llunio dwy linell a dâl eu hailadrodd *dair* gwaith yr un. A does dim byd fel ailadrodd llinell mewn cerdd i amlygu ai 'soniarus' ynteu 'syrffedus' yw! Braf canmol, felly, y ddau filanél 'Gwanwyn Prâg' a 'Bodlondeb' – hyd yn oed os nad oedd y trydydd mor llwyddiannus. Casgliad eang ei orwelion ond ychydig yn anwastad ei safon.

Ifan: Dyma fardd arall sy'n canu'n hyderus ar fydr ac odl; sonedau gan amlaf, ac efallai y byddai'r casgliad wedi elwa petai wedi amrywio mwy ar y mesurau a ddefnyddiwyd. Mae'r soned 'Cynnau Tân' yn enghraifft dda – ar ôl disgrifio'r 'tân' yn yr wythawd, mae'n ein herio yn y chwechawd gyda chyfeiriad at 'Droriau glân fu'n cadw starts y Saboth'. Dyma ni fel darllenwyr yn dechrau gofyn 'i ba le mae'n mynd yn awr, tybed?' cyn i *Ifan* ddatgelu yn y cwpled olaf: 'A heno daw rhyw wewyr drosof i/ wrth losgi cwpwrdd dillad hen famgu'. Er iddo ddefnyddio'r soned mewn ffordd ddigon gogleisiol yn fanno, teimlwn rywsut y gellid dweud y cyfan yn fwy cryno – oni bai fod y mesur wedi mynnu 14 llinell ganddo. Ond ar ei orau mae'n sonedwr gwych, fel yn y deyrnged i'r hen ffermwr 'Defi Owen (Dow)':

> Edrych arno'n gwsg mewn cader freichie
> yn torri pwys y dydd wrth golli awr
> patrymau gwynt pob tymor ar ei ruddie
> yn dyst i ddyddie codi gyda'r wawr.

Naws sgyrsiol hamddenol sydd i'w waith, ond gall weithio llinellau clo cofiadwy, fel y gwnaeth ar ddiwedd 'Mwyara': 'ac er fod ddoe'n dadfeilio dan y drain/ mae ffrwyth y tir yn dal i adael staen'.

Unrhyw un: Er mai ysgrifennu ar y mesur penrhydd y mae *Unrhyw un*, naws eitha sgyrsiol hamddenol sy'n nodweddu ei chanu hithau hefyd, ond gydag ysbryd mwy aflonydd yn rhedeg drwyddi. 'Cerddi Canol Oed' yw isdeitl y casgliad hwn, a dyw'r bardd ddim bob tro'n gyfforddus yn ei chroen ei hun wrth geisio dygymod â'r cyfnod newydd hwn yn ei bywyd. Weithiau, mae'n ymateb yn ffraeth:

> tynnais y batris o'r cloc
> er mwyn oedi amser,
> [...] ond ti oedd yn iawn,
> nid amser sy'n symud
> ond ni.

Dro arall, gall ein llorio ni efo llinellau fel: 'wrth edrych ar dywyllwch yn bwyta'r gannwyll'; 'cael fy ngwasgu/ i arch o englyn'. Y canu cynilach yna a apeliodd fwyaf ataf. Mae 'Carreg siâp calon' yn enghraifft dda o'i chanu ar ei mwyaf cryno. Ond ar adegau eraill, mewn cerdd fel 'Eiliad', er enghraifft, er mor annwyl yw'r foment a gofnodir, mae'r mynegiant yn eithaf rhyddieithol. Mae'r Goron o fewn ei chyrraedd, ond nid eleni.

Fforddoliwr: Dyma gasgliad grymus sy'n dwyn yn ôl fyd chwarelyddol 'pan oedd llethrau'r Llan yn gomin o gân, a chornel y *Ring* yn dras o greigwyr'; neu fel y dywed mewn cerdd arall, pan oedd y 'lle yn gnawd o gwmwd,/ ar sgerbwd hen gynefin'. Fel y mae'r dyfyniadau uchod yn awgrymu, mae *Fforddoliwr* yn meddu ar ddawn dweud yr hen chwarelwyr gynt; ond gellid fforddio 'naddu'n agosach' efo ambell gerdd. Er bod *Fforddoliwr* yn ymdroi yng ngorffennol diwydiannol ei fro, nid yw'n sentimental amdano, ac mae'r casgliad yn cloi gyda rhybudd chwerw i'r twristiaid a'u tywyswyr sy'n 'paderu am yr hyn/ nad yw ond eco iddynt'.

Vik: Dyma fardd arall y mwynheais ei gwmni. Wrth iddo wynebu'r cyfrifoldebau o fod yn dad, cawn nifer o gerddi sy'n cymryd stoc o'i orffennol, fel 'Palimpsest', a'r gerdd restr, 'Gwell Dŵr Cymru na British Gas'. Ailgonsuriodd siom y gêm bêl-droed yn erbyn Iwerddon, fis Hydref diwethaf, gan roi *twist* cyfoes i Fabinogi Branwen. Ond un o'i gerddi mwyaf effeithiol yw'r un fwyaf cryno, 'Garlleg':

> Y bore wedyn
> wrth inni drafod yn y gwaith
> y ffordd orau o bilio garlleg
> gwenaf, gan y gallaf
> ogla'r bwlb ar fy mysidd,
> ewin dan fy ewinedd,
> ac yn syth, yn lle bysellfwrdd, gallaf deimlo'r
> croen papur brau yn diosg

mor hawdd â dy ddillad
cyn dinoethi'r cnawd gwyn, brathog
sy'n barod i'w wasgu
nes bod ei flas ar bopeth a wnaf.

Mwy o ganu fel yna, a gall *Vik* godi i'r Dosbarth Cyntaf yn hawdd.

Neb: Mae *Neb* yn un arall sy'n curo'n galed ar ddrws y Dosbarth Cyntaf. Mae'n darlunio bywyd teuluol cyfoes ond yn erbyn cefnlen o hen hanes (a chyn-hanes yn achos y gerdd 'Castell Henllys'). Dywedir yn y gerdd agoriadol: 'nid oeddwn ond crwydryn arall/ ar hewl hir y canrifoedd, yn neb'; dim ond yn y gerdd olaf ysgytwol, 'Ym Mynwent Llanfabon', y sylweddolwn beth yw gwir ergyd y sylw hwnnw, wrth iddo drafod colli rhywun agos: 'a thithau'n neb wedi i'r eiliadau gynrhoni amdanat'. Mae marwolaeth yn gwneud 'neb' ohonom oll, a suddo yn ôl i hanes a wnawn ni – ond mae *Neb* yn gorffen gyda darlun o barhad, yn dychmygu'r ymadawedig yn dal i ddawnsio, ac yn byw yng nghalon ei ferch. Dyma fardd sy'n gallu canu'n hyfryd o gynnil, fel yn y disgrifiad hwn o Gastell Henllys: 'rhwng y coed llwm, dan gyni'r mis bach,/ a'u brigau'n ymbil am geiniog neu ddwy' – ond mae yna ddarnau eraill sy'n llacach eu mynegiant.

dan yr wyneb: Casgliad â llawer o amrywiaeth. Awn o Syria i Lydaw, i Dallas, yna nôl i Gymru, cyn gorffen yn Normandi. Hoffais yr elfennau 'concrid', er enghraifft y ferch fach yn dawnsio rhwng 'bataliwn y beddi cefnsyth' mewn mynwent filwrol a'r llinell sy'n disgrifio'i 'phirowét' yn troi nôl arni ei hun. Yn y gerdd 'March y Môr' wedyn, ceir penillion ar ffurf cylch yn cynrychioli meddyliau'r hen wraig anghofus: '[t]ri physgodyn aur yw powlen ei meddwl'. Dyma fardd dyfeisgar, cyfoes, ond byddai ambell gerdd fel 'X' a 'Bodlondeb' wedi elwa o'u tynhau ychydig; fel y gwnaeth yn gampus yn ei gerdd agoriadol, 'Portread o Feddyg', sy'n darlunio'r rhyfel yn Syria. 'Nid yw hi'n neidio mwyach [...] bu gyhyd yn y bomiau,' meddai *dan yr wyneb* am y meddyg honno, gan ein tywys i ddeall peth o'i phoen, ond yna, meddai: 'rwy'n diffodd y llun/ a'i gadael yn ddideimlad yn ei llwch'. Ac onid dyna wnawn ninnau hefyd? Cerdd gyfrwys iawn. Diffyg undod rhwng cerddi'r casgliad hwn sy'n ei gadw rhag codi'n uwch yn y gystadleuaeth.

Van Gogh: Cerddi am fagwraeth, am wreiddiau, am fynd i ffwrdd a dod yn ôl. Mae 'Er Cof am Wil' yn rhoi darlun deifiol o wewyr mab fferm sydd 'am wrthod ei etifeddiaeth'. Ond ar ôl marw'r penteulu, 'o'r bedd mae'i afael arnom oll,/ a'r fferm fel burgyn yn atynnu/ gofidiau, a chwerwder, a brad'. Does dim ofn ei dweud hi ar *Van Gogh*! Ond er iddo gael mynd ymaith i'r coleg yng Nghaergrawnt, mae'n dal i gael ei dynnu nôl: 'Ionawr dau-wynebog. Amser i ymweld/ â hen leoedd ym more miniog y flwyddyn'. Mae'n gallu canu'n loyw ond roedd rhannau o'r gerdd olaf, 'Creu', yn dywyll i mi. Doeddwn i ddim yn siŵr, chwaith, ai artist gweledol yw *Van Gogh* y gystadleuaeth hon? Fel yna mae'n ei ddelweddu ei hun ar ddechrau'r casgliad ('fferm, a phrifysgol dros y ffin,/ y paent a'r pridd yn drwch,/ ffrâm Seisnigaidd; cynfas Cymraeg') ond awgrymir yn nes ymlaen mai 'gwau geiriau/ yw fy ngallu'. Does dim amheuaeth, fodd bynnag, am ei allu i wneud hynny, a dyma gasgliad sy'n agos iawn at y brig.

Dosbarth 1
Troedyrhiw: Mwynheais y gerdd agoriadol yn fawr iawn, gan i mi gael profiad tebyg fy hun; sef rhywun annwyl yn ymddangos imi mewn breuddwyd, ar ôl iddo farw, gan ddweud mai twyll angenrheidiol oedd y cyfan; ei fod o'n dal yn fyw; ac y buasai'n dychwelyd yn fuan. 'Breuddwydion yw unig iaith y meirw bellach,' meddai *Troedyrhiw*, ac mae'n cyfleu chwithdod y bore wedyn i'r dim, wrth '[g]yfieithu'r cwbl yn syth i iaith golau dydd, [...] yr oedd fel petai rhyw neges ar fy nghyfer'.

'Chwilio ymhlith yr olion' yw prif thema'r bardd hwn; ceisio dwyn atgofion yn ôl pan fo'r cof yn pallu, chwilio efo synhwyrydd metel, chwilio am dduw, chwilio am ystyr. Dyma gerddi sydd i fod i'n gadael yn hongian mewn gwagle ar y diwedd, ond mae rhai yn gwneud hynny'n fwy boddhaol na'i gilydd, er enghraifft yn 'Ffenest Awyr' 'yr oedd fel pe bai nodwyddau'r llwydrew,/ ar ôl patrymu'n fanylion bach ar ffenest,/ yn gymorth i weld trwyddi ...'. Wrth gwrs, dyw'r bardd – fwy na ninnau – ddim yn gweld dim cliriach ar ddiwedd ei fyfyrdod, ond mae o, a ninnau, yn gweld rhywbeth hardd. Ches i mo'r un bodlondeb ar ddiwedd 'Sgwrio' a 'Dyn y Synhwyrydd Metel', ond ar ei orau, mae *Troedyrhiw* yn fardd medrus iawn.

Ar draws y Fenai: Dyma gasgliad sy'n dathlu canmlwyddiant yr artist Kyffin Williams. Mae'r gerdd agoriadol a'r gerdd glo yn trafod ei gyfraniad yn gyffredinol, a rhyngddynt ceir deg o gerddi ecffrastig am luniau unigol. Hyd yn oed os nad yw'r darllenydd yn gyfarwydd â'r lluniau hyn, mae'r cerddi'n dod â nhw'n fyw, ac yn ychwanegu atynt gydag ymadroddion hyfryd fel 'tictocrwydd amser yn diferu mewn gwagle' (Mrs Hughes, 1989). Darlunia inni Kyffin wrthi'n peintio, 'yn ymosod/ ar ei balet a'i gynfas' a'r canlyniad yn 'offrwm o gariad gŵr/ a dry baent yn gusan,/ a'i gynfas yn delyneg bur o angerdd' (Porth Dafarch).

Weithiau mae *Ar draws y Fenai* yn 'peintio gormod'. Mae ambell linell ychydig yn oreiriog ond at ei gilydd, dyma goffâd teilwng i un o artistiaid mwyaf ein gwlad. Mae wedi dal y modd y gall lluniau Kyffin ailgonsurio'r gorffennol i'r dim: 'prynu cof' yw prynu Kyffin, meddai'r bardd. Weithiau, mae hyd yn oed y tirwedd yn ei luniau wedi newid. Peintiodd Kyffin domen chwarel Carmel yn 1978, '[c]yn dod o rwbel amser y gwanwynau/ i geisio gwnïo'u gwasgod werdd am ymchwydd y tomenni'. Ac mae *Ar draws y Fenai* yn cloi'r casgliad fel hyn:

> y fframiau sy'n perchnogi'r tirwedd bellach,
> a phan fo amser yn rhygnu yng nghafn distawrwydd
> rhwng mynyddoedd cynfas yr orielau,
> caf glywed eto flaen llym yr ebill ar asennau'r clogwyn.

Biwtar: Dygymod â cholledion personol; dyna'r thema sy'n rhedeg fel cadwyn drwy'r casgliad hwn. A rhwng y myfyrdodau grymus hynny, cawn gerddi am hunaniaeth, am fardd o ddwyrain Ewrop, am rywun yn sgwennu ar drên – a hefyd ddarn doniol am beidio â rhechen mewn dosbarth *yoga*. Efallai y byddai'r casgliad yn gryfach heb honno! Ond dyma lais ifanc hyderus, sy'n gallu hoelio ein sylw gyda llinell hyfryd o goeg am y Rhyfel Mawr: 'O am haf fel hafau Marne/ a'r hogia'n troi yn win o dan ein traed'; neu efo sylw craff am y mân siarad boreol a geir ym mhob swyddfa: 'rydan ni wedi gadael pwy ydan ni go iawn/ yn cysgu'n y gwely'n glyd'. Hoffais hefyd y gerdd am weddillion camlas Caerdydd; symbol o orffennol angof, 'lle daw dafnau ddoe, yn ddu,/ i orlifo'r heddiw tryloyw o lwyd'. 'Mae'n hen bryd newid ein ffyrdd,' meddai *Biwtar* mewn cerdd arall, ac yn y gerdd i'r 'bardd o ddwyrain Ewrop', disgrifia sut y mae'n cael eu denu at ganu a all 'mewn ambell linell/ ein byddaru â'u posibilrwydd,/ a nhwythau'n pefrio gan chwyldro'. Fe wnaeth cerddi *Biwtar* dyfu arna i wrth eu hailddarllen, ac ar eu gorau maent hefyd yn 'byddaru â'u posibilrwydd'. Petai mwy o undod i'r casgliad a mwy o gynildeb mewn ambell gerdd, byddent wedi codi'n uwch fyth yn y gystadleuaeth.

Enlli: Gan y bardd hwn y cafwyd peth o ganu gorau'r gystadleuaeth, fel yn y gerdd agoriadol wych, 'Cwm Sorgwm', 'lle mae pedwar byd yn cwrdd' a rhannwn gyda'r ffermwr 'wefr chwe mileniwm o amaeth ar ei dir'. Mae'r berthynas rhwng dyn a natur yn ddolen gydiol drwy'r rhan fwyaf o'r gerddi'r casgliad hwn. Mae gan *Enlli* ymdeimlad â'r 'hen rymusterau', fel y byddai'r diweddar Athro Gwyn Thomas yn cyfeirio atynt, ac fel yntau, mae *Enlli*'n academydd o fardd, sy'n troi pob math o ddefnyddiau a chyfeiriadaeth i'w felin, o archaeoleg i'r Hengerdd, o lawysgrifau Lladin i draddodiadau llafar. Ond nid yw'n gyfathrebwr mor dryloyw â Gwyn. Cyfriniol yn hytrach yw prif gywair *Enlli* a gall grynhoi grym yr hen ganu gwirebol yn feistraidd mewn cerdd fer fel 'Blaen y Cwm':

> Adenydd arian yn sefyll ar y gwynt
> cyn plymio a chylchu uwch ein pennau,
> uwchben llechen lân yr eira mawr;
>
> eu fflach glaerwen yn boen i'r llygaid,
> yn tarfu ar ein difaterwch
> a'r bedw'n torri dan bwysau glendid.

Dyma ganu glân diwastraff a phob sill yn talu am ei lle, gan ein gadael i ddyfalu ynglŷn ag union arwyddocâd y gangen yn torri. Gwych. Ond ar adegau eraill, mae'r canu'n fwy tywyll ei ystyr. Yn y gerdd 'Mamau' mae'n disgrifio'r broses o ymchwilio i hen chwedlau; 'cawn gwrso eu cysgodion' meddai *Enlli*. Teimlwn weithiau fy mod innau hefyd yn 'cwrso cysgodion' gyda gwaith y bardd hwn, yn ymbalfalu am y cyfoeth y synhwyrwn oddi mewn. Ac ni wyddwn beth oedd diben y gerdd, 'Ôl y Daith', sy'n mynd â ni i ffwrdd mewn llong: 'Mae Derec Llwyd Morgan yn feistr arni/ ac RWP yn chwysu stecs yn y gali'. Rhyfeddol. Byddai'r casgliad yn gryfach hebddi.

Rhuddlan: Blas rhyngwladol sydd ar gerddi'r bardd galluog hwn, ac mae'n symud yn gyfforddus o un wlad i'r nesaf. Bron fod y casgliad yn ymrannu'n gyfres o 'fini-gasgliadau'. Mae'r tair cerdd gyntaf yn ein tywys o olchi dillad dan olau lloer yn Andalucia, i siop elusen adre, lle mae 'haearn smwddio yn y stafell gefn/ sy'n syfrdanu gwisgoedd; a'u sirioli'; yna awn i Uttar Pradesh a llofruddiaeth hunllefus, lle caiff dwy ferch eu crogi'n gelain gerfydd eu dillad.

Cerfluniau'n ymwneud â rhyfel yw'r ddolen gyswllt rhwng y tair cerdd nesaf, sy'n mynd â ni o Odessa, i Mosgo ac i Bogota; ond anoddach yw gweld y cysylltiad yn y pedair cerdd wedyn. Yn y ddwy gerdd olaf, deuwn yn ôl at y dechrau, gyda cherdd i'r siôl fagu a cherdd arall i'r lleuad. Dechrau a diweddu'n gryf a wna'r casgliad, felly, gyda'r 'lleuad fêl' ar y diwedd yn cynnig rhyw fath o falm i'r byd cythryblus y cawsom ein tywys drwyddo: 'gan adael gwawl ei chariad crwn/ yn wlith aur o ddaioni'. Hyfryd iawn. Ond er bod 'lleuad', 'brethyn', 'metel' a 'gwaed' i gyd yn themâu sy'n dolennu drwy'r casgliad, mae 'na gasgliadau eraill a ddaeth i'r brig, lle mae'r cerddi'n cydblethu'n dynnach.

Mas: Fel beirniad, byddaf yn tueddu cadw pensil yn fy llaw, a gwneud nodiadau tra'n darllen, ond dyma un o'r ychydig gasgliadau a barodd imi anghofio'r pensil a darllen yn ddi-stop. 'O'n i'n dwlu whare cwato' yw geiriau cyntaf y casgliad; wrth 'whare cwato' yn blentyn, aeth yn sownd un tro mewn cwpwrdd, nes i'w rieni ei ryddhau. Ond deallwn yn raddol ei fod hefyd yn sownd mewn 'closet' arall, un rhywiol. Ni all ei rieni ei ryddhau o hwnnw (yn wir, maen nhw'n helpu ei gadw yno). Dim ond ef ei hun all wneud hynny, a'r broses heriol o 'ddod mas' yw un o brif themâu'r casgliad; hynny, a'r broses anoddach o gymodi efo'i fam. Yn y gerdd olaf, mae'n llwyddo i wneud hynny, ond o ran yn unig. Mae'r gerdd yn weindio amser yn ôl, yn null Carol Ann Duffy; ac mewn gwirionedd nid cymodi a geir, ond rhyw fath o ryddhad i'w fam:

> a minnau'n dod
> yn dadol
> i'th lapio'n dynn mewn blanced wen,
> yn barod i aildroedio holl olion y daith
> [a]'n cypyrddau ni ein dau ar agor led y pen.

Dyma stori hynod afaelgar, ac mae sawl perl yn y dweud. Wrth chwarae pêl-droed, byddai'r tad yn 'rhedeg ar ôl ei fab o hyd/ trwy stadiyme pell ei lyged', cyn '[c]ilio fel gwallt at ochr y cae'. Awgrymir y byddai ei rieni wedi hoffi cael plentyn arall, ac ymhob parti pen-blwydd, 'roedd eu torcalon 'di tywallt rhwng selotêp'. Ond nid yw'r casgliad heb ei feiau. Buasai'r gerdd gyntaf yn elwa o'i chrynhoi ychydig. Mae ysgrifennu am brofiad rhywiol wastad yn her ac mae'r gerdd 'Ffeindio' fymryn yn stroclyd ar adegau (er enghraifft 'fy mhlygu, wedyn, fel tudalen, i stwffio berf rhwng/ cromfachau tyn'). Ond mân frychau yw'r rhain, ochr yn ochr â'r canu grymus sy'n rhannu profiad mor bersonol.

Yma: Dyma gasgliad o gerddi hygyrch am gymuned Grangetown yng Nghaerdydd. Ond er bod yna symlrwydd yn y mynegiant, mae hefyd ôl myfyrdod. Afon Taf yw'r ffin sy'n gwahanu Grangetown o ganol y ddinas ac mae'r casgliad yn agor a chloi gyda dau ddarlun o'r afon honno; mae'r afon yn gyson, ond mae poblogaeth Caerdydd yn newid o hyd, fel y dŵr yn yr afon. Mae'r Gymraeg ar i fyny yn y ddinas ar hyn o bryd. Ond mae *Yma* yn ein hatgoffa na ellir cymryd dim yn ganiataol. Mae

> [t]onnau bychain afon Taf fel pebyll
> yn cael eu hyrddio ar eu hochrau.

Prismau'n bodolaeth
yn diflannu yn ôl i'r düwch heb adael ôl.

Mae'r bardd yn ein cyflwyno wedyn i gyfres o drigolion yr ardal, a'r rhan fwyaf ohonynt yn cysylltu mewn rhyw ffordd efo un teulu Cymraeg yn Pentre Gardens. Dyw pob un o'r cymeriadau hyn ddim yn siarad Cymraeg, wrth reswm. Drws nesaf, mae mam Ahmed: 'Dw i'n clywed y Gymraeg yn debyg i'r Arabeg,' meddai wrth ei mab sy'n dysgu'r iaith mewn ysgol gynradd Gymraeg, a 'Muhammad a'r Mabinogi' yn rhan o'i fagwraeth. Trueni, efallai, oedd cyflwyno Elaine, sydd hefyd yn ddi-Gymraeg, drwy'r trydydd person. Mae'r gerdd 'Elaine' yn cyfleu'n effeithiol fod yr iaith Gymraeg yn ddieithr iddi, ond mae'r defnydd o'r trydydd person hefyd yn ein dieithrio 'ni' oddi wrthi 'hi'. 'Ry'n ni wedi colli Elaine/ ac mae ei henaid yn udo'. Naws sgyrsiol sydd i rai o'r cerddi fel 'Jentrifficeshyn' a 'Roedd fi' ond uchafbwyntiau'r casgliad i mi yw'r cerddi i'r babi newydd, Elsbeth, ac i Morfudd, ei mam-gu, wrth i honno farw. 'Gorffwys dy ben yn erbyn f'un i/ a gad i hanes ein teulu lifo'n ddi-dor rhyngom,' meddai Morfudd, gan adleisio llinellau tebyg yn y gerdd i'w hwyres. Mae ynddynt obaith am barhad; parhad teuluol a diwylliannol:

Ymlafniaf yn ôl drwy'r niwl
at y lleufer, Elsbeth.
A phan ddof o hyd iddo eto
trochaf ynddo
nes mod i'n socian llachar
ac yn goleuo'r hewl i ti.

Fel un a fu'n byw am gyfnod yn ardal Grangetown cyn dechrau'r ymgymreigio a welwyd yno yn ystod y chwarter canrif diwethaf, roedd y casgliad hwn yn gafael ynof yn syth. Ond credaf y bydd yn apelio at ddarllenwyr o bob cwr o Gymru, gan mai prin erbyn hyn yw'r cymunedau lle gellir cymryd y Gymraeg yn ganiataol. Mae'n broses o negydu ac ail negydu parhaol yn y rhan fwyaf o'n hardaloedd erbyn hyn.

Does dim llawer rhwng y beirdd ar frig y Dosbarth Cyntaf eleni ac mae'r Goron o fewn cyrraedd o leiaf hanner dwsin ohonynt. Ar y darlleniad cyntaf, cerddi *Mas* oedd yn apelio fwyaf ataf, ond credaf erbyn hyn, gyda'm cyd-feirniaid, fod mwy o undod i gasgliad *Yma*. Felly, *Yma* biau Coron Eisteddfod Genedlaethol Caerdydd eleni a phob clod ac anrhydedd a berthyn iddi. Llongyfarchiadau.

Daeth 42 o gynigion i law. O ystyried nifer y cystadleuwyr, rhaid dweud na chafwyd eleni *embarras de richesses*. Rhy barod oedd cynifer o'r cystadleuwyr i ymateb i'r testun 'Olion' drwy farwnadu'n ystrydebol, a hynny heb y dogn anhepgor hwnnw o eironi sy'n nodweddu persbectif beirniadol ar yr hyn a erys wedi proses o ddiflaniad neu golled. Cafwyd yn y cynigion hyn ormod o wae yn lle ffocws ar waddol; gormod o ladd yn lle adladd; gwewyr yn lle gweddill; y gwargrwm yn lle gwarged; creithiau yn lle creiriau; ysbrydion yn lle ysborion.

Rhy ychydig, yn ogystal, a feddai'r ddawn i lunio *casgliad* o fewn terfynau 250 o linellau. Ni ellir, wrth reswm, fod yn ddogmatig ynghylch teithi 'casgliad'; serch hynny, gellir yn rhesymol ddisgwyl i gystadleuwyr o leiaf geisio saernïo portffolio o gerddi sy'n plethu â'i gilydd mewn *ecoleg* fywiol a chyd-ddibynnol ac sydd hefyd yn myfyrio ar y gwead hwnnw mewn ffordd hunanymwybodol. Mae i gasgliad llwyddiannus ddynameg gyfannol sy'n asio'r cerddi'n chwiorydd i'w gilydd, gyda llinynnau cyswllt amrywiol yn ymwau '[d]rwyddynt, rhyngddynt, amdanynt' – fel yr awen ar berci Waldo Williams – ac yn 'cydio'r cwbl'. Amrywiaeth o fewn undod; meinwe. Rhwystredig oedd derbyn gweithiau a oedd naill ai'n ddilyniannau neu'n bryddestau amlwg, neu'n peri i'r beirniaid holi ai 'casgliadau' oeddent mewn gwirionedd. Er na ddewisais eu 'diarddel' fel y cyfryw, i waelod y gystadleuaeth y maent yn perthyn.

Dewisais ddosrannu'r cynigion yn dri dosbarth (pedwar mewn gwirionedd, gan fod y Dosbarth Cyntaf wedi'i rannu'n ddwy).

Dosbarth 3 (heb fod mewn unrhyw drefn)
Yn y dosbarth hwn gosodaf y canlynol: *Llosg, Cyffro, Gwyddfid, Caer, Bryn Gro, Olivander, Culhwch, Kriegsgeneration, co bach, Cerrig, Tasog, Ifan, Gwawr Fryn, Peredur, Fflamingo, Neb, Y Meddwl Annibynnol* a *Virga*. Nodweddir y cynigion hyn gan un neu ragor o'r brychau a'r beichiau canlynol: gorddibyniaeth ar haniaethau ystrydebol ('gwefr', 'distryw', 'drygioni') yn lle ffocws ac arswyd diriaethol; delweddaeth ac ymdriniaeth dreuliedig; diffyg swmp cysyniadol sylfaenol; iaith wallus; ieithwedd orchwyddedig; diffyg pensaernïaeth; y defnydd o ffurfiau barddonol traddodiadol (er enghraifft, y soned) mewn modd a dry'r ffurfiau hynny'n garchar i'r awen; natur annhestunol y canu; absenoldeb y gallu i lefeinio galarganeuon ag egni a phersbectif eironi; difrifoldeb sy'n ymylu ar y ffugarwrol ('Yma y safai Parnasws y cwm' – i ddisgrifio ysgoldy cefn gwlad); gorddefnydd o'r

gair blinderus 'bellach' (sy'n gweithredu fel trobwynt rhethregol); a chanu rhyddieithol.

Dosbarth 2 (heb fod mewn unrhyw drefn)
Cusan y Cosmos: Y bydysawd – a'r ddynoliaeth – fel 'olion' y 'Big Bang' a gawn. Ond ni cheir yma ddigon o 'big bang' barddonol, ysywaeth, er gwaethaf rhai cyffyrddiadau diddorol. Nid oes digon o amrywiaeth destunol, gysyniadol ac ieithyddol, a cheula'r casgliad yn gyfres o *riffs* trosiadol: 'bourrée o blanedau'; 'cantata ein creu'; 'consierto y cosmos'.

Loge Las: Portread o glafychiad dyn a daear Dyffryn Ystwyth sydd yma o ganlyniad i lurgunio gan ddiwydiant. Mae'n gasgliad cydwybodol-daer, ond diarbed ac undonog yn y diwedd yw'r pwyslais ar 'archoll', 'craith', 'offrwm', 'tranc', 'celanedd' a 'churlaw' – a'r gwynt yn cwyno yn nhwll y clo.

Y Cwcwll Gwyn a *Dic y Crogwr*: Cymeraf y ddau gasgliad gyda'i gilydd, gan fy mod yn rhyw dybio, efallai, mai'r un bardd a'u piau, gan mor debyg ydynt o ran eu dull. Ceir yn y ddau *ormod* o amrywiaeth, heb yr asgwrn cefn a'r meinwe hynny sy'n clymu'r cwbl yn undod. Ni chynigir troedleoedd digonol i'r darllenydd, a cheir yma ganu rhyddieithol yn rhy aml hefyd. Gnomig yw'r gair a ddaeth i'r meddwl wrth ddarllen *Y Cwcwll Gwyn* yn enwedig: mae'r ystyr yn rhy dywyll a chywasgedig, a swreal ar brydiau yw'r symud o un gerdd i'r nesaf.

Jones: Mae *Jones* yn lwcus o gael bod yn y Dosbarth hwn yn lle'r Trydydd, gan mai 'Penyd' yw'r teitl a geir ar flaen ei ymgais, a chan mai dilyniant sydd yma, nid casgliad. Ai gwaith wedi'i ailgylchu o gystadleuaeth arall sydd yma? Serch hynny, fe'm hatynnwyd gan fframwaith y gyfres o fonologau dramatig a leisir gan feirwon, a'r rhannau wedi eu huno (hyd y gwelaf) drwy *persona* un o'r *Internacionales* – aelod o'r Frigâd Ryngwladol – sy'n dychwelyd i Gatalwnia fel ysbryd. Sianelir technegau ac awyrgylch *Under Milk Wood*, englynion y beddau, a rhethreg lleisiau-o'r-bedd Edgar Lee Masters yn ei *Spoon River Anthology* (1915). Mae barddoniaeth mynwentydd – *genre* ac iddi hir hanes – yn apelio ataf, ond rhy ryddieithol yw'r canu.

Crysiófnic: Eto, lwcus: pam cyflwno cerdd yn dwyn y teitl 'Breuddwyd Gwyddno Garanhir' (mewn difri)? Ac eto, nid yw'n hollol annhestunol (ond dilyniant ydyw yn hytrach na chasgliad). Llais un sy'n dychmygu ei hunan boddedig a gawn, wrth i'r brenin gyfarch (a chwennych), o'r gwaelodion, fywyd y tir. Clywir adleisiau o waith Dylan Thomas, T. S. Eliot a *The Tempest* megis clychau Cantre'r Gwaelod, ond ni lwyddodd y gwaith i'm cyffroi.

Y Tir Tywyll: Dewisodd hwn gynnig cwpwrdd gwydr o ffurfiau barddonol traddodiadol (y soned, y filanél, penillion mydr ac odl). Anodd dweud beth yn union yw pwnc y canu: ai pŵer creu – a chreu cerddi'n benodol – yn wyneb prosesau difrodol bywyd? Gall ffurfiau traddodiadol droi'n garchar, cofier, a chyfres o gelloedd hunangaeedig a gawn yma.

Afanc: Bestiari o anifeiliaid diflanedig a rhywogaethau dan fygythiad yw'r syniad, ac ymhlith y ffawna mae'r awrocs, y dodo, arth yr Atlas, blaidd Hokkaido a theigr Jafa. Ceir rhai cyffyrddiadau llwyddiannus-aflonyddol, a hoffais ymateb y bardd i gyfres o fywydau llonydd paradocsaidd mewn gweithiau celf ac ar lun ailymgorfforiadau mewn arddangosfeydd ('a'r unig olion/ ohonot yw *tesserae* gwyw/ mosäig Rhufeinig/ gan fysedd marw').

Cae Canol: Yr ystyron personol a gofnodir yn y dirwedd, a chreiriau diriaethol a ddaw â'r gorffennol yn fyw – fe dybiaf – yw'r llinyn cyswllt yma, ond nid yw hynny'n amlwg, a chaiff y diffyg undod ei ategu gan y gwahanol ffurfiau a ddewisir, gan gynnwys y ddrama gerdd a'r soned.

dan yr wyneb: Meddyg yn erchylltra Ghouta, Syria; y goror rhwng y Gymraeg a'r Llydaweg ar draeth yn Finistère; y profiad o fod yn Dealey Plaza, Dallas a sefyll yn y mannau lle y cafodd JFK ei ladd a lle y saethwyd ef gan Lee Harvey Oswald o un o ffenestri'r Texas School Book Depository; anghofrwydd gwraig (yn dioddef o *dementia*, efallai) sydd, serch hynny, yn dwyn ei '[h]wthnos o fab' i gof yn sydyn – dyma esiamplau o'r pynciau amrywiol a gawn. Ceir yma egni, yn sicr, ond rhy amrywiol yw'r cerddi, heb gyweiriau cyswllt.

Letty: Gormod o amrywiaeth a geir ar draws cerddi'r bardd hwn yn ogystal. Serch hynny, mae yma uchelgais, a chais y bardd archwilio'r testun ar wahanol raddfeydd a thrwy ymgnawdoliadau gwahanol – creithiau dynes a ddioddefodd drais domestig, tyrau 9/11, llofruddiaeth James Bulger, Mur Hadrian, cymuned goll ar Fynydd Epynt. Ond gofynnaf eto: ble mae'r llinynnau cyswllt a'r edau gyfrodedd? O ran ffurf, braidd yn ddigyfnewid-*staccato* drwyddi draw yw'r llinellau.

Mametz: Adladd rhyfel a gawn ar ffurf cyfres o bortreadau o wahanol weddnewidiadau yn sgil lladdfa'r Rhyfel Byd Cyntaf: natur yn adennill meysydd cad; llawfeddygaeth adluniol ar wyneb milwr ('Naddu asgwrn gên o fwa'r asen,/ Fel Adda dan law Duw' – da); ac effaith *shell shock*. Er gwaethaf natur ymddangosiadol wahanol y portreadau hyn, ceir diffyg o ran amrywiaeth tôn, persbectif a thensiwn ar draws y casgliad.

Ar draws y Fenai: Cyfres o gerddi ecffrastig – cerddi sy'n ymateb i ffurf gelfyddydol arall – sy'n cynnig 'darlleniadau' o gyfres o luniau gan Kyffin Williams a geir gan y bardd. Sialens *ecffrasis* llwyddiannus yw mynd y tu hwnt i ddisgrifiadau syml o'r gwrthrych, a hynny drwy ei archwilio, ei gwestiynu a'i ddadadeiladu. Yn sicr, nid disgrifiadau un dimensiwn a gawn yma. Serch hynny, ceir diffyg awgrymusedd, a byddwn wedi hoffi gweld y cerddi yn *herio'r* darluniau'n fwy grymus (er bod y gerdd olaf yn lledgyffesu mai bathodyn *bourgeois* ar rai aelwydydd yw'r Kyffin ar y wal: 'prynu cof' yw prynu Kyffin). Mae'r casgliad yn oreiriog, hefyd – fersiwn eiriol o *impasto* trwchus yr artist. Dyma fardd sy'n meddu ar ddawn, ond mae angen iddo ddefnyddio mwy o *turps*.

Dosbarth 1 – Adran 2 (heb fod mewn unrhyw drefn)
Biwtar: Yr hyn sy'n cydio'r cerddi yw'r syniad ein bod yn gadael 'atseiniau o'n hunain ar wasgar ymhobman', a hynny'n gorfforol-faterol, ar lun gwaddol diwylliannol a gwleidyddol, ac ar ffurf tonfeddi ar y gwynt. Cais y bardd amgyffred 'darn o'r cynt cyflawn cyn y wedyn gwag' – ein tasg ni oll wrth geisio creu cysylltiad â'r gorffennol. Llwyddiannus yw'r disgrifiad o dirwedd wedi'i hanrheithio gan Frwydr y Marne (Medi 1914): 'llanast ciwbist'. Ceir yma gerddi hyderus a rhugl, a llwyddodd y bardd i gynnal myfyrdod deallus ar yr hyn a erys fel arlliw, staen ac atsain. Serch hynny, ceir yma hefyd gerddi (rhai'n rhyddieithol) nad ydynt yn ennill eu plwy yn y casgliad ar ei hyd.

Troedyrhiw: Dyma gasgliad rhugl sy'n arddangos y gallu i ddelweddu'n llwyddiannus wrth archwilio colled mewn gwahanol gyd-destunau, gan gynnwys gweddillion claddedig a datgladdedig a thonfeddi-y-tu-hwnt-i'r-materol. Byddai T. H. Parry-Williams yn hoff o'r canlynol: 'Ond am rywbeth sy'n mynnu aros,/ Fel clecian ceiniog/ Yn nhwba masîn golchi'. Tringar yw'r myfyrdod ar gorff merch o'r Oes Efydd mewn amgueddfa (mae 'Geneth Ifanc', Waldo Williams, yn gorwedd y tu ôl i'r gerdd, sy'n rhoi haen ac arlliw arall i'r dweud):

> sarhad, yn wir, oedd dy roi yno,
> I fintai gael dod i gewcan

Drwy'r petryal tryloyw
Ar dy esgyrn mewn bedd esgus.

Fforddoliwr: Portreadau o dylwyth dosbarth gweithiol arwrol ardal y llechi a gawn, gyda'r pwyslais ar galedi'r bywyd hwnnw, ond heb anghofio chwaith 'lwyfan yr hen ddireidi'. Hoffais y ffordd y mae'r 'corn gwaith' yn atseinio'n ddieflig drwy'r casgliad. Dyma gasgliad rhugl a hyderus arall, ond unwaith yn rhagor, ceir diffyg amrywiaeth o ran tôn a phersbectif o gerdd i gerdd, ac mae gofyn i'r bardd y tro nesaf ddilyn ei gyngor ei hun a '[ch]odi gorchudd yr ystrydeb'. Yn y gerdd olaf, sy'n cynnig darlun beirniadol o ymwelwyr mewn amgueddfa lechi, oni allai'r bardd fod wedi archwilio'n fwy soffistigedig ddyhead rhai, o leiaf, o'r ymwelwyr hynny i gysylltu mewn ffordd ystyrlon a sensitif â nodweddion a gwerthoedd y diwylliant a'r diwydiant a gollwyd?

Van Gogh: Cyfres o 'argraffiadau mewn oriel co" a gynigir wrth i'r bardd fynd i'r afael â'i berthynas amwys a chymhleth â'i dylwyth ac â'i etifeddiaeth ddiwylliannol – rhywbeth a gaiff ei ddisgrifio fel 'cynfas Cymraeg' wedi'i amgylchynu â 'ffrâm Seisnigaidd'. Da yw'r disgrifiad o rifft y broga fel 'potes o atalnodi'. Mae 'Rhithiau', a leolir yn Ystrad Fflur yn ystod 'Ionawr dauwynebog', yn arddangos gallu'r bardd i greu cerdd awgrymog, dynn ei gwead sy'n myfyrio ar olion materol ac arallfydol, gydag 'olion' adleisiol o gyfeiriad cerdd enwog T. Gwynn Jones i Ystrad Fflur yn cynnig haen ychwanegol:

Y lle'n befriol, a llonydd,
ond gwythiennau o gerrig sydd
lle bu esgyrn muriau
a chorff o feirdd a thywysogion.

Mor syml y mae canrifoedd yn treulio
bywydau yn betr[y]alau taclus.

Cyfeiriad a gawn yn y llinell olaf at y rhes o feddau tywysogion ar dir yr abaty, wrth gwrs, ond diangen a rhyddieithol yw 'taclus', ac, yn anffodus, ceir esiamplau amlwg o ddiffyg cynildeb yn y casgliad ar ei hyd.

Dryw: Ceir yma reolaeth ar bensaernïaeth cerdd, ond tywyll yw'r ystyr yn aml, sy'n ei gwneud hi'n anodd creu cysylltiadau rhwng elfennau'r casgliad yn ei gyfanrwydd. Yn rhannol, y duedd i symud o'r diriaethol (y mae gan y bardd afael dda arno'n gyffredinol) i'r haniaethol sy'n gyfrifol am y diffyg cysylltiad hwn, ynghyd â bywyd trosiadol gorgymhleth. Y neges i'r bardd (medrus ar brydiau) hwn yw bod gofyn symleiddio'r canu.

Vik: Diffyg elfen gyfannol sy'n mennu ar y casgliad hyderus hwn. Dengys *Vik* y gallu i saernïo cerdd unigol deimladwy fel 'Ymbalfalu' (portread hynod lwyddiannus o'r berthynas glòs rhwng y bardd a'i daid). Nodweddir y cerddi gan gysyniadau gwaelodol cryf, ynghyd â'r gallu i hawlio sylw drwy gyfrwng cymariaethau gwreiddiol sy'n strwythuro cerdd, yn hytrach na'i haddurno yn unig:

> Y bore wedyn
> wrth inni drafod yn y gwaith
> y ffordd orau o bilio garlleg
> ... gallaf deimlo'r
> croen papur brau yn diosg
> mor hawdd â dy ddillad
> cyn dinoethi'r cnawd gwyn, brathog
> sy'n barod i'w wasgu
> nes bod ei flas ar bopeth a wnaf

(er mai afraid yw 'brathog'). Ond gwendid y gwaith fel cyfanwaith yw absenoldeb cysyniad canolog cryfach ac amlycach a allai fod wedi uno'r cerddi yn eu hamrywiaeth.

Dosbarth 1 – Adran Uchaf, mewn trefn esgynnol
Unrhyw un: Myfyrdod meddylgar ar amwysedd, deuoliaeth a gwacter hunaniaeth bersonol, gyda chyflyrau rhyngol, trothwyol, bylchol – 'Af yn neb ac yn bawb,/ i'r gadair siglo o gaffi,/ i eistedd yn y stêm rhwng gorsafoedd radio' – yn creu llinynnau cyswllt rhwng cerddi. Ceir rheolaeth gadarn ar fframwaith pob cerdd, ynghyd â sylwgarwch creadigol: 'y bylchau sy'n dirgrynu rhwng tannau'r delyn'. Nid ildir fyth i haniaeth (fel y gellid yn hawdd fod wedi gwneud). Bardd sy'n siŵr o'i bethau sydd yma; llwyddodd y casgliad i wneud argraff arnaf – heb, yn anffodus, fy nghyffroi.

Rhuddlan: Casgliad rhwystredigaethus o anwastad (er bod yma fardd digamsyniol). Cawn yn y tair cerdd agoriadol, a'r gerdd gynderfynol, fyfyrdod amlhaenog ar gydblethiad gwisg, y corff benywaidd, trais a hanes. Gwych yw'r darlun o fenywod Andalucia yn golchi dillad yn yr afon, 'gan ddewis o'r lli un garreg lefn/ i daro'r lliain' a '[th]yneru gwisgoedd o oes i oes'. Sensitif hefyd yw'r portread o fyseddu dilledyn sy'n 'ymagor, yn sari swil' mewn siop elusen (ond diangen ac afrwydd yw'r wers foesegol a gynigir ar ddiwedd y gerdd). Try'r dilledyn yn y gerdd nesaf yn rhaff crogwr wrth i'r bardd bortreadu dwy ferch a dreisiwyd ac a lofruddiwyd yn Uttar Pradesh: fe'u hongiwyd 'ar ganghennau'r mango/ i grogi'n yr oerwynt wrth linynnau eu penwisg'. Ailgydir tua diwedd y casgliad yn y ffocws hwn ar frethyn, croen a thylwyth mewn portread sensitif o ystyron siôl fagu mewn cyd-destun rhyngwladol. Ond yn y gofod rhwng y cerddi hyn, beth a ddigwyddodd? Collodd y bardd afael ar undod y casgliad, gan golli rheolaeth yn ogystal (megis yn y gerdd ar y gofgolofn a godwyd i Kalashnikov) ar synwyrusrwydd ac awgrymusedd y canu.

Mas: Llais mwyaf egnïol y gystadleuaeth. Cynigia gyfres o ddarluniau sy'n ffurfio naratif bachgen a dyn ifanc hoyw yn hawlio'i hunaniaeth yn wyneb disgwyliadau normatif rhieni a chymdeithas. Grymus yw'r portread yn 'Cyfri' o'r 'unig blentyn' hwn sy'n ymwybodol o'r *ddeuoliaeth* boenus y mae'r disgwyliadau hynny yn ei gwthio arno. Teflir gwahanol leisiau drwy'r casgliad er mwyn dramateiddio'r ffordd y caiff y prif *bersona*, wrth iddo ddygymod â'r dasg o arddel ei hunaniaeth, ei herio a'i *hunan*herio:

> Ofn. *Ofn beth?* Y lleuad, y sêr,
> ystlumod, tylluanod. *Dewch allan,*
> *dewch allan.* Gwahoddiad y t'wyllwch
> a llaw'r nos.

Tyn yw gwead y gwaith, gyda leitmotiffau yn clymu'r casgliad yn un. Mae'n gysyniadol gryf yn ogystal, wrth i'r bardd fyfyrio ar yr hyn a guddir ac a amlygir, ar fywyd mewnol ac ar allanolion. Teimladwy a dyrchafol yw diwedd y casgliad, wrth i'r gŵr aeddfed, bellach, ofalu ar ôl ei fam yn ei henaint – hithau, yn awr, yn blentyn wrth iddo ei 'lapio'n dynn mewn blanced wen/ yn barod i aildroedio holl olion y daith/ [a]'n cypyrddau ni ein dau ar agor led y pen'. Ac eto, ceir rhai elfennau anghynnil yn y casgliad – y weithred o 'gwato' yn y closed yn y gerdd gyntaf, er enghraifft. Ond dyma fardd sy'n deilwng o'r Goron, ac un a gaiff ryw ben, mae'n siŵr, y fraint honno.

Enlli: Mae *Enlli*, heb amheuaeth, hefyd yn deilwng o'r Goron eleni. Dyma gasgliad sydd wedi'i wreiddio mewn perthynas hudol ac awgrymog â haenau hanesyddol a mytholegol daear Sir Fynwy, Sir Frycheiniog, Swydd Rhydychen a Denmarc. Mae *Enlli* yn synhwyro'r *unheimlich* – yr anghartrefol neu'r *uncanny* – yn y berthynas honno. Dychymyg archaeolegol a gawn yma,

Enillwyr Prif Wobrau Eisteddfod Genedlaethol Cymru Caerdydd 2018

Dyma gyfle i ddod i adnabod
enillwyr gwobrau mawr
yr Eisteddfod

Eleni, cyflwynir y Gadair am awdl ar fwy nag un o'r mesurau traddodiadol, heb fod yn hwy na 250 o linellau, ar y testun 'Porth'. Y beirniaid yw Ceri Wyn Jones, Emyr Davies a Rhys Iorwerth. Noddir y Gadair gan Amgueddfa Cymru i ddathlu pen-blwydd Sain Ffagan, Amgueddfa Werin Cymru, yn 70 oed.

Roedd yr Amgueddfa'n awyddus i weld cynllun a oedd yn cysylltu gyda Sain Ffagan, a dyma oedd yr her i Chris Williams, cerflunydd, sy'n byw yn Pentre ac yn gweithio yn Ynys-hir, Rhondda. Ysbrydolwyd Chris gan ffurf y cadeiriau coedyn yng nghasgliad yr Amgueddfa, ac un gadair yn arbennig a wnaed yn Nhrealaw, nid nepell o'i weithdy.

Meddai Chris, 'Mae fy nyluniad wedi'i ysbrydoli gan nifer o wahanol gadeiriau y bûm yn ymchwilio iddynt yng nghasgliad Sain Ffagan. Mae'r dyluniad yn fodern gyda chyffyrddiadau traddodiadol, ond eto mae iddi bresenoldeb cadair seremonïol, diolch i elfennau megis sedd lydan a thrwm, breichiau agored a chefn uchel.'

Dewisodd Chris greu cadair â sedd a chefn o bren llwyfen gyda choesau a breichiau o bren onnen. Mae'r sedd a'r cefn wedi'u hengrafu yn ysgafn â phatrwm gwlân traddodiadol sy'n seiliedig ar garthen yng nghasgliad Sain Ffagan, ac a wehyddwyd ym Melin Wlân Esgair Moel, un o'r adeiladau cyntaf i gael ei ailgodi yn yr Amgueddfa Werin yn 1952.

Llwyddodd Chris i gyfuno elfennau traddodiadol â thechnoleg newydd wrth greu'r Gadair. Cafodd nifer o'r darnau eu creu â llaw gan ddefnyddio offer traddodiadol, tra bod y patrwm ar y sedd a'r cefn wedi eu hengrafu ar beiriant laser.

Cafodd darnau o'r Gadair eu creu yn Sain Ffagan, Amgueddfa Werin Cymru, mewn adeilad pwrpasol: Gweithdy. Mae Gweithdy yn adeilad cynaliadwy newydd sbon sy'n llwyfan i sgiliau crefftwyr ddoe a heddiw, lle gall ymwelwyr o bob oed gael profiad uniongyrchol o sgiliau traddodiadol. Yn Gweithdy, bu Chris yn arddangos ac yn rhannu'r broses o greu'r Gadair gydag ymwelwyr i'r Amgueddfa – rhywbeth newydd yn hanes creu Cadair yr Eisteddfod Genedlaethol.

Rhoddir y wobr ariannol gan Gaynor a John Walter Jones er cof am eu merch, Beca.

GRUFFUDD EIFION OWEN
ENILLYDD Y GADAIR

Mae Gruffudd Eifion Owen yn fardd 32 oed sy'n byw yng Nghaerdydd. Mae'n ŵr i Gwennan ac yn dad i Dyfed Arthur. Fe'i magwyd ym Mhwllheli a chafodd ei addysg yn ysgolion cynradd ac uwchradd y dref ac yng Ngholeg Meirion-Dwyfor. Yn ystod ei arddegau bu'n mynychu gwersi cynganeddu gydag Ifan Prys a'r Prifardd Meirion MacIntyre Huws gan farddoni'n selog ers hynny. Aeth i Brifysgol Aberystwyth ble graddiodd yn 2007 gyda gradd anrhydedd dosbarth cyntaf yn y Gymraeg, ac aeth yn ei flaen i astudio gradd Meistr gan lunio traethawd estynedig ar ddramâu W. S. Jones. Enillodd y Fedal Ddrama yn Eisteddfod yr Urdd Bae Caerdydd 2009. Mae hefyd wedi ennill  cadeiriau Eisteddfodau Y Ffôr a Thregaron. Hwn yw'r tro cyntaf iddo gystadlu am Gadair yr Eisteddfod Genedlaethol.

Er 2010 mae Gruffudd wedi bod yn gweithio i'r BBC yn adran olygyddol *Pobol y Cwm* ac mae bellach yn un o olygyddion stori'r gyfres. Ar hyn o bryd mae'n cymryd hoe o bedwar mis o'i waith er mwyn cael bod yn dad llawn amser i Dyfed, gan ddychwelyd i'w swydd ym Medi 2018.

Mae Gruffudd yn aelod o dîm ymryson Llŷn ac Eifionydd ac o dîm talwrn Y Ffoaduriaid, pencampwyr y gyfres yn 2016. Mae hefyd yn un o 'Feirdd y Bragdy' sy'n helpu trefnu nosweithiau *Bragdy'r Beirdd* yng Nghaerdydd. Yn stompiwr brwd, mae cael cyfleon i berfformio ei gerddi yn gyson o flaen cynulleidfaoedd wedi bod o fudd mawr iddo fireinio ei grefft fel bardd.

Cyhoeddwyd ei gasgliad cyntaf o gerddi, *Hel Llus yn y Glaw*, yn 2015 gan Barddas, a chyrhaeddodd y gyfrol restr fer categori barddoniaeth Llyfr y Flwyddyn 2016.

Hoffai ddiolch o galon i'w gyn-athrawon a darlithwyr, ei deulu a'i gyfeillion am eu holl anogaeth, cefnogaeth ac amynedd dros y blynyddoedd, yn arbennig felly i Gwennan, Casia a Llŷr, ei gyd-Ffoaduriaid: nhw yw ei athrawon barddol.

Mae ei ddiddordebau eraill yn cynnwys beicio, mynydda, y theatr, a jyglo.

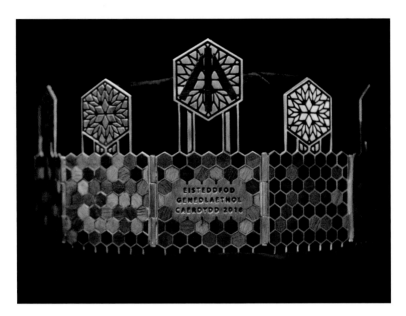

Rhoddir y Goron gan Brifysgol Caerdydd, a daw'r wobr ariannol gan Manon Rhys a Jim Parc Nest, â diolch ac er cof. Cyflwynir y Goron eleni am gasgliad o gerddi heb fod mewn cynghanedd gyflawn, heb fod dros 250 o linellau, ar y testun 'Olion'. Y beirniaid yw Christine James, Ifor ap Glyn a Damian Walford Davies.

Cynlluniwyd a chynhyrchwyd y Goron gan Laura Thomas, Castell-nedd. Mae Laura wedi treulio dros 400 awr yn cynhyrchu coron unigryw sy'n fodern ac eto'n parchu traddodiadau'r Eisteddfod. Deilliodd ei hysbrydoliaeth ar gyfer y dyluniad o'i thechneg adnabyddus – gwaith *parquet* – lle mae'n gosod argaenau pren mewn arian pur. Mae'r Goron yn cynnwys dros 600 o argaenau chweochrog, pob un wedi'i hychwanegu â llaw.

Ei thad-cu, Jack Owen, sy'n rhannol gyfrifol am gariad Laura at weithio gyda phren. Roedd yn arfer gwneud anifeiliaid bach wedi'u cerfio o bren solet a phren haenog. Meddai Laura, 'Rydw i wastad wedi mwynhau gweithio gyda phren, ac rydw i wrth fy modd gyda'r gwahanol raenau a'r lliwiau cyferbyniol.

'I greu'r Goron, mae pum math o argaenau pren – a dorrwyd yn fanwl gywir – wedi'u gosod â llaw mewn arian sydd wedi'i strwythuro mewn modd geometrig, cyn eu cydosod i greu'r strwythur. Roeddwn am i'r Goron adlewyrchu'r defnydd o argaenau cynaliadwy sy'n adleisio datblygiad parhaus technolegau cynaliadwy yn ardal Caerdydd – megis cynhyrchu pŵer sy'n seiliedig ar fio-màs.'

Daeth Laura i'r brig mewn cystadleuaeth a gynhaliwyd gan Brifysgol Caerdydd, a ddenodd nifer o ddylunwyr o'r radd flaenaf. Roedd y Brifysgol yn awyddus i gynnig ei harbenigedd i gefnogi Laura yn y broses o greu'r Goron, ac fe gafodd nifer o'r patrymau geometregol eu creu'n arbennig ym Mhrifysgol Caerdydd.

Dywedodd Laura ymhellach, 'Mae wedi bod yn bleser cwrdd ag aelodau staff yn Ysgol Pensaernïaeth Cymru a'r Ysgol Peirianneg, a'r Ysgol Cemeg yn enwedig, sydd wedi rhoi'r geometregau unigryw i mi i'w cynnwys yn nyluniad y Goron.'

CATRIN DAFYDD
ENILLYDD Y GORON

Un o Waelod-y-garth yw Catrin Dafydd. Mae'n ysgrifennu'n llawrydd ers 2006. Treuliodd sawl blwyddyn yn nhref Caerfyrddin ond bellach mae hi'n ôl yng Nghaerdydd.

Mynychodd Ysgol Gynradd Gwaelod-y-garth ac Ysgol Gyfun Rhydfelen cyn astudio am radd yn y Gymraeg ym Mhrifysgol Aberystwyth lle roedd hi'n Llywydd UMCA rhwng 2003 a 2004. Yn 2005, enillodd y Fedal Lenyddiaeth yn Eisteddfod yr Urdd Caerdydd.

Ers sawl blwyddyn, mae Catrin yn aelod balch o dîm ysgrifennu *Pobol y Cwm* a hi yw awdur y nofelau *Pili Pala, Y Tiwniwr Piano, Random Deaths and Custard* a *Random Births and Love Hearts*. Enillodd ei nofel ddiweddaraf, *Gwales,* Wobr Ffuglen cystadleuaeth Llyfr y Flwyddyn 2018.

Bu'n olygydd ar gylchgrawn *Tu Chwith* a *Dim Lol* ac yn 2011, roedd ymhlith y beirdd a sefydlodd nosweithiau annibynnol *Bragdy'r Beirdd*. Mae'n ymgyrchu gyda Chymdeithas yr Iaith Gymraeg a mudiadau eraill ac yn aelod o'r tîm sy'n hyrwyddo *Diwrnod Shwmae Sumae* er mwyn tynnu sylw at y ffaith fod y Gymraeg yn perthyn i bawb yng Nghymru.

Hoffai Catrin ddiolch i'w theulu a'i ffrindiau am eu cariad a'u cefnogaeth dros yr holl flynyddoedd a hoffai ddiolch yn arbennig i'w rhieni – June a Dafydd Huws – a ddaeth â'r byd i gyd yn grwn at y bwrdd bwyd a dangos fod modd herio pob dim am drefn Cymru a thu hwnt. Hoffai ddiolch hefyd i'w chwaer, Esyllt, a'i nith, Carmen Lisi, am eu cwmnïaeth a'u cariad. Mae Bopa Cat yn fodryb falch iawn.

Yn olaf, hoffai Catrin ddiolch i'w chariad, Dyfed – am y sgyrsiau, y chwerthin ac am ei hannog i ddal ati gyda cherddi'r Goron yn ystod misoedd oer y gaeaf.

Yn Llyfrgell Ganolog Caerdydd y cyfansoddwyd talp helaeth o'r cerddi. Dymuna Catrin hir oes i'r mannau hynny sydd â'u drysau yn agored i'r cyhoedd: mannau lle mae llyfrau, hanes a chelf ar gael i bawb – yn rhad ac am ddim.

MANON STEFFAN ROS
ENILLYDD Y FEDAL RYDDIAITH

Ganwyd a magwyd Manon Steffan Ros yn Rhiwlas, Dyffryn Ogwen, a chafodd ei haddysg yn Ysgol Rhiwlas ac Ysgol Dyffryn Ogwen. Ar ôl gadael yr ysgol, bu'n gweithio fel actores gyda chwmnïau theatr Y Frân Wen a Bara Caws am rai blynyddoedd. Enillodd y Fedal Ddrama yn Eisteddfodau Cenedlaethol 2005 a 2006, a dyna a'i hysgogodd i ddechrau ysgrifennu o ddifrif.

Mae Manon wedi ysgrifennu amryw o nofelau, ac enillodd Wobr Tir na n-Og am lenyddiaeth i blant dair gwaith. Mae hefyd yn ddramodydd, yn sgriptwraig, ac yn diwtor ysgrifennu creadigol. Mae'n ysgrifennu colofn wythnosol o lên micro yng nghylchgrawn *Golwg*, ac eleni, bu'n gweithio fel awdur preswyl yng Nghastell Penrhyn.

Bellach, mae Manon yn byw yn Nhywyn, Bro Dysynni, gyda'i meibion, Efan a Ger.

RHYDIAN GWYN LEWIS
ENILLYDD Y FEDAL DDRAMA

Cafodd Rhydian Gwyn Lewis ei fagu yng Nghaernarfon ond mae bellach yn byw yn Grangetown, Caerdydd. Bu'n ddisgybl yn Ysgol y Gelli ac Ysgol Syr Hugh Owen, a mynychodd Ysgol Glanaethwy lle cafodd ei flas cyntaf ar ysgrifennu dramatig. Aeth ymlaen i astudio Cerddoriaeth a Chymraeg ym Mhrifysgol Caerdydd cyn cwblhau gradd Meistr mewn Astudiaethau Cymreig a Cheltaidd, gan ganolbwyntio yn bennaf ar ysgrifennu creadigol.

Bu Rhydian yn aelod o gast *Rownd a Rownd* am wyth mlynedd yn chwarae rhan y cymeriad Jonathan ac, o ganlyniad, dechreuodd ymddiddori ymhellach ym myd y ddrama. Mae hefyd yn falch iawn o fod yn aelod o'r *Crwbanod Ninja* wedi iddo leisio cymeriad Donatello yn y gyfres gartŵn ar S4C yn 2013.

Bellach, mae'n gweithio fel golygydd sgript i gyfres *Pobol y Cwm* ers bron i bum mlynedd. Mae'n ddiolchgar iawn i'r gyfres am y cyfle i gydweithio gydag ystod eang o awduron ac actorion profiadol, ac mae bod yn rhan o dîm golygyddol rhaglen o'r fath wedi dysgu llawer iddo am ysgrifennu dramatig.

Yn 2016, cafodd ei ffilm fer, *Atal*, ei chynhyrchu fel rhan o brosiect *It's My Shout*, a bu gweld ei waith yn cael ei ddarlledu ar y teledu yn ysgogiad i Rhydian barhau i ysgrifennu. Daeth yn agos i'r brig yng nghystadleuaeth y Fedal Ddrama y llynedd ac roedd hynny hefyd yn hwb iddo ddal ati i gyfansoddi.

Yn ei amser hamdden, mae Rhydian yn hoff iawn o greu a gwrando ar gerddoriaeth. Bu'n brif leisydd a gitarydd y band *Creision Hud* am sawl blwyddyn ond mae bellach yn aelod o grŵp y *Rifleros*, sy'n parhau i recordio caneuon newydd a gigio yn gyson.

MARI WILLIAMS
ENILLYDD GWOBR GOFFA DANIEL OWEN

Ganed Mari Williams yng Nghaerdydd lle mae ei hynafiaid wedi bod ers canrifoedd ac mae hi'n byw yno yn awr.

Fe'i haddysgwyd hi yn Ysgol Uwchradd y Merched, Caerdydd ac yna yng Ngholeg Newnham, Prifysgol Caergrawnt. Ar ôl graddio â gradd anrhydedd yn y Clasuron bu hi'n athrawes mewn nifer o ysgolion ac yn eu plith cafodd hi'r fraint o addysgu yn Ysgol Brynrefail, Ysgol Cwm Rhymni ac Ysgol Rhydfelen. Ar hyn o bryd mae hi'n addysgu Lladin i fyfyrwyr ym Mhrifysgol Caerdydd.

Mae Mari wedi ysgrifennu wyth nofel ar gyfer gwahanol oedrannau – cyn yr un a enillodd iddi Wobr Goffa Daniel Owen – ac mae hi'n hoff o deithio ac ymweld â lleoliadau hanesyddol pell ac agos. Mawr yw ei dyled i Gapel Annibynwyr Bethlehem, Sblot, a fynychai pan oedd yn blentyn.

Mae hi'n weddw i'r diweddar Barchedig William Elwyn Lloyd Williams o Abererch a oedd yn arolygwr ysgolion ac yn ŵr ysbrydoledig, yn fam i Geraint a Delyth ac yn fam-gu i Huw, Nia, Manon a Geraint-Dewi.

TIM HEELEY
ENILLYDD TLWS Y CERDDOR

Ganwyd Tim Heeley yn 1980 yn Scarborough, ac yn dilyn derbyn gwersi piano yn 7 mlwydd oed, arbrofodd gyda sawl offeryn pres cyn dewis y trombôn. Manteisiodd ar y gwasanaeth cerdd a oedd ar gael yn y sir trwy dderbyn gwersi pres yn yr ysgol a chwarae mewn sawl cerddorfa ac *ensemble* gyda Gwasanaeth Cerdd Canolfan Weinyddol Wakefield.

Yn 1998 symudodd Tim i Brifysgol Bangor i astudio Cerddoriaeth, gan arbenigo mewn Cyfansoddi ac Offeryniaeth a Threfnu. Enillodd radd BMus gan fynd yn ei flaen i gwblhau cwrs TAR. Dechreuodd addysgu Cerddoriaeth yn Ysgol Bryn Elian cyn symud ymlaen i Ysgol Brynhyfryd, Coleg Cambria a Gwasanaeth Cerdd Sir y Fflint. Mae nifer o'i ddisgyblion wedi mynd ymlaen i ddilyn gyrfaoedd yn y byd cerdd ac wedi astudio yn yr Academi Frenhinol, Y Coleg Cerdd Brenhinol, Coleg Cerdd Brenhinol y Gogledd a'r Birmingham Conservatoire.

Yn gynnar iawn yn ei yrfa addysgu, penderfynodd Tim ddysgu Cymraeg er mwyn ymgartrefu'n llwyr yng Nghymru a chael mwynhau ei diwylliant. Mae wedi astudio a chwblhau'r rhan fwyaf o'r cyrsiau Cymraeg i Oedolion, ac eleni, wedi bod yn rhan o Gynllun Sabothol Cymraeg Prifysgol Bangor. Mae hyn yn golygu ei fod bellach yn gallu cyflwyno ei wersi Cerddoriaeth bob dydd trwy gyfrwng y Gymraeg.

Ar hyd ei yrfa gerddorol mae Tim wedi cyflawni amrywiaeth o rolau. Mae wedi cyfeilio i gorau ac unigolion, wedi trefnu cerddoriaeth ar gyfer corau, bandiau a cherddorfeydd, wedi bod yn gyfarwyddwr cerddorol ar sioeau cerdd, ac wedi arwain nifer o gorau a cherddorfeydd. Mae bellach yn arwain Côr Bach Trelawnyd, sy'n perfformio ledled gogledd Cymru. Mae hefyd wedi cael profiad o weithio gyda phrosiectau creadigol mawr, gan gynnwys perfformiadau ar gyfer yr Ymddiriedolaeth Genedlaethol a Cadw.

Mae Tim wedi hyfforddi nifer fawr o ddisgyblion ar gyfer Eisteddfod yr Urdd. Dros y blynyddoedd, mae wedi cael llwyddiant mewn amrywiaeth o gystadlaethau ar lwyfan yr Eisteddfod, gan gynnwys cystadlaethau cerdd dant, detholiad allan o sioe gerdd, caneuon actol, bandiau a chorau. Yn 2016 enillodd un o'i ddisgyblion Fedal y Cyfansoddwr yn Eisteddfod yr Urdd Sir y Fflint. Eleni, am y tro cyntaf, penderfynodd Tim ei hun gystadlu gyda'r cyfansoddiad buddugol hwn.

wrth i'r bardd olrhain cydymdreiddiad tir a chwedl, a chwrso'r hynafol ynghanol y cyfredol, y mytholegol ynghanol y beunyddiol, a'r arallfydol ynghanol y materol. Mae i'r cwbl naws gyfrin, ddirgel, ac mae'r bardd yn llwyddo i ochel rhag magl ystrydeb y Cyfnos Celtaidd. Perthynas fywiol, berthnasol â bydoedd cyfochrog sy'n egnïo'r weledigaeth. Ac eto, mae'r ffin rhwng dirgeledd a thywyllwch y canu yn denau ar brydiau (fel y gofod rhwng bydoedd). Teimlais fod i'r casgliad ryw breifatrwydd a berthynai nid i elfen gyfeiriadol ddyfnddysg y gwaith (Nennius, Sieffre o Fynwy) ond yn hytrach i brofiad unigol, unigryw nad yw'r bardd yn llwyr lwyddo i'w rannu.

Yma: Dewisodd *Yma* fapio ardal Trelluest (Grangetown), Caerdydd, trwy gyfrwng cyfres o bortreadau cyd-ddibynnol ac ymblethedig o unigolion, aelwydydd a'r gofod cymdeithasol rhyngddynt (trwyddynt, amdanynt ...). Gellir ystyried techneg y bardd fel fersiwn o Google Street View: awn o stryd i stryd – o lannau Taf i hen fferm Y Grange yn Stryd Stockland, yna i Pentre Gardens ac i Stryd Cornwall, yn ôl i Pentre Gardens, yna ymlaen i Stryd Cambridge ac i Dafarn y Grange, cyn edrych i gyfeiriad Tre-biwt a gorffen ar lan yr afon. Casgliad ymddangosiadol syml ydyw, ond mae cartograffeg gelfydd y bardd wedi'i chydlynu'n ddeheuig. Y *persona* sy'n clymu'r cwbl yw'r ddynes – nas enwir – sy'n byw ym Mhentre Gardens, sy'n fam i Osian ac Elsbeth ac yn ferch i Forfudd. Cyfres o fonologau dramatig a gawn gan amryw leisiau, sy'n cynnig darlun o ddiwylliant amlieithog, amlddiwylliannol Trelluest ac sy'n myfyrio ar hanes a dyfodol y Gymraeg o fewn yr ecoleg honno. Yn y gerdd ar enedigaeth Elsbeth, eir i'r afael yn grefftus â themâu canolog y casgliad: mannau cychwyn daearyddol, diwylliannol a biolegol; traddodiad a modernrwydd; a hunaniaethau cymysgryw:

> Pan gyrhaeddaist ti o'r golau
> a dodi dy dalcen yn erbyn f'un i
> roedd olion hen wareiddiad ynot.
> Hen wreigan newydd sbon
> yn dod â hanes inni.

Teimla'r fam fod y fechan wedi dod i'r byd o ryw 'leufer' cysefin; datblygir y cysyniad hwnnw o 'ddechreuadau' a tharddleoedd wrth i'r fam-gu, sy'n ymwybodol ei bod yn agos at farwolaeth, siarad â'i merch ynghylch ei diwylliant bore oes yng ngwaelod Sir Aberteifi – diwylliant a fydd yn gymynrodd i'r teulu ifanc. Gwych yw diwedd y gerdd a leisir gan fam Ahmed (ffrind ifanc Osian), sy'n croesawu hunaniaeth *hybrid* ei mab mewn 'Man lle mae Muhammad a'r Mabinogi/ a Mami, Ahmed, yn dishgwl amdanat ti'. Mewn gwrthgyferbyniad, cawn bortread o 'Elaine' yn Stryd Cambridge, nad yw'n medru'r Gymraeg ac sy'n teimlo'r golled fel rhyw 'gnoad' – fel absenoldeb a mudandod. Cawn wedyn fonolog Bethany, mam Celyn, â'i Chymraeg hyfryd-fratiog, sy'n ernes nid o ddirywiad ond o barhad:

> Heddiw rwy'n ymestyn at yfory
> ac yn cnoi'r Cymraeg fel *bubblegum* yn ceg fi.
> Edrych, Celyn!
> Ar maint y swigen pinc mae Mami newydd chwythu!

Gwead hynod dynn casgliad *Yma*, ynghyd â champ grefftus ei symlrwydd cymhleth, sy'n ennill iddo neu iddi y Goron eleni.

LLWYBR ARFORDIR CYMRU

Gwalia, hyd lwybr gwylan – o Fynwy
I Fôn, Fflint ac Afan;
Nid ar frys fel heda'r frân,
Ond o foryd i farian.

Math (2)

BEIRNIADAETH MEIRION MACINTYRE HUWS

Daeth 440 englynion i law. At ei gilydd, roedd yr englynion yn gywir eu crefft ac yn wastad eu safon ond dylai'r canlynol edrych eto ar eu cynganeddion: *Tresi Aur* (1) ('a gweld/ ein gwlad'), *Tresi Aur* (2) ('un gyfan/ gyfoethog'), *Un o'r Mynydd* ('A gwair/ peraidd yn garped'), *Banksy* ('A'r ddawn/ yn cyfareddu') a *Taith* ('A gefel/ Gofalon'). Mae ail linell englyn *Brynglas* yn brin o sillaf ('drwy'r co'n anochel') ond hawdd fyddai cywiro hynny.

Cymru yw'r unig wlad ar wyneb y ddaear sydd â llwybr swyddogol ar hyd pob llathen o'i harfordir; mae hynny i'w ddathlu'n sicr. Y disgwyl, felly, oedd englynion yn dweud mwy na disgrifio unrhyw lwybr ar unrhyw arfordir yn y byd. Ond dyna a gafwyd gan *Broc môr, Canlyn, John Bunyan* (englyn i Lwybr y Pererinion mwy na Llwybr Arfordir Cymru), *Pwll Deri, Geraint, Cerddwr, Meg* (gall yr englyn fod yn sôn am y canolbarth neu unrhyw ardal wledig arall) a *Traeth y Pigyn*. Englynion cywir ac yn dweud eu dweud yn eglur ond heb godi i dir uwch, fel hwn gan *Math* (1) sydd â llinell glo dda:

Mor ddiogel fy ngorwelion – heb wal,
a'r bae yn rybuddion [*sic*],
haul o hyd oedd chwarae'r lôn
a rhyddid heb arwyddion.

Un arall tebyg yw englyn *Ifan John*:

Ar ei hyd, her i heidiau o rodwyr
ar adael eu beichiau;
ffin ymylol o'u holau
a rheng dôr y tir rhwng dau.

77

Englyn digon derbyniol ond yn un o nifer sy'n defnyddio'r geiriau 'troedio', 'ar ei hyd', 'rhodio' ac yn y blaen. Biti garw am hynny gan fod sawl englyn gwerth chweil yn eu mysg. Gormod o bwdin dagith gi meddan nhw; mae clywed cymaint am y troedio syrffedus hyn yn fy atgoffa am yr holl feirdd dros y canrifoedd sydd wedi 'rhedeg drwy'r rhedyn' ar eu ffordd i 'ffynnon y gorffennol'! Yr un bai, os mynnwch, sydd yn gwanhau englynion *Pererin* (*1*) ('ar ei hyd/ ymdroedio'), *Efro* ('Ar ei hyd cawr a rodia'), *Ewropead* ('Ond troediwn hwn fydd cyn hir'), *Celt* ('O'r adwy mae'n aildroedio'), *Iolo* ('Fe droediaf uwchben y glennydd'), *Clogwyn* ('ar ei hyd/ rhaid troedio'), *Pryderi* ('yw rhodio/ ar hyd'), *Dianc* ('i rodio/ Ar hudol'), *Aeron* ('O droedio drwy dy Eden') a *Jabez* ('a rhodio/ troadau'). Mae englyn *Traeth y Dolau* hefyd yn euog ond mae ei englyn o'n haeddu sylw pellach:

> Oedi cyn mynd yn sydyn – ar ei hyd
> Yw rhan y gwir grwydryn,
> Ond erys sawl dihiryn
> A'i iaith hyll drwy'r parthau hyn.

Englyn crafog iawn sy'n sôn am y bobl ddiarth rif y gwlith sydd yn dod yma i fwynhau harddwch Cymru ac yn sgil dewis dod yma i fyw, yn difwyno'r cyfan!

Mi ddown rŵan at yr englynion hynny sydd ag ôl straen arnyn nhw ac felly'n syrthio y tu ôl i eraill yn y gystadleuaeth. Mae'r gynghanedd, fel y gwyddom, yn gallu ein tywys hyd lwybrau nad ydym eisiau eu tramwyo gan mai ar y llwybrau hynny mae ein henglynion yn mynd yn drwsgwl, cloff a thywyll. Nid awen y beirdd eu hunain sydd ar fai; mae eu gweledigaeth yn fawr ond bod eu diffyg crefft yn amharu ar eu mynegiant. Yn y dosbarth hwn mae *Igamogam* (nid oeddwn yn sicr o gywirdeb ei drydedd linell gan nad oeddwn yn gallu deall y llawysgrifen yn iawn), *Glyn, dewch a glaswellt gwyrdd*. Dyma englyn yr olaf ohonynt:

> Esgyn, disgyn, 'rwyt ti'n don – rwyma'r môr
> i'r maes, gwlad i'r galon,
> pob haf mwy braf o'th brofion,
> a wna'n niwl llwyd dod yn llon.

'Brafiach' nid 'mwy braf' y byddai bardd mwy yn ei ddweud.

Englyn arall o'r Dosbarth uchod yw hwn gan *Lleu* sydd yn baglu o'r cychwyn. Rwy'n tybio mai 'dim ond triawd' sydd ganddo dan sylw yn ei linell gyntaf ond ei fod yn brin o sillafau i gadw at hynny. Dyma englyn sydd yn dangos sut mae cymhlethu'r ystyr gyda dryswch rhwng 'ei' ac 'ein':

> Er ei weddi, ond triawd yw'n aros
> Am ddwyrain i'w gwmpawd;
> Ni wnaed o'i ffydd newid ffawd
> O baderau'n bedwarawd.

Un arall braidd yn anodd yw englyn *Seithenyn* sydd yn ceisio cyfleu, rwy'n credu, mai arfordir y gorllewin yw encil y Cymry, i ffwrdd o donnau gwyllt y dwyrain, Lloegr ac ati. Rwy'n deall yr hyn sydd ganddo ond oherwydd nad yw'n gwbl gyfforddus wrth drin y gynghanedd mae ei englyn yn dioddef. Ond buan y daw'r grefft drwy ymarfer:

> Di-egwyl bygythiad eigion diria
> O'r dwyrain; i'n werddon
> Y down hyd ymyl y don,
> Encil hil yr ymylon.

'I'n *gwerddon*' sydd yn gywir – nid 'i'n *werddon*'.

Mae dau englyn, *Cantre'r Gwaelod* a *Rhodiwr* (oes dianc i'w gael oddi wrth y rhodio 'ma, dwedwch?) sy'n sicr yn sôn am lwybr yr arfordir gan bod ynddynt gyfeiriad at Gantre'r Gwaelod. Dyma englyn y cyntaf o'r ddau, englyn sydd â llinell glo addawol iawn ond efallai wedi colli cyfle i'w defnyddio mewn englyn gwell:

> Daw'r llais o ddyfnder y lli – daw yno
> Fel y don sy'n torri
> Neu fel awel yr heli,
> Fel canu cloch ynoch chwi.

Yn y Dosbarth nesaf rwy'n gosod englynion sydd â llais unigryw a rhywbeth o bwys i'w ddweud, fel hwn gan *Porth Iago*:

> Mae 'na byrth yma'n y byd – a thraethau
> Sydd â throthwy hefyd
> Sy'n agor dros y foryd
> Draw i'r môr a'r pellter mud.

A hwn gan *Pererin* (2) a fu'n ffefryn gen i am blwc ond gall fod yn cyfeirio at unrhyw lwybr:

> Hyd odreon ein tonnau – fesul pwyth,
>   fesul pâr o sgidiau,
>   ar y daith creu brodweithiau
>   yw'n rhan nes i'n cam fyrhau.

Cafwyd englynion digon crefftus ond heb daro'r hoelen ar ei phen gan *Awn eto* (englyn grymus hyd at bedwaredd linell siomedig iawn), *am gylchedd*, *Llais y Llwybr* (unwaith eto, englyn, y gellid dadlau, i unrhyw lwybr) ac *Enlli* (chwip o linell glo).

Mae'n amlwg, felly, nad oes llawer o englynion i Lwybr Arfordir Cymru a dim arall. Hwyrach y byddai 'Llwybr' ar ei ben ei hun wedi bod yn well testun i ddenu gwell safon o englynion i'r gystadleuaeth ac efallai y byddai hynny wedi esgor ar un neu ddau o englynion yn sôn am Lwybr yr Arfordir yn benodol. Yr hyn a gafwyd yn y bôn oedd nifer fawr o englynion diffiniadol iawn, englynion sy'n crynhoi i'r dim beth yw llwybr yr arfordir ond heb daflu unrhyw oleuni arall, na thynnu ein sylw at unrhyw beth y tu hwnt i hynny.

Am ei wreiddioldeb hoffais englyn *Ymlaen* yn fawr o'r cychwyn ond yr hyn a'm siomodd oedd bod yr esgyll yn fy atgoffa dro ar ôl tro o gywydd Gerallt Lloyd Owen i Saunders Lewis sy'n cloi gyda 'Ac am hynny, Gymru, gwêl/ Y gŵr sydd ar y gorwel':

> Tu draw i'r gorwel tawel, – tu hwnt
>   I wynt ei dir uchel,
>   Rhag diffygio, Gymro gwêl
>   Drugaredd dôr y gorwel.

Mae hwn wedyn gan *ôl traed* yn fwy o englyn i grwydro traeth na llwybr yr arfordir ond mae'n englyn da, serch hynny:

> Oherwydd fod rhyw hiraeth – ar y daith
>   Mae i'r don gwmnïaeth
>   Ac i dywod drafodaeth;
>   yr wyf eto'n troedio'r traeth.

Am sawl rheswm, yr englyn cryno hwn gan *Math* (2) yw'r gorau gen i:

> Gwalia, hyd lwybr gwylan – o Fynwy
> I Fôn, Fflint ac Afan;
> Nid ar frys fel heda'r frân,
> Ond o foryd i farian.

Nid yn y car, nid ar feic modur, bws na thrên mae profi harddwch gwlad yn iawn meddai, ond ar hyd y glannau, ar lwybr yr wylan. Mae'r llinell glo a'i chynghanedd groes o gyswllt yn hyfryd a heb os nac oni bai mae'r englyn yn elwa o'r gwrthgyferbynnu cynnil sydd rhwng llwybr y frân a llwybr yr wylan. Englyn tawel sydd yn llwyddo i ddweud yr hyn sydd ganddo i'w ddweud heb fawr o orchest. Dyna hanes yr englynion gorau erioed. Nid yw englynion rhy uchelgeisiol yn ennill mewn cystadlaethau fel hon yn aml.

Ond cyn canu'r utgyrn a thywallt y gwin rhaid gofyn a oes gwendidau? Nac oes, dim byd mawr yn fy marn i. Yn sicr mi fydd rhywun yn rhywle yn dweud bod 'Fynwy/ Fôn' yn 'hen drawiad', ond rwy'n ei ystyried erbyn hyn yn ymadrodd cyffredin yn hytrach na thrawiad cynganeddol yn unig ac felly mae'n ennill ei le yn yr englyn heb amharu ar y grefft. Hawdd hefyd fyddai beio *Math* (2) am restru enwau yn ei englyn; nid oes angen fawr o grefft i wneud hynny ond mae'r arferiad yn gweddu yma gan fod ei ddewis o enwau yn cynnwys llefydd nad ydynt yn bell o arfordir de, gogledd, dwyrain a gorllewin Cymru. Yna, 'fel yr hed y frân' sy'n gywir, am wn i, ond rwy'n derbyn y ffurf lafar 'fel heda'r frân'. Dyna'r hollti blew wedi'i wneud, cyn i neb arall wneud!

Nid yw'r manion uchod yn gwanhau englyn *Math* (2) o gwbl gan ei fod fel arall yn cynnwys holl elfennau'r testun, sef llwybr, yr arfordir a Chymru – ac, yn ogystal, mae'n englyn syml a diorchest sy'n ein hannog yn ddistaw bach i fynd i grwydro'r glennydd. Am hynny, mae'n mynd â'r wobr o £100 a Thlws Dic yr Hendre i'w ddal am flwyddyn.

LLANAST

Oherwydd rhyw gamgymeriad – a'n lab
bron dod lawr mewn ffrwydrad,
fe yrrom (yn ddifwriad)
athro fry i 'dŷ ei Dad'.

Nant Caerau

BEIRNIADAETH HEDD BLEDDYN

Tipyn o syndod i mi oedd derbyn y gwahoddiad i gloriannu'r gystadleuaeth hon yn yr Eisteddfod eleni gan fod fy agwedd at farddoniaeth yn dra gwahanol i'r hyn a welaf yn gyffredinol mewn barddoniaeth heddiw. Teimlaf y dylai barddoniaeth fod yn hollol ddealladwy ar y darlleniad cyntaf, ac nad oes angen ailddarlleniad er mwyn cael y neges a'r ystyr.

O safbwynt y gynghanedd, teimlaf mai ffordd o gyfoethogi'r grefft ydyw, sydd yn unigryw i'r Gymraeg ac na ddylai gael unrhyw effaith ar y darllen na'r neges. Mae barddoniaeth yn ffordd unigryw o gyflwyno ein hiaith a'n diwylliant i'r rhan fwyaf o Gymry nad ydynt yn ymdrin â chyfansoddi na llenydda – ac annhebygol ydyw y byddant, os oes angen ail a thrydydd ddarllen i'w deall a chael y neges.

Bûm yn ymdrin â barddoniaeth o'm dyddiau ifanc; penillion a chaneuon ysgafn yn bennaf, ond er iddi fod yn uchelgais i geisio cael gafael ar y gynghanedd o'm dyddiau ifanc, oherwydd oblygiadau rhedeg a datblygu busnes, teulu a chymuned, ni ddaeth y cyfle i wireddu fy uchelgais hyd fy ymddeoliad. Dyma pryd y daeth cyfle a blaenoriaeth i'r gynghanedd: wedi pum mlynedd dyma fentro cystadlu mewn eisteddfodau pentrefol a mwy, a chael cryn lwyddiant.

Wedi ystyried yn ddwys y cais i feirniadu'r gystadleuaeth hon, a chan fod pwyllgorau llên a sefydlog yr Eisteddfod yn fy ystyried yn gymwys, penderfynais dderbyn, a'i hystyried yn fraint ac anrhydedd arbennig iawn.

Derbyniwyd 31 o englynion i'r gystadleuaeth ar y testun 'Cawdel/Llanast', a chan ddilyn fy nhafodiaith i ym Maldwyn, ni fedraf wahaniaethu rhwng y ddau: bron yn union yr un fath yw'r dehongliad yn y *Geiriadur Mawr* hefyd.

Hyd y gwelaf, mae'r gynghanedd yn eithaf cywir trwy'r gystadleuaeth, gyda dim ond ambell frycheuyn oherwydd diffyg gofal cyn cyflwyno'r gwaith, mae'n siŵr.

Penderfynais eu dosbarthu yn dri dosbarth fel a ganlyn.

Dosbarth 3
18 englyn sydd yn eithaf derbyniol; rhai sydd ag ôl brysio arnynt, eraill heb fawr o ysgafnder a hiwmor, a rhai lle mae'r gynghanedd yn rheoli'r dweud a'r neges, sef: *Ifan John, Tresi Aur, Un Modern, Dysgwr, Bostik, Sam Tan, Yn y coch, Ffarmwr Ffowc, Nel, Copyn, Enfys, Llew, Olwen, Cyn Ŵr, Nicola, Llanastud, Donald, Dobin.*

Dosbarth 2
Deg englyn y teimlaf sydd yn cyrraedd yn nes at y nod, ond mae'r pwyntiau y cyfeiriwyd atynt yn Nosbarth 3 yma hefyd ond nid i'r un graddau ac felly maent yn dod yn nes at y brig, sef: *PC tŷ ni, Sara, Gwae, Brecsit, Un fel fi, Ar Gau, Bendics y gath, Garmon, Haul ar Fryn, Helo bêbi!*

Dosbarth 1
Tri englyn sydd yn rhagori gennyf o safbwynt crefft, neges ac ysgafnder, a'r dweud yn hollol naturiol a llyfn ar y testun a osodwyd:

Anni: Yn flysgar gwnes ei charu – a'i galw'n
                      Abigale a mynnu,
               hi yw'r ferch yr orau fu,
               ond Sian oedd wedi synnu.

Ei frawd: Dim sgôr, a ni'r tîm gora – yn y mwd
                    yn dal mas, ond Wmffra
               (ladda i hwn!) – *own goal* dda
               myn diawl y munud ola.

Nant Caerau: Oherwydd rhyw gamgymeriad – a'n lab
                    bron dod lawr mewn ffrwydrad,
               fe yrrom (yn ddifwriad)
               athro fry i 'dŷ ei Dad'.

O'r tri, mae'n rhaid dewis un, ac mae hynny'n eithaf anodd. Buaswn yn barod i wobrwyo unrhyw un ohonynt, ond wedi dwys ystyriaeth, mae barn bersonol yn chwarae rhan hefyd wrth benderfynu ar yr enillydd. Teimlaf fod yn englyn *Nant Caerau* ryw 'gawdel' ynglŷn ag achos a ddigwyddodd ac a achosodd y ffrwydrad i greu'r 'llanast' ac mae'r gair 'difwriad' yn y drydedd linell yn dweud llawer am yr athro a'i dynged. Mae yma ysgafnder, hiwmor a chrefft yn yr englyn; fe'i hoffais yn fawr.

Nant Caerau sy'n cael y safle cyntaf mewn cystadleuaeth dderbyniol iawn.

Telyneg: Heddwch

BEIRNIADAETH LLION PRYDERI ROBERTS

Diolch i'r dwsin o ymgeiswyr am eu gwaith. Mae'r ffaith mai dwsin yn unig a ddenwyd i'r gystadleuaeth hon eleni yn pryderu dyn, gan fod y nifer yn is o gryn dipyn na rhai o gystadlaethau'r gorffennol, a'r ddwy flynedd ddiwethaf yn benodol. Mae'n peri syndod yn ogystal o ystyried y telynegion crefftus sydd i'w clywed yn aml ar raglen *Y Talwrn*. Mae mwy nag un beirniad llenyddol wedi proffwydo tranc y delyneg yn y blynyddoedd diwethaf; tybed a fyddai gosod testun mwy diriaethol a llai cyfarwydd yn apelio? Wedi dweud hynny, camp yr ymgeiswyr yw anadlu bywyd i hen destun. Mawr obeithiaf y bydd cystadleuaeth y delyneg yn denu rhagor o feirdd i ganu eu profiad yn y blynyddoedd nesaf.

Rhaid addef mai cystadleuaeth siomedig ei safon yw hon eleni. Wrth ystyried ffurf y delyneg, byddai'n ddefnyddiol i ymgeiswyr ddarllen gweithiau buddugol a beirniadaethau'r cyfnod diweddar, ac ystyried yr hyn sy'n nodweddu telyneg lwyddiannus. I'm tyb i, rwy'n hoff iawn o sylwadau cryno a chraff Christine James wrth feirniadu'r gystadleuaeth yn 2005, pan ddywed mai chwilio yr oedd am '[g]erdd fer, gadarn ei strwythur, yn cyflwyno un syniad neu brofiad canolog, gan arwain at ddiweddglo naturiol a fyddai'n gwahodd y darllenydd i uniaethu â'r bardd yn y profiad hwnnw, neu i gydymdeimlo ag ef' (t.52).

Dyma sylwadau ar y gweithiau unigol yn ôl y drefn y daethant i law.

Gobaith: Dau bennill ar fydr ac odl sy'n cynnig ymdriniaeth haniaethol â'r testun. Nid yw corfannau pob un o'r llinellau yn llwyddiannus ac mae'r mydr yn cloffi o'r herwydd. O ystyried bod y gwaith yn cyfosod heddwch y teitl gyda byd rhyfelgar, mae gobaith absoliwt yr ail bennill fod 'cenhedlaeth ar y gorwel' am ddwyn 'cymod i deulu dyn' ychydig yn anodd ei ddirnad. Da fyddai chwynnu rhai ansoddeiriau llanw o'r gerdd, megis 'tywyllwch hir' a 'trigolion blin' er mwyn cynnal eironi'r ymdriniaeth.

Pererin: Cerdd ar ffurf *vers libre* sy'n mynegi'r heddwch a ddaw o fodio hen drysorau 'a gasglwyd fesul un ac un o ddyddiau mebyd'. Yma, eto, mae'r ymdriniaeth â'r profiad a fynegir braidd yn haniaethol, a dylid gwylio rhag cymysgu darluniau mewn mannau, er enghraifft try 'silffoedd' y llinell gyntaf yn 'gist' erbyn diweddglo'r gerdd. Mae'n debyg mai cyseinedd a fu'n gyfrifol dros ddelweddu'r trysorau fel 'gemau' ar y naill law a 'gwymon' ar y llall. Er bod y diweddglo yn cynnal y syniad canolog yn daclus ddigon, byddai'n elwa o arfer rhagor o awgrymusedd yn y dweud, ac osgoi llinellau sy'n esbonio'r profiad, er enghraifft 'heddwch,/ cysur/ a chwithdod,/ sy'n difyrru'r amser ac esmwytho'r daith'.

Syllwr: Deillia heddwch *Syllwr* o gadernid y mynyddoedd, a'r modd y maent yn adlewyrchu ein hinsawdd gyfnewidiol (yn llythrennol a throsiadol). Mae'n syniad sy'n gosod tensiwn effeithiol ddigon wrth galon y gerdd, ac mae'r dweud yn gafael mewn mannau, er enghraifft o dan fygythiad storm nodir am y mynyddoedd fod eu 'hagosatrwydd megis tynged'. Serch hynny, byddai'r gerdd yn elwa o arfer cynildeb ymadrodd ac o chwynnu rhai geiriau diangen a llinellau uniongyrchol, megis 'Daw ysgafnder ysbryd i'm meddiannu', er mwyn datblygu ar y weledigaeth agoriadol.

Seren Wen: Cerdd ar fydr ac odl gan ymgeisydd sy'n sicr ei gerddediad wrth ymdrin â rhythmau. Sonia am 'ddianc rhag gofidiau'r nos' drwy grwydro'n unig hyd 'lwybrau'r rhos'. Clyw gân y llinos a chaiff gysur yn 'hedd y bore bach'. Gall yr ymgeisydd hwn greu awyrgylch â'i eiriau, ond mae'r ymdriniaeth yn dibynnu ar ddarluniau treuliedig a thuedd at ddelweddaeth haniaethol. Amgenach fyddai mynegi'r testun drwy adrodd profiad diriaethol a chysylltu'r profiad hwnnw â'r naws freuddwydiol, delynegol sydd yn y gerdd.

Brithdir: Cerdd sy'n arddangos gallu delweddol a mydryddol ar dro. Yn y pennill cyntaf hoffais y darlun effeithiol o afon Mawddach yn 'golchi traed y dorlan'. Dylai'r bardd herio rhagor ar rai geiriau neu ymadroddion er mwyn cynnal mynegiant trawiadol o'r fath. Mae'r gerdd yn parhau i gynnig darluniau o fyd natur, ond gwylier rhag dibynnu ar syniadau traddodiadol, er enghraifft cyferbynnu modernrwydd y trên â naturioldeb oesol yr afon, gan awgrymu rhyw fygythiad i'r gymuned. Yn anffodus, ni chaiff awgrymusedd y penillion cyntaf ei gynnal erbyn y pennill olaf.

Martha: Ymgais orau'r gystadleuaeth. Mae'n darlunio hen wraig, ac fe grynhoir ei phrofiad yn y llinell agoriadol, 'Rhandir go brysur fu ei byw'. Cyflwynir ymdriniaeth ddiriaethol, a chynnil ar adegau, â phrysurdeb ei bywyd, yn wraig a mam, ac mae'r profiad a fynegir yn gafael:

> Dim llonydd i gael hoe
> i sylwi ar y blodau yn y llun.
> Ond sylwodd ar y rhychau yn ei chroen ...

Yn ail hanner y gerdd gwyrdroir heddwch hirddisgwyliedig henaint gan unigrwydd, ond mae'r dweud yn uniongyrchol a braidd yn rhagweladwy. Gall Martha ganu yn rhythmig. Yn wir, mae'r llinellau a'r cynllun yn atgoffa dyn o fesur y soned; eto, fe ystumir y corfannau mewn rhai llinellau, yn fwriadol o bosibl, i roi ymdeimlad o gerdd *vers libre*. Trueni i'r cwpled clo geisio esbonio a chrynhoi byrdwn y profiad yn hytrach na'i ddarlunio yn ei symlrwydd.

Cwymp Caersalem: Ymddengys mai sefyllfa fregus ac ansefydlog heddwch yn y Dwyrain Canol, ac Israel yn benodol, sydd o dan sylw yma. Mae mydrau'r gerdd yn gyson a glân, a cheir ymgais i osod strwythur traddodiadol drwy gynnig dau bennill sy'n cyferbynnu cadernid y gorffennol â'r presennol adfydus. Mae heddwch y Deml a oedd yn 'diogelu'r arch' bellach o dan ormes rhyfel ac 'fel y tywod'. Mae'r gerdd yn codi i uchafbwynt tua'r diwedd, ond teimlaf nad yw'r strwythur na'r profiad a fynegir yn llwyddo i ymdrin â chymhlethdod y sefyllfa o dan sylw.

Plant Efa: Mae'r llinellau agoriadol yn cynnig syniad diddorol: 'Hysbyseb –/ heddwch ar werth', ac eir ati i synio sut y gellid marchnata heddwch 'ar silffoedd archfarchnad', gan glymu'r haniaeth wrth fateroliaeth a chyfalafiaeth byd. Mae ffurf y *vers libre* yn gweddu i'r llais a gyflwynir, ond gwylier rhag llunio llinellau rhyddieithol, er enghraifft 'byddai hwn ymysg yr eitemau atal', a pheth cystrawennu cloff. Mae'r gerdd yn cynnig llawer o ddelweddau ond gwell fyddai ffrwyno'r duedd at eiriogrwydd, a chanolbwyntio yn hytrach ar fynegi profiad mewn darluniau cynnil ac awgrymog.

Mawrth: Fel ag yr awgryma'r ffugenw, cnwd eira mis Mawrth eleni yw craidd y gerdd hon. Cyflwynir profiad syml dros ben, sef yr heddwch a rydd yr eira wrth orffwys ar dir amaethyddol. Gall *Mawrth* greu awyrgylch yn ei symlrwydd: 'Bore gwyn, gwyn/ a'r tawelwch yn fantell', ond o gynnig darlun mor syml, byddai defnyddio trawiadau annisgwyl yn fodd o osgoi uniongyrchedd y dweud mewn llinellau megis 'gorchuddio pob gerwinder/ a gwlad yn ymdawelu'. Chwilier yn ogystal am ragor o amrywiaeth yn y trosiadau, er enghraifft ceir 'cwrlid' (ddwywaith) a 'mantell' wrth ddisgrifio'r olygfa.

Rhion: Breuddwydia *Rhion* 'am gael trigo/ mewn cymdeithas lle mae hedd', a rhydd inni ddarlun iwtopaidd sy'n cynnwys diosg arfau a 'chariad yn blaguro'. Er mor gysurlon yw'r awyrgylch a grëir gan y syniad, mae'r ymdriniaeth yn rhy haniaethol i gydio ym mhrofiad yr unigolyn. Er bod y mydr yn gyson, fe dâl i'r ymgeisydd herio pob gair er mwyn cynnig delweddaeth drawiadol ac osgoi mynegiant treuliedig, er enghraifft 'plantos bach' a 'stormydd geirwon'. Gwylier, yn ogystal, gyffyrddiadau barddonllyd megis 'oer gysgodion'.

Pantyrhedyn: Cynigir darlun diriaethol, a difyr mewn mannau, o gyw bach sy'n symbol o ddiniweidrwydd byd: 'yn fwndel pluog/ llond llaw/ a gwâr'. Mae'r gair 'gwâr' yma yn hynodi tuedd i gynnwys geiriau sy'n anghydnaws â'r ymdriniaeth. Caiff y cyw ei ddychryn gan ergyd gwn tua'r diwedd cyn ffoi, 'gyda'i chân ar chwâl,/ a'i dylanwad fel plu ar wasgar' (cofier mai enw gwrywaidd yw 'cyw'). Eto, nid yw'n eglur am ba 'ddylanwad' y sonnir yma. Ceir cyfuniad o rhythmau'r *vers libre* a phenillion mydr ac odl (i bwysleisio diniweidrwydd, efallai), ond gwell fyddai arddel cysondeb.

Port: Dyma deyrnged ddiffuant er cof am yr actor a'r dramodydd Meic Povey. Er nad telyneg a geir yma yn fy marn i, mae gan y gerdd syniad diddorol, sef yr heddwch dinistriol a ddaw yn sgil marwolaeth. Eto hynodir yr heddwch hwn gan sŵn 'gwynt traed y meirw' yn 'gwannu trwy Nant Gwynant'. Techneg ganolog yn y gerdd yw'r modd y cyfeirir at agweddau ar fywyd a gwaith y dramodydd, mewn llinellau cofiadwy ar dro, megis 'lle bu "Nel" a "Now" a "Les"/ yn gwarchod y gwreiddiau'. Serch hynny, gwylier rhag gorddibynnu ar y dechneg yn hytrach na chyfleu'r profiad, ac fe ellid tynhau cryn dipyn ar y diweddglo.

A dyna'r cyfan. Er bod cyffyrddiadau digon effeithiol i'w cael ym mhob ymgais, mae'n loes calon gennyf ddatgan mai atal y wobr sydd raid.

BAE

Mae, ger y môr agored,
Rimyn main, un llain lle hed
Môr-bïod, gwylanod glân
Yn gwyro, a begeran
Tamaid yn un haid ar hast,
A broc yn ildio'u brecwast
Ar y swnd, a'r awyr sydd
Yn donnau o adenydd.

Ond y lloer dynn gwrlid llaith
O'i hôl i hawlio eilwaith
I'r heli, o'r awelon,
Y llain tir a llunio ton
O ewyn uwch y tywod,
Ac amau wnaf innau fod
Yma ddim, dim ond y don
Yn amwisg uwch y gwymon.

Lasarus

BEIRNIADAETH EMYR LEWIS

Daeth deg o gywyddau i law. Mae gan bob ymgeisydd afael dda ar y gynghanedd, ac ychydig iawn o wallau sydd yn y gwaith. Mae hynny'n destun llawenydd i'r beirniad hwn, ac yn dystiolaeth mi gredaf o lwyddiant poblogaidd dosbarthiadau cynganeddu ledled Cymru. Rwy'n ddiolchgar i bob un wnaeth gystadlu, ac yn annog y rhai hynny sydd heb gyrraedd y brig i ddal ati; mae gennych oll rywbeth i'w gynnig.

Rwyf wedi gosod y gwaith mewn dau ddosbarth.

Dosbarth 2
Yn y dosbarth hwn ceir y beirdd hynny sydd, er eu bod yn medru cynganeddu'n gywir, heb eto lwyddo i wneud hynny gan fynegi'n groyw ac yn drawiadol ar yr un pryd. Er bod gan bob ymgeisydd linellau neu gwpledi

89

cofiadwy, nid yw'r rhan fwyaf eto wedi datblygu'r ddawn o ymadroddi'n rhugl ar draws darn estynedig o waith gan feithrin yr hunanddisgyblaeth o wybod beth i'w hepgor, yn ogystal â beth i'w gynnwys.

Dyma nhw, heb fod mewn unrhyw drefn benodol.

Morwr Tir Sych: Ymson un sy'n cyfateb i'w ffugenw yw hwn. Mae'n fwy o gasgliad o gwpledi nag o gywydd, er bod y caniad hiraf yn dangos mwy o addewid, er gwaethaf un o'r trawiadau hynaf a fu ('mwyniant yng nghwmni Meinir'). Mae un llinell wallus: 'Meddiannaf y cyfanfyd'; nid yw '-af' yn odli ag '-anf'. Byddai angen hynny er mwyn i hon fod yn llinell gywir o gynghanedd lusg.

Llongau'r lli: Dyma un o'r goreuon yn yr Ail Ddosbarth. Cymharu'r Senedd ym Mae Caerdydd i long a wna. Ei brif wendid yw gormod o linellau ac ymadroddion llanw, yn ogystal â chymysgu delweddau ar y cychwyn:

> Rhowch i ni ryw arch Noa
> Dyddiau dwys neu dywydd da
> Fel hen gromlech o lechi
> Creu llong sy'n caru y lli.

Mae un llinell wallus: 'Nod i'r daith yw'r pedwar gwynt'. Mae angen i'r cytseiniaid ar yr orffwysfa gynganeddu.

Menai: Credaf mai trafod y Senedd yng Nghaerdydd y mae'r cywydd hwn hefyd, ond nid yw'r ystyr yn gyfan gwbl eglur, ac mae'n mynd yn fwy niwlog wrth i'r cywydd ddod at ei derfyn. Hoffais y llinell 'Rhyddid yw i raddau' yn fawr. Mae'r llinell 'ac osgoi staen y gwisgoedd' yn wallus oherwydd camacennu.

Trwyn Cwningen: Mae'r cywydd hwn yn cychwyn yn drawiadol:

> Roedd dwy wedd i'r Bae heddiw,
> Bore o wynt a thonnau briw,
> A'r gwylanod yn codi
> Octif uwch na lluwch y lli

ond yn anffodus nid yw *Trwyn Cwningen* yn llwyddo i gynnal y safon hwn drwy'r cywydd, neu mi fuasai yn y Dosbarth Cyntaf.

Wps: Dyma'r unig ymgais a barodd i mi chwerthin yn uchel. Dychmygu mae sut le fuasai pe bai Cantre'r Gwaelod heb ei foddi, a'i drigolion anystywallt yn cadw reiat nwydwyllt y tu ôl i'r 'wal hir led dwy lori' rhwng Cymru a'r Cantref: 'Y *bunnies* annibynnol/ Uwch eu cwrw'n bwrw'u bol'. Er bwrlwm y cywydd, mae ôl straen arno, a synhwyraf fod peth brys wedi bod i'w orffen. Credaf fod syniad ardderchog gan *Wps* a bod ganddo'r ddawn hefyd i greu gwaith cofiadwy a phoblogaidd.

Lois: Isdeitl cywydd *Lois* yw 'Bae Caerdydd – Awst 2018', gan gyfeirio at yr Eisteddfod hon. Mae'n cychwyn drwy sôn am hanes diwydiannol yr ardal, yna am ei hadfywio ac yn olaf am yr Eisteddfod yn dod i'r Bae. Ar y cyfan, mae'r cywydd yn llifo yn esmwyth, ond mewn sawl achos, mae *Lois* fel pe bai wedi cynnwys llinellau a geiriau er mwyn y gynghanedd, ac o ganlyniad mae'r ystyr yn diflannu. Er enghraifft, mae'r llinell 'a Stryd Bute ystrydeb oedd' yn llinell glo drawiadol iawn i'r pennill cyntaf o ran ei sain, ond yn anodd ei chyfiawnhau o ran ei synnwyr.

Dosbarth 1

Yn y dosbarth hwn mae'r cywyddau yr ystyriais eu gwobrwyo.

Idris: Cywydd uniongyrchol ei fynegiant am gyn-forwr digartref yng Nghaerdydd: 'Dan y bont mae dyn yn byw/ Mewn cwdyn'. Mae'n gynganeddwr pwerus a thrawiadol, er bod y bai trwm ac ysgafn ar y llinell 'Uwch ei ben, clyw sŵn trenau'. Dyma *Idris* ar ei orau:

> Clyw sgrech aflan gwylanod
> Sy'n paffio wrth sglaffio sglods.
> Gaeaf sy'n drwch ar bafin,
> Chwilio bwyd trwy chwalu bin.

Leisa: Cywydd yw hwn am hen wraig sy'n byw mewn cartref nyrsio ger glan y môr (dybiwn i). Er gwaethaf y ffaith ei bod hi'n gaeth ac yn fusgrell, mae hi'n cael pleser wrth wylio'r môr a chofio ei phlentyndod. Mae'r pennill olaf yn gorffen â'r cysyniad trawiadol ei bod hi wedi dod 'i'w haduniad â'i hunan'. Mae hi'n groten ac yn fam-gu ar yr un pryd. Er mor swynol yw'r cywydd, fodd bynnag, nid yw *Leisa* bob tro yn rhugl ei hymadroddi, a cheir trafferth weithiau i ddeall union deithi ei cherdd.

Phil: Cywydd coffa yw hwn am hen forwr o'r enw Ianto. Disgrifir ef fel cymeriad a oedd wrth y bar yn nhafarn y Ship yn adrodd straeon am ei anturiaethau. Mae'r cywydd yn plethu delweddau morwriaeth, tafarn a chrefft dweud straeon yn gelfydd, hyd yn oed os yw weithiau yn ymylu ar ei gor-wneud hi. Cywydd ardderchog yw hwn gan un sy'n medru cynganeddu'n gadarn a chofiadwy. Ei unig wir wendid yw'r trydydd pennill, nad yw'n ychwanegu dim at y gweddill. Awgrymaf ei chwynnu cyn cyhoeddi'r cywydd.

Lasarus: Dyma gywydd telynegol a hoffais yn fawr. Mewn dau bennill, mae'n disgrifio'r un llain o dir pan fo'r llanw ar drai, a phan fo dan y don. Yn y pennill cyntaf, mae'r llain yn fyw o adar yn chwilio am fwyd. Yn yr ail bennill, does dim i'w weld ond 'ton/ O ewyn uwch y tywod'. Ar y darlleniad cyntaf, ystyriais fod yma wendid am nad yw'r ddau bennill fel pe baent yn cysylltu â'i gilydd, ac eithrio drwy bwysleisio'r gwahaniaeth rhwng cyfnod llanw a thrai. O'i ailddarllen, fodd bynnag, hoeliwyd fy sylw gan y llinell 'a broc yn ildio'u brecwast' yn y pennill cyntaf. Tybiaf mai cyfeiriad sydd yma at y modd y mae gwastraff dynol – yn gemegolion ac yn blastigau – yn tagu ac yn gwenwyno bywyd gwyllt, a dyma'r ergyd yn yr ail bennill, lle disgrifir diffeithwch y môr fel 'amwisg uwch y gwymon'.

Oni bai am y pennill diangen yng nghywydd *Phil*, byddai'n anodd dewis rhwng *Phil* a *Lasarus*, ond rhaid i feirniad dderbyn yr hyn sydd o'i flaen, nid yr hyn y dymunai ei weld. Felly, *Lasarus* sy'n mynd â hi eleni am gywydd syml efo neges gynnil amserol.

ESGIDIAU

Mae holl esgidiau'r plant 'ma wrth y drws,
Neu felly mae'n ymddangos imi nawr.
Fe ddryllir delwedd berffaith o dŷ tlws
Gan barau driphlith draphlith dros y llawr.
Mae ganddynt bâr i bob gweithgaredd, bron,
Sy'n llenwi eu plentyndod prysur, drud,
A rhaid yw prynu 'sgidiau newydd sbon,
A minnau'n gwisgo'r un hen bâr o hyd.
Ond gwn, wrth gwyno, fel y gŵyr pob mam
Sy'n didol a thacluso'r parau strae,
Na fydd hi eto'n hir cyn daw y cam
Pan fydd rhaid codi llaw ac ymbellhau.
Bryd hynny, er bydd gen i gyntedd tlws,
Bydd hiraeth am esgidiau wrth y drws.

Nel

BEIRNIADAETH MARI GEORGE

Daeth ugain ymgais i law a chefais foddhad o ddarllen pob un gan i'r beirdd fynd i sawl cyfeiriad yn sgil y testun. Fe'u trafodaf yn y drefn y'u darllenais.

Flip Flop: Disgrifiad ardderchog sydd yma o longau'r ffoaduriaid yn cyrraedd a'r dyn ar draeth yn casglu'r esgidiau a ddaeth gyda'r llanw wrth i rai o'u perchnogion fethu cyrraedd o gwbl. Dyma ddweud dirdynnol.

Camil: Disgrifiad o drachwant ein cyfnod wrth i'r bardd brynu esgidiau newydd drud a'u pacio i fynd ar wyliau. Ar wyliau mae'n gweld y ffoaduriaid yn cyrraedd yn droednoeth. Soned effeithiol.

Troediwr: Mae'r bardd yn dal dau bâr o esgidiau ei dad ac yn dweud am un pâr yn cael ei ddefnyddio ar gyfer gwaith a'r pâr arall yn cael ei ddefnyddio ar gyfer y capel ar y Sul. Ergyd y ddwy linell olaf yw na all y bardd feddwl am lenwi'r naill bâr na'r llall. Apeliodd hon ataf yn fawr oherwydd bod yma gymaint dan yr wyneb nad ydyw'n cael ei ddweud.

Nain: Soned am ofergoelion sydd â diweddglo sinistr iawn yn sgil esgidiau yn cael eu prynu i faban cyn ei eni. Er cystal y dweud, weithiau roedd problem gyda'r mydr, fel yn y drydedd linell.

Gerda: Disgrifiad o esgidiau hoelion adeg y rhyfel yn dod i gipio teulu. Hoffais sain y soned hon yn fawr.

Ffoadur: Cerdd gyfoes am blant yn gorfod ffoi o'u cartref clyd. 'Mae'r byd ar lawr y gegin yn pellhau,/ A thramp, tramp, tramp y traed yn agosáu'. Effeithiol iawn.

Stryd Nesa: Mae hon yn disgrifio erchylltra'r drasiedi ym Manceinion ym mis Mai 2017 pan laddwyd pobl ifanc mewn cyngerdd. Gwnaeth hon argraff arnaf.

Graig Lwyd: Gwnaeth y bardd hwn argraff arnaf yn syth. Atgofion am y chwarel sydd yma. Dyma ddweud da mewn llinell fel hon: 'Ar ambell dro daw hwter oer y gwynt/ Fel adlais eto ambell fore llaith'.

Corrie: Disgrifiad arall o Auschwitz a'r modd erchyll y lladdwyd cymaint. Hoffais y llinell olaf, 'a sgidiau brau na fydd yn cerdded mwy'.

Cofio: Disgrifiad o berson yn siopa ac yn gweld yr holl esgidiau drud ac amrywiol. Yna mae'n mynd i wylio ffilm am y rhyfel a'r esgidiau trwm. Hoffais y cyferbynnu hwn.

Pennog: Soned effeithiol sy'n dweud am y gwaith caled y mae angen i fab ei wneud er mwyn llenwi esgidiau ei dad a'i daid. Myfyrdod ar ddiogi ein cyfnod ni.

Craith: Soned ddigon teilwng yn cyfeirio at ysgrif Dafydd Rowlands, 'Sgidie Bach Llandeilo'. Mwynheais ei darllen ond nid oedd yma ddweud digon gwreiddiol iddi ennill y gystadleuaeth.

Brython: Mae'r bardd yn cofio gweld siop crydd yn llawn esgidiau ac mae'r atgof yn esgor ar atgof arall o fynd i Auschwitz a gweld 'sgidiau plant a mamau'n domen hyll'. Cerdd effeithiol.

Sam: Soned arall sy'n disgrifio'r esgidiau yn Auschwitz. Mae'r llinell glo yn effeithiol: 'A'r twr esgidiau'n traethu llawer mwy/ Am fryntni gwŷr, a'u diawledigrwydd hwy'.

Dai Cob: Disgrifiad arbennig o weithdy crydd ger glannau afon Teifi yw'r soned hon sy'n apelio o'r darlleniad cyntaf. Serch hynny, teimlais fod y dweud ychydig yn blwmp ac yn blaen yn hytrach nag yn awgrymog.

Nel: Cefais fy swyno gan y soned syml hon sy'n cyfleu rhwystredigaeth mam oherwydd blerwch holl sgidiau ei phlant wrth y drws. Mae'r tro yn y chwechawd wedyn yn cyfleu'r gwybod hwnnw sydd ym mhob mam mai rhywbeth dros dro yw'r blerwch hwn ac y bydd y plant yn prifio ac yn gadael y cartref. Soned hawdd uniaethu â hi.

DMs: Disgrifiad da o filwyr yn mynd i ryfel a'r ffosydd yn pydru eu hesgidiau. Yn anffodus, nid oedd y mydr yn llifo'n rhwydd mewn mannau.

tegeirian: Eto, teimlais nad oedd y llinellau'n llifo'n dda yn y soned hon er i mi hoffi'r dweud ar adegau.

Lleisiau Coll: Soned arall sy'n defnyddio Auschwitz fel thema. Roedd teimlad lletchwith i'r mydr yn hon hefyd ond roedd y disgrifio'n effeithiol iawn.

Yli: Hoffais y disgrifiad o'r bachgen bach yn cael pâr o esgidiau newydd i fynd i'r ysgol. Soned annwyl iawn sy'n crynhoi balchder mam a mab.

Ystyriais wobrwyo *Flip Flop*, *Troediwr*, *Ffoadur* a *Nel*. Yn y pen draw, *Nel* sy'n mynd â hi am ei symlder a'i rhwyddineb. Llongyfarchiadau mawr.

BREUDDWYD

Â'i lygaid-cyfri-praidd yn tremio draw
fe saif ar glos ei deidiau'n dal ei dir
â Ffan a Moss o'i ddeutu'n llyfu llaw.

Ei gap sgi-wiff yn herio, haul neu law
wrth iddo fân frasgamu 'nghamre'r gwŷr
â'i lygaid-cyfri-praidd yn tremio draw.

Cans gŵyr heb orfod ateb unrhyw braw'
fod cwlwm dyn a daear yno'n bur
â Ffan a Moss o'i ddeutu'n llyfu llaw.

Y borfa'n llonni i gennad cog, a'i thraw
yn rhithiol ddenu aer yr erwau ir
â'i lygaid-cyfri-praidd yn tremio draw.

Gorwelion ei wanwynau'n ddi-ben-draw
wrth greu ei grwn ei hun ar wndwn hir
â Ffan a Moss o'i ddeutu'n llyfu llaw.

Holl ddoeau ei hil yn swyn y fory a ddaw,
yn seithmlwydd o hynafgwr gwêl yn glir
â'i lygaid-cyfri-praidd yn tremio draw
â Ffan a Moss o'i ddeutu'n llyfu llaw.

Bisto bach

Gan fod y mesur yn gofyn am bedwaru dwy linell dylid gofalu bod y rheiny'n llinellau trawiadol, dychmygus fel y rhai sy'n nodweddu cerdd enwog Dylan Thomas, 'Do not go gentle into that good night,/ Rage, rage against the dying of the light'.

Llongyfarchaf *Archentwraig* am gywirdeb ei mesur ynghyd â gloywder ei hiaith wrth gyfansoddi cerdd o fawl i'r rhai a sefydlodd Wladfa Patagonia. Ac fe'm llonnir gan ei neges obeithiol. Ond mae'r penderfyniad o bedwaru llinellau ystrydebol, megis 'Caled oedd ymdrech Arloeswyr y Paith/ I geisio rhyddid a pharch at eu hiaith' yn amharu ar gerdd addawol.

Cafodd *Fi a Nél* afael ar un llinell gyfoethog i'w phedwaru: 'Mae'r nos yn effro ar ei hyd'. O bersonoli'r nos fel hyn mae hi'n llinell sy'n cyffroi'r dychymyg ac yn achosi anniddigrwydd. A dyna y ceisir ei gyfleu yn y gerdd deimladwy hon. Ond ofnaf nad yw'r llinell gyffredin ei mynegiant, 'A chrwydro'r tŷ yn wahanol fyd', yn haeddu ei hailadrodd heb sôn am ei phedwaru.

Cerdd am gariad coll sydd gan *Gwenfaen*. Mae didwylledd y canu i'w gymeradwyo. Ond mae'r mynegiant yn llac ac yn ddi-fflach ar brydiau: 'Pan welaf bâr o adar yn yr ŷd/ A'r dolydd yn llawn blodau per [*sic*] eu sawr'. Ond y llinell wannaf yw'r ail a gaiff ei phedwaru: 'Caf eto gael dy gwmni di o hyd'. Mae ailadrodd y ferf 'cael' yn annerbyniol.

Breuddwyd bardd yw thema cerdd *Cwmbach*. Ond er llwyddo i gynnal gofynion y mesur yn y sillafau a'r odli, nid oes llewyrch ar y barddoni. Ceir arddull farddonllyd ar brydiau wrth osod yr ansoddair o flaen yr enw fel hyn: 'Persawrus flodau eraill oll a chwardd,/ Blodeuyn gwelw sy'n rhoi egwan gri'.

Trafod profiad ffermwr yn ei gaethiwo ei hunan i gyffuriau y mae *Caeth*. Mae'r llinell agoriadol yn effeithiol yn ei symlrwydd uniongyrchol: 'Ni ddaw 'run ffrind i'th godi di o'r ffos'. Mae hi'n cyfleu yr unigrwydd affwysol a brofir yn gyson gan rai ffermwyr. Ac mae ei phedwaru yn creu naws arbennig i'r gerdd. Ond un aneglur ei hystyr yw'r llinell sy'n ei phartneru: 'Nid yw rheolau'r dydd yn rhwymo'r nos'.

Cariad wedi pylu yw thema *Ar fy llw*. Agorir â chwestiwn sydd braidd yn hen ffasiwn ei arddull: 'Beth wnaeth im gredu ar un nos o Fai?' Mae'r cwestiwn yn un ystyrlon yn y pennill cyntaf a'r olaf gan y'i cwblheir â'r llinell 'na fyddai llanw cariad fyth ar drai'. Ond fel llinell glo i bennill dau a phedwar y mae'n gwbl ddiystyr gan na roddir gwrthrych i'r ferf 'credu'.

Breuddwyd *M.L.K.* yw sicrhau byd yn rhydd o felltith hiliaeth, sy'n thema amserol a phwysig. Ond pan ddarllenir:

> Heddiw, breuddwyd leinw 'mryd.
> Caned clychau rhyddid nawr!
> Gwelaf blant â'u dwylo 'nghyd
> Yn chwarae'n llon mewn tecach byd

datgelir parodrwydd y bardd i fodloni ar gyffredinedd ysgrifennu cyfres o ystrydebau.

Mae *Y Dechrau'n Deg* yn sôn am bob un ohonom fel 'smotyn ym mreuddwyd y sêr' o foment y creu tan ddiwedd byd a bywyd. Nid yw mentro amrywio ambell air yn y llinellau sy'n cael eu pedwaru yn cryfhau'r mynegiant. Ac fe wanheir y gerdd ymhellach wrth gynnig llinell anffodus, megis 'Ynom mae'r cosmos o'n corryn [*sic*] i'n ffêr'.

Cyfaddefaf ei bod hi'n anodd dilyn trywydd cynnig *Byw mewn gobeth*. Fe all fod yn ceisio cyfleu profiad personol neu'n cyfeirio at ryw wirionedd cyffredinol megis dyfodiad rhyw newid mawr i'r hinsawdd. Ac mae'n anodd dadlau dros destunoldeb y darn.

Breuddwyd am wlad wedi ymryddhau o ormes a sarhad sydd gan *Elsi*. Ar y cyfan, mae'r canu'n rhythmig ac mae'r odli'n naturiol. Ambell waith fe ailadroddir yn ddianghenraid: 'Heb oddef gorthrwm teyrn na gormes chwaith'. Ond y gwendid amlycaf eto yw bodloni ar bedwaru pâr o linellau cyffredin eu mynegiant: 'Mewn breuddwyd neithiwr mi a welais wlad/ Mor braf oedd trigo yno mewn boddhad'.

Bisto bach: Dyma gyrraedd safon teilyngdod. Rhydd y darlun dychmygus o 'lygaid-cyfri-praidd' agoriad atyniadol i'r gerdd. Ac mae pedwaru'r llinell 'â Ffan a Moss o'i ddeutu'n llyfu llaw' yn rhoi cynhesrwydd hyfryd i'r llun. Ceir ambell berl o ddelwedd, megis 'Y borfa'n llonni i gennad cog ...'. Ond prif gamp y gerdd yw ei chynildeb, yn enwedig wrth ymatal rhag datgelu oedran y bugail tan y pennill olaf.

Gwobrwyer *Bisto bach*.

Pum Triban i'r synhwyrau

Tra'n edrych ar y creiriau
Yng nghegin fy nghyndeidiau
Fe welais ffordd o fyw o fyd
Llawn hud o'r hen amserau.

Ar aelwyd fy mreuddwydion
Bu unwaith delynorion,
A chlywaf eto gainc a chân
O gylch y tân cysurlon.

Wrth bwyso ar y pentan
Caf sawru'r cawl yn ffrwtian,
A chofio blasau'r oes o'r blaen
Mewn bwydydd plaen o'r crochan.

Ar wyneb celfi cywrain
Caf deimlo'r cwyr ac olrhain
O haen i haen hanesion lu
Y bu fy nheulu'n cywain.

Tra'n oedi yno ennyd
Synhwyrais hen ddedwyddyd
Mewn cegin roes i mi drwy dras
Ryw ias o flas y cynfyd.

Alawydd y Cwm

BEIRNIADAETH TEGWYN JONES

Daeth deunaw cynnig i law, ac ar wahân i ddau ohonynt, y maent i gyd yn waith tribanwyr profiadol, sicr eu trawiad. Penderfynodd un ymgeisydd, ar ôl dechrau tribannu, droi at fesur y cysylltwn â'r Hen Benillion, ac felly un arall hefyd, heb fod ond un cysgod o driban yn ei gasgliad ef. Diolch i'r ymgeiswyr oll – bu darllen eu gwaith yn bleser. Trafodaf hwy yn y drefn y daethant o Swyddfa'r Eisteddfod.

Dy gymar ffyddlon: Dadrithiad cariad yw ei thema ef, pan oedd 'blas dy fin mor felys', ond bellach, 'ac ar fy nghlyw [r]oedd sŵn dy lais/ a'th gais ar dro'n fy mlino'. Ymgais lwyddiannus i gynnwys y pum synnwyr mewn stori.

Dal i fynd: Colli cymar a'i cymhellodd ef i ganu, a hynny ar bum triban llithrig. Hoffais hwn yn arbennig:

> Nid unig y pererin
> Ar fryniau'r hen gynefin,
> Ond teimlo'n unig y mae un
> Ar ben ei hun mewn cegin.

Daeth dros ei hiraeth, serch hynny, erbyn diwedd y gân: 'Er nad oes gwledda mawr, myn Duw,/ Mae'r blas ar fyw yn felys'. Gallai fod wedi gwella ar y llinell, 'Yr oeddwn llawn ddarganfod'.

Tegid: Y mae ei driban cyntaf ('Teimlo') a'r olaf ('Gweld') yn perthyn i'w gilydd, a'r tri arall yn dribannau annibynnol. Ni cheisiodd enwi'r synnwyr ym mhob triban gan adael hynny i'r pennawd uwchben pob un. Dyma'i driban i 'Blasu':

> Fe hoffwn rai tafelli
> O'r dorth fu nain yn tynnu
> O wres wythnosol y ffwrn wal,
> Rwy'n dal i sôn amdani.

Nid yw odli 'i' ac 'u' ond gweithred naturiol i *Tegid*.

Siwan: Ar wahân i un triban lle cyfeirir at y pum synnwyr gyda'i gilydd, 'teimlo' yw'r un a geir ganddo ym mhob un o'r lleill. Dyma'r un hollgynhwysfawr:

> Pum synnwyr Rhys y Felin,
> Sydd ganddo ers yn grwtyn,
> Ond er yr holl synhwyrau hyn
> Mae'n brin o'r un cyffredin.

Hoffais y triban un frawddeg hwn hefyd:

Mae dau neu dri'n synhwyro
Na allant mwyach frwydro
I atal twf y borfa las
Tu fas i ddrysau Seilo.

Ymgais dderbyniol iawn.

Cymunedwr: Dirywiad y gymuned Gymraeg a Chymreig yw thema'r tribannwr hwn:

Mor hawdd yw bod yn chwerw,
a ffordd o fyw yn marw;
mae diwedd iaith yn dân ar groen,
rwy'n teimlo'r boen yn arw.

Cyfres ddiwastraff, lân, sy'n agos i'r brig.

Jacob: Triban annibynnol i bob un o'r synhwyrau sydd ganddo ef, ac y mae graen arnynt. Cloffodd braidd yn ei driban i'r 'clyw'. Meddai: 'I riant balch llawenydd yw/ Unigryw sŵn o'r flanced'. A'r gair 'sŵn' o dan yr acen, aeth yr odl fewnol bwysig i'r cysgod. Hwn yw ei driban gorau, ac y mae profiad i'w glywed ynddo:

Drwy'r trwyn cawn arogleuo,
Ond dyn o'r 'Sowth' sy'n 'gwynto',
A'r arogl cryfaf heb ei ail
Yw tail mewn parlwr godro.

Modd i fyw: Dyma enghraifft o'i ganu syml a naturiol:

Fy mraint yw gallu syllu
ar glychau'r gog yn glasu;
ar enfys lawn, neu sêr y nen,
neu leuad wen yn gwenu.

Methodd â rhoi'r odl yn union o dan yr acen yn ei driban 'clywed'. Yr anthem yn 'cael ei morio yng Nghaerdydd/ pan fydd y dorf yn treblu'.

Llanddwyn: Agorir ei gyfres 'Troeon yr Yrfa' â chwpled: 'Ar lawr y ddawns fe'i gwelais/ Ac arni fe wirionais', a'i hateb ar y diwedd: 'Ond bu'n anffyddlon, do, i mi,/ A'm dagrau'n lli, fe'i collais'. Rhwng y cwpledi hyn ceir y tribannau i'r synhwyrau eraill. Diolch iddo am yr amrywiaeth. Syrth ei odlau mewnol o dan yr acen bob tro. Nid yw hynny'n orfodol wrth gwrs, ond mae'n bersain ar y glust, ac yn cyfrannu at apêl y pennill.

Wili Bach: Pum triban ysgafn a sionc:

> Y mae ciniawau'r nacw
> Yn llawn o lysiau iyc-w
> Ond os caf sniff o ginio Mam
> Does ots mo'r dam beth y'n nhw.

Tribannwr profiadol a chrefftus.

Abercuawg: Tribannwr diddorol ac un o'r goreuon yn y gystadleuaeth. Meddai o dan 'arogli':

> Os ydyw Ianto'r Llwyni
> Yn taenu'r cae â slyri
> Bydd potel fechan o sianél
> Am sbel o dan fy nhrwyn i!

Henwr â'i olwg yn pallu a welaf i yn y triban mwy difrifol hwn:

> 'Mae'r niwl yn drwch ym mhobman,'
> medd henwr Aberffrydlan,
> A minnau'n gweld y fro yn blaen
> A'r traen fel neidr arian.

Ar y Cledrau: Dechreuodd ei gyfres yn addawol â thriban yr un i 'gweld' a 'chlywed', ond trodd wedyn i ganu i'r synhwyrau eraill ar un o'r mesurau y cysylltwn â'r Hen Benillion.

Maen Melyn: Pum pennill swynol ddigon, ond ysywaeth un yn unig sy'n ymylu ar fod yn driban.

Nanw: Cyfres o dribannau derbyniol ddigon, ond heb fawr o wefr ynddynt. Dylai *Nanw* anelu at linellau ychydig yn fwy trawiadol i gloi ei chyfres:

> Pob gwanwyn af i gerdded
> Hiraethog ple y'm ganed,
> A'r gwcw ddaw yn ddiwahân
> A'i chân i mi ei chlywed.

Menna Lili: Cyfres arall o dribannau crefftus a llithrig gan hen law, mae'n amlwg. Prin bod angen newid na chywiro dim:

> Nid hawdd yw siwrnai bywyd,
> Gall fod yn flin a dryslyd,
> Ac anodd gweled yn ddi-ball
> Y llwybr call i'w gymryd.

Merch y Mynydd: Y llinell olaf yn amlach na pheidio yw gwendid tribannau'r ymgeisydd hwn eto. 'Gweld rhyfeddodau'r cread mawr/ Sydd werthfawr ar ein llwybre'. 'A'r blodau oll mewn tref a llan/ Ymhobman sydd yn harddu'. Dylid anelu at roi clep ar y drws wrth ei gau. Ond pum triban cymeradwy ddigon.

Alawydd y Cwm: Cyfres swynol o dribannau ac arni ôl gweledigaeth a chynllunio. Mae'r pum pennill yn ffurfio cerdd gyflawn ynddi ei hun, a cheir y pum synnwyr yno yn sicr ddigon, ond heb dynnu sylw atynt eu hunain yn ormodol.

Bore-godwr: 'Yn yr ardd ben bore,' meddir mewn isdeitl. Pum triban cymen, ond nid heb ymdrech y canfyddir y 'synnwyr' dan sylw bob tro. Casglaf mai 'gweld' sydd dan sylw yma, ond gallai fod yn bennill i'r 'wawr' neu 'bore' yn ogystal:

> Mae blaen y wawr a'i gole
> Yn llonni swyn y lliwie.
> Mae gwawl y blodau yn ddi-ail
> A'u dail dan wlith y bore.

Byddai nodi'r 'synnwyr' uwchben pob triban, fel y gwnaeth llawer cystadleuydd, wedi bod o help yma.

G.C.T.A.B.: Cyfres gymen arall, er bod ôl ychydig o straen yma ac acw:

> Gweld gelyn yn fy nharo
> Er mwyn fy ngwaradwyddo,
> Ond gweld er maint y boen a'r pla
> Mai da yw madda iddo.

Pam y 'madda' tafodieithol, a'r gair 'da' yno i gynnal yr odl fewnol? Hoffais y cwpled 'Ond clywed gwell a hyba ffydd/ Yw clywed sydd yn wrando', er bod ychydig o ôl geiriau llanw ar 'a hyba ffydd'. Afrosgo yw'r cwpled 'Ond o aroglau dan y sêr/ Yw'r enw'n perarogli' lle diflannodd yr odl fewnol bron yn gyfan gwbl.

Cystadleuaeth lwyddiannus y gallwn fod wedi ystyried gwobrwyo un neu ddau arall ynddi, megis *Abercuawg*, *Cymunedwr*, *Menna Lili* neu *Siwan* pe na bai'r enillydd ei hun wedi cystadlu. *Alawydd y Cwm* yw hwnnw, ac iddo ef y dyfarnaf y wobr.

[Noddir y gystadleuaeth gan Ysgol y Gymraeg, Prifysgol Caerdydd. Tâl cystadlu: £5. Beirniad: Dewi Pws]

CWYNION
(gweler uchod)

Nid cynnyrch yr awen rwystredig
Na phennill pum llinell pathetig
   Sy'n odli yn rhyfedd
   Heb dwtsh o gynghanedd
Ond carnedd ym Munster yw Limrig.

Oes rhywun ar ôl sydd yn hoffi
Limrigau sy'n hen ac yn cloffi?
   Mae'n fesur rhy wledig
   I nawdd academig;
Lle'r limrig yw rhaglen Sian Coffi.

Fe ddylai pob un gystadleuaeth
Roi cyfle i ddangos rhagoriaeth.
   Mae testun fel 'Cwynion'
   Yn ffafrio hen ddynion
I fwydro'n eu blaen am dreftadaeth.

Un rhosyn yw'r norm i gariadon,
Un englyn i gofio cyfeillion,
   Dim ond bradu geirie
   Yw chwech o limrige,
Un deilwng a fydde yn ddigon.

Er nad oes, mi wn, ynof owns-o
Farddoniaeth. Pa ots? Rhaid ei siawnso.
   Fe'u halaf ar sbec,
   Drwy bost Pedwar Ec
A thalaf â siec fydd yn bownso.

Mae digon, ni ellir ei wadu,
Sydd bellach rhy hen i gystadlu
Ac felly rwy'n gofyn
I'r Orsedd a'r Meuryn
Pam wedyn cael hwn i feirniadu.

Rant

BEIRNIADAETH DEWI PWS

Mwynheais ddarllen y limrigau ac er bod amrywiaeth yn y safon (a'r doniolwch), ar y cyfan mi ges i fy mhlesio. Mae rhai limrigwyr da yn eu plith, a rhai yn amlwg heb feistroli'r grefft yn llwyr. Dyma ychydig o eiriau am y 26 ymgais a ddaeth i law.

eira mân: Limrigwr da, sydd â digon o hiwmor yn ei gerddi ond nid yw'r elfen o 'gwyno' ym mhob un pennill. Mae'n deall hefyd sut i gadw 'cocyn hitio' tan y diwedd.

Clwyd: Dilyniant hwylus, doniol yn cwyno am y gystadleuaeth ac yn dilorni'r Meuryn! Mi wnes i wenu yn aml a hoffi rhai o'r odlau anghyffredin. Ymdrech ddeche.

ar yr ymyloN: Cwyno go iawn fan hyn gan berson blin iawn, nad yw'n hoff o'r sefydliad yng Nghymru. Mae'r dilyniant yn ddoniol a 'Meldrewaidd'. Odlau pert hefyd gan rywun sy'n hen law ar limriga.

Betsan: Teimlais nad oedd eisiau ailadrodd y gair 'cwyno' ym mhob pennill ond yn hytrach dylai'r cwyno fod yn amlwg yn naws y limrigau. Er hynny, roeddent yn ddigon doniol.

Blodwen a Mary a Ber a Teleri, 'Pryd o Dafod': Cwyno am y Steddfod mae'r rhain ac er bod dilyniant yn y cerddi, teimlais eu bod yn rhy debyg eu naws i'm cadw fi i wenu bob tro.

Llewrub: Mae rhythmau *Llewrub* yn mynd ar goll a rhaid ynganu'r llinellau gyda'r pwyslais ar y geiriau anghywir, ac ambell dro mae gormod o eiriau i gadw'r curiad yn gywir.

Jên Tŷ Cocyn: Mae rhythm y ddwy linell gyntaf yn anghyson:

> Mi phoniais Twm Morys a'i blagio (9 sill)
> I gwyno am ddwyn a threiglo (8 sill)

ond digon doniol, er bod y 'tro yn y gynffon' yn wan ar adegau.

Sali Mali: Eto, gorddefnydd o'r gair 'cwyno'. Teimlaf nad oes gan *Sali Mali* lawer i'w ddweud ond yn hytrach wedi gwneud dim ond eistedd i lawr a sgrifennu limrig linell wrth linell, heb gynllunio'r llinell ergydiol ar y diwedd. I mi, honno sy'n dod i'r meddwl yn gyntaf.

Beth: Syniadau bach difyr, gogleisiol a'r grefft o sgrifennu limrig yn amlwg, ond eithaf cyffredin yw'r hiwmor yn y penillion. Hoffais y pennill hwn:

> Mewn cilfach yng nghefn gardd drws nesa
> Cymdoges yn noeth a dorheula
>   Mae hyn yn anfoesol
>   Ac mor afresymol –
> I'w gweld rhaid rhoi ysgol i'r simdda!

Elsi: Tri phennill yn sôn am ysgarthion! Gormod o hiwmor tŷ bach (ac mi ddylwn i wybod)! Er hynny, mae rhai o'r odlau yn glyfar iawn:

> A chwyno wnaeth Rhys
> Mewn bwyty Cheinîs.

O! diar: Mae'r mynegiant yn gloff mewn ambell limrig ac nid yw'r cwyno yn amlwg ym mhob pennill. Mae odl dda yn y llinellau hyn:

> Ynysoedd Jameica
> Lle cânt aml wreica.

Er hynny, mae gan *O! diar* gwpl o linellau cloi digon difyr.

Castell Pigyn: Colli rhythmau ar adegau ac er bod ambell bennill eithaf doniol, doedd yr hiwmor ddim yn gyson. Efallai bod angen tipyn bach mwy o gynllunio.

Eseciel: Gwleidyddiaeth yw bwrn *Eseciel* ac mae'n llwyddo i dynnu ar sawl un o'r pleidiau gyda'i arddull ddychanol, effeithiol, rhythmau da, ac odlau mewnol clyfar.

Lwlw: Mae ei cherddi yn amrywio o'r dwl i'r chwerthinllyd ac amrywiaeth helaeth o bynciau. Mae'n deall crefft sgrifennu limrig ac yn achosi aml i wên.

Jim Cro: Mae un o benillion *Jim Cro* wedi ei gyhoeddi yng nghyfrol *Cyfansoddiadau a Beirniadaethau* 2013, felly fedra i ddim derbyn yr ymgais.

Carol: Llith *Carol* oedd y Nadolig, sy'n dod â thrafferthion di-ri. Mae'n limrigwr da ac yn cadw'r rhythmau a'r odlau yn gywrain. Mae ganddi hiwmor gwahanol ac yn codi aml i wên. Mae yna linell sy'n gorffen gyda'r gair 'ciwcymbyr' ac i gynnal y rhythm mae'n rhaid rhoi'r pwyslais ar y goben 'ciwcYMbyr ....' ac rwy'n hoffi hynny!

Gŵr Jên: Cyfres gywrain a doniol sydd gan *Gŵr Jên*. Mae'n hen law ar y limrig rwy'n tybio ac yn deall y cyfrwng i'r dim. Mae'n gynnil ac yn ddoniol gydag ambell ergyd a wnaeth i mi chwerthin yn uchel. Ar adegau eraill mae'n absŵrd o ddigri:

> Rwy'n cwyno am bethau diniwed
> Fel y tywydd a thyllau'n fy mhoced,
> Am dandryff a chwain,
> Sŵn defaid a brain
> A phobol sy'n rhechain, a phryfed.

Gwych!

ap Rhyd: Cyfres eithaf doniol a rhai yn glyfar iawn, fel:

> Am hydoedd bu poen yn fy ochor,
> Un bore, fe ffonies y doctor
> Roedd e'n fater o frys
> 'Beth! – apwyntiad mewn MIS!
> Dim doctor fydd angen ond elor!'

Eto, eraill yn ddigon cyffredin, ond yn sôn am amrywiaeth o bynciau.

Gwalch: Syniadau doniol a gwahanol, yn achosi ambell wên. Mae'r limrigau yn gweithio yn effeithiol, ond mae un clasur yn gweiddi ma's arna i:

> Daeth cwyn i amlosgfa Tralee
> 'Nglŷn ag amser cynhebrwng McGee:
> Medda'i fab, 'Wnewch chi plis
> Droi y fflam dwtsh yn is?
> Dw i'n gweithio tan chwarter i dri.'

Da 'de?

Rant: Limrigwr da iawn sy'n deall ei grefft. Dilyniant clyfar iawn a dicter ym mhob un o'r limrigau cyfrwys. Dydy Victor Meldrew ddim patsh ar hwn a'r hiwmor yn fy mhlesio'n fawr. Mae'r llinellau yn rhedeg yn rhwydd, a rhai o'r odlau yn codi gwên:

> Er nad oes, mi wn, ynof owns-o
> Farddoniaeth. Pa ots? Rhaid ei siawnso.

Ydy'r sarhad ar y beirniad wedi lleihau ei gyfle o ennill? Cawn weld!

Ani Fyrdod: Ymgais Gymreig, chwarae teg, yn sôn am Ferched y Wawr a'r *Goleuad*. Rhythmau cyson, odli da ac ambell wên annisgwyl. Ymdrech dda.

Penchwintan: Dyn blin arall a llwyth o gwynion am bob dim, sy'n creu amrywiaeth da. Odli mewnol effeithiol iawn ac ambell 'glatshen' i'r sefydliad gyda rhythmau'r limrigau yn hyfryd.

Druan Bach: Dyn sâl iawn, sy'n medru limriga yn dda. Ambell syniad reit wahanol ac yn codi aml i wên. Efallai bod bwrdwn y penillion braidd yn rhy debyg ond ar y cyfan mae'n llwyddo i ddiddori.

Gingron: Dweud gwirioneddau mae *Gingron* blin ac yn cwyno am bob math o bethau, o sarhad y Saeson o'n hiaith, i'r *chump* Donald Trump. Doniol, ond hefyd yn ddwys.

Lwlw 2: Amrywiaeth o gwynion sydd gan *Lwlw 2*. Mae'r limrigau'n gweithio'n iawn ond doedd dim digon o ddicter ynddynt. Y gyntaf yw'r mwyaf doniol, a gwahanol – petai'r lleill cystal byddai'n ddilyniant da dros ben.

Plas Mawr: Problemau personol (a chorfforol) sydd gan *Plas Mawr*. Mae'n limrigwr da, ac yn gallu codi gwên. Efallai bod gormod o sôn am broblemau 'lawr fanna' ond eto mae'n gallu bod yn ddoniol. Efallai bod eisiau tipyn bach mwy o amrywiaeth yn ei syniadau.

Cystadleuaeth dda ac yn y diwedd roedd hi'n agos iawn, ond – er yr amarch i'r beirniad – *Rant* sy'n mynd â hi.

FAN YMA

Does 'na fawr ddim yma.
Dyna mae pobl yn ei ddweud.
Am fy ardal i.
Ac mae'n rhaid cyfaddef
Fod ffrind neu ddau wedi gadael
Am fod y gorwel yn galw,
Neu am fod bywyd yn *boring*
A'r gaeafau'n hir.

Cwyno maen nhw
Fod pob siop wedi cau,
Y banc wedi gadael,
A dim ond dwy siop elusen sydd yma bellach,
Ac mae'r capel yn furddun.

Ond ddoe
Ac Awst yn glamp o haul,
A'r môr yn wydr glas,
Dyma nhw'n gofyn
'Wyt ti am ddod efo ni?'
'I ble?' medda' finnau.
'I Gaer i siopa.
A McDonald's ar y ffordd adra.'
A ffwrdd â nhw
Yn barablus, glên,
A'r sgwrs yn ddim ond cwyn
Am gyflwr 'rhen le.
Na, does 'na fawr ddim yma,
Ond dw i'n gwybod
Mai yma dw i fod.

Carn yr Ebol

BEIRNIADAETH ANNI LLŶN

Fel llefarwraig ac fel bardd, braf iawn yw gweld her o'r fath yn cael ei chynnig eleni yn gystadleuaeth, a braf iawn oedd gweld 14 wedi ymgeisio – nifer parchus. Mae dwy elfen sylfaenol i'w hystyried cyn mynd ati i ymateb i'r her osod. Yn gyntaf, rhaid ystyried a yw'r gerdd yn hawdd i'w dirnad ar y gwrandawiad cyntaf gan gynulleidfa – gan gymryd yn ganiataol fod y llefarydd yn gwneud cyfiawnder â hi. Yn ail, a yw'r testun, y donyddiaeth, a'r ieithwedd yn addas ar gyfer rhywun rhwng 12 ac 16 oed? Mae'n bwysig herio'r aeddfedrwydd hefyd. Mae llefarwyr da yr oedran hwn yn gallu ymdopi â cherddi ac iddynt neges aeddfed. Er nad oes yn y gystadleuaeth hon unrhyw gerdd sydd wedi fy nghyffroi'n llwyr o ran llwyddo i gyflawni gofynion y dasg yn llawn, mae yma ambell un sy'n ddigon derbyniol fel cerdd i'w llefaru.

Smarti, 'Parti': Dyma destun addas: yr edrych ymlaen at fynd i barti. Ond gwas bach i'r odl yw'r bardd gan i linellau a chystrawennau droi'n chwithig iawn er mwyn taro'r odl. Does dim llif naturiol yma a does fawr yn cael ei ddweud: 'Mae rhywun sy'n rhywun yno'n mynd/ Fi a fy nheip ac ambell ffrind'. Er hynny, mae ambell ddelwedd sy'n gweithio'n dda: 'Ac mae pethau na ellir sôn/ wedi cofnodi mewn negeseuon ffôn'. Ond gwan yw'r gerdd ar y cyfan; efallai y gall y bardd ystyried mesur mwy rhydd heb ddibynnu ar batrwm odl a thynnu mwy ar y stori o fod wedi gwisgo fel 'Smarti' i fynd i barti.

Brython, 'Dychwelyd': *Vers libre* gynganeddol sydd yma a'r bardd yn amlwg yn mwynhau ymarfer y gynghanedd, er mai cloff iawn yw ambell un o'r llinellau. Ond cwbl anaddas yw'r gerdd ar gyfer ei llefaru ar lwyfan yn fy marn i oherwydd mor ddyrys y delweddu a'r mynegiant. A chwbl anaddas yw hi ar gyfer yr oedran dan sylw. Llais hŷn sydd yn y gerdd yn mynd yn ôl ar hyd llwybrau'r cof a dychwelyd i 'hafau diofal/ ysgol a choleg'. Nid yw'r bardd wedi ystyried her y gystadleuaeth o gwbl. Mae gan y bardd ddawn heb os; mae rhywbeth hudolus wrth ystyried 'seiat fy ffantasïau' ac mae yma drosiadau arbennig, fel yn y bumed ran: 'Hen wiwer goch yr amser gynt/ Yn rhoi sbonc ar briffordd o foncyff ...' gyda throsiad y briffordd yn cael ei ymestyn yn grefftus yng ngweddill y pennill. Ond mae'r gerdd hon yn y gystadleuaeth anghywir.

Noa, 'Pwy wnaeth y bydysawd?': Dyma gerdd syml yn canu'n rhwydd iawn ac felly'n addas i'w chyflwyno ar lafar. Gallaf ddychmygu y byddai'n addas ar gyfer ei chydadrodd. Cerdd yn rhyfeddu at y bydysawd ac yn holi pwy a'i creodd ydyw gan orffen drwy holi'n rhethregol ai Duw ydoedd. Mae'n bosib nad yw'r gerdd yn cynnig her fawr i'r llefarwyr, yn enwedig o wyro tuag at ben hynaf yr ystod oed. Ond ar y cyfan mae hon yn gerdd gyflawn daclus y gellir ei llefaru yn hawdd gan grŵp.

Carn yr Ebol, 'Fan Yma': Dw i'n hoff iawn o'r delyneg hon. Mae ei thôn a'i phatrwm yn galw am gael ei llefaru: cerdd rydd a'i mynegiant yn glir heb ormod o ddelweddu cymhleth. Mae ei chynildeb yn gweithio'n dda. Mae'r testun yn oesol; pobl ifanc yn gadael cartref am nad oes dim byd yno iddyn nhw. Ond gyda thestun mor gyfarwydd, anodd yw cynnig rhywbeth ffres, newydd – mae hynny i'w deimlo rywfaint yn y diweddglo. Bychan yw'r gwendid hwnnw gan y byddai'r gerdd hon yn addas ar gyfer yr oedran gan gynnig lle iddynt greu dehongliad deallus, naturiol. Gellir dadlau y byddai'n rhy fer i'w gosod mewn cystadleuaeth i'r oedran hwn ac mae angen cywiro ambell beth bach. Ond ar y cyfan dyma'r gerdd sydd wedi ymateb orau i'r dasg.

Y Cregyn Gwynion, 'Traddodiad': Rwy'n hoff iawn o'r syniad sydd wrth wraidd y gerdd hon: person ifanc yn cwestiynu beth yw traddodiad. Ond mynegiant chwit-chwat braidd sydd yma gan neidio o un peth i'r llall heb archwilio'r syniad yn iawn. Mae'n debygol y byddai cynulleidfa yn mynd ar goll yn enwedig o ystyried nad 'traddodiad' yw'r gair cyntaf sy'n dod i'r meddwl wrth ddarllen rhai o'r enghreifftiau sy'n cael eu defnyddio. Yn rhyfedd iawn, mae'r diweddglo yn arwain yn daclus at ystyr 'perthyn' yn hytrach. Mater o ailfeddwl, ac ailddrafftio – ac fe ddaw'r gerdd hon.

Y Nhw, 'Ffoi': Cerdd wedi ei seilio ar y llyfr *The Boy in the Striped Pyjamas*, testun addas ar gyfer yr oedran. O'r cwpled cyntaf gallaf werthfawrogi bod y bardd yn mwynhau creu llinellau swynol. Mae'n mynd i ormod o hwyl a dweud y gwir wrth gyfateb cytseiniaid a chyflythrennu nes bod y dewis o eiriau ac ansoddeiriau yn mynd braidd yn dreth; fe fyddai eu llefaru yn ymylu ar fod yn llafurus. Mae hon yn stori iasol, ond nid yw'r bardd yn cynnig gweledigaeth newydd i ni yn y stori, nac yn cynnig her i'r llefarydd o ran y dehongliad. Ailadrodd y stori a wna'r bardd. Ond rhaid cyfaddef i mi fwynhau'r llinell, 'Yn y mwg hwn, mae anadl y miloedd' – iasol iawn. Mae angen golygu'r gerdd a bod yn llawer mwy cynnil er mwyn i gynulleidfa ei gwerthfawrogi ar lafar.

Ffidil yn y To, 'Gwanwyn': Cerdd ddiddorol nad wyf yn siŵr iawn beth sydd gan y bardd dan sylw – ac os nad oes gen *i* syniad, annhebygol y byddai cynulleidfa cystadleuaeth lefaru yn gwybod chwaith. Mae'r unigolyn yn y gerdd ar y ffôn gyda Chyngor y Ddinas ac yn cael ei roi i aros. Mae'n gwrando ar gerddoriaeth 'Y Pedwar Tymor' gan Vivaldi, a chyn i'r gerddoriaeth gyrraedd y Gwanwyn daw ateb. Ond gyda thafod yn y boch, fe gredaf, byddai'n well gan y bardd wrando ar Vivaldi. Alla i ddim gweld y gerdd hon yn berthnasol i unigolyn rhwng 12 ac 16 oed, ac felly anodd yw cyfiawnhau bod y bardd wedi ymgymryd â thasg y gystadleuaeth.

Dan-y-Ffynnon, 'Gwobr': Dyma delyneg hir, ddisgrifiadol hyfryd. Mae'n mynd â ni ar daith fanwl o werthfawrogiad wrth ddisgrifio gwe pry copyn. Mae'r 'gwlân gwlyb/ ar y gweill o goesau' yn cael ei ddelweddu'n grefftus a chynnil ac mae'r gerdd yn llifo'n rhwydd. Byddai'n bleser gwrando ar lais yn ei llefaru'n esmwyth a dychmygu ceinder y gwe a'r

> ... Pry Copyn o wehydd
> dan ei ddiferyn lachar [*sic*] o goron,
> yn wincio'n ei sêr,
> yn bry bodlon ...

Byddai llefarydd hŷn yn medru ymdopi â chywair y gerdd ond efallai y byddai'n rhy aeddfed i'r rheiny rhwng 12 ac 16. Gellir dadlau hefyd nad oes neges ddyfnach yma i osod her. Ond wedi dweud hynny, mae gwerthfawrogi'r pethau bychain a gwyrth byd natur yn rhywbeth gwerth chweil.

Vivaldi, 'Neges': Mae hon yn gerdd hardd iawn a'r trosiadau a'r delweddau yn swyno wrth ddisgrifio'r Hydref yn addo 'bod Gaeaf a'i droed yn y drws'. Ond cymaint cryfach fyddai gosod y delweddau ar wasgar gan dewychu'r gerdd gyda rhywbeth arall, rhywbeth y gellir gafael ynddo. Gall cerdd ddisgrifiadol fel hon ymylu ar fod yn rhy felys. Er hynny, mae ei thonyddiaeth naturiol yn addas iawn ar gyfer ei llefaru. Mae hi'n gerdd dda ond mae angen mwy o waith arni. Fy nhyb i yw y byddai hi'n ddewis diflas i'w llefaru fel ag y mae hi.

Hafodgau, 'Plastig': Mae'r bardd wedi dewis testun hynod addas i'r oedran a'r oes, sef y broblem fawr o wastraff plastig. Mae wedi nodi y byddai'r gerdd hon yn addas ar gyfer grŵp llefaru ac mae hynny'n amlwg o'r dechreuad dyfeisgar; cerdd acrostig yn defnyddio'r gair PLASTIG i restru'r tameidiau plastig cyffredin sy'n wastraff. Ar y darlleniad cyntaf, teimlais fod defnydd y bardd o'r odl yn mynd yn llafurus a theimlais fod ambell linell wedi 'gwneud y tro' am ei bod yn odli. Ond wedi ei darllen eto yn uchel a dychmygu grŵp yn ei llefaru ar lwyfan, roedd symlrwydd y dweud a'r neges bwysig yn apelio rhywfaint fel darn i'w lefaru.

Beti, 'Ffrae': Cerdd chwareus, ddoniol ar gyfer merch 12 oed: ffrae fawr, ond gyffredin dybiwn i, rhwng y ferch a'i rhieni. Hawdd yw dychmygu y byddai hon yn ddewis da i'w hadrodd mewn cystadleuaeth hunanddewisiad mewn steddfod leol neu gyngerdd. Mae angen tipyn o gymeriad i'w hadrodd ond byddai'n bendant yn plesio cynulleidfa. Ac o gael y llefarwraig gywir, byddai'n bleser cael clywed y dafodiaith gref sydd ynddi yn cael ei hanwesu ar lwyfan gan berson ifanc. Mae'n biti nad yw'r gerdd yn addas ar gyfer yr ystod oedran cyfan.

Elsi, 'Fi': Dyma gerdd ysgafn arall i ferch. Mae hi'n edrych arni'i hun yn y drych ac yn gresynu ei bod mor ddi-lun. Mae'r penillion yn rhedeg yn llyfn a byddai'n rhwydd eu llefaru. Er mwyn hollti blew, ar gyfer y dasg arbennig hon byddwn yn gofidio am ychydig o'r eirfa, megis 'paham', '[t]lysineb' ac 'ymboeni'. Teimlad go hen ffasiwn sydd iddynt yn fy marn i ac efallai na fyddent yn llithro mor naturiol i rywun rhwng 12 ac 16 oed.

Nansi: Gweddi a gawn yma gan ddisgybl ysgol; nid yw'n fy nharo'n syth fel dewis ar gyfer ei llefaru. Mae'r naws yn henaidd a'r dôn efallai'n rhy ddieithr i ddisgyblion o'r oed dan sylw. Ond mae'n weddi syml, hyfryd a chrefft fendigedig gan y bardd wrth gario'r odl. Byddai'n weddi sy'n werth ei dysgu mewn ysgolion, dybiwn i.

Ias, 'Yr Eiliad': Mae rhywbeth am y gerdd hon sy'n eich meddwi. Mae yma ryw hud dryslyd wrth i'r bardd ymlwybro'n chwil trwy'r geiriau a'r delweddau haniaethol wrth ddal yn dynn yn ein heiliad o ieuenctid yng nghyd-destun y '... chwyrligwgwan o fyd [...] waeth hen, hen yw echel y rhod/ fydd yfory'n troi heddiw'n ddoe'. Nid yw'n gerdd hawdd i'w dirnad, ar y gwrandawiad cyntaf yn enwedig, wrth i'r bardd ddweud pethau fel:

> Ni,
> gafodd enw ac wyneb
> yn grwm gan ganrifoedd o gof
> wrth ffrwtian yng ngenynnau'n hil.

Anodd yw dychmygu cynulleidfa'n mwynhau'r 'chwyrligwgan' o gerdd, ac anodd yw dychmygu rhywun rhwng 12 ac 16 oed yn medru uniaethu â'r athronyddu.

Beti a *Carn yr Ebol* sydd wedi ateb y gofynion orau. Gellir yn hawdd ddychmygu'r ddwy yn cael eu hadrodd ar lwyfan. Er y gellid dadlau ei bod ar yr ochr fer, cerdd *Carn yr Ebol* yw'r fwyaf hygyrch gan i gerdd *Beti* ofyn am lefarwraig o oedran ac ardal benodol i wneud cyfiawnder â hi. Ar sail y rheswm bychan hwnnw, felly, yr wyf yn rhoi'r wobr i *Carn yr Ebol*.

DEG CYFARCHIAD MEWN CARDIAU

Priodi
Dau fywyd mewn mwynhad
Yn plethu law yn llaw;
Eich cariad fydd eich nerth
Yn wyneb popeth ddaw.
Boed bendith arnoch chi eich dau
I gadw'r harddwch sy'n parhau.

Geni
Mor llawen yw y gân
am rodd o faban bach.
Mewn cariad crëwyd gwyrth,
mor berffaith ac mor iach.
Eich braint a'ch gwynfyd chi a fydd
cael gweld rhyw newid bach bob dydd.

Bedydd
Mor hyfryd yw y gân
a'r bedydd yn foddhad.
Y baban yn cael gwên
dy fendith Di, ein Tad;
a thrwyddo ef ailddysgwn ni
ryfeddu at dy gariad Di.

Pen-blwydd
Pen-blwydd hapus unwaith eto.
Mae dy ffrindiau yn gytûn
nad wyt ti yn hen o gwbwl –
'mond rhyw fymryn bach yn hŷn.

Nadolig
Daw ein cofion yn garedig
atoch chi ar ddydd Nadolig.
Boed tangnefedd a llawenydd
yn cynhesu'ch aelwyd beunydd.

Calan
Gair i'ch cyfarch ar ddydd Calan
pan fydd ambell atgo'n loetran.
Fe rown gip yn ôl am ysbaid,
ond mae'n well dyrchafu llygaid.
Yn llawn gobaith a llawenydd
camwch 'mlaen i'r flwyddyn newydd.

Y Pasg
Er gwaetha'r gaeaf cyndyn,
ar Sul y Pasg bob blwyddyn
bydd tyfiant newydd yn ei nerth
ar ddôl a pherth fy nhyddyn.

Graddio
Llongyfarchiadau c'lonnog;
mae'n rhaid dy fod yn beniog.
Ond daw'r radd orau i bob dyn
o'r gwreiddyn sy'n ddihalog.

Cartref newydd
Bendith arnoch, deulu annwyl;
boed llawenydd yn eich cân
wrth ich wneud y tŷ yn gartref
a rhoi gwres ar aelwyd lân.

Ymddeoliad [Gweinidog]
Yn nrws y gorlan heno
cei egwyl fach i gofio
llu o brofiadau, dwys a llon –
gofalon y bugeilio.

Ifan

Daeth 12 cynnig i law ar amrywiol ffurfiau – y rhan fwyaf yn gerddi ar fydr ac odl, ambell un wedi mentro i'r ffurf gaeth, ac un cystadleuydd hynod greadigol wedi mynd i'r drafferth nid yn unig i gyfansoddi'r cyfarchion, ond i lunio'r cardiau â llaw hefyd! Cefais flas ar sawl cerdd gyfarch unigol, ond roedd anghysondeb yn safon ambell ymgais. Gwendid arall oedd llunio cyfarchion rhy benodol neu bersonol i fod o ddefnydd i eraill (gan gymryd mai dyna un o'r gofynion.) Ond er gwaethaf ambell ystrydeb a fynnai godi ei phen, cafwyd hefyd fflachiadau o hiwmor, dychan, didwylledd a gwreiddioldeb.

ap Rhyd: Ceir ymgais deg yma, a dewis da o achlysuron i'w nodi, yn ogystal â mesur twt a chryno; a pham lai, gan nad oes neb isio darllen llith mewn cardyn cyfarch!

Banjo: Cynigiwyd deg cyfarchiad cryno ac i'r pwynt ar ffurf brawddegau bachog. Benthyg dywediadau llafar, ffraeth y mae *Banjo* yn bennaf, er enghraifft 'Yr un oed â bawd dy droed ond ychydig yn hŷn na dy ddannedd'. Ond ceir hefyd wreiddioldeb wrth wyrdroi ambell ddyfyniad, megis 'Ffydd, Gobaith, Cacen'.

Defi: Ymgais ddiymhongar yw hon, os braidd yn anghyson o ran safon. Hoffais yn arbennig y cwpled i ddynodi Tŷ Newydd: 'Yn y nyth mae adar newydd/ dan y bondo gyda'i gilydd'.

Ar goll yn y post: Amrywiaeth o gerddi ysgafn a thafod-mewn-boch a geir yma, gyda'r isdeitl 'cyfarchion mewn cardiau efallai *na* ddylid eu hanfon'. Mwynheais hiwmor unigryw 'Yr un ar gyfer pob achlysur' a'r blas unigryw Gymreig ar y gwaith.

ap Cyfarch: Cerddi cryno ac ambell gwpled sydd yma. Ceir blas diffuant a bachog ar y gwaith, er enghraifft yn y cwpled i nodi genedigaeth: 'Llawenhawn, dan ganu'n iach,/ Croeso mawr i'r baban bach!' Er nad oedd safon y cyfarchion mor gyson ag y byddwn wedi dymuno, mwynheais wreiddioldeb ffraeth 'Dymuniad pen-blwydd hapus 50 oed'.

Postmon: Mae hwn yn fardd hyderus yn y mesurau rhydd a chaeth. Rhed tynerwch a sensitifrwydd law yn llaw â hiwmor a chellwair drwy'r gwaith. Mae'r gerdd 'I gyfarch baban ar ei enedigaeth' yn hyfryd, a chynhesrwydd didwyll 'Cartref Newydd' yn taro'r nodyn i'r dim.

Guto: Cyfres o gerddi ar fesurau rhydd sydd yma, gan un sy'n deall ei grefft. Ceir defnydd helaeth o'r odl gyrch, a hynny'n gweddu i naws ysgafn ac agos atoch y cerddi. Hoffais yn fawr y neges yn y gerdd ar gardyn Nadolig, ac anwyldeb y cyfarchiad i'r plentyn yn yr ysbyty.

Blodwen Trump: Llongyfarchiadau, *Blodwen Trump*, ar gyflawni tipyn o gamp drwy lunio'r cardiau i gyd yn ogystal â'r cyfarchion, pob un ohonynt wedi eu labelu'n dwt mewn amlen. Ac yn wir 'deg cyfarchiad *mewn cardiau*' oedd gofynion y gystadleuaeth, wedi'r cwbwl! Wrth eu hagor, teimlwn fel pe bawn i'n dathlu fy mhen-blwydd, Sul y Mamau, a phasio 'mhrawf gyrru'r un pryd! Mwynheais y cerddi bach smala, a gwerthfawrogais yn arbennig y cardyn pen-blwydd ym mhig yr aderyn, a chyfarchiad Sul y Mamau cyfoes a difyr.

Iolo: Mae aeddfedrwydd a chysondeb yn rhedeg drwy'r casgliad hwn o gerddi go sylweddol ar fesurau rhydd. Er bod yma glust dda i rythm llinell, trueni fod gorddefnydd o odlau treuliedig fel 'ti' a 'ni', a 'maith', 'taith' a 'gwaith'. Ond nid dyma'r unig gystadleuydd sy'n euog o hynny! Byddai hefyd wedi bod yn braf cael un neu ddwy o gerddi ysgafnach yng nghanol y rhai dwys. Ond hollti blew yw hynny, gan fod casgliad *Iolo* yn dod yn agos i'r brig.

Het y Blaidd: Daw gwreiddioldeb yr ymgais hon â hi yn agos i'r brig. Lluniwyd cerddi crefftus ar gyfer achlysuron amrywiol iawn, yn cynnwys cerdd 'I groesawu rhieni o ddysgwyr/ di-Gymraeg sy'n dod â phlentyn i Gylch Meithrin', ac 'I ddymuno'n dda ar gychwyn taith blwyddyn bwlch'. Cofiadwy iawn oedd y ddelwedd yn y gerdd i ddathlu 'Priodas rhwng dau/ dwy o'r un rhyw': 'ar y fodrwy gwelwn enfys'. Ac roedd y gerdd ddigri 'I ddiolch am gyfarchion adeg ymddeoliad' yn un o uchafbwyntiau comig y gystadleuaeth. Daliwch ati!

Twm: Dyma gasgliad caboledig o englynion, pob un wedi ei saernïo yn gelfydd i'w bwrpas gan un go sicr ei grefft. Mae yma aeddfedrwydd a doethineb, ac er y byddai llygedyn o hiwmor wedi cyfoethogi'r casgliad, mae naws deimladwy'r cerddi unigol yn rhoi cynhesrwydd ac agosatrwydd i'r cyfan. Mae'r ddwy gerdd sy'n cloi'r casgliad – sef cerddi o ddiolch i rieni – yn wirioneddol hyfryd.

Ifan: Dyma fardd hyderus, a luniodd gasgliad cywrain a thelynegol o gerddi rhydd, pob un yn gweddu i'w phwrpas ei hun. Mae'r gerdd i gyfarch ar y

Calan, ac ar achlysur symud i dŷ newydd, yn raenus, a cheir tinc gogleisiol i'r gerdd ben-blwydd. Traddodiadol yn hytrach na chwydroadol ydy'r cyfanwaith, ond dyma fardd mwyaf cyson y gystadleuaeth o ran safon ei waith. Rwy'n siŵr y byddai *Ifan* yn emynwr tan gamp pe bai'n dymuno troi ei law at hynny!

Dyfarnaf y wobr i *Ifan*.

Ysgoloriaeth Fentora Emyr Feddyg
Er Cof am Dr Emyr Wyn Jones, Cymrawd yr Eisteddfod

Sefydlwyd yr Ysgoloriaeth flynyddol hon i hyfforddi llenor neu fardd na chyhoeddwyd cyfrol o'i (g)waith eisoes. Ar gyfer Eisteddfod 2018 fe'i cynigir i fardd. Gofynnir i'r cystadleuwyr anfon hyd at 20 o gerddi sydd yn waith gwreiddiol a newydd gan yr awdur

---

CASGLIAD O GERDDI

Breuddwyd

Neithiwr
Roeddech chi yno:
Y glesni rhyfedd o'ch cwmpas
Fel mur, eto'n dryloyw
A chylch annelwig o goch yn y canol,
Chwithau'n trefnu popeth
I lenwi'r gwacter â chysur yn yr annedd newydd
Cyn troi ata i:
Y llygaid yn fy nhawelu ac yn dweud
'Bydd popeth yn iawn.'

Cardiau

Yn llonydd yn eu llwch
Yn ysgythrog ag atgofion fel cerrig beddau,
Rhy drwm i'w symud.
Y mae amser wedi ei gloi yma.
Gafael,
Byseddu'n araf
Rhag niweidio'r meini tramgwydd hyn.
Llyfnder fel llyfnder llechen.
Sioc
Wrth eu gweld yn pwyso'n ôl
Fel dan rym llaw anweledig
Neu fel pe'n llefaru'n eu ffordd eu hunain.
Eu codi'n araf cyn eu cloi o'r neilltu
Allan o lonyddwch y llwch,
I mewn yn llonyddwch fy meddwl.

Llun o fy Nhad ddydd ei briodas

Rhyfedd dy weld fel hyn
Fel dieithryn, yn iau na mi,
Fel un yn hawlio dy ieuenctid
Cyn i mi ddod
Fel llyffethair amdanat ti
Yn dwyn d'amser;
Dy wên yn ddrych o ddedwyddwch
Yn chwalu'r difrifwch a welais i
A'r trymder
Fu fel düwch Beiblaidd yn pwyso arnat ti.
Hithau'n d'ymyl,
Ei llaw ar d'ysgwydd,
Wedi'ch dal mewn eiliad o ofal,
Yn dy arwain i'r dyfodol.

Fy Nhad wrth ei waith

Croeso gwyn a gefaist ti yno:
Yr eira fel ysbryd llwyd
Neu fel nerth dieflig yn dy herio,
Yn gosod i lawr gwrlid glân, twyllodrus
Lle byddai dy gamau'n cael eu rhewi.
Ar y lonydd culion,
Ger y lle mae Banw'n treiglo
Bugeiliaist fugeiliaid fel hwn
Â'i law gnotiog ar ei ffon
A'r wyneb
Lle mae dagrau'r gorffennol
Wedi rhedeg fel afonydd i ddyfnhau'r crychau.
Mae ei lygaid wedi dysgu darllen y tir
Ac mae'r ddaear yn fyw iddo.
Mae'n anwesu ei ŵyn
Yn addfwyn yng nghaledi'r Gaeaf
Yn eu derbyn yn dyner dan oerni'r lloer
Wedi'r geni poeth o'r famog.
A oedd d'eiriau'n ei gyrraedd ef?
A lle deuai dau neu dri ynghyd

Lle roedd y lampau ynghyn
Ac yn hisian yn yr oerfel
A oedd d'eiriau yn tanio'u heneidiau?
Ond yn y tywyllwch,
Wrth gerdded i atsain dy draed dy hun,
Edrychaist ar y seren enwog honno
Yn goleuo dy ffordd.

Cof

Cof am y cwpwrdd llyfrau
A'r clirio llychlyd:
Yr haul fel coron ar dy ben melyn
A llwch llyfrau'n llwydo dy wallt
I dy heneiddio cyn pryd,
Tithau'n sefyll â'th hanner gwên
Wedi ei rhannu
Rhwng chwerthin ar dy ben dy hun
Ac arna innau.
Camu o'r gadair fregus
Cyn gofyn: 'Rhywbeth arall?'
Mynd cyn cael ateb
Ond troi i edrych dros d'ysgwydd,
Dy wên yn fy hoelio i'm lle.

Cael yn ôl

Mi garwn dy gael di'n ôl
Yma, heno:
Dy ben golau ar y gobennydd
A sŵn d'anadlu ysgafn
Wrth i ti gerdded yn dy freuddwydion
Ar hyd llwybrau dy ddyheadau.
Mi garwn gael d'edrychiadau
Yn fflachio tuag ata i:
Y llygaid llawn chwerthin a'r meddwl miniog
Ac, wedi'r ateb, y wên chwareus
Wrth i felin dy feddwl droi.

Mi garwn glywed dy lais
Fu'n frwd dros bethau bychain
A gweld dy fysedd gweithgar
Yn brysur eto'n creu
Wrth roi bywyd newydd i bethau llonydd.
Ie: mi garwn.

Cofio

Cofio'r diwrnod
Pan edrychaist ti arna i:
Roedd geiriau'n bethau tlawd
Am fod dy lygaid yn siarad
A'r hanner gwên yn ategu sicrwydd.
Deellais innau o bell
Ac fe ddaethost tithau.
Roedd y pellter rhyngom cyn agosed â chusan
Am fod d'ewyllys di yma cyn i ti gychwyn
A drws agored fy meddwl
Yn dy dderbyn cyn i ti gyrraedd.

Pam dy fod ti ...?

Pam dy fod ti yma o hyd
Ar fap fy meddwl?
Ar y traeth
Yn codi fel duwies o'r twyni
Ac arf dy dafod fel cyllell
Yn torri trwy fy styfnigrwydd ffôl?
Ar gorneli strydoedd
Yn sefyll dan olau lamp
Ac ar fin troi i siarad?
Yma yn f'ystafell yn syllu'n y gwyll
Gyda'r wên sy'n estyn croeso?
Ond yna, ar doriad gwawr,
Yn edrych dros d'ysgwydd
Cyn ffarwelio yn y bore bach?

Llygaid weithiau

Siarad trwy dy lygaid,
Minnau'n deall:
Llygaid y cwestiynau'n gofyn
'Oes rhaid gwneud hyn?'
Minnau'n gwenu
Cyn i ti ildio â'r llygaid caeedig.
Llygaid yr hoelio
A minnau'n euog.
Llygaid direidi
Yn deffro chwerthin
Am ben fy ffwlbri fy hun.
Llygaid y croeso,
Llygaid yr awydd,
Llygaid y llosgi mewnol:
Minnau'n sefyll a syllu
Wedi fy hoelio
Ond yn gwybod.

Chwilio

Chawson ni fyth hyd
I'r hyn roedden ni'n chwilio amdano fo,
Doedd o ddim ar lwybrau'r mynyddoedd
Yn cuddio dan unrhyw garreg,
Rhwng geiriau carolau Nadolig
Yn llechu fel cyfrinach,
Yn nyfroedd yr afonydd
Yn symud fel pysgodyn llithrig,
Yng nghraig y chwarel
Yn rhedeg fel gwythïen o aur.
Ceisio dal d'edrychiad
Ond amrannau'n cau
Ac ar fachlud haul doedd dim rhin,
Y pelydrau ddim yn ein cyffwrdd.
Hyd nes daeth un bore:
Yr haul fel ffrwydrad melyn
A thithau ddim yno.

Yn y bywyd nesaf

Y tro nesaf
Mi fyddwn yn cyfarfod yn ifanc
Pan fydd gobaith
A phopeth o'n blaenau
Yn y pantomeim daearol hwn.
Byddwn yn gwneud cynlluniau
Ac yn eu gwireddu.
Byddwn yn cael plant –
Ein plant ni –
Er mwyn parhau â'r hil a chadw'n harferion.
Byddwn yn creu hapusrwydd
O bethau anweledig
Anweledig i bawb ond ni –
A bydd gennym ein geiriau ein hunain
A dim ond ni fydd yn deall.
Byddwn yn edrych i lygaid ein gilydd
I weld y goleuni mewnol
Ac, yn fwy na dim,
Fe fyddwn ein dau yn gwybod.

Dynion yn cerdded

Yn y glaw sy'n tampio'n slei
Mae dynion yn cerdded
Heibio i'r siopwyr deddfol,
Heibio i'r garddwyr manwl.
Yn yr haul
Sydd fel teyrn uchel
Yn herio pawb i aros yn ei wres
Mae dynion yn cerdded
Heibio i'r plant mewn baddonau rwber,
Heibio i'r cŵn cysglyd
Sy'n gorwedd mor wastad â lledod.
Tan lampau'r nos
Mae dynion yn sefyll,
Mae dynion yn siarad
Dan wau hen chwedlau

A phan fydd ein llwch yn llwch y tir,
Bydd dynion yn siarad,
Bydd dynion yn cerdded.

Cerdded y wlad

Ar yr hen lwybrau hyn
Mae ein traed yn adfeddiannu'n tir
I'w ailenwi gyda'n geiriau ni:
Ailfedyddio *Riverside* yn *Glan'rafon*
A throi *Rose Hill* yn *Bryn Rhosyn* eto;
Rhoi gerwinder geiriau i'r *Glen*
Trwy ei droi yn *Ty'n y Drain*
A chwynnu *The Meadows*
I'w ailblannu fel *Bryn Meillion*.
Ein traed ni sydd ar y tir hwn,
Ein camau ni sy'n ei fesur.
Gam wrth gam
Filltir wrth filltir
Fe adfeddiannwn y wlad
A'i gwneud i ganu i gynghanedd ein gweledigaeth.

Goleuadau

Lle bu golau Dyfan –
Llen, fel hen amrannau tywyll
A lle bu golau Ann
Mae'r ffenestri fel llygaid
Wedi colli eu canhwyllau.
Does dim golau'n sbecian trwy lenni Arthur heno
Ac ni ddaw golau Sian
I saethu fel llafn trwy'r drws.
Diffoddodd lamp Sioned
Ac nid yw golau gwan Edward
Yn mynd a dod heno.
Diffoddodd y goleuadau,
Cynyddodd y gwyll.

Teithio

Rhythm y sychwr ffenestri
Yn symud fel curiad calon
Yn drwm yn y tywyllwch,
Fel rhythm fy meddwl
Wrth wibio heibio cerrig milltir yr atgofion.
Yma bu distawrwydd diddeall ar y daith
Hyd nes cyrraedd cytundeb
A bu chwerthin yn y nos ger y mynydd hwn
Pan oedd curiadau'r glaw
Yn cystadlu â'n sgrechian afreolus.
Yma bu'r dychryn
Pan gamodd hithau o'r gwyll
Fel ysbryd o'r nos.
Mae'r ffordd yn wag heno
A'r glaw yn golchi'r eira i ffwrdd,
Yn datgloi'r atgofion
A gadael iddynt redeg fel dŵr
A'u sŵn fel parabl hen eiriau
Ond heb olchi'r ysbryd sydd yma yng ngwead y daith.

Ffermwr

Hwn
Gyda'i beiriant disglair a'i arfau miniog
Yn brathu trwy wyneb y tir,
Yn torri'r arwynebedd
A gadael i hen friwiau anadlu eto.
Rhwng y cwysi hyn
Y mae anadl einioes ein cenedl
Yn cael ei rhyddhau.
I fyny ar ei farch metel
Ni ŵyr mor agos y mae'n dod
At gochder y gwaed
Sy'n gorwedd yno dan ei olwynion
A'r hen iaith sy'n codi o'r tir
Wedi'r mudandod,
Wedi'r golled.
A heno, os gwrandewi di,

Mi glywi leisiau ar y gwynt
Sy'n chwythu o Ddinlleu Vreccon.

Oriel Syr Kyffin Williams

Pwy ydy'r rhain
Yng nghelloedd y fframiau
Wedi eu dal ar fin gwallgofrwydd,
Eiliad cyn y sgrech?
Hwn â'r llygaid llydain
Fel pe'n gweld y tu hwnt i'r ffin
A hithau, yn syllu i'r llawr,
Pob golau gobeithiol wedi diffodd,
Y nos fel pe'n cau amdani?
Ac yn y tawelwch gofynnaf 'Pwy ydy'r rhain?
Pwy ydy'r rhain
Sy'n sefyll yma yn nrych ein cenedl?'

Porth Curig

BEIRNIADAETH IFOR AP GLYN

Ers ei sefydlu yn 2001, mae Ysgoloriaeth Emyr Feddyg yn cael ei chynnig bob yn ail flwyddyn i'r beirdd ac yna i'r llenorion. Tro'r beirdd oedd hi eleni a gofynnwyd am 'hyd at 20 o gerddi sydd yn waith gwreiddiol a newydd' gan yr ymgeiswyr.

Tri yn unig a fentrodd i'r maes – nifer siomedig, fe dybiwn i, cyn edrych yn ôl dros hanes y gystadleuaeth, a gweld mai pump yw'r nifer fwyaf o feirdd sydd wedi trio erioed; a bu dwy flynedd lle na fentrodd yr un bardd am y wobr! Syndod, o ystyried pa mor werthfawr i'r neb sydd am gyrraedd y brig ym myd barddas yw cael ei fentora gan fardd mwy profiadol – a dyna wrth gwrs yw'r wobr a gynigir drwy'r Ysgoloriaeth. Yn y gorffennol, mae enillwyr yr Ysgoloriaeth wedi mynd ymlaen i ennill Cadair Genedlaethol, Medal Ryddiaith a Gwobr Goffa Daniel Owen; ac yn ddiau mae sawl darpar Brifardd a sawl darpar Brif Lenor arall ymhlith rhengoedd y cyn-enillwyr hynny.

Ond sut siâp sydd ar gystadleuwyr eleni? Diolch i'r tri am gystadlu a dyma air am bob un.

Pwllderi: Cafwyd 19 o gerddi gan *Pwllderi*, a'r rheiny mewn iaith ddigon glân ar y cyfan, er bod ambell lithriad, fel 'dynnais'(t); a 'nad yw phawb'. Mae *Pwllderi* yn sylwebydd digon craff ar fywyd cyfoes, ond mewn ambell gerdd fel 'Cwestiwn', bodlonir ar roi sylw crafog a hynny'n unig. Mae ganddo gerddi eraill y gellid bod wedi eu datblygu ymhellach, fel 'Tro ar fyd' ac 'I ferch yn ei harddegau'. Mae *Pwllderi* yn mynd â ni o Fethlehem i Lundain ac i Rotarua, ond yng nghefn gwlad Cymru y cawn y canu mwyaf effeithiol ganddo, gyda 'Dat', 'Tirfeddiannwr' ac 'Un bore' i gyd yn codi i dir uwch. 'Dat' oedd fy ffefryn gyda'i ddarlun o'r crwt a'i dad yn canlyn y da gyda'u ffyn:

> Fe alwai arnynt mor dyner
> 'tro fach Seren', 'dere nawr Llwyden'
> a'r ffyn wastad yn segur.
> Pob man yn dawel yn y bore bach
> a dyn, bodlon ei fyd
> yn annog ei ychydig fywoliaeth
> sha thre.

Dyna'r safon y mae *Pwllderi* wedi'i gosod iddo'i hun ar gyfer y dyfodol.

Porth Curig: Mae *Porth Curig*, fe dybiwn, yn fardd mwy profiadol, ac mae sicrach rhythm i'w ganu. Cafwyd 17 o gerddi byrion telynegol ganddo, y rhan fwyaf yn 15 llinell neu lai. Roedd y rhai ar y dechrau yn fwy teuluol eu naws, ac yn ymdrin â cholled, hiraeth a chariad yn arbennig o effeithiol. Hoffais y darlun o'r cardiau cydymdeimlad, sy'n 'rhy drwm i'w symud' – ond yn y diwedd, llwydda'r bardd i'w drosglwyddo 'o lonyddwch y llwch i ... lonyddwch y meddwl'. Hoffais hefyd y darlun o'r gweinidog a fu'n ceisio bugeilio bugeiliaid Dyffryn Banw adeg wyna, gyda'r 'lampau ynghyn/ Ac yn hisian yn yr oerfel'; cyn cerdded adre 'i atsain dy draed dy hun' a'r 'seren enwog honno/ Yn goleuo dy ffordd'. Mae rhai o gerddi *Porth Curig*, serch hynny, yn llacach eu mynegiant, fel 'Dynion yn cerdded', ac 'Oriel Syr Kyffin Williams'. Teimlais gyda'r rhain eu bod nhw'n fwy o 'ymarferion' na bod gan y bardd rywbeth a oedd yn ei orddi i ganu.

Mae *Porth Curig* yn gallu ei fynegi ei hun yn hyfryd o gynnil weithiau, er enghraifft 'y wên chwareus/ wrth i felin dy feddwl droi' neu 'roedd geiriau'n bethau tlawd/ am fod dy lygaid yn siarad', ond mewn cerddi eraill, fel 'Yn y bywyd nesaf', dylai geisio crynhoi mwy ar ei feddwl a rhoi mwy o sbarc yn y dweud. Ond dyma fardd gyda photensial, heb os.

Dawn Chorus: Dyma fardd arall gyda photensial. Cafwyd deg o gerddi ganddo a'r rheiny'n amrywio tipyn o ran hyd, o 50 llinell, i dair llinell. Hoffais gynildeb y gerdd fer honno, 'Cerrig ar gyfer almanac 2':

> Y garreg lefn sydd â llinell drwyddi,
> pe bawn i'n dy hollti di'n ddau
> a lwyddwn i dynnu llwybr o'r graig?

Dyma lais bardd iau, mi dybiwn; llais rhywun sydd yn mwynhau gweithgareddau awyr agored ac yn ymdeimlo â chyfriniaeth natur. Yn ei gwmni, awn i redeg ar hyd llwybr yr arfordir, caiacio ar y môr a phlymio i byllau dyfnion. Mae angen i *Dawn Chorus* gymryd mwy o ofal gyda'i Gymraeg: er enghraifft, '(c)einiog brwnt'; 'nodwydd llonydd'; 'llinnell'; 'Fe wnes ti'; 'prynnaist'; 'crynnwn'. Ond ar ei orau mae'n delweddu'n groyw a chofiadwy. Wrth sôn am blymio mae'n cyfeirio at:

> yr oerfel fel bys a bawd yn gwasgu
> am dy ben.

Wrth nofio dan y dŵr, mae popeth yn llonydd

> oni bai am y tlysau swigod mân
> yr wyt ti'n taflu yn dy sgil.

Mae ôl myfyrio ar ei gerddi – ond mewn ambell gerdd, teimlwn ei fod heb gael gafael yn iawn ar ei thema. Tywyll braidd yw ystyr 'Trig Bwynt', er enghraifft – yn trio dweud gormod efallai? – ond mae cerddi unigol, fel 'Cerrig ar gyfer almanac 1' gyda'r gorau yn y gystadleuaeth.

Felly, pwy sy'n mynd â hi? A oes teilyngdod? Cystadleuaeth i wobrwyo addewid yw hon – wedi'r cyfan, ceisio hyfforddiant y mae'r sawl a gynigia arni – ac mae'n haws felly i'r beirniad faddau ambell gerdd wannach na'i gilydd. Ond er bod pob un o'r cystadleuwyr wedi cynhyrchu cerddi unigol o safon (ac y dylai pob un ddal ati), tybed a yw trwch y cerddi a anfonwyd ganddynt i'r gystadleuaeth yn teilyngu eu gwobrwyo?

Mae elfennau yng nghanu *Dawn Chorus* sydd yn hynod addawol, ond *Porth Curig* sydd agosaf at y cysondeb safon y byddwn i'n ei ddisgwyl mewn cystadleuaeth genedlaethol. O drwch blewyn, felly, dyfarnaf yr Ysgoloriaeth eleni i *Porth Curig.*

Adran Llenyddiaeth

RHYDDIAITH

Gwobr Goffa Daniel Owen. Nofel heb ei chyhoeddi gyda llinyn storïol cryf a heb fod yn llai na 50,000 o eiriau

....

BEIRNIADAETH MEINIR PIERCE JONES

Mae nofel dda fel pryd amheuthun – yn rhagori ar eich deisyfiadau mewn ffyrdd annisgwyl ac ysbrydoledig neu'n draddodiadol *par excellence*. Amrywiol oedd safon y seigiau llenyddol a lanwodd dri mis cyntaf eleni i ni fel beirniaid a dyhewn am gael busnesu yng nghegin pob un o'r cogyddion – gan newid un ai'r dull, y cynhwysion neu'r cyfanwaith. Fel y dywedir ar *Masterchef* rhaid wrth weledigaeth, dawn, ymroddiad a sylw taer i fanylion – yr union geiriosen ar ben y *croquenbouche* siocled. Dyma sylwadau cryno ar bob un – *bon appétit!*

Dewis, 'Etifeddiaeth': Nofel ffantasi yw hon, wedi'i lleoli mewn gwlad llawn enwau dieithr (byddai map wedi bod yn gaffaeliad) heb unrhyw fath o dywydd na thymhorau ac mewn gorffennol amhenodol. Brwydr a gawn rhwng grymoedd y Da a'r Drwg: rhwng dewiniaid y Gymrodoriaeth sy'n rheoli'r deyrnas trwy rym a chreulondeb a'r Gweledyddion dan eu pennaeth Teyrnon sy'n ceisio'u trechu. Mae gwir angen deunydd fel hyn yn y Gymraeg ond roedd yn frwydr darllen hon a'r iaith wallus yn fwrn. Mae'r cymeriadau'n fflat heb fawr ddim i'w gwahaniaethu ond eu henwau a hyd yn oed yr arwr, Gerallt, yn greadur diflas a di-liw.

Jean Jaques Shady, 'O Flwch Pandora': Er syndod dyma'r unig nofel a gafwyd am y Rhyfel Mawr. Ynddi cawn hanes Owen Humphreys o Blas Madryn, Sir Fôn a aeth i'r rhyfel hwnnw a Lisa, ei gariad, gyda *guest appearances* gan gymeriadau hanesyddol fel Megan Lloyd George a Constance Georgine Markievicz. Symuda'r digwydd rhwng cyfnod y Rhyfel Mawr ac 1938; yn ail gyfnod y nofel cyflwynir D. I. John i ni, ditectif na wna fawr ddim gwaith ditectif, ac eto cymeriad difyrraf y nofel! Yn y dyddiadur yn arbennig mae'r awdur yn ymgolli cymaint nes colli'r llinyn naratif am byliau; nid yw'r ieithwedd na'r arddull yma nac yn y llythyr chwaith yn adlewyrchu'r cyfnod. Canlyniad hynny yw i'r gwaith golli'i fomentwm a'i hygrededd; doedd y gwallau hanes yn ddim help chwaith.

Clybodegwr, 'Gwaith Cyfrin': Nofel wedi'i gosod yn Oes y Tuduriaid, sy'n ymwneud â hynt Pabyddiaeth a Chalfiniaeth y cyfnod, yw hon. Mae'n llawn anturiaethau ysbïo a *romps* rhywiol – ond nid yw'r elfennau hyn yn ddigon i'w hachub. Arwynebol yw'r holl gymeriadau: o'r rhai hanesyddol – fel Richard Clwch a'i wraig, Catrin o Ferain a Thrydydd Dug Alba – i greadigaethau'r awdur fel Gwen a Gwilym; ni faliwn yr un daten am yr un ohonynt. Mae'r dweud yn amrwd ar dro, gyda thuedd i orgrynhoi, a cheir llawer o ddisgrifio plaen yn lle dramateiddio ac amrywio'r tempo. Mae'r nofel yn gwella dwtsh wrth fynd rhagddi ond mae gormod o olygfeydd rhy debyg ynddi (ysbïo, dilyn, cuddio) sy'n diflasu. Ches i brin ddim o'r nofel hon, ysywaeth. A glywodd *Clybodegwr* am R. Cyril Hughes? Gair i gall.

Heuldro, 'Yn Llygad yr Haul': Dyma nofel gyfoes, aml ei lleisiau, sy'n agor gyda ffrwydrad brawychol yng Nghastell Caerdydd. Ceir yma ddawn sicr i lunio deialog fyw a naturiol mewn amrywiol dafodieithoedd, i gyflwyno safbwyntiau gwrthgyferbyniol ac i fynd dan groen cymeriadau tra gwahanol i'w gilydd, fel Mel, y ferch o'r Cymoedd a'i hiaith Cofi (!) ac Ibrahim, y myfyriwr Islamaidd. Ond fel cyfanwaith, mae'n methu. Ceir gorysgrifennu weithiau gan bentyrru ansoddeiriau ond ar adegau allweddol eraill yn y stori ble gellid dramateiddio (er enghraifft pan gaiff Raine ei dallu) llithrir dros y digwyddiad yn ddisylw. Torrir ar lif y naratif yn gyson gan benawdau newyddion, dyfyniadau o'r Beibl a'r Corân (a gormod o esbonio'r ffydd Fwslemaidd) sy'n flinderus. At y canol, mae'r nofel yn pantio ac yn troi yn ei hunfan, ac eto mae'n cyflymu gormod at y diwedd! Mewn gair mae rhythmau 'Yn Llygad yr Haul' ar chwâl. Trueni, achos mae gan *Heuldro* bethau gwerth eu dweud wrth ei gyd-Gymry, testun o bwys ac iaith gyfoethog. Awgrymaf i *Heuldro* adael ei nofel am sbel ac wedyn mynd yn ôl ati gyda llygaid ffres – a siswrn.

Cribau Esgyrn, 'Abergofiant': Nofel serch gyfoes yw hon ag elfen wyddonias ynddi; atgoffai fi o *The Handmaid's Tale*, Margaret Atwood, er nad yw'n codi i'r un tir uchel. Mae'r ysgrifennu'n rhwydd a darllenadwy, y cymeriadau'n argyhoeddi yn y stori garu, a'r ddeialog yn naturiol braf. Digon arwynebol yw'r ymdriniaeth, er hynny. Yn y stori arall sy'n cydblethu gyda hi, eir â ni i fyd go sinistr; ceir cyferbyniad effeithiol rhwng tywyllwch a goleuni yn y ddwy ran. Nofel led ysgafn yw hon, ac eto mae'n procio'r meddwl. Mae'n uned gron, gynnil. Llwydda'r awdur i gynnal y ddwy stori y mae'n pendilio rhyngddynt, gan gynnal diddordeb y darllenydd. Wrth i'r nofel ddatblygu allai rhywun ddim peidio â rhag-weld diwedd rhan 'realistig' y stori, ac efallai yr hoffai'r awdur roi cynnig ar osgoi hyn. Dyma nofel gyhoeddadwy sy'n ffitio'n daclus i'r categori o 'stwff sâl da' a fathwyd gan Islwyn Ffowc Elis.

Yr Wyres, 'Lliwiau Dŵr': Yn y Rhagair dywed yr awdur '... rhaid i fi eich cyfareddu. Dw i am i chi ddilyn y ddawns heb ddanto ar y ffars, reit i lawr i'r gair chwerw olaf.' Wel, wn i ddim am gyfareddu ond roedd clyfrwch, hiwmor ac egni'r nofel hon fel awyr iach, yn arbennig o ystyried mai unigrwydd, ac unigrwydd yr henoed, yw un o'i themâu. Ond gwaetha'r modd mae hi'n ormod o gybolfa: yn llawn posau, dirgelion a chyfrinachau sydd mewn peryg o arwain at ddryswch a cholli diddordeb. Yr elfen sy'n cynnal y nofel ble mae'r stori'n troi arni'i hun ormod yw ei hegni, a synnwyr digrifwch apelgar yr awdur sy'n cynnwys elfennau ffars a chomedi ddu (er enghraifft y disgrifiad o'r ymweliad â Chwm Hud). Un marc du mawr yn ei herbyn yw ei bod yn llawn gwallau ieithyddol a chystrawennau annaturiol a chlogyrnaidd.

Loweprogoch, 'Pwy Ti'n Feddwl Wyt Ti?': Mae'r cwestiwn a ofynnir i Delyth, gwraig fferm ganol oed, ar gychwyn y nofel hon yn nodi dechrau creisis yn ei bywyd tawel ac ymddangosiadol ddi-stŵr: hanes sut yr aiff ati i geisio ateb y cwestiwn yw ei chynnwys. Er mai syml yw'r stori, eto ceir dyfnder ynddi a diffuantrwydd ac mae'r dweud drwyddi draw yn lân a'r Gymraeg yn llifo. Mae *Loweprogoch* yn berchen dawn i gymeriadu, yn arbennig cymeriad Delyth ei hunan a ddaw i'r golwg fesul tipyn fel tynnu haenau paent oddi ar hen lun. I mi, personoliaeth Delyth yw un o brif atyniadau'r stori ac roedd rhyw hoffusrwydd arbennig ynddi. Mae'n nofel ddarllenadwy ond braidd yn ddof ac roedd rhai pethau'n fy mhlagio, fel pam na fyddai Lloyd, ei gŵr, yn ei ffonio?! Byddai'n werth ailedrych ar rai agweddau gwan – nid lleiaf, y gwersyll!

Paloma, 'Nythu': Yn y nofel hon cyflwynir galeri o ferched y mae eu bywydau'n gorgyffwrdd ar wahanol adegau yn eu hanes. Cynnyrch cymdeithas gosmopolitan yw'r mwyafrif, ac eto'n gyfforddus Gymreig. Yn Sherin, y prif gymeriad, aiff *Paloma* â ni tu ôl i'r *hijab* a'r *jilaba*, gan roi i ni arwres Gymreig amgen i'r unfed ganrif ar hugain. Mae'r holl bortreadau'n graff a chyfoethog ond mae gormod o fân gymeriadau; gwell fuasai cynnwys y cymeriadau ymylol o fewn y portreadau canolog na gorgymhlethu pethau. Mae'r awdur yr un mor ddeheuig wrth ddisgrifio Tafwyl trwy lygaid merch 17 oed â Moroco yn 1968. O ran cyfoesedd, mae'n taro deuddeg a Sherin a'i ffrindiau'n siarad Cymraeg ifanc, *hip* y ddinas – ynghyd â blas o Arabeg a Sbaeneg. Byr yw llawer o'r penodau, fel golygfeydd ffilm, ond ceir ynddynt sylwgarwch a threiddgarwch; mae *Paloma* yn adnabod pobl. Profir tristwch, asbri, trais a thynerwch yn 'Nythu' ond er bod llawer yn digwydd i'r unigolion a'r teuluoedd ynddi, a bod yma themâu ac edeuon naratif sicr, nid oes un stori gref sy'n clymu. Anodd gwybod beth i'w wneud o'r diweddglo iwtopaidd, siwgr candi sy'n wrthbwynt llwyr i bopeth a ddaw cyn hynny yng nghorff y nofel. Ai diweddglo eironig neu dafod mewn boch ydyw i fod?

Bachan, 'Esgyrn': Mae hon yn nofel gwbl Gymreig lle gwelir y cyfoes a'r hen ffasiwn yn cwrdd o ran iaith a ffordd o fyw: nofel am berthyn, am dreftadaeth ac am afael y gorffennol arnom. Dynion piau'r llwyfan ynddi a'r merched un ai'n absennol neu'n wan a digymeriad – yn ddioddefwyr i gyd. Lleolir y stori ar fferm Tad-cu (gŵr gweddw) lle mae ei ddau ŵyr yn aros dros dro: Twm, yr hynaf, tua phymtheg oed a'i frawd bach, Berwyn, sy'n anabl ac mewn cadair olwyn. Mae sawl llinyn storïol yn rhedeg drwy'r nofel ond pe gofynnid i mi a oes ynddi linyn storïol cryf, yr ateb fyddai nad oes.

Mae 'Esgyrn' yn globen o nofel sy'n rhoi i ni'r alaethus o drist a'r doniol iawn, iawn a'i darllen yn dipyn o rolercoster. Chwarddais dros bob man wrth i Macs, y *fat boy* a ffrind newydd Twm, fynd trwy'i bethau (mae'n haeddu'i raglen ei hun ar Radio Cymru!) a theimlo i'r byw yn y portread annwyl o'r berthynas rhwng y brodyr. Un arall o ogoniannau 'Esgyrn' yw'r ddeialog. Mae'r sgyrsiau'n rhaeadru er weithiau'n ymylu ar droi'n sgriptiau; gwell rhoi blas ac wedyn torri. Mae'r portread o Tad-cu yn gampwaith, yn ei ymarweddiad a'i sgwrs, ei ddoethineb a'i ffolineb. Darlunnir bywyd fferm hefyd i'r tî – y tecell trydan yn y 'sied defed. I roi dŵr twym i'r oen swci' a'r ci bach fu farw a'i 'gorff yn galed'. Daw llawer o'r cymariaethau o fyd amaeth hefyd, fel y disgrifiad o rywun yn 'gwenu fel hwch mewn cae sweds'. Cefais bleser mawr yn darllen y nofel hon ond byddai'n sicr yn elwa o'i thynhau. O ran y strwythur, tybed a fyddai'n syniad dod â Sal i mewn ynghynt er mwyn cynyddu'r tensiwn yn y naratif, dangos y berthynas rhyngddi a'i meibion a gwneud ei pherthynas gyda'i thad, ac yn sgil hynny ddyfodol y cartref a chefn gwlad, yn rhan o wead y nofel?

Ysbryd yr Oes, 'Ysbryd yr Oes': Yn y nofel hon adroddir dwy stori yn gyfochrog: hanes John Penry, Cefn Brith, Sir Frycheiniog, y Piwritan, a hanes cyfoes John Williams, athro Hanes mewn ysgol uwchradd yng nghyffiniau Caerdydd, ar gyfnod o greisis yn ei fywyd. Mae yma ôl ymchwil manwl a chrëir awyrgylch byd yr unfed ganrif ar bymtheg yn llwyddiannus – y cyfnod pan oedd gwŷr y frenhines Elisabeth I yn ofni unrhyw grefyddwyr, boed Babyddion neu Biwritaniaid, a allai fygwth sefydlogrwydd Eglwys Loegr a hynny'n arwain at erlid, ysbïo, cuddio a chosbi. Er bod tuedd weithiau i'r stori hanes gael ei hadrodd yn hytrach na'i dramateiddio ac i orfanylu, mae'n cryfhau wrth fynd yn ei blaen. Mae'r stori gyfoes yn gorgyffwrdd mewn mannau â'r stori hanes a dro arall yn ei hadlewyrchu wrth i'r prif gymeriad ddatblygu diddordeb obsesiynol bron yn Oes y Tuduriaid a'i chrefydd. Arweinia hyn at helynt yn yr ysgol a chyfnod o iselder personol nes peri i'r darllenydd, fel yntau, weld popeth drwy wydr caethiwus iselder parlysol. Ymdrinnir yn gynnil â hawliau'r unigolyn a lle crefydd yn ein bywydau, a'r achos llys y mae Helen yn rhan ohono yn dilyn yr ymosodiadau brawychol yn dangos eithafiaeth beryglus wedi'i gyrru gan gasineb – mor wahanol i John Penry a'i gred mewn perthynas yr unigolyn â'i Dduw, a lle canolog cariad yn ein bywydau. Fel John Penry mae John yn arwr tawel sy'n cael cam ar law prifathro gwan sy'n fodlon 'plygu gyda'r gwynt'; mae neges John i'w ddisgyblion ar ei ddiwrnod olaf yn yr ysgol yn llawer mwy sylweddol a sinistr. Hoffais y portead o John yn fawr.

Dyma nofel ddeallusol, gynnil a chrefftus. Cymerodd dipyn o amser i mi a'm cydfeirniad Bet Jones ymlyfu ynddi a gweld ei gogoniant ond yn dilyn trafodaeth rhyngom fel beirniaid daethom i'r casgliad fod 'Ysbryd yr Oes' yn deilwng o Wobr Goffa Daniel Owen a phob anrhydedd a berthyn iddi.

BEIRNIADAETH BET JONES

Diolch i'r Eisteddfod am y fraint a'r cyfle i feirniadu cystadleuaeth Gwobr Goffa Daniel Owen eleni. Daeth deg cyfrol i law ac mae'r awduron i'w canmol am eu dycnwch a'u hymroddiad i ysgrifennu darnau o 50,000 o eiriau a mwy. Mae pob un o'r deg wedi mynd ati i greu storïau sy'n llawn syniadau difyr a gwahanol a phrofiad hynod o bleserus fu eu darllen ar y cyfan.

Dosbarth 3

Dewis, 'Etifeddiaeth': Nofel ffantasi gyda'r arwyr yn ceisio achub eu gwlad o afael dewiniaid creulon a gawn gan *Dewis*; thema a fuasai at ddant llawer o ddarllenwyr iau, rwy'n siŵr. Yn anffodus, fodd bynnag, mae'r gystrawen yn chwithig a'r gwaith yn frith o gamgymeriadau ieithyddol sy'n amharu ar y pleser o ddarllen.

Clybodegwr, 'Gwaith Cyfrin': Roeddwn yn llawn cyffro wrth ddechrau darllen y gwaith hwn sy'n adrodd hanes criw o Gymry a oedd yn gweithredu fel ysbïwyr yn Antwerp o dan arweiniad Rhisiart Clwch yn ystod teyrnasiad

Elisabeth I. Teimlais fod *Clybodegwr* wedi cyflwyno agwedd Gymreig i gyfnod a hanes sy'n hynod o boblogaidd ar hyn o bryd, gyda llawer iawn o nofelau a chyfresi teledu megis *Elizabeth I's Secret Agents* yn ei drafod o'r persbectif Seisnig. Cawsom gipolwg ar gyfnod cythryblus yn hanes dinas Antwerp pan oedd brenin Sbaen wedi anfon Dug Alba i geisio adfer y ffydd Gatholig yn y ddinas. Buan y cefais fy siomi, serch hynny, gan i'r awdur ganolbwyntio'n ormodol ar osod y cymeriadau mewn sefyllfaoedd 'cyffredin' – yn cyfarfod yn y dafarn, yn caru neu'n siopa – gyda nemor ddim ymgais i ddarlunio'r gwaith cudd ei hun. Siomedig hefyd oedd y portread o berthynas Rhisiart Clwch a Chatrin o Ferain – petai'r awdur wedi mynd ati i'w cyflwyno fwy fel pobl o gig a gwaed, gallasai fod wedi cryfhau tipyn ar y gwaith.

Jean Jaques Shady, 'O Flwch Pandora': Stori Owen Humphreys, Plas Madryn, Gwalchmai. Gwaith darllenadwy a glân sy'n symud yn gyflym o un cyfnod i un arall. Ar ei orau gall *Jean Jaques Shady* ddisgrifio'n effeithiol, er enghraifft yr olygfa o John Williams, Brynsiencyn, yn recriwtio ar sgwâr Llangefni sy'n dwyn i gof hunangofiant Ifan Gruffudd, *Y Gŵr o Baradwys*. Fodd bynnag, teimlaf nad oedd naws ac ysbryd y cyfnod yn argyhoeddi'n llwyr bob tro. Roedd ambell gyfeiriad ac ieithwedd rhy fodern yn y darn a oedd wedi ei osod yn 1938, er enghraifft. Byddai'r stori wedi elwa petai'r awdur wedi chwynnu rhywfaint ar y golygfeydd diangen. Teimlaf fod y diweddglo a phenderfyniad y ditectif braidd yn afrealistig, ac yn gwanhau'r gwaith.

Dosbarth 2

Heuldro, 'Yn Llygad yr Haul': Mae'r stori hon yn dechrau ychydig funudau cyn ymosodiad terfysgol yng Nghastell Caerdydd: dechrau addawol sy'n ein cyflwyno i nifer o gymeriadau sy'n bresennol yn ystod yr ymosodiad, ac mae'r cyfan yn symud yn gyflym. Mae yma thema gref sy'n trafod cymhlethdod bywyd dinesig heddiw ac yn ein gorfodi i'n holi ein hunain am agweddau o hiliaeth a rhagfarn. Fodd bynnag, ar ôl yr ymosodiad, mae'r tempo yn newid yn gyfan gwbl ac mae'r stori'n canolbwyntio ar ddau brif gymeriad o gefndiroedd gwahanol, sef Ibrahim, myfyriwr ymchwil o deulu Mwslemaidd a Mel, Cymraes o'r Cymoedd, sy'n siarad fel Cofi ac yn gweithio yng nghantîn y coleg. Profa *Heuldro* fod ganddo wybodaeth dda am grefydd ac arferion Islamaidd ac mae'n dyfynnu o'r Corân a'r Beibl yn eu tro. Yn anffodus, mae teimlad 'drafft cyntaf' i'r stori hon ac o fynd ati i'w chynllunio yn fwy manwl, gallai fod yn stori gref.

Yr Wyres, 'Lliwiau Dŵr': O'r cychwyn cyntaf mae *Yr Wyres* yn herio'r darllenydd yn y ffars anghyffredin hon am griw o bobl dosbarth canol

Cymraeg sy'n cwrdd yn wythnosol yn ystafell gefn eu llyfrgell i ddweud eu dweud ac i ymarfer yr iaith. Yn fuan yn y stori mae Kathleen, arweinydd y cylch, yn diflannu ac mae hyn yn gadael gweddill y criw ar gyfeiliorn. Daw cliwiau cryptig i'r fei ac mae'r criw yn mynd i chwilio amdani ar daith sy'n mynd â nhw i wahanol ardaloedd yng Nghymru ac o un helynt i'r nesaf. Ceir portreadau hyfryd o rai o'r cymeriadau – o'u ffaeleddau, i'w dyheadau a'u hasbri – sy'n chwalu unrhyw ragdybiaeth am bobl sydd wedi cyrraedd oed yr addewid. Mae'r ysgrifennu'n fyrlymus a llawn hiwmor, ond yn anffodus, mae'n teimlo fel drafft cyntaf ar hyn o bryd.

Cribau Esgyrn, 'Abergofiant': Yma cawn hanes Leusa a pham ei bod hi wedi penderfynu mynd i ganolfan Abergofiant er mwyn cael triniaeth a wnaiff iddi anghofio popeth am ei bywyd blaenorol gyda'i gŵr a'i phlentyn. Er ein bod yn cael ein cyflwyno i'r hanes cefndirol yn drwyadl, does dim digon o ymgais i fynd dan groen Leusa, nac i ddisgrifio'r ing a'r gwewyr seicolegol a'i harweiniodd i benderfynu gweithredu fel y gwnaeth. Roeddwn yn arbennig o hoff o'r darnau yn y stori lle roedd yna ddisgrifiadau manwl am baratoi bwyd, a chredaf y dylai *Cribau Esgyrn* ystyried datblygu'r elfen hon yn y dyfodol gan ei fod yn dod â rhyw flas a ffresni i'r gwaith.

Loweprogoch, 'Pwy Ti'n Feddwl Wyt Ti?': Stori Delyth, gwraig fferm ganol oed sy'n chwilio am ei hunaniaeth, a geir yma. Dyma'r gwaith sydd wedi ei ysgrifennu yn iaith gyfoethocaf y gystadleuaeth. Ar ddechrau'r nofel cawn ein llethu bron gydag anthem ailadroddus gweithgareddau domestig Delyth: 'Pethau mor drafferthus oedd llestri'. Mae hyn yn peri i'r darllenydd gydymdeimlo gydag undonedd a diflastod ei bywyd. Yn ail ran y stori, mae'n dianc o'i chartref er mwyn ceisio 'darganfod ei hun' ac mae'n cael rhwydd hynt i ddilyn ei greddf ac ymhyfrydu yn y rhyddid a gaiff drwy arlunio. Yn nhrydedd ran y nofel mae'r stori'n datblygu mewn modd annisgwyl. Mae Delyth yn gaeth mewn comiwn, gyda phob annibyniaeth wedi ei gipio oddi arni, ac mae'n hiraethu a gwerthfawrogi'r hyn a oedd ganddi ar y cychwyn. Y diweddglo ystrydebol yw gwendid y stori yn fy marn i.

Dosbarth 1
Paloma, 'Nythu': Stori amserol sy'n dilyn bywyd tair ffrind ysgol a'u teuluoedd yng Nghaerdydd, pob un â chefndiroedd tra gwahanol: Sherin â theulu ei mam yn hanu o Foroco; Mercedes neu Mimi â'i theulu yn hanu o Dde America ac Elsa â'i mam yn dod o gefndir Cymraeg Piwritanaidd. Mae'r stori fel rhyw jig-so cymhleth gyda'r awdur yn tywys y darllenydd ar siwrnai drwy fôr o gymeriadau, sefyllfaoedd a chyfnodau sydd ar y dechrau

yn edrych fel nad oes ganddynt unrhyw gysylltiad â'i gilydd. Ond mae *Paloma* yn feistr ar y grefft o lunio stori ac yn plethu'r holl ddarnau i greu undod cryf sy'n adlewyrchiad o fywyd cosmopolitaidd Caerdydd. Cawn ein cyflwyno i gyfeillgarwch ac i ragfarnau sy'n bodoli mewn cymdeithas. Gydag ychydig o chwynnu yma a thraw, mae'r gwaith hwn yn fy nhyb i yn haeddu cael ei gyhoeddi a gall fod yn adnodd pwysig i'n haddysgu am yr amrywiaeth diwylliannol yng Nghymru heddiw.

Bachan, 'Esgyrn': Hanes Twm a Berwyn, ei frawd anabl, sydd wedi dod i fyw at eu tad-cu ar fferm yng Ngheredigion a geir yma: stori ddwys a thyner sy'n portreadu cariad a gofal diamod, heb fod yn sentimental. Caiff eu bywyd tawel ei effeithio wrth i gymydog newydd darfu arnynt gyda'i fygythiadau a'i ensyniadau. Daw cymeriad Macsen, ffrind Twm, â doniolwch ac ysgafnder i'r stori a cheir cydbwysedd meistrolgar rhwng y dwys, y doniol a'r ffiaidd drwy'r gwaith. Ysgrifenna *Bachan* yn gynnil a dadlennir y cefndir fesul tamaid bach, gan wneud i'r darllenydd ysu am gael gwybod mwy. Er enghraifft, yn yr olygfa gyntaf cawn ddisgrifiad o ferch ifanc sy'n ceisio dianc oddi wrth ei threisiwr ac ni chawn wybod yn iawn pwy oedd y ferch na beth oedd ei thynged tan ddiwedd y stori. Mewn un olygfa mae Macsen yn trafod *Of Mice and Men* ac, yn wir, mae 'Esgyrn' yn fy atgoffa o waith Steinbeck wrth iddo bortreadu'r gofal a'r tynerwch rhwng dynion digon garw er gwaethaf eu hamgylchiadau a'u bywydau caled. O'r cychwyn cyntaf, cydiodd y gwaith hwn ynof ac er ei bod yn swnio fel ystrydeb, anodd oedd rhoi'r deipysgrif i lawr. Roeddwn wedi fy swyno'n llwyr. Mae *Bachan* yn feistr ar greu deialog fywiog gan ddefnyddio tafodiaith gyhyrog a chan fritho'r gwaith gyda dywediadau bachog a chofiadwy iawn. Roeddwn i am weld *Bachan* yn cael ei wobrwyo; ond yn dilyn trafodaeth fywiog gyda fy nghyd-feirniaid, roedd yn rhaid i mi gytuno â nhw nad oedd 'y llinyn storïol cryf' hwnnw sydd yn ofynnol yn y gystadleuaeth ddim yn ddigon amlwg yn y gwaith. Fodd bynnag, credaf fod 'Esgyrn' yn nofel sy'n haeddu cael ei chyhoeddi a does gennyf ddim amheuaeth na fydd hi'n hynod o boblogaidd ac yn dod â phleser i lawer iawn o ddarllenwyr.

Ysbryd yr Oes, 'Ysbryd yr Oes': Stori sy'n symud yn ôl a blaen rhwng y gorffennol a'r presennol a geir yma, ac sydd wedi ei seilio ar hanes y merthyr, John Penry, ac athro Hanes yn y dyddiau hyn. Mae'n amlwg fod *Ysbryd yr Oes* wedi ymchwilio'n fanwl i hanes 'ddoe', sef hanes erledigaeth y Piwritaniaid yn ystod teyrnasiad Elisabeth I a chyflwyna'r wybodaeth yn drwyadl mewn iaith lân. Cawn ein cyflwyno i ambell gymeriad difyr o'r cyfnod, megis yr athronydd, John Dee, a'r dramodydd, Christopher Marlowe. Cafwyd llawer o lyfrau a rhaglenni teledu yn ddiweddar sy'n ymdrin ag erledigaeth y Pabyddion a'r Protestaniaid yn eu tro yn ystod teyrnasiad y Tuduriaid a da, felly, yw cael golwg ar garfan arall a ddioddefodd oherwydd eu cred yn y cyfnod cythryblus hwnnw. Yn y rhannau 'heddiw' o'r stori, cawn olwg ar gymdeithas y dyddiau hyn drwy lygaid John arall, sef athro Hanes yn un o ysgolion Caerdydd sy'n poeni am 'ysbryd yr oes' seciwlar y mae'n byw ynddi a sut mae'n teimlo y caiff ef ei hun ei erlid am y daliadau crefyddol y mae'n mynnu ceisio'u trosglwyddo i'w ddisgyblion. Ar y darlleniad cyntaf, methais glosio at y John hwn a'i obsesiwn gyda'r gorffennol a'r ffordd batriarchaidd y mae'n ymdrin â'i wraig a'i bedair merch. Ond ar ôl ystyried, credaf i *Ysbryd yr Oes* fynd ati'n fwriadol i geisio portreadu dyn yng nghanol gwewyr meddwl sy'n ei chael hi'n anodd ymdopi â'r presennol.

Cyn y drafodaeth â'm cyd-feirniaid, ni fyddwn i wedi dewis rhoi 'Ysbryd yr Oes' ar y brig, ond fel panel fe wnaethom gytuno nad diddanu yn unig yw gwaith nofelydd; ambell waith mae angen procio'r meddwl ac ysgogi trafodaeth, a chredaf y bydd 'Ysbryd yr Oes' yn gwneud hynny. Felly, cytunaf i wobrwyo *Ysbryd yr Oes* eleni.

BEIRNIADAETH GARETH MILES

Dewis, 'Etifeddiaeth': Ffantasi ramantus yn nhraddodiad Disney a chyfresi fel *Game of Thrones* yw'r nofel hon, fel y dengys y dyfyniad canlynol o 'Yr Enwau a gofnodir yn yr hanes hwn':

Alin – un o'r dewiniaid a pherchennog Gronwy ... Cilydd – gweledydd a chyfaill agos i Teyrnon ... Ffwrnech – tref yn ne-orllewin Dyprell ... Y Gleren Gloff – hen ddyn, cyn-gaethwas, a oedd yn byw yn Henwrdd ... Y Tynghedau – Y pwerau goruwchnaturiol a reolai'r byd yn ôl cred y bobl yn yr hanes hwn ...

Ni fu rhestr y *dramatis personae* a'r lleoliadau fawr o gymorth wrth i mi geisio deall troeon nofel dew *Dewis*. Mae'r iaith yn gywir, at ei gilydd, ond yn ddieneiniad. Tybiaf mai yn Saesneg y sgrifennwyd y drafft cyntaf a'i drosi i'r Gymraeg.

Jean Jaques Shady, 'O Flwch Pandora': Ceir lliaws o 'linynnau storïol', blith draphlith ar draws ei gilydd, yn y nofel hon. Y prif un yw gyrfa filwrol y Monwysyn, Owen Humphreys, mab plasty ger pentref Gwalchmai, yn ystod y Rhyfel Byd Cyntaf. Listiodd Owen, er ei fod yn heddychwr pybyr, er mwyn gofalu – yn ofer fel y digwyddodd pethau – am ei frawd iau, Ifan, a aeth i'r gad dan ddylanwad rhethreg y Parch. John Williams, Brynsiencyn. Ceir ymddangosiadau cameo eraill – nad ydynt yn argyhoeddi – gan Puleston Jones, David Lloyd George a'i ferch, Megan, a'r chwyldroadwraig Wyddelig, Constance Markievicz. Sboncia'r naratif yn ôl a blaen yn ddryslyd o gyfnod i gyfnod ac o gymeriad i gymeriad rhwng 1918 a 1938, gan ddibynnu yn helaeth ar hunangofiant Owen Humphreys i'w lusgo tua'r diweddglo annhebygol.

Heuldro, 'Yn Llygad yr Haul': Ffrwydrad terfysgaidd yng Nghastell Caerdydd ar brynhawn Sadwrn heulog yw digwyddiad canolog y nofel hon. Prif gymeriadau'r nofel yw Ibrahim, mab i rieni parchus a ymfudodd o Bacistan i sefydlu busnes llwyddiannus ym mhrifddinas Cymru, a Melangell – Mel i'w ffrindiau a'i chydnabod di-Gymraeg – o Bontypridd. Derbyniodd Ibrahim addysg feithrin, gynradd ac uwchradd trwy gyfrwng y Gymraeg oblegid tybiai ei rieni y byddai hynny yn hyrwyddo ei integreiddiad. Aeth yntau yn ei flaen i ennill gradd mewn Newyddiaduraeth ym Mhrifysgol Caerdydd ac i astudio am ddoethuriaeth. Gweinyddes wrth stondin sglodion yng nghantîn y myfyrwyr yw Mel; Cymraes Gymraeg a addysgwyd trwy gyfrwng y Saesneg – er bod ei thad yn 'ddyn y Pethe' ac yn weinidog Ymneilltuol – am fod ei mam yn ffyrnig o wrth-Gymreig. Ni fu Melangell erioed yng Nghaernarfon ond siarada iaith y Cofi yn rhugl. Ysgogir y darllenydd i dybio mai Ibrahim neu ewythr Mel, cyn-filwr a chenedlaetholwr Prydeinig, tanbaid, a achosodd y ffrwydrad, hyd nes y dadlennir mai'r mudiad Rhoi Cymru'n Gyntaf fu'n gyfrifol, mai adwaith 'yn erbyn y teyrngarwch cynyddol i'r diwylliant Eingl-Americanaidd' oedd y cymhelliad ac mai'r Dr Elfyn Rhisiart, mentor academaidd Ibrahim, yw arweinydd Rh.G.C. Nid diddanu yw amcan *Heuldro* ond dangos cydnawsedd Cymreictod Cristnogol ac Islam a'u tebygrwydd i'w gilydd. Gellid cyhoeddi talpiau o'r sgript mewn pamffledyn ac iddo deitl fel 'Popeth yr oeddech am wybod am Islam ond bod arnoch ofn gofyn'. Yn sicr ddigon, gŵyr *Heuldro* fwy am Islam nag am genedlaetholdeb Cymru.

Paloma, 'Nythu': Dyma nofel ar berwyl tebyg, sef dangos dylanwad creadigol a chadarnhaol cydymdreiddiad Islam a'r gwareiddiad Arabaidd a Chymreictod, fel y dengys meddyliau Sherin, y prif gymeriad: 'Roedd hi'n falch o fod yn *Gymraes*. Roedd hi'n falch o'i hetifeddiaeth Morocaidd ac Arabaidd hefyd ... Teimlai ei bod yn perthyn i'r "cilcyn o ddaear" hwn.' Mae'r nofel yn dechrau ar ddiwrnod cyntaf Tafwyl, Caerdydd, Gorffennaf

2017, cyn sboncio i leoliadau ac amseroedd eraill, megis Essaouira, Moroco, 1967; Bangor, Ionawr 2017; Bae Caerdydd, Mehefin 2016; Prifysgol Caerdydd, Hydref 2003 ... gan ddiweddu ym Moroco, Gorffennaf 2025. Tila yw'r llinyn storïol. Diflanna pan eir â ni ar drywydd 'Anti Debs', cyn-athrawes feithrin sy'n dioddef o *dementia* ac ymdrechion dygn ond aflwyddiannus Einir Huws, A.C. cydwybodol Plaid Cymru dros Sir Drefaldwyn, i berswadio'r Awdurdodau i ganiatáu i ffoadur o Somalia a'i merch naw oed ymgartrefu yng Nghymru. Mae Cymraeg yr eneth yn rhyfeddol o raenus a deallus. Gan mai pentwr distrwythur o ymsonau a golygfeydd yw 'Nythu', mae'n anodd dirnad pwy yn union yw Sherin, Mimi, Elsa, Maryam, Mercedes a Paco a beth yw'r berthynas rhyngddynt a'i gilydd. Nid *Paloma* yw'r unig awdur nad yw'n deall bod mwy i nofel na 50,000 o eiriau.

Clybodegwr, 'Gwaith Cyfrin': Ysbïo yw'r 'gwaith cyfrin' y cyfeiria teitl y nofel hon ato. Ynddi ceir hanes criw o Gymry sy'n gwasanaethu'r frenhines Elisabeth I yn yr Iseldiroedd, ganol yr unfed ganrif ar bymtheg. Eu sbeifeistr yw'r marsiandwr go iawn o Ddinbych, a gŵr go iawn Catrin o Ferain, Syr Rhisiart Clwch. Digwydd y rhan fwyaf o'r helyntion a groniclir yn Antwerp ac Amsterdam lle mae gwasanaethau cudd Lloegr, Sbaen a Ffrainc yn ymgiprys â'i gilydd. Ymhlith y cymeriadau mae gwragedd ifainc tinboeth, pert sy'n bachu ar bob cyfle i dwyllo gwŷr llawer hŷn na hwy, gŵr ifanc golygus sy'n gleddyfwr sgilgar, uchelwyr trahaus a chlerigwyr sinistr a rhagrithiol. Dyma gynhwysion y gallai nofelydd dawnus eu cymysgu a'u mowldio yn chwip o nofel hanes. Nid un felly, ysywaeth, mo *Clybodegwr*. Arwynebol yw'r cymeriadu ac nid oes fawr ddim yn digwydd. Treulia'r ysbïwyr y rhan fwyaf o'u hamser yn hel tafarnau, yn slotian, yn cynllwynio ac yn ysbïo ar ei gilydd. Ni chlywir arogleuon a synau porthladdoedd yr Iseldiroedd ar adeg cyffrous yn eu hanes. Naïf ac arwynebol yw amgyffred yr awdur o'r gwrthdrawiadau gwleidyddol ac ideolegol pwysig a'u hysgogodd. Clogyrnaidd ac ystrydebol yw'r arddull.

Bachan, 'Esgyrn': Portread cyhyrog o gefn gwlad Sir Gâr a geir yma. Darlunnir y fro trwy gyfrwng deialogau, ymsonau, myfyrdodau a helyntion brodorion sy'n Gymry, yn Saeson, neu yn rhywle rhwng y ddwy garfan ieithyddol. Mae'n dechrau ac yn mynd rhagddi am o leiaf 50,000 o eiriau cyn darfod heb i'r darllenydd hwn, o leiaf, amgyffred arwyddocâd ehangach yr hyn a ddarllenodd. Tybiaf mai'r rheswm am hynny yw anallu yr awdur i osod ei lith mewn cyd-destun cymdeithasol neu foesol. Er cystal sgwennwr yw *Bachan* – mae'n feistr ar Gymraeg safonol a thafodieithol – brau yw'r llinyn storïol. Perthyn amryw o nodweddion nofel i'r gwaith.

Y cymeriadau canolog yw Twm, llanc yn ei arddegau, Berwyn, ei frawd teirblwydd oed sydd ag anhwylder meddyliol, a'u tad-cu sy'n rhyw fath o ffermwr. Ymgartrefodd y bechgyn ar aelwyd eu tad-cu yn absenoldeb anesboniadwy eu rhieni, heb i hynny ysgogi ymyrraeth yr Awdurdodau. Caiff Macsen, ffrind *bilingual* Twm, lawer o sylw yn hanner cyntaf y gwaith cyn iddo ddiflannu heb unrhyw eglurhad. Efallai y gellid datblygu 'Esgyrn' yn gyfrol o straeon byrion.

Cribau Esgyrn, 'Abergofiant': Ganwyd a magwyd Leusa ym Mhenllyn. Aeth i'r Brifysgol ym Mangor. Cyfarfu â Geraint, un o farmyn Tŷ Newydd, Aberdaron mewn gìg yn y dafarn honno a daethant yn gariadon. Parhaodd eu perthynas tra bu Leusa yn 'teithio' yn Nepal gyda'i ffrind, Sioned. Pan ddychwelodd Leusa i Gymru ymroes hi a Ger i fuchedd sdiwdantaidd o slotian, snogio a chnychu yng Nghaerdydd nes i Ger gyfaddef na fu'n ffyddlon iddi yn ystod ei halltudiaeth. Aeth Leusa yn ôl i'w bro enedigol a sefydlu busnes arlwyo. Cymodwyd hi a Ger a ganwyd plentyn iddynt. Stori ddiddim ac ystrydebol yw hon hyd nes yr ymddengys *deus ex machina* ar ffurf lorri 'ar y ffordd i mewn i Borthmadog'. Pan ddarganfu Leusa ei bod y disgwyl ail blentyn roedd wedi penderfynu gohirio'r cyhoeddiad tan y parti i ddathlu pen-blwydd Ger yn ddeugain. Ni chyrhaeddodd ei chymar y parti. Fe'i lladdwyd mewn damwain foduro ac yntau ar ei ffordd yno. Bu trawma Leusa yn angheuol i'r baban yn ei chroth. Yn ei thrallod, trodd hi at glinig lle y difodir atgofion trallodus cleifion/clientiaid/cwsmeriaid a hyd yn oed eu hunaniaeth. Cartref y sefydliad sinistr hwn yw treflan ym merfeddion gwyrddlas y canolbarth: 'Abergofiant, wedi ei threfeillio â Memoireville, Y Swistir'. Ni lwyddodd *Cribau Esgyrn* i integreiddio elfennau naturiolaidd ac anniddorol 'Abergofiant' a'r rhai gwyddoniasol a chyffrous.

Yr Wyres, 'Lliwiau Dŵr': Cymdeithas ddethol iawn yw Cylch Dweud Eich Dweud (DED), sef rhyw ddwsin o Gymry Cymraeg ymddeoledig, diwylliedig, dosbarth canol Caerdydd sy'n ymgynnull yn fisol yn un o lyfrgelloedd maestrefol y brifddinas i roi'r byd yn ei le. Rhwng y cyfarfodydd hynny, eu difyrrwch pennaf yw ceisio datrys posau croesair y *Times* a'r *Telegraph*, hel clecs a sipian coffi mewn caffis sidêt. Menywod yw'r rhan fwyaf o'r aelodau ond nid cymeriadau mo Kathleen, Ffion, Mavis, Rhiannon, Yr Ynad *et al.* – dim ond enwau. Os oes llinyn storïol o gwbl, diflaniad a dychweliad disymwth ac anesboniadwy Kathleen yw hwnnw. Ni lwydda Rhagair ymhongar *Yr Wyres* i guddio gwacter ystyr 'Lliwiau Dŵr'. Serch hynny, y mae i'r nofel rinweddau sylweddol: hiwmor, eironi, dychan cymdeithasol crafog ac arddull ddarllenadwy.

Loweprogoch, 'Pwy Ti'n Feddwl Wyt Ti?': 'Delyth Penbryniau. Delyth mam Llinos a Huw. Lle dw i 'di bod?' Y rhain yw'r cwestiynau dirfodol yr hola gwraig fferm o Arfon iddi hi ei hun yn dilyn ffrae ffyrnig â'i chwaer. Ysgogodd y cweryl ymwybyddiaeth o undonedd caethiwus ei bywyd beunyddiol ac o'r modd y cymer y teulu ei hymdrechion diflino i greu cartref diddos iddynt yn ganiataol. Encilia Delyth, heb roi gwybod i neb o'i theulu, i gwch camlas – eiddo ffrind ysgol – wedi ei angori ger y Waun. Daw'r therapi â Delyth at ei choed yn llythrennol ac yn ffigurol a sgrifenna lythyr call a chymodlon at Enfys, gan ddadlennu achosion eu cwerylon. Yn dilyn ymweliad â siop gelf dadebrir ynddi ddawn arlunio a pheintio na chafodd fynegiant ers dyddiau ysgol. Ond wedyn mae pethau'n mynd yn flêr wrth i Delyth ymhél â hipis y mae eu gwersyll o bebyll a charafannau mewn hen chwarel ac ynghanol coedwig. Saeson yw'r rhain i gyd ond ar orchymyn Arthur, eu pennaeth cawraidd ac unbenaethol, dim ond yn Gymraeg y cyfathrebant â'i gilydd. Newidiasant eu henwau Saesneg am rai Cymraeg fel Gwenalarch, Peredur, Arianrhod, Arawn a Goewin. Er mwyn cael ei derbyn gan y giwed ddrewllyd mae Delyth yn cael torri ei gwallt yn gwta, gwta a'i lifo yn binc ac yn prynu pentwr o ddillad hipïaidd mewn siop elusen. Ond dyna ddigon o lol. Wrth ddarllen chwarter cyntaf 'Pwy Ti'n Feddwl Wyt Ti?' teimlwn y byddai'r nofel hon yn fuddugol. Dyma Gymraeg gorau'r gystadleuaeth a phrif gymeriad diddorol mewn sefyllfa gymdeithasol, gyfoes, gredadwy. Ond collodd yr awdur ei phlwc. Ymwrola, *Loweprogoch*! Mentra dreiddio yn ddyfnach i argyfwng canol oed Delyth a'i chyfoedion.

Ysbryd yr Oes, 'Ysbryd yr Oes': Nofel am ddau John yw hon; neu, yn hytrach, ddwy nofel gysylltiedig a chyfochrog, y naill am y merthyr Piwritanaidd, John Penry (1563-93) a'r llall am John Williams (ganed *circa* 1984), athro Hanes mewn ysgol gyfun Gymraeg yng Nghaerdydd. Maent ill dau yn Gristnogion efengylaidd, yn wŷr priod ac yn dadau i dair merch yr un. Ac mae ganddynt broblemau: erledigaeth gwladwriaeth greulon a gormesol Elisabeth I a'r Eglwys Anglicanaidd yn bygwth einioes Penry; a chwyno parhaus dau riant fod Mr Williams yn sôn gormod am grefydd yn ei wersi Hanes yn gwneud bywyd yn ddiflas i'r athro. Llwydda'r nofel uchelgeisiol hon am fod yr awdur yn gyfarwydd penigamp sydd ag adnabyddiaeth drylwyr o hanes England-and-Wales ddoe a heddiw ac argyhoeddiad mai proses yw Hanes. 'Un peth yn arwain at fodolaeth peth arall, fel gweddnewidiad parhaol, dyna'r drefn,' chwedl un o gymeriadau ymylol y nofel. Er bod y themâu a'r materion a drafodir yn rhai dwys mae 'Ysbryd yr Oes' yn nofel ddiddorol a darllenadwy sy'n teilyngu Gwobr Goffa Daniel Owen 2018.

Y Fedal Ryddiaith
Cyfrol o ryddiaith greadigol heb fod dros 40,000 o eiriau: Ynni

BEIRNIADAETH SONIA EDWARDS

Mae'n galonogol fod cynifer â 14 ymgais mewn cystadleuaeth fel hon, a diolch i awduron y cyfansoddiadau a ddaeth i law am ymddiried eu gwaith i ni. Fodd bynnag, er mor braf i feirniad yw medru canmol, a hybu'r addewid a amlygir wrth ddarllen y gweithiau hyn, mae hefyd yn ddyletswydd arno/arni wrth warchod safonau cystadleuaeth â'r fath anrhydedd yn perthyn iddi i ddwrdio'r blerwch iaith a welir yn boenus o fynych. Ernest Hemingway a ddywedodd nad oes cyfrinach i ysgrifennu da heblaw am eistedd o flaen teipiadur a gwaedu. O ran rhoi sylw teilwng i gywirdeb iaith, mi ddylai bysedd rhywun fod yn rhubanau. Royal Quiet De Luxe oedd gan Hemingway. A chwilsen oedd gan yr Esgob William Morgan. Mewn oes dechnolegol lle mae cymaint o feddalwedd ar gael i dynnu sylw at wallau a'u cywiro, mae diffyg gofal ambell un wrth ymdrin â'r iaith yn peri pryder.

Yn unol â gofynion yr Eisteddfod, dyma rannu'r gwaith yn dri chategori.

Dosbarth 3
Er bod elfennau canmoladwy yn nifer o'r gweithiau hyn, dyma'r cyfansoddiadau y mae angen mwy o ailweithio a chaboli arnynt, yn fy marn i, cyn cyrraedd y tir uwch.

Chwys, 'Gwres': Mae'r gwaith yn destunol iawn ac mae potensial i'r stori. Mae angen ailweithio ambell ran er mwyn ysgafnu'r naratif. Er bod yma ddangos llawer o wybodaeth, mae'r ddyfais o ddefnyddio athro mewn dosbarth er mwyn rhoi'r cefndir i'r stori'n mynd yn llafurus ar brydiau, ac yn swnio'n boenus o debyg i daflen waith ysgol.

Na Pali, 'Y Ferch a Wnaed o Olew': Er bod y paragraffau agoriadol yn ymddangos yn addawol, dydy'r gwaith ddim yn llifo'n esmwyth wrth i'r awdur geisio datblygu'r stori. Dydy'r teitl ddim yn dod yn amlwg tan i ni gyrraedd tudalen 91, a hyd yn oed wedyn nid yw'n taro deuddeg. Yn anffodus, dydy cymeriad Gareth ddim yn cydio yn y dychymyg o gwbl, ac mae'r sgwrs gyda Sara Haf, y cyfieithydd, yn wirioneddol ddiflas. Rhaid i bob darn o ddeialog dalu am ei le.

Astrid, 'Nid hi yw hon': Mae cyffyrddiadau addawol yn y naratif, er enghraifft wrth i'r awdur ddisgrifio'i chwmni'i hun yn 'fyglyd': 'Fel y teimlad hwnnw pan fyddwch yn camu oddi ar awyren mewn gwlad bellennig boeth ac yn methu ag anadlu am eiliad'. Mae yma awydd amlwg hefyd i symud y stori ymlaen, ond mae yma gyflwyno gormod o gymeriadau a hynny'n rhy fuan fel nad ydyn nhw'n ddim ond enwau heb lawer o sylwedd iddynt. Byddai'n syniad tocio ambell un, ac ailweithio'r rhai sy'n weddill.

Gwen Davis, 'Ynni': Hyd yn oed os mai gwall teipio yw'r '-aeth' yn 'rhyddiaith', roedd yn ddigon i beri i mi deimlo'n anniddig cyn dechrau darllen! Mae yma ysgrifennu tyn ar brydiau, a brawddegu digon disgybledig ar y cyfan. Roedd y stori gyntaf yn darllen yn rhwydd, ond er bod cyffyrddiadau addawol doedd yma ddim digon i gyffroi ac argyhoeddi. Rhaid gweithio ar y 'nawfed ton', sef yr hyn sy'n peri i stori fer befrio a chanu yn y cof.

Cappuchino, 'Greta': Doeddwn i ddim yn siŵr i ddechrau sut i ddisgrifio'r gwaith hwn: ai mentrus ynteu cybolfa o wahanol ffurfiau? Mae yma ddawn llenor yn sicr, ond mae'r hyn a gawn yn debycach i gasgliad o ymarferion creadigol ac ni allaf gael gafael arno fel cyfanwaith. Y diffyg undod sy'n peri i mi roi *Cappuchino* yn y Dosbarth hwn, nid y diffygion yn ei gyffyrddiad ysgafn a sensitif, a'i gynildeb amlwg wrth frawddegu: 'Capel y Coed, darllenodd. Roedd hi'n braf gweld rwbath yn Gymraeg yn y lle. Nid Sais mo Duw.' Mae gen i deimlad y gwelwn ni fwy ar yr awdur hwn. Dewis dy gyfrwng, *Cappuchino*, a gwea dy gasgliad nesaf yn dynnach.

Mr Ffling, 'Nos Da Mr Ffling': Cydiodd Prolog y nofel hon yn syth ac ni'm siomwyd wrth ddarllen ymlaen. Roedd blas *I Dir Neb*, Eirug Wyn arni ambell waith. Cododd fy nghalon. Ond yna'n anffodus ac yn araf bach, dechreuodd pethau ddadfeilio o Bennod 3 ymlaen. Doedd Pennod 5 ddim mor addawol a ddim cweit yn talu am ei lle. Wedyn collwyd gafael ar ffurf y nofel a throdd y penodau canlynol yn ddyddiaduron. Yna cafwyd cyfres o bortreadau ac aeth y gwaith ar chwâl. Gresyn na lwyddodd *Mr Ffling* i gynnal yr addewid a amlygwyd ar y cychwyn, ond mae'r stori'n cydio, ac fe allai ddod i weld golau dydd wedi tipyn o olygu ac ailwampio.

Dosbarth 2
Yr Aflonyddwch Mawr, 'Ynni'r Glyn': Mae gwybodaeth yr awdur am fywyd mynachaidd ac Urdd y Sistersiaid yn fanwl ac arbenigol, fel ag y mae'i arbenigedd ar Gymru yn ystod teyrnasiad Harri'r IV a gwrthryfel Glyndŵr. Er difyrred hyn i gyd, mae perygl i'r holl wybodaeth lorio

darllenydd ac ymdebygu i deithlyfr ar brydiau; hynod ddiddorol, ond a yw hyn ar draul datblygu'r elfen honno o geisio adnabod cymhlethdodau'r natur ddynol yn well? Mae yma gyffwrdd â'r ymrafael rhwng y diwair a'r cnawdol, ond dim ond cyffyrddiad ydyw. Byddai wedi bod yn syniad dilyn mwy ar y trywydd hwn ac ar y berthynas bersonol rhwng rhai cymeriadau yn y nofel.

Y *Dylluan*, 'Ynni': Dyma'r math o gyfrol sy'n gwella o'i hailddarllen, ac yna'i darllen drachefn. Gwendid aml mewn cystadleuaeth fel hon yw gwaith cryf yn colli'i fflach wrth fynd yn ei flaen. Eto, mae'r gyfrol hon yn wahanol yn yr ystyr hwn. Nid yw'n cychwyn o'i man cryfaf ond yn hytrach yn magu grym a hyder wrth fwrw tua'i diwedd. I mi, y stori agoriadol yw'r stori sy'n gafael leiaf. Dydy hi ddim yn sbarduno darllenydd yn ei flaen, a dyma'r cam mae'r awdur yn ei wneud ag ef ei hun. Mae yma gamargraff o'r hyn sydd i ddod, a'r dilyniant hwnnw wedyn yn anwastad ar adegau. Mae rhannau o'r gwaith yn ingol a chofiadwy, ond yr hyn sydd ar goll yma'n anffodus yw'r dechneg o rwydo'r darllenydd o'r cychwyn cyntaf a'i ddal mewn gwe dryloyw, fregus o'r dechrau i'r diwedd a thu hwnt.

Bj581, 'Plagiarus': O, *Bj581*, rwyt ti'n glyfar! Ac os mai merch wyt ti dy hun, rwyt ti'n glyfrach fyth oherwydd nad ydy Robin, y prif gymeriad, yn gwneud dim cyfrinach o gwbl o'r ffaith mai bodau israddol yw merched. Mewn oes o gyfartaledd rhywiol a chywirdeb gwleidyddol, dyma awdur sy'n hoffi gwthio'r ffiniau. Mae *Bj581* yn gallu ysgrifennu'n ddeheuig. Mae ganddo'r ddawn hefyd i brocio ac ennyn ymateb trwy chwarae efo meddwl ei ddarllenydd, yn enwedig pan yw'n sicr mai merch fydd hi, a honno'n ganol oed, wrth gwrs. Dengys gryn hunanddisgyblaeth i gynnal yr holl ddychan trwy'r nofel. Mae'n llwyddo yn ei ymgais i wneud i ni gasáu'r prif gymeriad, sy'n esbonio weithiau pam nad yw'r 'sbeitio' ddim cweit yn ddigon cynnil. Ond wrth gwrs, rhaid cofio credu mai Robin sydd yn casáu pobl, ac nid *Bj581*. A dyna lle mae dychan yn gamp mor ddelicet: ambell waith mae angen diferyn o gydymdeimlad i dyneru pethau. Yn fy marn i, diweddglo 'Plagiarus' yw'r bìn yn y swigen. Mae'n darfod yn wannach na'r gweddill a'r carcharor yn cael mynd yn rhydd. A fyddai cymeriad mor annifyr â Robin yn gallu dangos trugaredd? Cryfha'r clo, *Bj581*, i'r gyfrol hon gael gweld golau dydd, ac i ninnau gael gwybod pwy wyt ti!

Yr Hen Ddyn Blair Yna, 'Addewidion Mewn Gogor': Mae'r ffugenw a theitl y gwaith yn egluro'n syth fod dylanwad llywodraeth Blair yn rhoi sêl bendith ar ymosod ar Irac yn 2003, yn ogystal ag effeithiau ymbelydredd

Chernobyl, wedi sbarduno'r ysgrifennu. Mae neges wleidyddol gref ym mhob stori, ac mae yma ysgrifennu gafaelgar a gwirioneddol rymus ar adegau: mae'r stori agoriadol am fam yn colli'i mab yn cyffwrdd â'r galon, yn enwedig y disgrifiad dirodres ond teimladwy o gyfaill yr ymadawedig, Rich Gorila, yn esbonio sut y bu pethau yn y diwedd: '... ac mi ath Rich ar ei lw a deud nad oedd yna fawr o niwed heblaw un ochor dy ben a bod golwg reit "dangnefeddus" arnat ti. O'n i ddim yn gwbod bod Rich yn iwsio geiria mor fawr.' Perl. Ychydig o anwastadrwydd sydd yn y gyfrol, ac ambell stori'n cael ei haberthu ar allor gwleidyddiaeth: mater o gael y balans yn iawn ydy hi. Byddai'n braf cael gweld cyhoeddi'r gwaith hwn.

Juju, 'Dilyn y Sgrech': Agoriad grymus a chignoeth sy'n hoelio sylw'r darllenydd yn syth. Mae *Juju*'n portreadu cymeriadau'n dda, ac yn symud y stori yn ei blaen yn gyflym a chyffrous. Mae'r ymdriniaeth o berthynas Nia a Bob yn dyner a sensitif. Ond mae'r arddull *staccato* – steil yr atalnodi, deialog di-naratif, brawddegau byrion mynych – yn argyhoeddi mai sgript yn ceisio dynwared nofel yw hon. Mae'r naratif yn od o debyg i gyfarwyddiadau llwyfan. Dyna'i gwendid a'i chryfder: mae gan y gyfrol hon yr holl gynhwysion ar gyfer ffilm thriler. Mae hi'n wych o weledol a chanddi'r cydbwysedd perffaith o sensitifrwydd, ych-a-fïaeth a chyffro. Ac mae'r gangstars yn siarad Cymraeg!

Lleufer, 'Lux': Bûm yn pendroni ynglŷn â lle i osod *Lleufer*. A fyddwn i'n ei roi ar flaen yr Ail Ddosbarth ynteu'n dod â fo'n nes at y brig? Hoffais y nofel fach hon, ei darllen ar un eisteddiad a chael blas. Ac roedd hi'n dal i ddod yn ôl ataf i. Dyna'r diffiniad o sut mae rhywbeth yn gwneud argraff arnoch chi, am wn i. Mae'n gadael ôl. Ailweithio Chwedl Math sydd yma, ac mae'r arddull yn llithrig a chynnes, a rhyw anwyldeb yn y cymeriadu. Mae'n ddifyr ac yn darllen yn hawdd, ac efallai mai dyma'i gwendid pennaf hefyd: mae yma orsymleiddio ambell beth, yn enwedig y diweddglo, sy'n rhy hwylus ac yn cau pen y mwdwl yn rhy dwt. Y siom fwyaf, fodd bynnag, oedd Pennod 17, y bennod olaf ond un. Dywed Lux, y prif gymeriad, nad oes dim angen ymhelaethu ar ei gyfnod yn y cartref plant, ac mai 'Digon yw dweud y bu'n uffern ar y ddaear!' Na, nid digon o bell ffordd! Paragraff yn unig o bennod sydd yma, ac er nad yw techneg felly'n fai ynddo'i hun – yn wir, gall fod yn ddyfais werthfawr pan fo lle i wneud hynny – mae ôl brys ar hwn, ac ar y bennod olaf. Gresyn nad oedd gan *Lleufer* mo'r amser na'r amynedd i ymhelaethu. Hoffwn ei weld yn ailweithio'r nofel hon a rhoi mwy nag un dimensiwn iddi. A mwy o amser iddi hefyd! Gwelais lawer ynddi i'w hoffi.

Dosbarth 1

Ioan Nant Iân, 'Gwirionedd': Ar sawl lefel, gallwn ddweud mai dyma ysgrifennu gorau'r gystadleuaeth o ran llithrigrwydd y dweud, hyfrydwch y dafodiaith a'r feistrolaeth ar iaith. Disgrifir y berthynas arbennig rhwng merch a'i thad: ei waeledd, ei farwolaeth, y galar affwysol sy'n dilyn. Gwelwn drefnu'r angladd, yr angladd ei hun, y daith i'r amlosgfa. Ac yna daw'r 'Byw Eto', dysgu byw hebddo, hiraethu, hel atgofion. Mae'r nofel yn cloi gyda chwalu'r llwch. Mae cynnal holl elfennau dygymod â marwolaeth rhywun agos trwy gydol nofel yn dipyn o gamp, a hynny'n gyson a gwastad wrth i'r awdur ennyn ein parch o ddudalen i ddudalen yn ei hyder tawel i drin iaith. A dyma un rhwystr, mae'n debyg, sy'n sefyll rhwng *Ioan Nant Iân* a'r Fedal eleni: gormod o wastadrwydd. Nid oes newid cywair. Mae angen gwrthdaro, cicio dros y tresi yn rhywle, a dydy hynny ddim i'w gael. Mae glendid yr iaith a cheinder yr ysgrifennu'n codi'r gwaith hwn i dir uchel iawn. Byddwn wedi bod yn barod iawn i ystyried ei wobrwyo oni bai fod yna un ceffyl arall yn y ras.

Aleloia, 'Llyfr Glas Nebo': Weithiau, mewn ras fawr nodedig, mae yna geffyl diarth yn ymddangos o nunlle ac yn pasio pawb o'r ochr allan. Mae o'n ei osod ei hun ar y blaen ac yn aros yno hyd y diwedd, tra bod y gweddill yn mesur eu camau tu ôl iddo. Mae profi cyffro fel hyn yn peri i ias eich cerdded. Rydw i'n profi'r un ias eto wrth deipio'r feirniadaeth hon. Daeth gwaith *Aleloia* o ganol y pentwr cyfansoddiadau a'i osod ei hun ar y blaen. Fedrwn i ddim rhoi'r gorau i ddarllen y nofel hon ac es i drwyddi ar un eisteddiad. A doeddwn i ddim isio iddi orffen. Ond erbyn meddwl, doedd hynny ddim yn ormod o loes, oherwydd mi arhosodd efo fi'n hir. Mae'r darlun a gawn o ran o ogledd Cymru yn sgil ffrwydrad niwclear trwy lygaid bachgen a'i fam yn ysgubol. Nid oherwydd yr wybodaeth wyddonol a gawn. Nid oherwydd fod yma iaith aruchel. Ond oherwydd fod yma anwyldeb a thynerwch a realiti noeth a cholled a dioddefaint mewn iaith sy'n perthyn i ni i gyd. Ac oherwydd fod yr awdur hwn yn llenor wrth reddf. Mae *Aleloia* bellach yn gyfystyr â 'haleliwia'! Ewch ar garlam i'w anrhydeddu â Medal Ryddiaith Eisteddfod Genedlaethol Caerdydd 2018 a rhowch iddo bob clod a berthyn iddi.

Efallai nad 'Ynni' yw'r testun hawsaf i ymateb iddo'n greadigol ond roedd yn dda gweld ei fod wedi denu cynifer â 14 i gystadlu, er ei bod yn anodd gweld cysylltiad ambell ymgais â'r testun.

A siarad yn gyffredinol, tebyg mai gweddol foddhaol fyddai'r disgrifiad gorau o'r safon. Roedd gormod o ysgrifennu anarbennig a diffyg sylw i bethau sylfaenol fel cynllun ac adeiledd, a gofal dros iaith a mynegiant. Eto, roedd digon o ddychymyg ar waith a bu'r amrywiaeth pynciau a themâu yn ddeunydd darllen diddorol. Wrth gwrs, wrth chwilio am enillydd, roedd gofyn am waith a oedd yn fwy na 'diddorol'. Roedd rhywun yn gobeithio dod ar draws gwaith a fyddai'n troi dyletswydd beirniad yn bleser gan adael argraff arhosol.

Gyda hynny o ragymadrodd, dyma ymgais i dafoli'r cynnyrch.

Dosbarth 3
Gwen Davis, 'Ynni': Casgliad o straeon, gyda'r cysylltiad ag 'Ynni' yn amlwg weithiau ond nid dro arall. Casgliad anwastad braidd ydyw. Yn sicr ceir elfennau difyr ym mhob stori, ond mae yma duedd i orysgrifennu: cofier mai'r gamp mewn stori fer yw dewis a dethol yr hyn sy'n arwyddocaol. Wedi dweud hynny, roedd rhannau o'r stori olaf, 'Bore Da', sy'n dweud hanes lladrad yng Nghaerdydd o dri safbwynt gwahanol, yn dangos potensial, yn enwedig y darlun o fyd y lleidr ei hun.

Mr Ffling, 'Nos Da Mr Ffling': Nofel sy'n symud yn ôl a blaen rhwng diwedd y Rhyfel Byd Cyntaf a'r flwyddyn 1938, wrth i gymylau rhyfel arall gyniwair. Hanes teulu un o blastai Môn a geir yma, yn enwedig y mab hynaf sydd wedi'i glwyfo yn y Somme ac yn wir y tybir, am gyfnod, ei fod wedi marw. Mae yma elfennau nofel dda – carwriaeth, twyll, camweinyddu cyfiawnder a dial – ond mae'r saernïaeth yn wan a'r llinyn storïol yn cael ei golli wrth ddefnyddio gormod o ffurfiau gwahanol. Mae'r dechrau'n afaelgar a cheir darnau cryf yma ac acw yng ngweddill y gwaith, ond mae'r cyfan yn mynd ar chwâl cyn y diwedd. Anodd gweld perthnasedd y gwaith i'r testun, serch y nodyn ynghylch hynny ar y dechrau.

Chwys, 'Gwres': Nofel apocalyptaidd am effeithiau cynhesu byd-eang, wedi'i gosod yng Nghymru yn 2191/2. Mae 'Y Dinistr' wedi achosi diflaniad dros 95 y cant o boblogaeth y ddaear ynghyd â'r rhan fwyaf o rywogaethau byd natur. Y bobl sydd ar ôl yw'r dethol rai sy'n byw mewn ceyrydd arbennig o dan amodau llym wrth i wyddonwyr geisio dad-wneud y difrod amgylcheddol. Adroddir yr hanes o safbwynt athro ysgol sy'n penderfynu herio'r drefn a chwpl ifanc sy'n wynebu colli eu hunig fab oherwydd fod y driniaeth angenrheidiol yn rhy ddrud. Mae'r awdur yn cyflwyno darlun du, ond nid cwbl ddiobaith, o'r dyfodol a hynny mewn modd argyhoeddiadol ar y cyfan. Fodd bynnag, mae'r awydd i gyflwyno gwybodaeth weithiau'n dal y stori'n ôl, ac mae angen llyfnhau'r mynegiant.

Na Pali, 'Y Ferch a Wnaed o Olew': Hanes carwriaeth darlithydd canol oed a chyfieithydd iau a geir yn y nofel hon. Mae gan y ddau eu problemau: mae'n gyfnod o doriadau yn y coleg lle mae Dr Gareth Davies yn gweithio, tra mae Sara Haf yn ceisio dod i delerau â'r newyddion nad y wraig a'i magodd oedd ei mam fiolegol, heb sôn am fod mewn perthynas â dyn treisgar. Mae gan *Na Pali* arddull lefn a darllenadwy ac mae ei ddisgrifiadau o Ddyffryn Tywi a Dyffryn Cothi yn hyfryd. Ond nid yw'r cymeriadau'n dod yn fyw ar y dudalen ac mae gormod o sylw i fanion dibwys yn tynnu sylw oddi wrth y stori ac oddi wrth themâu digon difrifol.

Yr Aflonyddwch Mawr, 'Ynni'r Glyn': Nofel hanesyddol yn dilyn taith dau fynach o Abaty Glyn y Groes i Gastell Harlech i gyfarfod Owain Glyndŵr ar ôl cael cais i'w 'helpu' yn ei wrthryfel. Mae'r atyniad a deimla Deiniol ganol oed at Peredur, y mynach lleyg ifanc, yn achos cynnwrf ac euogrwydd iddo ar hyd y daith ac ymddengys ar un adeg mai dyna fydd thema ganolog y nofel. Fodd bynnag, er mawr siom, cael ei gollwng yn ddiseremoni wnaiff y thema honno cyn y diwedd. Mae gallu'r awdur i ddisgrifio yn amlwg yn y darlun o'r abaty a'i fynaich ac yn hanes y daith i Harlech. Portreadir cymeriadau yn fyw iawn, ac mae rhywbeth yn hoffus o ddynol yn Deiniol. Ond mae yma ddiffyg ffocws thematig clir ac mae'n rhaid ceryddu'r awdur am ei flerwch mawr yn ieithyddol a theipyddol.

Astrid, 'Nid hi yw hon': Sioned yw'r 'hon' yn nheitl y nofel yma, merch ddeugain oed sydd wedi dychwelyd o Lundain i'w chynefin mewn pentref glan môr yng Nghymru ar ôl i'w phriodas chwalu. Caiff hi a hen ffrind ysgol iddi eu tynnu i mewn i'r ymgyrch yn erbyn yr orsaf drydan leol gyda chanlyniadau trychinebus. Mae Sioned ei hun yn gymeriad digon credadwy ond prin fod digon o gig ar esgyrn y cymeriadau eraill. Ar y llaw arall, mae diffyg cynildeb a gormod o fanion amherthnasol yn nodweddu'r naratif a'r ddeialog. Mae angen gweithio ar y clo hefyd: daw'r nofel i ben braidd yn swta.

Dosbarth 2

Cappuchino, 'Greta': Cefais bleser yn darllen y casgliad hwn o ddarnau rhyddiaith (rhai estynedig a rhai mwy cryno), deialog a cherddi. Myfyrdodau ac atgofion Greta sydd yma, fel gwraig ganol oed anniddig ei byd. Ymchwil am ei gwir hunaniaeth sy'n rhedeg fel llinyn arian drwy'r cyfan. Cyfleir yr ymchwil fel 'dysgu ail iaith' – trosiad sy'n codi'n naturiol o broffesiwn Greta fel athrawes ail iaith yn cyflwyno'r Gymraeg i blant teuluoedd o newydd-ddyfodiaid. Yr 'ail iaith' yn achos Greta ei hun yw iaith hunanadnabyddiaeth ac mae pob math o bethau'n rhan o hynny, fel bod yn driw i'w hanian, wynebu ei hanghenion ysbrydol a cheisio gwireddu hen ddyheadau. Yr un pryd mae yma gwestiynu ystyr Cymreictod a pherthyn, a cheir hefyd thema ffeminyddol gref. Er bod y gwaith yn mynd braidd yn dameidiog a digyswllt tua'r diwedd, mae *Cappuchino* yn awdur medrus sy'n ysgrifennu'n synhwyrus a sensitif, a gobeithio y clywn fwy ganddo.

Juju, 'Dilyn y Sgrech': Yn y nofel hon y ceir stori fwyaf cyffrous y gystadleuaeth o ddigon, yn ogystal â'r agoriad mwyaf ysgytwol o frawychus. Newyddiadurwraig ifanc yw Nia, ac mae ei greddf a'i natur benderfynol yn ei harwain ar drywydd stori fawr yn ymwneud â masnachu pobl – yn benodol, merched o Nigeria sy'n cael eu gorfodi i weithio yn y diwydiant rhyw dan amodau erchyll. Heb unrhyw help gan yr heddlu llwgr na chan olygydd y papur lleol y mae'n gweithio iddo, a chan beryglu ei bywyd, mae Nia'n dyfalbarhau nes cael cyfiawnder o'r diwedd, er mai buddugoliaeth chwerwfelys ydyw. Mae'r awdur i'w ganmol am greu cymeriadau byw a chofiadwy yn Nia a Bob, ei chyd-newyddiadurwr o'r un anian, ac mae eu perthynas yn llwyr argyhoeddi. Yn gefnlen gredadwy i'r cyfan mae Caerdydd a Phontypridd heddiw, ynghyd â chip hefyd ar gynefin Nia yn un o bentrefi Cwm Rhondda. Mae'r stori'n mynd ar garlam, yn wir ar ormod o garlam weithiau. Mae'r dweud cryno, *staccato*, gyda defnydd aml o frawddegau di-ferf, yn gallu troi'n syrffedus heb sôn am greu dryswch ambell waith. Eto i gyd, dyma nofel lawn potensial a ddylai gael gweld golau dydd ar ôl gwaith pellach arni.

Y Dylluan, 'Ynni': Cyfres o ddarnau rhyddiaith, gan gynnwys un ddeialog, yn portreadu tref o'r enw Tremor rywle yn ne Cymru ein cyfnod ni. Lle digalon iawn yw Tremor, tref a godwyd yn unswydd ar gyfer gweithwyr ei ffatri gemegau ond un heb bwrpas i'w bodolaeth bellach ers i'r ffatri gau yn sgil damwain. Gollyngwyd gwenwyn i'r dref yn sgil y ddamwain honno gan greu problemau iechyd i'w hychwanegu at holl effeithiau cymdeithasol diweithdra. Mae gan yr awdur bethau i'w dweud am Gymru ôl-ddiwydiannol, am gyfalafiaeth ac am annhegwch cymdeithasol. Mae ganddo hefyd ddawn ysgrifennu bendant sy'n dod i'r amlwg wrth iddo gyflwyno oriel o gymeriadau inni, o'r triawd o fechgyn sy'n 'swagro' hyd y dref i'r criw o ddynion canol oed sy'n cwrdd mewn tafarn i roi'r byd yn ei le. Man gwan y casgliad yw'r stori agoriadol nad yw hanner mor afaelgar â'r gweddill ac sydd hefyd yn wallus ei hiaith. O wella honno, a rhoi mwy o gig ar yr asgwrn mewn ambell fan arall, byddai yma waith grymus.

Bj581, 'Plagiarius': Nofel am awdur methiannus sy'n berwi gan genfigen tuag at ei wraig oherwydd ei bod hi wedi llwyddo i ddod yn llenor enwog. Mae eiddigedd Robin yn ei arwain i ddysgu gwers i Llinos mewn modd eithafol sy'n golygu y gall fanteisio ar ei dawn lenyddol yr un pryd. Bobol bach, am stori! Ac am ddyn! Mae Robin yn dalp o anghywirdeb gwleidyddol, yn enwedig lle mae merched yn y cwestiwn: 'Onid ffantasi pob dynes yn ei hiawn bwyll oedd cael ei meddiannu gan ddyn?' Cawn glywed am lawer o bethau eraill sy'n mynd ar nerfau Robin hefyd gan gynnwys agweddau ar y byd llenyddol a diwylliannol Cymraeg. Beth bynnag am ddoniau llenyddol Robin a Llinos, mae *Bj581* yn sicr yn gallu ysgrifennu. Mae'n feistr ar drin geiriau a gŵyr yn iawn sut i greu awyrgylch. Ond a yw'r dychan ar y byd Cymraeg, drwy gymeriad dros-ben-llestri Robin, a'r jôcs ymwthgar, yn cydeistedd yn gysurus gyda'r stori arswydus am berthynas dreisgar gŵr a gwraig? Go brin. Darn o ysgrifennu clyfar a digon difyr sydd yma yn hytrach na rhywbeth i greu argraff ddyfnach ar y darllenydd. Ond does dim dwywaith nad yw'r gallu gan *Bj581* i greu rhywbeth o werth mwy arhosol.

Lleufer, 'Lux': Fersiwn modern o stori Lleu Llaw Gyffes yn y *Mabinogi* sydd yma. Mae'n ddiwedd y 1960au ac mae baban bach yn cael ei adael ar garreg drws Yr Athro, gwyddonydd blaenllaw sydd wedi troi ei gefn ar ei yrfa a'i faes ymchwil, sef ynni niwclear, er mwyn byw bywyd gwyrdd, hunangynhaliol a meudwyaidd mewn tyddyn ar lethrau Eryri. Mae 'Lux', fel y'i henwir gan Yr Athro, yn faban anarferol ei bryd a'i wedd, yn albino, a buan y daw'n amlwg ei fod yn anarferol mewn ffyrdd eraill hefyd wrth iddo ddysgu siarad, darllen ac ysgrifennu ymhell o flaen ei amser. Dros y pum mlynedd nesaf daw Lux nid yn unig ag ystyr a llawenydd newydd i fywyd Yr Athro ond mae'n ei arwain hefyd at ddarganfyddiad pwysig. Mae yma'n sicr rai elfennau cofiadwy fel y berthynas rhwng Yr Athro a Lux, ond cefais y cyfan braidd yn anodd ei lyncu, hyd yn oed o dderbyn mai stori sy'n hofran ar y ffin rhwng realiti a chwedloniaeth yw hon.

Yr Hen Ddyn Blair Yna, 'Addewidion Mewn Gogor': Cyfres o fonologau yn cyfleu safbwyntiau gwahanol gymeriadau tuag at effeithiau dau ddigwyddiad hanesyddol, sef damwain Chernobyl a rhyfel Irac. Mae'r monolog agoriadol, yn llais mam a gollodd ei mab yn rhyfel Irac, yn rymus iawn, a chefais flas hefyd ar yr ail, lle mae gwraig yr oedd ei gŵr yn arfer gweithio yn atomfa Chernobyl yn edrych yn ôl ar y ddamwain a'u bywydau ers hynny. Er bod fflachiadau da yng ngweddill yr ymsonau, ar y cyfan nid yw'r rheiny'n argyhoeddi lawn cystal; wrth i'r gwaith fynd rhagddo mae fel petai'r siarad o'r galon yn troi'n fwy o draethu, ac weithiau ceir y teimlad fod rhai o'r cymeriadau yno'n unswydd i gyfleu gwahanol ddadleuon yn hytrach na'u bod yn fodau sy'n byw ac yn anadlu. Yn sicr mae yma lawer i brocio'r meddwl ond, a dwyn delwedd teitl y gwaith, mae angen gogrwn mwy ar y deunydd crai er mwyn llunio rhywbeth a fydd yn gwireddu addewid y tudalennau cyntaf.

Dosbarth 1

Ioan Nant Iân, 'Gwirionedd': Galar merch ar ôl ei thad oedrannus yw'r profiad sy'n cael ei ddisgrifio yn y darn rhyddiaith hwn. Cawn ein tywys drwy wahanol gamau galar, o'r sioc ddechreuol, drwy'r ymgolli mewn prysurdeb wrth drefnu'r angladd a gwagio'r tŷ, hyd at y derbyn terfynol. Ai gwaith trwm, araf yw hwn, felly? Dim o gwbl. Mae'n byrlymu yn ei flaen, y cyfan yn y modd presennol ac mewn tafodiaith lithrig. Ochr yn ochr â'r tristwch dirdynnol a'r chwithdod, mae yna le i ysgafnder a hiwmor, nid lleiaf yn y darnau lle mae'r ferch yn crwydro'r dref liw nos ac yn cwrdd eto â'i thad neu o leiaf â'i ysbryd. Mae tynerwch y sgyrsiau rhwng y ddau yn y darnau hyn, a'r tynnu coes cynnil, yn cyffwrdd rhywun i'r byw. Mae'r haen hon o'r gwaith hefyd yn amlygu dawn yr awdur i ddisgrifio lle: daw'r dref ei hun yn fyw inni drwy lygaid y gerddwraig alarus sydd yn awr yn gweld y lle mewn goleuni newydd sbon. Do, cefais fy hudo'n llwyr gan y gwaith hwn a'i olwg ffresh ac annisgwyl ar un o brofiadau mawr bywyd. Yr unig gwestiwn – a gwn ei fod yn poeni fy nghyd-feirniaid hefyd – yw a yw disgrifiad o un stad emosiynol, a hynny o safbwynt un person, yn ddigon i gynnal gwaith mor estynedig. Mae'n debyg mai 'na' yw'r ateb os ydym o'r farn mai nofel sydd yma gan y byddai rhywun yn disgwyl elfen fwy storïol. Ac eto, am 'gyfrol o ryddiaith greadigol' y gofynnir, ac rwyf o'r farn fod digon o ddatblygiad a symud ymlaen yn 'Gwirionedd' i gadw diddordeb, beth bynnag am gyfiawnhau galw'r gwaith yn nofel.

Aleloia, 'Llyfr Glas Nebo': Nofel am fam a'i mab sydd wedi goroesi ffrwydrad niwclear yn Wylfa. Mae Rowenna a Siôn yn dal i fyw yn eu tŷ ym mhentref Nebo, ond tŷ ynghanol 'lle 'di marw' ydy o ac mae eu bywyd newydd yn gwbl wahanol i'w bywyd cyn 'Y Terfyn' pan oedd Rowenna'n gweithio mewn siop torri gwallt a Siôn yn blentyn ysgol. Mae cadw'n fyw yn ymdrech barhaus sy'n golygu lladd anifeiliaid, tyfu eu cnydau eu hunain a dwyn o dai gwag. Drwy'r hyn y mae'r ddau wedi'i gofnodi yn 'Llyfr Glas Nebo', cawn glywed am Gwdig, y sgwarnog anffurfiedig grotésg sy'n dod yn anifail anwes i Siôn, am Dwynwen, y chwaer fach sy'n dod â llawenydd byrhoedlog i'r aelwyd, ac am Mr a Mrs Thorpe, y cymdogion a ddiflannodd yn ddisymwth. Gwelwn y newid yn y fam a'r mab wrth i'r frwydr i oroesi hawlio'u holl egni a gwelwn hefyd yr effaith ar eu perthynas. Ond mae'r profiad yn fodd i Rowenna ailystyried ei hen fywyd ac mae hynny'n un o elfennau mwyaf diddorol y nofel. Mae *Aleloia* yn ysgrifennwr greddfol, sicr ei gyffyrddiad a chanddo'i lais ei hun. O'r frawddeg gyntaf hyd yr olaf, rydym yn ei ddwylo wrth iddo gonsurio byd cyfan o gwmpas dioddefaint a dewrder mam a mab.

Does dim cwestiwn am enillydd y Fedal eleni. Saif *Aleloia* mewn cae ar ei ben ei hun. Dyma'r awdur sydd wedi fy nghyffroi i a'm cyd-feirniaid, ac mae'n llwyr haeddu'r wobr.

BEIRNIADAETH MANON RHYS

Profiad diddorol oedd darllen amrywiaeth yr ymatebion i'r testun hwn, a llongyfarchaf y 14 ymgeisydd am fwrw ati i gyflawni tasg sy'n gofyn am ymroddiad, stamina a dyfalbarhad. Dyma awgrymu, hefyd, y dylai ymgeiswyr ar gyfer un o brif gystadlaethau'r Eisteddfod Genedlaethol barchu safonau sylfaenol iaith a mynegiant. A gan fy mod ar gefn fy ngheffyl, nodaf fod y defnydd o ffurfiau fel 'gofynnodd/meddai iddo/wrth ei hun' ar gynnydd, ynghyd â'r ffurfiau berfol trwsgl, 'fe wnaeth e fynd'/'fe wnes i ateb' (yn hytrach na ffurfiau'r trydydd person, 'aeth'/'atebodd').

Dyma osod y deunydd mewn tri dosbarth; ond nid o angenrheidrwydd mewn unrhyw drefn o fewn y dosbarthiadau hynny.

Dosbarth 3

Gwen Davis, 'Ynni': Casgliad o chwe darn amrywiol. Ceir stori ddigon doniol am ganlyniad ymyrraeth Darren, y dyn glanhau ffenestri, ar noson ramantus rhwng gŵr a gwraig. Ond, yn anffodus, ceir ynddi ymdrech drwsgl i ddefnyddio iaith lafar ('fi'n gallu wherthin ambyti fetam bach', 'nathe symud'), sy'n llithro'n rhy aml i fod yn iaith sathredig: 'pissed off', 'piggo mas', 'nath e slippo'. Yr un gwendidau sydd i'w gweld yn y stori 'Y ffrog'. Mae'r stori 'Rhedeg' yn uwch ei safon, ynghyd â'r stori sensitif am ferch yn treulio noswaith rwystredig yn nhafarnau a chlybiau nos Caerdydd. Gobeithio y bydd *Gwen Davis* yn ailedrych ar y casgliad hwn, gyda golwg ar ei ystwytho a'i gryfhau.

Chwys, 'Gwres': Fy mhrif sylw ynghylch y nofel hon yw bod modd trafod 'diwedd y byd' mewn dull llawer mwy diddorol a chyffrous. Newyn a sychder, ymfudo torfol, tranc byd-eang – trafodir eschatoleg mewn dull rhy draethodol, braidd yn arwynebol. Felly hefyd y drafodaeth ynghylch yr ymdrech i adfer system gymdeithasol o'r newydd, a'r peryg i'r system honno ddatblygu'n unbennaeth neu'n gomiwnyddiaeth ronc. Mae'r diweddglo'n gryf, ond daw'n rhy hwyr i arbed gweddill y gwaith.

Na Pali, 'Y Ferch a Wnaed o Olew': Dyma nofel gymhleth ar ffurf dyddiadur sy'n pontio rhwng Hydref 1986 a Mawrth 2017. Yn y tudalennau agoriadol, ceir disgrifiadau da o Ddyffryn Cothi, cyn ein tywys nôl i Gaerdydd yn 2016, lle mae Dr Gareth Davies yn gadael pwyllgor ym Mharc Cathays. Cofnodir ei daith gerdded drwy'r ddinas yn fanwl. A manylder – gorfanylder yn wir – yw prif nodwedd y nofel droellog hon: diflastod Gareth, ei obsesiwn am ei iechyd a'i waith, ei berthynas â Sara Haf, eu cydredeg, ei gwaith hi a'i chefndir teuluol, paratoi bwyd – gormod o bwdin yn wir. Ond mae'r tro yn y gynffon yn gyffrous!

Astrid, 'Nid hi yw hon': Tician cloc a'r ebychiad, 'Rho'r gorau iddi, gloc', sy'n ein cyflwyno i'r gwaith hwn, a deallwn fod treigl amser a chofio'r gorffennol yn greiddiol iddo. Atgofion yw sail yr ymsonau a'r disgrifiadau sy'n britho'i dudalennau agoriadol, megis bysedd hen gloc tad-cu Sioned yn arafu ar ddiwrnod angladd ei mam. Ond perthynas y ddwy ffrind, Sioned a Catrin, sy'n meddiannu'r stori wedyn: eu cyfeillgarwch, eu hadnabyddiaeth ddofn o'i gilydd ynghyd â gofid Sioned am berthynas rhwng Catrin a'r dieithryn, Siôn. Ofnaf i mi gael fy llethu gan ormodedd o fanylion. Rhestrir digwyddiadau a chymeriadau; mae'r atgofion yn troi'n gatalogaidd eu naws. Ond gwerthfawrogais ambell fflach o ddychymyg a sensitifrwydd, fel hwnnw am yr iâr fach yr haf yn marw mewn bocs matshys, ond sy'n ailymddangos cyn diweddglo trist y stori …

Yr Aflonyddwch Mawr, 'Ynni'r Glyn': Dyma nofel uchelgeisiol am gyfnod gwrthryfel Owain Glyndŵr, a chawn ddarlun o gyffro a thyndra'r cyfnod hwnnw o safbwynt clawstroffobig mynachod Abaty Glyn y Groes. Trafodir ganddynt y dadleuon gwleidyddol a moesol dros ryfela, a chlywn, hefyd, am eu safbwyntiau diwinyddol. Yn bwysicach, ymunwn â thaith gerdded y Brodyr Deiniol a Peredur o'r abaty i gyfarfod â'r Tywysog ei hun yng Nghastell Harlech. Heblaw am y darlun o erchylltra'r Pla Du, y daith hon a'i golygfeydd – a'r berthynas ddifyr sy'n datblygu rhwng y ddau fynach – yw uchafbwynt nofel y mae ynddi dalpiau trwm a manwl o hanes a chrefydd. O ailedrych ar yr elfennau hyn, byddai'r gwaith hwn ar ei elw.

Dosbarth 2

Y Dylluan, 'Ynni': Ceir tipyn o ysgrifennu cryf yn y gwaith hwn, sy'n trafod canlyniadau pellgyrhaeddol ffrwydrad mewn ffatri gemegau. Cawn ddarlun ysgytwol o anobaith y gweithwyr a'r trigolion lleol y mae eu dewisiadau'n gyfyng: y to hŷn yn ildio i foddi'u gofidiau mewn atgofion; y to ifanc yn boddi'u syrffed mewn trais a rhyw a chyffuriau – neu ddianc. Un o'r darnau mwyaf ingol yw hwnnw am brofiadau bachgen a 'ddihangodd' i fod yn filwr ym Mosul. Dylai *Y Dylluan* dynhau rhai elfennau llac, fel y gorddefnydd o drydydd person y ferf. (Ceir pum berf yn gorffen ag '-odd' ar dudalen 1 yn unig.) Â chryn dipyn o ailysgrifennu, byddai safon y gwaith diddorol hwn yn codi.

Juju, 'Dilyn y Sgrech': Mae'r nofel fer hon yn agor yn Lagos, Nigeria, â disgrifiad erchyll o 'seremoni gyflwyno' merch ddeunaw oed. Fe'i gwelwn, wedyn, yn cael ei rhoi ar awyren – ac yna'r naid sydyn i'r A470, 'rhwng Trehafod a Phontypridd'. Dyma gyflwyniad grymus, yn arddull *staccato* nofelau ditectif, i stori am y 'traffig pobl' bondigrybwyll, o wledydd Affrica, a'u caethwasanaeth ym Mhrydain. Drwy gyfrwng Nia, y newyddiadurwraig ddewr, lawn ynni, awn i isfyd y gweithgaredd tywyll a pheryglus ar strydoedd cefn Caerdydd. Gwrthbwynt llwyddiannus i'r stori honno yw'r berthynas gymhleth rhwng Nia a Bob. Llwydda'r gwahanol elfennau hyn i'n hargyhoeddi. Bwrlwm o stori, felly, ond fe'm siomwyd gan y diweddglo di-ffrwt. Tybed a wnaiff *Juju* ailwampio'r diweddglo hwn a thynhau ychydig ar y gwaith? A rhaid nodi'r bwganod: 'gofynnodd wrth ei hunan' a 'meddai/ meddylia wrth ei hun'.

Mr Ffling, 'Nos Da Mr Ffling': Lleoliad Prolog y nofel hon yw Brwydr Beaurevoir yn ystod wythnosau olaf y Rhyfel Byd Cyntaf. Ceir ynddo ddisgrifiadau graffig o erchyllterau'r rhyfel hwnnw. Cawn ymuno yn un o gyfarfodydd recriwtio John Williams, Brynsiencyn yn Llangefni, a chyfarfod â Megan Lloyd George, Frances Stevenson a Constance Markievicz. Ac o'r hanesyddol i'r lleol: rhannwn gyfrinachau a brad Plas Madryn. Drwy gyfrwng ysgrifennu gafaelgar, ar y cyfan, cawn olwg ar wleidyddiaeth gymhleth y cyfnod, ynghyd â straeon mwy personol. Ond weithiau, mae'n anodd dilyn y gwibio rhwng pobl, cyfnodau a lleoliadau. A rywbryd, efallai, caf fy ngoleuo ynghylch y 'Mister Ffling'!

Yr Hen Ddyn Blair Yna, 'Addewidion Mewn Gogor': Yn ôl yr awdur, perthyn y casgliad straeon hyn i'r *'genre* di-ffuglen newydd', dull o ysgrifennu sy'n seiliedig ar gyfweliadau â phobl a effeithiwyd gan ddigwyddiad hanesyddol. Rhyfel Irac a ffrwydrad Chernobyl yw ffocws y casgliad. Yn fy marn i, y goreuon yn eu plith yw: 'Mam wnaeth golli [*sic*] ei mab yn Rhyfel Irac', sy'n stori gynnil, ddirdynnol; 'Gwraig yr oedd ei gŵr yn gweithio yn Chernobyl', a 'Milwr a fu'n ymladd yn Irac' – stori'r cyn-filwr sydd erbyn hyn yn gwerthu'r *Big Issue* yng Nghaernarfon ac yn gaeth i alcohol a phoenladdwyr. Mae'r stori hon, mewn tafodiaith rymus, yn hynod afaelgar. Heblaw am ambell fflach, nid yw'r straeon eraill yn y casgliad yn cyrraedd yr un safon.

Ioan Nant Iân, 'Gwirionedd': Ceir agoriad dychmygus i'r gwaith hwn: teithwraig mewn car, yn disgrifio – yn nhafodiaith ardal de Ceredigion neu ogledd Sir Gaerfyrddin – y golygfeydd hardd a wêl drwy'r ffenest. Ond sylweddolwn fod '[y] dydd yn llefen a'r awyr yn gleisie' ...'. A deallwn ei bod ar ei ffordd i ysbyty lle rhuthrwyd ei thad yn dilyn damwain. Ei gyfnod yn yr ysbyty – 'Am le i fyw, am le i farw' – yw cefnlen y stori o hyn ymlaen, ynghyd ag adwaith emosiynol ei ferch. 'Mae ei galon fach yn torri, jyst rhyw damed bach bob dydd, a chyn hir bydd hi'n deilchion, ac fe fydd e'n estyn am ei neished i ddodi'r darnau ynddi ...'. Defnyddir berfenwau a dull ysgrifennu *staccato* i gyfleu gofid. Ond, cytunaf â'm cyd-feirniaid i'r stori addawol hon rygnu ymlaen yn rhy hir. Mae'r tad yn marw; disgrifir y paratoi ar gyfer yr angladd, a'r angladd ei hun. Clywn – drwy gyfrwng ysgrifennu grymus – am holl baraffernalia galar: gwaredu dillad, clirio'r tŷ, 'y tawelwch yn drwchus, fel clot gwaed'. A sylweddolwn fod y cyfan yn effeithio ar y ferch: mae hi'n gwrthod gollwng gafael, yn 'gweld' ei thad, ac yn 'siarad' ag e bob cyfle – sefyllfa sy'n troi'n fwrn ar y darllenydd. Er gwaetha'r diweddglo cryf – taflu'r llwch i nant – awgrymaf y dylid cwtogi'r stori a'i thorri yn ei blas.

Bj581, 'Plagiarius': Oherwydd hyder yr ysgrifennu a'r cliwiau a gawn am Robin, y prif gymeriad, mae tudalennau agoriadol y gwaith hwn yn tynnu sylw'n syth: *tinnitus* yn dilyn blynyddoedd o ddrymio, 'y busnes heneiddio 'ma', 'ansawdd tawelwch', a chi ei gymydog 'yn cyfarth ei staen ar y tawelwch'. A'r sen, wedyn: at Llinos, ei wraig 'hollwybodus' (sydd newydd farw); sen at ei gymydog, 'Maif Mofgan', â'r 'chwys o dan ei cheseiliau blewog' a'i 'rhywioldeb dirgel'. Mae'r sylwadau am ferch a'i crogodd ei hun yng nghoed yr allt yn arbennig o ddi-chwaeth – ond yn bwrpasol felly, dybiaf i. Robin yw'r cymeriad anghynnes y dylem ei ffieiddio, nid Plagiarius, er, falle, iddo fentro'n rhy bell ar adegau. Ond beth yw 'yn rhy bell' yng nghyd-destun ffuglen? A pheth arall: llwydda'r awdur i wahaniaethu rhwng sen a dychan. 'Llion Huws, yr unig un ... a fedrai ymddangos yn rhodresgar mewn sgwter i'r anabl'. Dychan miniog yw hwnnw, er mwyn procio'r darllenydd, yn union fel y llif trafodaeth am Eluned Morgan a'r llu 'awduron Cymraeg, benywaidd' diweddar. A beth am yr enw 'Plagiarius' a'i gysylltiad â llên-ladrad? Dyna'r cwestiynau yr hoffwn eu holi – a chael atebion iddyn nhw gan yr awdur beiddgar hwn.

Lleufer, 'Lux': 1968: 'cyfnod gobaith am well byd'. Dyna gefnlen y nofel hon: cyfnod tanciau ar strydoedd Prâg, blodau mewn gwalltiau a lladd Martin Luther King. Ac yng Nghymru, cyfnod peintio'r byd yn wyrdd. Daw'r cymeriad enigmatig, Hithau, i roi genedigaeth i'w mab, Dylan, ar draeth Dinas Dinlle. Ond daw ton i'w gipio, ac un arall i gipio'i hailanedig ... Ie, stori gyfarwydd, cyn iddi symud i lethrau'r Foel, adeg yr Arwisgo yng Nghastell Caernarfon. Yno, cawn gyfarfod â'r Athro, sy'n agor bocs a adawyd ar drothwy ei fwthyn, a darganfod babi ynddo – a gaiff ei alw'n Lux. Ychwanegwch gymeriadau Dôn a Gilfaethwy a naws Mabinogaidd, dyma ddeunydd stori afaelgar – deunydd ffilm ardderchog. Hoffwn i *Lleufer* ailedrych arni, a chwynnu a chryfhau'r darnau anwastad.

Dosbarth 1

Cappuchino, 'Greta': Dyma gasgliad diddorol, amrywiol o gerddi a darnau rhyddiaith – ynghyd â gwaith graffeg trawiadol. Hoffais nifer o'r cerddi, a'r ddeialog – neu'r ymson? – 'Lleisiau', sy'n ein tywys i San Gimignano, i siopau elusen ac i'r Eisteddfod, cyn trafod 'cadw petha mewn compartments'. Ond 'Ail Iaith' yw conglfaen y casgliad. Wedi'i weu rhwng darnau graffeg a chaligraffi lliwgar, cawn lif meddyliau Greta, athrawes y Gymraeg fel ail iaith. Mae'r ysgrifennu'n gyhyrog: disgrifir y profiadau anodd yng nghwmni plant anystywallt, difreintiedig; yr iselder ysbeidiol, yr ymweliadau â chwfaint. Ond yr 'ail iaith' sy'n tynnu sylw. Ac mae yna ragor iddi nag a dybiwn: 'Roedd hi wedi dechrau dirnad bod y fath beth ag ail iaith i'w chael, ac y medrai ei dysgu ... Nid siarad y bu hi'n ei wneud ers tro byd bellach, ond ... mudsgrechian'. Deallwn fod ei mamiaith yn cynrychioli 'trymderau', 'dyletswyddau', 'teitlau' megis 'mam', 'gwraig' a 'merch' – sef 'nodau cod ymddygiad', 'nodau traddodiad'. Hi'r famiaith oedd iaith 'rhuthro adre o'r dre gan y byddai'r gŵr yn disgwyl am ei de'. A deallwn, hefyd, mai 'Rheidrwydd arni, bellach, oedd dysgu'r ail iaith hon'. Dyma gasgliad o waith creadigol cynhwysfawr.

Aleloia, 'Llyfr Glas Nebo': Gafaelodd y nofel hon ynof o'r frawddeg gyntaf: 'Ma' Mam yn deud mai sgwennu fa'ma ydi'r ffor' ora rwan.' Dyma eiriau Siôn, saith oed. A deallwn nad yw pethau'n iawn: fod ei fam wedi rhoi'r gorau i'w addysgu – 'dim mynadd neu ddim egni'. A'i bod hi'n poeni am y beiros – 'ddim isio iddyn nhw i gyd redeg allan o inc'. Dyma'r cliwiau sy'n ein harwain i holi'r rheswm dros dorri i mewn i dŷ i ddwyn llyfr nodiadau, yn hytrach na'r 'matshys a gwenwyn llygod a llyfrau Cymraeg arferol?' A nodwn ateb rhyfedd ei fam: 'I sgwennu dy hanes.' A deallwn mai drwy gyfrwng nodiadau Siôn yr adroddir yr hanes hynod hwn.

Mae e'n byw gyda'i fam, Rowenna, a Dwynwen, ei chwaer fach, mewn tŷ 'yng nghanol lle 'di marw'. O ben y *lean-to*, hoff le Siôn a'i fam, gellir gweld 'uffar o fiw' o Gaernarfon a Sir Fôn. Ond mae to'r *lean-to* yn gollwng dŵr, a jobyn Siôn yw ei gywiro. Ei ofal mawr yw casglu ynghyd bob defnyn posib o fwyd, crafu-tyfu llysiau, a lladd a blingo ambell gwningen brin. A dyma ddechrau'r sôn am 'Y Terfyn', yr hunllef a newidiodd fywyd trigolion ardal eang. Dwyn bwyd a phob dim o werth o dai eu cyn-gymdogion yw eu hunig obaith i oroesi.

Gallwn ddyfynnu llawer o'r gwaith hwn. Ond dewisaf un gan Siôn, y cofnodwr dygn a orfodwyd i dyfu'n ddyn yn sydyn iawn:

'Mae gen i hiraeth mawr am rywbeth, ond dw i'm yn siwr be' ydi o.'

A hwn gan ei fam, yn ei hiraeth am ei merch fach:

'... ei llygaid mawr, llwydion, yn welw fel carreg ar waelod nant.'

A dyma ychwanegu bod yna dro arall – hollol annisgwyl – yng nghynffon y stori a gofnodwyd yn y 'Llyfr Glas'.

Cytunaf â'm cyd-feirniaid mai 'Llyfr Glas Nebo' sy'n deilwng o'r Fedal Ryddiaith eleni.

GOFOD

Mewn ciwb 'yf i'n byw, twel.

Wel, fi'n gweud ciwb ond mae'n fwy o giwboid a gweud y gwir, a diolch i'r drefn am 'ny. 'Se cal pob un wal yn gymesur yn ddigon i hala unrhyw un yn chwil gaca. Fi'n cal digon o hasl 'da Petra drws nesa'n barod. Dyw hi ddim o blaid cal gwely ar yr ochr dde i'r drws ond sim lot alla i neud am y peth, dyna lle ma'r socets i gyd, a ma'r gegin ar y llaw whith ta beth. Pen tost! Myn diawl. Na, ond ie, ciwbs ma pawb yn 'u galw nhw. Ar lafar, hynny yw.

A fi'n caru'n un i. Mae'n drysor, hynod o hapus ag e. Newydd gal sgrin ar gyfer y Wal Draw 'fyd. Fi'n gallu gwylio'r siarâds ar ôl sesiwn hir yn gwaith nawr. Wir wedi bod werth ei gael. Walie Thematig, wrth gwrs. Dyna'r pethe cynta ges i ar ôl cal popeth elfennol – y tŷ-caca-di-ddrewdod a'r gwely a'r gegin, dyfe. Gwitho'n galed am y pethe 'ma, twel. Ti'n teimlo balchder ynon nhw wedyn.

Dyw e ddim yn rhy bell o'r gwaith chwaith – dau ddwsin lefel falle. Fi ar E5 a ma'r gwaith ar 3C, sy'n hawdd i gyrraedd ar y tiwb lletraws timod. Ma E5 yn ddigon braf hefyd, sim rhyw racs ar hyd lle fel gei di lawr yn yr N4oau, o na. Sen i byth yn mentro hibo F55 fy hun, dyw e ddim yn saff. Falle F56 os o's angen ffindo pibe newydd at y drws.

Na, dyma 'nghiwb i a sen i ddim yn fodlon gadel nawr. Ta beth, fi newydd lawrlwytho thema indigo at y Wal Draw. Wostod wrth 'y modd yn cal thema newydd adeg y Calan. Wedi'r cyfan ma sesiwn lawn i ffwrdd o'r gwaith yn gofyn am neud rhywbeth â dy hun.

A mae'n eitha llawen 'fyd, y Calan. Ma Petra'n dod draw fel arfer, a ni'n mynd ati yn ein ffordd fach ni. Cloncan, bach o joio timod. Cal amser da. Paratoi at y nos wedyn – hyn yn galw am ddewis gwisg fel arfer – bob tro'n mynd am dei-tair-ochrog a chrys yn bersonol. Clasurol ynte? Fi'n joio'r holl beth, mae'n barti go dda, a ma Petra'n gwmni arbennig. Lwcus ohoni, er, fi'n siwr nethon Nhw roi ni drws nesa i'n gilydd am reswm.

Ma lot sy mewn sefyllfa debyg i ni'n cal Adwy, a neud Ciwb Sgwâr allan o ddau giwb, 'da seremoni a *crisps* a medd a stwff. Ond ma fe bach o ben tost. Ma gofyn cal thema sbesial at y Wal Draw, a'r Wal Pen Draw wedyn, a gwahodd pobol miwn ac ati. Ma Petra wedi crybwyll y peth o'r bla'n cofia, ac yn diwedd falle taw dyna beth newn ni. Se ddim ots 'da fi.

Fi'n joio'i chwmni hi, ni'n deall ein gilydd yn y bôn, er bod hi'n un o'r ffanatics 'ma am wely ar y llaw chwith. Bydde hwnna'n un peth bydde rhaid newid sen ni'n creu adwy. Ond ie, fi'n ddigon hapus iddi hi alw hibo adeg Calan. Neu unrhyw bryd, o ran hynny.

Fel wedes i, fel arfer ma amser 'da ni cyn y rhialtwch i joio cwmni'n gilydd a mwmsercho a phethe, ond ma amgylchiade'n wahanol tro 'ma. Pobol yn dod draw heno. Dyna sy'n digwydd ar y Calan chwel, ma fe bach o ddigwyddiad cymdeithasol, a sa i wir yn ffan o'r rheina. Wel, ma'n bleser cal Petra draw ond ma dieithrod yn beth gwahanol. Loteri yw e. Deffro i lythyr yn y blwch rhyw ddeg sesiwn waith o flaen llaw, â naill ai cyfeiriad ar gyfer ble i fynd neu longyfarchiade am gal dy ddewis i gynnal noson. Sdim dal pwy gei di'n tywyllu'r drws.

Es i draw i B31 un tro. Ciwboid Sgwâr y cwpwl 'ma. Timod, ti'n mynd draw â disgwyliade uchel unweth bo ti'n mynd hibo'r C20au ond diawl o'dd y lle'n grand. O'n i wir yn hoffi beth o'n nhw wedi neud 'da'r rhithffenest yn y cefen. O'dd pawb yn ddigon llednais 'fyd. Neb islaw yr E canol. Wel, neb islaw fi 'te. Pan wedes i 'mod i o E5 a'th y sgwrs yn dawel am damed. Ma'n ddigon i neud i ti deimlo'n annigonol withe.

Es i lawr at un erchyll yn G24 un tro hefyd, at ryw foi. Do'dd y taclyn ddim hyd yn oed yn gwitho, ac yn dishgwl cardod i gal byta blincin slyjis a syllu ar ei wal thematig drw'r dydd. Hen beth salw ofnadw o'dd 'da fe lan 'na 'fyd. Se ti'n meddwl bydde fe 'di neud bach o ymdrech 'da ni'n dod draw, do'dd dim hyd yn oed *crisps* i ni gal byta.

Eitha nerfus am heno i fod yn onest. Sim byd gwath na chal rhyw ddieithryn yn dod miwn ac yn trwyna. A dim pawb sy' mor barod i ddeall â Petra am ochre gwelye chwaith. Digon i hala i ti whysu. Stecs bois bach. Dyw e ddim yn rhywbeth sy'n digwydd fel arfer, cal dieithrod yn dy giwb. Fi 'di bod draw i weld ciwb ambell un yn gwaith, a fi wostod yn teimlo'n lletwhith. Ma'n anodd, timod, ar ôl bod hibo ciwbs pobol erill. Ma 'na ryw ddisgwyliad i chi wahodd nhw draw a phethe.

Achosion 'di bod o'r bla'n lle ma pobol wedi pallu siarad 'da fi ar ôl iddyn nhw weld y lle, ond o'dd hwnna cyn i fi gal sgrin at y Wal Draw. Siŵr bydden nhw ddim yn ymateb fel 'na nawr gyda'r casgliad o siarâds s'da fi. O na. Sen i'n hoffi gweld wyneb Segmon yn gwaith se fe'n dod draw i weld y lle erbyn hyn.

Ond un boi yw Segmon, dim ond draw ar E4 ma fe, felly sdim lot o le 'da fe i fod fel 'na. Na, twll ei din e. Ond wedyn, gallen i gal rhyw bobl o D neu C heno. Bydde hwnna'n dalcen caled ar y diain. Sen i ond wedi gallu cal y blode synthetig at ffrâm y sgrin mewn pryd. Ond sdim digon o gredyde 'da fi am bapur llaca heb sôn am flode ...

Ma isie i fi gal trefen ar y lle 'ma 'fyd. Wnes i holi Petra ginne, a o'dd hi'n meddwl sen i'n gallu newid thema'r walie. Cal rhwbeth bach mwy addas at yr ŵyl, gan ei bod hi'n Galan. Ond fi am stico 'da'r indigo, sa i'n symud e nawr, dim ond echddo ges i'r peth, ta beth. A ma angen cal y cyllyll a'r ffyrc yn eu lle, a'r platie, ie 'na ni.

Timod, ar ôl i ti gal popeth yn barod a ma'r amser 'na o aros a neud dim byd yn dod ar dy draws di, wrth i ti ddisgwyl i bobl gyrradd? Sa i wir yn gallu delio 'da fe. Yr aros. Ma'r holl senarios yn rhedeg drw 'mhen i, be ti'n weud gynta, pryd i gyflwyno'r *canapées*, a chodi'r llwncdestun. Wedi meddwl tamed bach a 'di penderfynu ar gyfarchiad iddyn nhw. Rhywbeth bach i godi hwyl, i allu croesawu nhw ynte? Sneb yn hyfforddi ti ar gyfer y pethe ma, ma jist rhaid i ti neud nhw a gobitho am y gore bo ti'n cofio popeth yn iawn.

*   *   *   *   *

O'dd e'n od ar y diawl. Dim fel y troeon o'r bla'n. Wel, dim bo fi 'di cynnal un o'r bla'n ond timod. Dda'th un miwn, ar ôl cnoco'r drws. O'dd hwnna'n od i ddachre. Se rhywun normal 'di canu'r gloch. Treni 'fyd, se hi 'di gallu gweld goleuade'r pibe'n newid lliw wedyn. Ond 'na ni. Ta beth, wnes i ymarfer y cyfarchiad am y tro dwetha yn 'y mhen cyn agor y drws a gweud â gwên fowr, fel ti'n neud i groesawu pobol:

'Hwyl yr ŵyl! A alla i eich croesawu chi i ...'

'Fi yw'r cyntaf i gyrraedd? O, gwych.'

Dyna beth o'dd sioc. Nag o'n i erio'd 'di gweld rhywun mor ffansi ar Lefel E o'r bla'n. O'dd hi'n gwisgo pads, a shlip shlops, ac o'dd ei gwallt wedi'i neud yn steil yr Uwchefrydie. Sim angen gweud o'n i 'di synnu. A dyma hi'n cerdded miwn i'r lle cyn i fi orffen gweud fy ngweud a dachre draw at y *canapées* yn syth.

'*Crisps*! Wel, am brofiad.'

O'n i dal heb ddod dros y peth, ond lwyddes i i weud ambell air.

'Falch bo' chi'n joio,' wedes i, a dod i ben â rhoi gwên iddi.

Ddath curiad arall ar y drws.

'A! Deca! O'r Uchaf i'r Isaf. Braf dy fod di wedi gallu dod,' wedodd yr un a o'dd yn delwi wrth y *crisps*.

'O'r Uchaf i'r Isaf, Pai,' na'th y llall ymateb yn eitha sychedd.

O'r Uchaf i'r Isaf wir, o'dd y rhain yn nabod ei gilydd, ac o blydi Lefel A rywle. Diawl erio'd.

'Ydych chi am fy ngwahodd i mewn?' wedodd yr un wrth y drws, Deca.

O'dd hi'n edrych dipyn llai hapus na'r llall. Gwep sur, a llais i fatsho. Dda'th un arall tu ôl iddi, dyn tro 'ma.

'Deca! O'r Uchaf i'r Isaf neu "Calan hapus" ynte?' chwarddodd y boi.

'Beth ydych chi'n dda'n sefyll ar riniog y lle ma?' wedodd un arall y tu ôl iddo.

O'dd 'na dyrfa'n dachre crynhoi tu fas, rhyw bump i gyd. Pob un fel sen nhw'n gwisgo'r un fath o ddillad ffansi, ac yn nabod ei gilydd fel Deca a Pai. Stresol, myn diawl.

'Rwy'n aros i'r gŵr bonheddig hwn fy ngwahodd i mewn i'w giwb,' o'dd ateb syml Deca.

Trodd pawb eu llyged ata i wedyn. Bois bach o'n i'n whysu. Lwyddes i gal digon o nerth o rwle i weud yn diwedd:

'Hwyl yr ŵyl! A alla i eich croesawu chi i miwn i 'nghiwb bach i!' Wel, nethon nhw joio hwnna.

'Ooooo, Pai. Mi wyt ti'n garden! Lle wnest ti ffeindio hwn?' holodd un, a wherthin mowr yn dilyn.

Dim ond Deca o'dd fel se hi ddim wedi gweld y peth yn ddoniol.

'Esgusodwch fi! Ydych chi wedi anghofio'ch cwrteisi?' gofynnodd hi.

O'dd wyneb fel bin 'da 'i myn jawl. Pallodd y wherthin wedyn. Dda'th llais Pai o du fiwn i'r ciwb.

'A! Anghofia am y peth, Deca. Bobl, dewch i weld hyn, *crisps!*' A miwn ddethon nhw, gyda chorws o 'W!' ac 'A!'

Arhosodd un ar ôl wrth gamu i mewn i'r ciwb a gweud, 'Dydw i ddim yn meddwl i ni erioed gael croeso fel 'na gan neb. Dim o le rydyn ni'n dod ohono, beth bynnag.' O'dd e'n gwenu arna i yn y ffordd mwya od.

'Oho!' wedes i, 'ac o le ych chi de?' O'n i'n gwybod wrth gwrs ma Lefel As o'dd rhein i gyd ond o'dd angen bod yn gwrtais nag o'dd?

'O Lefel A,' atebodd. A'th 'i wên e'n fwy llydan. 'Rydym oll o Lefel A.' Na'th e wenu a phipo arna i bach rhy hir wedyn.

A'th y *canapées* whap, ac o'dd yr ymwelwyr fel sen nhw'n mwynhau. O'dd pob un yn wherthin eu penne wrth i mi esbonio'r Walie Thematig. Indigo o'dd hoff liw Pai a threuliodd hi sbelen fach yn astudio'r Wal Draw. Tra bo hi a'r gweddill wrthi'n neud hwnna, wnes i banso i gal popeth at y ford.

Setlodd pawb 'da corws o 'Edrychwch wir', 'Cyllyll a ffyrc!' 'Arbennig, arbennig', wrth ishte a phawb isie'n holi i'n dwll. Pethe arferol timod, ble o'n i'n gwitho, ai'r tei trionglog o'dd yn ffefryn, faint o themâu o'dd 'da fi at y walie. Nag o'n i'n gallu neud cam gwag, chwaith. Pan wedes i 'mod i'n gwitho ar Lefel C ffrwydrodd y bwrdd â wherthin. O'n nhw yn eu dagre erbyn i ni gwpla bwyd.

Dim ond Deca o'dd yn ddywedws, ac yn edrych fel se hi'n gwgu ar yr holl beth. O'dd hi'n rial hen sychbren. Watsho ni'n byta a wherthin heb weud na wherthin dim. A phan dda'th tamed o dawelwch torrodd hi ar draws:

'Iawn, iawn. Rydych chi wedi cael eich hwyl,' medde hi, ar ôl i fi esbonio'n rhesyme i o blaid gwely llaw dde i gorws o wherthin. 'Be hoffwn i wybod yw pam ydyn ni oll wedi dod i fan hyn, Pai?' Jiw, a'th hi'n dawel 'na. O'n i'n gallu clywed y dripian yng nghrochan y tŷ-caca-di-ddrewdod.

'Wel? Ydych chi am ateb, neu ydych chi'n poeni bod yr esboniad ... y tu hwnt i'n hamgyffred ni?'

Do'n i ddim wir yn deall chwaith, sneb yn cal dewis ble ma nhw'n mynd ar gyfer Calan. Bydde fe'n erbyn holl ideoleg yr ŵyl. O'dd pawb yn ofn symud, ac yn disgwyl ateb Pai. O'dd Deca a hithe'n edrych ar ei gilydd a Pai yn gwenu.

'Gallaf ateb yn ddigon parod,' wedodd hi, cyn troi tuag ata i a'r un wên ar ei gwefusau. 'Rai ... sesiynau gwaith yn ôl, breuddwydiais fy mod yng nghanol darn o lawr. Darn o lawr, fel sydd gennych chi fan hyn, ond yn wyrdd ac yn wastad. Nid fel y gwyrdd rydych chi'n ei ganfod ar bibau eich drws o dro i dro. O na. Mi oedd yn ... neisiach. Roedd y llawr yn feddal, ac ro'n i'n droednoeth'.

Gwenodd eto ar 'yn ymateb i. Anwaredd yw trafod pethe tebyg ar Lefel E. Ie, troednoeth. Edrychais o'm hamgylch i weld beth oedd yno. Ac yn wir, roeddwn i'n gallu gweld ymhell, bell, bell. Dychmygwch pe bai adwy drwy bob un ciwb ar eich lefel chi, mor bell â hynny, ac ymhellach. Uwch fy mhen roedd yna rywbeth tebyg i do thematig, o liw glas, oedd yn estyn lawr at waliau'r ciwb anferthol yma. O'dd y naws o amgylch y ford yn wahanol eto nawr. Do'dd dim o'r wherthin a'r wila o'dd ynghynt.

'Pai, dyna ddigon,' wedodd y boi ar ei llaw dde.

'O na, dw i ddim yn meddwl ... Dim ond dechrau esbonio ydw i. Welwch chi, rhyw hyd ... 10 ciwb i ffwrdd, fe welais i rywbeth. Y peth mwyaf hynod erioed. Roedd y peth hwn fel 'ny. Hynny yw, yn symud a chyda llygaid, ac yn fyw. Ond roedd e'n wahanol. Cymalau ychwanegol ganddo. Braich ychwanegol ar waelod ei gefn, dwy droed ychwanegol ond dim breichiau. Gwallt fel sydd ar ein pennau ni ond dros ei gorff i gyd.

'Dilynais i'r peth am hydoedd. Byddai cyfri'r ciwbiau wedi bod yn ormod o dasg, gymaint oedd y pellter bues i'n dilyn y peth hwn ar hyd y gwastadedd gwyrdd. Ond, yn sydyn, diflannodd dros ryw ymyl. Fel tase un o'r ... cyllyll yma'n diflannu dros ochr y bwrdd.' Bwrodd hi un o'r cyllyll i'r llawr o'r ford nes bod e'n tasgu. Yn set gore i 'fyd. Blydi hy o berson. 'Ond rhaid cofio fod popeth yn y ciwb yma'n fwy. Roedd e'n fwy na'r cwymp rhwng y bwrdd a'r llawr. Roedd e'n gwymp o'r un maint ag ugain llawr, falle mwy. Islaw, roedd hyd a lled o ddŵr glas tywyll, yn debyg i'r dŵr yn y cwpan hwn,' pwyntiodd hi draw at gwpan ar y ford. 'Ond, wrth gwrs, fel popeth arall yn y freuddwyd hon yn Enfawr. Roedd y to glas golau'n estyn hanner ffordd i lawr y Wal Thematig yn y pellter. Ac roedd dŵr glas tywyll y llawr oddi tano'n ei gyfarfod yn bell, bell i ffwrdd. A safais i yno, yn syllu ar y llinell yma rhwng y ddau las am sesiynau gwaith ar ôl sesiynau gwaith, a gweld eu bod yn newid lliw ar eu liwt eu hunain. O las golau a thywyll i oren a choch a melyn i ddu ac yn ôl eto i las golau ... Dyna beth rhyfedd ynte?'

Wel o'n i bron â pisho ar draws. Gymrodd e bopeth ym mêr fy esgyrn a mwy i beido â wherthin mas yn y fan a'r lle. O'dd e'n sobor o anodd, ond cadw pipo arna i na'th hi, gyda'r un wên fach od 'na.

'Wyt ti erioed wedi meddwl o le mae dŵr yn dod? Cyn iddo fe gyrraedd dy gwpan drwy'r tap, hynny yw?' 'Na gwestiwn twp feddylies i. Am lol a dwli i'w ddefnyddio fel testun sgwrs ar y Calan. Ai dyma beth o'dd y bobl A 'ma'n trafod bob dydd, eu breuddwydion od?

'Yyyyym ... wel wrthon Nhw, ynte?' o'dd yr unig beth allen i gynnig, 'n i ddim moyn bod yn anghwrtais i'n gwestai ond diawl. Am y tro cynta, dda'th dim wherthin ar ôl i mi ateb. A gweud y gwir do'dd neb fel sen nhw'n talu fowr o sylw i'n ateb i. Rhythu ar Pai o'n nhw. O'dd e'n lletwhith wedyn. O'dd rhaid i fi neud rhwbeth, parti fi o'dd e wedi'r cyfan ...

'Hoffech chi weld fy nghasgliad i o siarâds?'

A timod be? Nethon nhw joio hwnna.

*   *   *   *   *

O'n i'n falch i gal Petra nôl wedyn. Rhywun normal. Wedes i wrthi am yr halibalŵ 'da'r holl As. Nag o'n i erio'd wedi gweld cyment ohonyn nhw mewn un lle. Hen dac gwahanol i fi a Petra, ma nhw'n siarad yn wahanol, am fod yn droednoth yn gyhoeddus a phethe. O'n i'n siŵr fod Pai'n edrych yn syth drwydda i drw gydol adrodd y freuddwyd nyti 'na.

'... o'dd e'n rhemp, Petra.'

'Greda i.'

170

'O'n nhw'n wherthin ar bopeth o'n i'n weud'.

O'dd hi 'di cal amser go dda mewn parti ar D47. Digwydd bod o'dd pob un 'na'n ferched heb adwy. O'dd hi'n gweud bod rhai ohonyn nhw'n amlwg yn hen ac yn unig, a rhai wedyn methu godde'r bobol drws nesa, felly ddim am greu unrhyw adwy, dim diolch.

'Ni'n lwcus o'n gilydd on'd y'n ni Petra?'

'Odyn. Yn lwcus,' wedodd hi, gan ddal fy llaw. 'A paid ti becso am yr hen bobol A 'na, rhyw bobol bach od y'n nhw.'

'Ie, ti'n iawn ...'

O'dd na dawelwch wedyn. Ond tawelwch neis. Tawelwch fi ddim ond yn gallu cal 'da Petra, a gweud y gwir. A wedyn wnes i neud e. O'dd e'n teimlo'n iawn, yn y foment 'na rhwng bod ar ddi-hun a chysgu cyn y sesiwn gwaith nesa a ni'n dau'n gorwedd ar y gwely llaw dde.

'Hei, Petra. Ti moyn cal adwy?'

hyd a lled

BEIRNIADAETH LLEUCU ROBERTS

Braint annisgwyl a thrist yw cael beirniadu'r gystadleuaeth hon, ac rwy'n hynod ymwybodol fod esgidiau'r sawl a oedd i fod i'w beirniadu fel llongau am fy nhraed. Anodd meddwl am awdur mor wreiddiol a diddorol â Tony Bianchi: enynnai chwilfrydedd yn ei gymeriadau eithriadol gan fachu'r darllenydd ar amrantiad, a gadael ôl ei straeon yn barhaol ar lechen y cof.

Denwyd deunaw i gystadlu eleni ar destun sy'n cynnig pob math o bosibiliadau. Camp y stori fer, 'seren wib llenyddiaeth', yw adlewyrchu rhyw lafn o wirionedd sy'n gadael ei ôl. Prin y gellir meistroli crefft y stori fer heb bori ar y waddol o straeon sydd gennym ni, yn ogystal â'r stôr ddihysbydd o straeon byrion o weddill y byd. Ond deillia'r goreuon o wreiddioldeb lleisiau unigol sydd â'r ddawn i synnu a rhyfeddu, lleisiau nad ydynt bob amser yn glynu at ddiffiniadau treuliedig o'r hyn yw stori fer. Efallai hefyd y dylai'r awduron fod wedi cadw'r uchafswm geiriau mewn cof wrth ddechrau meddwl am gynnwys a siâp eu stori gan fod tair mil o eiriau yn rhy ychydig i ambell syniad fod wedi lledu ei adenydd.

Elgan: Hoffais acen Sir Drefaldwyn yr ymgais, ac mae ganddo ambell gymal bachog: 'gwrido at fy nhrôns', 'wedi cachu lympie mulod senedd', 'wyneb gwasaneth coffa corgi'r frenhines' a wnaeth i mi chwerthin. Ond mae ei stori'n gorffen heb gyrraedd unman yn ôl pob golwg.

Dyfodol: Stori am y Cymro cyntaf i fynd i'r gofod, ac sydd wedi colli ei gariad mewn damwain. Hoffais y modd y mae'r awdur yn gweu'r ddwy stori at ei gilydd. Tuedda i ddweud ar ei dalcen yn hytrach nag awgrymu'n gynnil, sy'n gallu bod yn ddiflas ar brydiau.

Pluen Chwithig: Stori am yr hyn sy'n digwydd wedi i ddyn fynd yn sâl ar sgwâr yng nghanol y ddinas yw hon, wrth i'r cymeriadau sydd yno aros am ambiwlans. Ceir deialogi braidd yn stiff ('chwi'), ac er bod yma astudiaeth ddigon difyr o wagedd a diddymdra, fel y dynodir gan y cyfeiriad at Siôn Cent, ychydig yn herciog yw'r mynegiant.

Gadara: Ceir yma ddeialog ym meddwl y sawl sy'n adrodd y stori, sy'n awgrymu'r gwallgofrwydd a ddaw'n amlwg erbyn y diwedd. Mae'n bwrw'i fol ynghylch crefydd a sefyllfa byd addysg ac yn y blaen drwy gameos bach o'i brofiad o gapel, ysgol a choleg. Digyfeiriad braidd yw'r stori. Efallai fod gormod o felodrama nad yw'n gwbl gredadwy yma i argyhoeddi'r darllenydd yn llwyr.

Robin Goch: Cafodd Gwladys ei gwrthod er pan oedd yn blentyn bach, ac fe'i magwyd mewn gofal maeth a chartref plant. Mae'n 38 oed nawr, a daw ei phlentyn yr aed ag ef oddi wrthi pan roddodd enedigaeth iddo'n bymtheg oed, plentyn sy'n ganlyniad i gael ei threisio, i gysylltiad â hi, gan addo perthynas gariadus na chafodd erioed cyn hyn. Mae'n bosib fod gormod o goflaid yma i stori fer ond gall *Robin Goch* ysgrifennu'n deimladwy iawn ar brydiau.

Garreg Ro: Ceir yma athronyddu ar wacter mewn stori am Ianto sy'n crwydro'r traeth yn hwyr y nos ac yn codi cragen i weld beth mae'n ei ddweud wrtho. Ond mae llais arall eisoes yn ei ben, cyn i eiriau maleisus Ishma'l Dafis ('rhyw dwrtl o hen ddyn') darfu arno. Ychydig yn dameidiog yw'r stori, ac mae'n anodd gwybod pwy sy'n dweud beth bob amser, ond dyma awdur sy'n gallu creu naws.

Seren Wib: Dyma syniad bach da am hogyn bach wyth oed sy'n dychmygu ei fod ar Beagle Dau yn hedfan drwy'r gofod. Ond gwelwn erbyn y diwedd fod ei wres yn uchel oherwydd y frech goch. Mae'r ddeialog braidd yn stiff ond mae'n stori ddigon hwyliog, a chryn dipyn o anwyldeb yn perthyn iddi.

Arianrhod: Stori am gymeriad sy'n 'ofni difaru peidio' cael babi sydd yma, wrth iddi weld ei ffrind yn dilyn llwybr gwahanol i'w hun hi. Tueddir i adrodd manylion bywyd y cymeriadau'n foel braidd, ond mae'n gwella wrth fynd rhagddi. Ceir ambell gyffyrddiad effeithiol iawn: mae'n 'crio dagrau o gaffein' wrth ddioddef straen gwaith. Er bod yma syniad da, mae angen naddu mwy ar y modd y caiff y stori ei hadrodd: gwell yw cyfleu drwy awgrymu weithiau.

Eira Wen: Stori arswyd am ddynes yn gweld ysbryd wedi i'w char fynd yn sownd yn yr eira a geir yma. Mae'n stori sy'n cael ei hadrodd yn ddigon graenus, mewn iaith rywiog gan symud o gam i gam yn ddi-fai. Teimlwn, er hynny, nad oes ynddi fawr sy'n newydd, ond gall yr awdur ysgrifennu deialog dda ac adrodd stori'n fedrus.

Sam Sbwriel: Dyma stori ddigon difyr am Idris sydd newydd ymddeol o'i waith yn casglu biniau. Mae'n chwarae tric ar ei gymdogion sy'n tynnu sylw at eu rhagrith. Gŵyr yr awdur sut i beidio â mynd dros ben llestri, a rhinwedd y stori yw ei gallu i wneud i ddigwyddiad bach diniwed ddweud cymaint am y cymeriadau. Efallai fod y diwedd braidd yn ffwr-bwt, ond prin fod hynny'n wendid mawr, gan fod yma stori fach ddifyr wedi'i hadrodd yn dda.

Lleuad Gwydr: Dyma stori sy'n cyfleu diflastod mam i blentyn awtistig wrth iddi orfod magu'r plentyn ar ei phen ei hun i bob pwrpas. Mae'n cyfleu'r unigrwydd a'r syrffed yn onest a'r modd y mae'r cymeriad yn troi at y botel win i lenwi'r gwacter. Gall awgrymu siom y tad yn gryno iawn wrth sôn am ei holl obeithion ar gyfer ei fab pan gaiff ei eni, a'i ddadrithiad wedyn. Daw'r stori i ben yn rhy sydyn, ond mae yma ddarluniau ingol o gaethiwed y fam a'r pellhau rhyngddi a'i gŵr.

iPlayer: Gwylio'r teledu y mae Huw, dyna yw ei fyd. Down yn ymwybodol o absenoldeb ei fam, a dyna yw gofod y teitl. Mae Huw'n feirniadol o bob dim, a pho fwyaf yw ei wendidau ei hun, y mwyaf crafog y mae wrth feirniadu eraill. Ceir tueddiad i oresbonio tuag at y diwedd – nid oes angen sôn yn benodol am ei ddiffyg hyder, a'i gefndir, gan fod digon wedi'i gyfleu eisoes drwy'r cyfeiriadau at ei fam. Teimlaf fod ôl brys ar y diwedd hefyd, fel pe na bai'r awdur yn siŵr iawn lle i orffen ei stori, sy'n drueni, gan iddo lunio cymeriad da sy'n ennyn ein hymateb.

Yr Alarch Du: Stori am Iola wedi i Iestyn, ei gŵr, ei gadael a gawn yma. Astudiaeth o golled yw hi, ac mae'n stori fach ddigon syml o ran ei saernïaeth ond yn llawn o linellau cofiadwy. Sonia am gydnabod fel 'hen ferch oedd yn bapur bro cyn i neb feddwl am ffasiwn beth'. Nid yw'n afradu geiriau nac yn ymhelaethu'n ddiangen. Efallai y gallai ôl-stori'r garwriaeth â Gwilym fod damaid bach yn llawnach: pam iddi ei wrthod? Ond dyma awdur sy'n meddu ar lygaid at y manylion sy'n berthnasol i'w stori, ac sy'n gallu gweu pob dim at ei gilydd yn bwrpasol effeithiol.

Strawberry Laces: Ymson myfyriwr ynglŷn â'i berthynas â'i ffrind gorau yw hon, a chariad yw ei thestun. Llwydda'r awdur i ddal moment mewn amser, ennyd lawen, cyn iddyn nhw fynd ar eu llwybrau gwahanol ac aeddfedu. Dyma stori gynnil, sy'n dangos meistrolaeth ar y ffurf, a dealltwriaeth o allu'r stori fer i gyfleu llawnder yr eiliad ddofn a thyner, y profiadau bach bregus a byrhoedlog, a'u crisialu'n barhaol fel darn o'r profiad dynol. Gallai elwa o fwy o eglurder ynghylch ambell beth heb fynd i ychwanegu llawer iawn: mae'r ffin rhwng cynildeb effeithiol a niwlogrwydd yn gallu bod yn denau.

Adwy'r Mynydd: Stori yw hon am y newid y mae Morus yn mynd drwyddo wrth dyfu'n hŷn. Daw'n amlwg ei fod wedi gadael ei ddelfrydau yn nŵr ei ieuenctid ac wedi ymroi i bleserau'r pethau gorau mewn bywyd y gall arian dalu amdanynt. Dyma ysgrifennu gogleisiol gan awdur profiadol a medrus. Llwydda'n dwyllodrus o gynnil i ddarlunio cymeriad sy'n llawn iawn ohono'i hun, ac ennyn mwyfwy o chwilfrydedd wrth i'r stori ddatblygu. Mae'n gochel rhag gorysgrifennu ac ymestyn y stori'n ddiangen. Efallai mai ei hunig wendid (bach) yw nad yw'r modd y daw Ethel i sôn am yr hen Forus yn argyhoeddi'n llwyr. Ond mae'r arddull tafod-yn-y-foch yn effeithiol dros ben.

Yr Heliwr: Stori Gethin, sy'n ffermio'r Gilfach, yw hon: 'Er gwaethaf dwy law fel dwy raw ac ysgwyddau llydan a allai ddymchwel waliau ... cwpan tseina ydoedd mewn gwirionedd.' Dyma stori sy'n gafael, gan awdur sy'n peintio llun o holl galedi bywyd ffermwr, a theimlir ias gyntefig yn yr adrodd meistrolgar, oeraidd o gynnil. Rhydd stori cylchdro'r flwyddyn bron fel pe bai'n rhoi stori treigl y dydd, y stori fwyaf elfennol (cylch diwrnod, blwyddyn, oes), gan fy atgoffa o'r olygfa yn y ffilm *Notting Hill* lle mae'r cymeriad yn symud drwy'r pedwar tymor wrth gerdded ar hyd y stryd. Mae'n anodd cyfleu'r naid rhwng y tymhorau mewn cyn lleied o le, a theimlwn fod rhywbeth bach ar goll yn y bwa storïol. Ond roedd y disgrifiadau dirdynnol o orthrwm natur ac amser yn dangos dawn ddigamsyniol.

Clefyd y galon: Creodd yr awdur gymeriad crwn iawn sy'n dioddef yn enbyd gan frath ei chydwybod ('fel cancr') am iddi achub croen ei chyd-lawfeddyg y bu i'w esgeulustod arwain at farwolaeth babi bach. Mae'n stori rymus, a'r awdur yn gallu ei hadrodd yn argyhoeddiadol a chredadwy, gan glymu'r delweddau a'r cyfeiriadau'n arbennig o effeithiol. Er mai stori am gydwybod yw hi yn ei hanfod – 'nid oedd modd iddi ddefnyddio'i chyllell llawfeddyg i'w thorri allan' – mae'n cyffwrdd â chymaint arall hefyd: uchelgais, colled, y ffin denau rhwng byw a marw. Llwydda i gysylltu edefynnau thematig yn grefftus. Efallai fod yma ymgais i bentyrru gormod mewn cyn lleied o eiriau, ac yn bendant, byddai'n elwa o un olwg arall drosti. Ond dyma stori gan awdur profiadol sy'n cynnig llawer mewn ychydig eiriau.

hyd a lled: Cefais fy swyno gan wreiddioldeb y stori hon. Mae ei golwg newydd ar fyd geometrig dan reolaeth y Nhw, yn ffres iawn, a gwelwn fwy ynddi gyda phob darlleniad. Mae'n fy atgoffa o stori swreal Ian McEwan, 'Solid Geometry'. Aiff stori *hyd a lled* â ni i fyd cwbl ddieithr, er mai edrych ar letraws ar ein byd ni y mae mewn gwirionedd. Gellid ei dehongli fel ffantasi, stori arallfydol neu ddyfodolaidd, am statws cymdeithasol a'n hymwneud â'n gilydd. Er mai carchar yw ffiniau diriaethol ein bywydau, gwnawn nefoedd i ni'n hunain yn ein bocsys, gan osod stamp ein personoliaethau arnynt. Symudwn o fewn ein terfynau cyfforddus, o focs i focs, ac anaml y mentrwn y tu allan i'r cwmpas hwnnw. I ganol hyn, cawn hanes breuddwyd Pai, sy'n sôn am fyd gwahanol – byd y tu allan, byd natur, sy'n gwbl estron i bobl y ciwbiau, breuddwyd sy'n awgrymu bod bywyd yn fwy na mathemateg.

Oherwydd ei ffresni gogleisiol yn anad dim, *hyd a lled* sy'n mynd â hi.

GWESTY

Rhif 1

Ystafell braf, meddwn i. Hyfryd, meddet ti. Y môr yn agos aton ni, meddwn i. Ydy, meddet ti. Digon i esmwytho'r enaid, meddwn i. Gwneith les, meddet ti. Bydd swper am saith, meddwn i. Fydda i eisiau bwyd erbyn hynny mae'n siŵr, meddet ti. Beth am gerdded y prom fory? meddwn i. Dw i heb wneud ers blynyddoedd, meddet ti. Fydd e fel yr hen ddyddiau, meddwn i. Falle, meddet ti.

Rhif 3

Ymgodymodd yn lletchwith â'r gwasg drywsus. Doedd o ddim wedi arfer gwneud hyn. Meddyliodd am ei fam. Hi oedd wedi gwasgu pob crych o'i grysau wrth i'w yrfa fagu stêm. Byddai hi'n falch ohono, dim dwywaith. Dim ond y penawdau a welai hi, wrth reswm. Gweinidog llywodraeth yn cyhoeddi cynllun radical i wella ansawdd addysg yng Nghymru. Sylwodd ar y staen bach coch ar ei drywsus eto. Fyddai neb yn sylwi, dim ond y ddau ohonyn nhw fyddai'n gwybod. Agorodd y wasg. Roedd y crychau wedi diflannu heblaw un.

Ystafell olchi'r gwesty

Bydd y bobl sy'n aros 'ma yn cymryd y poteli bach siampŵ a'r sebon a mynd â nhw adref gyda nhw. Os na fydden nhw'n gwneud, gallwn i eu cymryd, y'n gallwn? Dim dwyn ydy hynny, na? Dim ond cymryd beth oedd am ddim i rywun arall ei gymryd. Os nad ydyn nhw'n ddigon call i gymryd *freebie* pan welan nhw un, yna fe wna i! Roedd Alexandria wedi gwneud heb os, a phostio'r siampŵs bach nôl i Romania, mae'n siŵr. Gallwn i gymryd y pacedi bach te *posh* yna, a'r bisgedi bach. Os ddechreua i gasglu nawr, gallwn i wneud *hamper* bach o bopeth a'i roi i Mam Nadolig. W, a gwneud un i'm chwaer. Fyddan nhw wrth eu bodd!

Rhif 12

Roedd hi wedi peintio ei hewinedd hyd yn oed. Rhywbeth nad oedd hi wedi ei wneud ers oes pys. Oren llachar. Shellack. Nid ei lliw hi ond beth oedd ots? Gallai fod yn rhywun arall am noson. Dim ond noson. Doedd hi'm yn gofyn llawer. Bydden nhw'n chwilio amdani ond byddai nôl bore fory. Hi oedd yn bwysig heno, jyst am heno, jyst noson. Rhoddodd ei dwylo yn ei phocedi a theimlo rhywbeth cyfarwydd. Sanau bach pinc y babi.

Rhif 8

Taflodd ei chorff ar y gwely fel sach o datw. Ochneidiodd y gwely wrth iddi wneud. Trodd y teledu ymlaen. Rhaglen wyddonol, na dim diolch. Newid y sianel. Drama ddirgelwch arall am ferch ar goll. Y ditectif yn edrych dan straen. Does dim rhaid i ti wneud y job 'na, del, meddyliodd. Dim angen boddi mewn gofid. A waeth faint ti'n ceisio cadw dy ben uwchben y dŵr, ma' 'na lif arall ar fin golchi dros dy ben. Newidiodd y sianel eto. Rhaglen fwyd. Roedd hi'n hoffi coginio. Yn y gegin roedd ganddi ryddid a hi oedd yn penderfynu beth i'w fwyta, sut i'w goginio. Pe bai hi ond yn gallu meddwl am ffordd o droi'r diddordeb yn fusnes a chael bod yn feistres arni ei hun. Ond ... roedd 'na sawl ond. Doedd dim angen iddi fynd drwyddyn nhw eto yn ei phen. Trodd y sianel.

Rhif 15

Ti'n eistedd ar erchwyn y gwely cyn gadael. Diolch, ti'n dweud, a difaru wrth ei ddweud e. Diolch, be mae diolch fod i feddwl? Mae'n gwneud i fi deimlo'n tsiêp, yn wag, a chwestiynu popeth sydd newydd ddigwydd rhyngom. Dan ni'n gwybod be ydy'r ddêl, does dim angen geiriau na gwastraffu amser yn trio bod yn ffeind. Mae geiriau'n diriaethu pethau a dw i ddim eisiau gwneud hynny. Digon i mi yw teimlo dy gorff yn erbyn fy nghorff i. Tro nesaf, bydd rhaid i fi adael gyntaf.

Derbynfa

'Angen sgwrio'r toiledau.' Hoffwn i sgwrio dy wddf di, gwd gyrl. 'Roedd y selsig yn oer.' Fyddai well gen ti selsig wedi llosgi? 'Gwely cyfforddus a bwyd da.' Diolch – o'r diwedd. 'Faswn i'n meddwl ddwywaith cyn aros yma.' Faswn i'n meddwl ddwywaith cyn dy adael di i aros yma ond dw i'n despret i gadw'r lle 'ma i fynd, i gadw bwyd ar y bwrdd, a dw i'n gorfod gweithio heddiw, a thorri addewid i fynd â Jamie i nofio achos bod rhaid i fi drio dad-wneud y llanast ti wedi achosi i fy *ratings* i! 'Arhosiad derbyniol, er gwaethaf agweddau rhai o'r staff.'

Rhif 4

Mae fy llygaid ar gau ond dw i'n clywed holl synau'r nos. Synau ceir a chleber a chyfeddach. Uwch popeth, dw i'n clywed sŵn y tonnau'n llyfu'r lan. Dw i eisiau i'r ewyn fy ngolchi'n lân ond dyma'r agosaf caf fynd bellach. Drwy'r holl flynyddoedd meddyliais amdano fel ceffyl môr yn carlamu'n rhydd dan y lli. Dychmygaf ddeffro yn y bore a gweld ei gorff wedi ei boeri ar y traeth ymysg y cregyn a'r gwymon. A minnau'n mynd i orwedd wrth ei ymyl.

Siencyn

BEIRNIADAETH DYLAN IORWERTH

Mae llên micro yn y Gymraeg wedi magu ei chonfensiynau ei hun. Fel ymson neu unawd sioe gerdd ar lwyfan, mae yna bellach arddull benodol, sathredig bron. Yn aml, mae hynny'n golygu ymson trydydd person, gydag awdur yn cyfleu meddyliau'r cymeriad. Y confensiwn arall ydy tro yn y gynffon.

O ganlyniad, mae darnau llên micro'n aml yn troi o amgylch twyll ac ansicrwydd. Y peryg ydy fod y darllenydd yn mynd i ddisgwyl yr annisgwyl; mae angen i'r tro fod yn fwy na dyfais gyfleus i greu syndod. Roeddwn i'n gobeithio, felly, am ddarnau a fyddai'n cyffroi y tu hwnt i'r darlleniad cyntaf. Yn fwy na'r sblash wrth i garreg gael ei thaflu i bwll, roeddwn i eisio teimlo tonnau bach yn lledu am hydoedd wedyn. Gyrfa faith ar drofa fer.

Creu casgliad oedd y dasg a hynny'n golygu bod rhaid i'r darnau unigol sefyll ar eu traed eu hunain. Roedd modd iddyn nhw glymu yn ei gilydd, ond ddylen nhw ddim dibynnu ar hynny.

A dyna broblem *MOPTI*, un o'r crefftwyr gorau yn y gystadleuaeth, efo cyfres o olygfeydd o ymweliad â Mali yng ngorllewin Affrica. Stori fer sydd yma mewn gwirionedd, wedi ei rhannu'n ddigwyddiadau, ond mae'r ysgrifennu'n deimladwy a chynnil ac mi faswn wrth fy modd yn darllen dyddiadur taith gan *MOPTI*.

Mae yna rai o'r cystadleuwyr wedi mynd am ddeongliadau gwahanol o'r gair 'gwesty', gan chwarae efo'r syniad sawl tro ac, weithiau, ei ymestyn yn rhy bell. Dyma'r rheiny, heb fod mewn trefn benodol:

Gwenfaen: Darnau sy'n mynd o'r beudy ym Methlehem i Auschwitz a chranc mewn cragen. Dim ond un neu ddau o'r darnau sy'n taro. Darn bach pryfoclyd ydy un o'r rhai mwyaf bachog, yn awgrymu bod ffafrau rhywiol yn gallu helpu i ennill gwobrau eisteddfodol.

Elin: Mae rhai o'r darnau'n troi o amgylch gwestai llythrennol, yn ymwneud yn bennaf â dieithrwch. Mae'r lleill yn amrywio o 'ymwelydd digroeso' afiechyd i wraig sy'n geni plant ar ran merched eraill. Dyna'r darn gorau, yn adeiladu'n gelfydd a'r tro yn y gynffon yn codi cwestiynau yn y meddwl y tu hwnt i'r geiriau ar y papur.

Jemeima: Y casgliad mwyaf amrywiol, o ran cynnwys ac arddull. Mae yna ddau ddarn ardderchog mewn sefydliad gofal – un llais yn siarad heb ddim esbonio. Mae geiriau'r cymeriad yn gwneud y gwaith ac eironi'n codi o wrthdaro rhwng y siarad codi-calon a thristwch y sefyllfa go iawn. Wrth ochr y ddau yna, mae'r lleill yn anarbennig.

Mae gweddill y cystadleuwyr yn ysgrifennu'n uniongyrchol am westai.

Lenny: Ychydig o glyfrwch a chwarae ar eiriau. Mae'r rhan fwyaf o'r darnau'n ymwneud â rhai o gwircs bach y natur ddynol. Ond, yn y diwedd, dyna'r cyfan ydyn nhw ... un o beryglon eraill llên micro ydy bod fel candi fflos, yn felys ar y tafod am eiliad, ond wedyn yn diflannu.

Ystafell 101: Does dim o fygythiad y ffugenw yn y darnau. Mae'r ysgrifennu'n daclus ac ambell ddarn yn ddigon annwyl. Ond ysgafn ydy'r ergyd yn aml ac, i mi, mae un darn, am fwlimia, yn codi cwestiynau am allu darn syml i drin problem gymhleth. Yn ei gyfoesedd, mae fersiwn modern o stori Santes Dwynwen yn codi i dir uchel.

Pry ar y Wal: Bron iawn! Syniad da, efo chwarae rhwng dau gwpwl a dau ŵr sy'n anffyddlon. Ond dydy'r 'gwesty' ddim yn glir ym mhob darn a dydy pob darn ddim yn gryf ar ei ben ei hun. Er bod yr iaith ar y dechrau'n drwsgl, dyma lle mae rhai o'r brawddegau mwyaf cofiadwy: 'y ddau ar riniog drws ei gilydd ddim yn siŵr pa ffordd i gamu' ac 'a'i feddwl fel radio yn methu ffeindio signal'.

Mae gweddill y cystadleuwyr yn gwneud defnydd llawn o amgylchiadau rhyfedd gwestai, lle mae pobl ddigyswllt yn cael eu taflu ynghyd ac yn dod yn rhan o fywydau ei gilydd am gyfnod byr.

Ceridwen: Rhes o ystafelloedd mewn coridor a gwahanol gymeriadau ym mhob un. Tuedd weithiau i ymollwng i wendid llawer o ryddiaith Gymraeg ac esbonio gormod, ond mae ambell ddarn yn awgrymog ac effeithiol.

Siencyn: Darnau am ymwelwyr a rhai o staff y gwesty. Dyma tua'r mwyaf cynnil o'r cyfan. A'r darnau mwyaf cynnil ydy'r goreuon. Brawddegau byrion, bachog sydd yn y rheiny, heb ddim esbonio bron. A does dim angen. Mae yna awgrymu ac amwysedd yn rhai o'r lleill hefyd a hynny'n golygu ei bod yn werth troi'n ôl atyn nhw.

CF99: Darnau hyderus am bobl sy'n dod i aros ym Mae Caerdydd ar gyfer yr Eisteddfod Genedlaethol. Mae yna ddychan crafog weithiau a chodi cwestiynau mawr am foesau eisteddfodwyr, yn enwedig aelodau o gorau cerdd dant arobryn. Mae amryw o'r darnau'n lot o hwyl a'r ergydion ar eu diwedd yn effeithiol ond, yn y diwedd, ergydion arwynebol ydyn nhw a dydy'r cyfan ddim cystal.

Mewn ffordd, mi fyddwn i wedi licio rhoi'r wobr i *CF99* – mi fyddai llawer ar Faes y Bae wedi mwynhau darllen rhai o'r darnau. Ond cynildeb hirymarhous *Siencyn* sy'n ennill.

TROBWYNT

Ro'n ni wedi teithio'r bore cynt o ddyfroedd delta'r Mekong yn ne-orllewin Vietnam, gan hwylio ein ffordd yn erbyn ffrwd yr afon nes cyrraedd Phnom Penh yn y prynhawn. Cwch bach, â blaen agored, rhyw dwnnel fel cysgod rhag yr haul, a chefn agored iddo. Seddi wedi'u rhwygo o fysiau mini ar bob ochr, a ffenestri i syllu ar liwiau brown yr afon, ac ar weithgarwch y glannau tu hwnt. Mae'n debyg na fydd arogleuon yr afon byth cweit yn gadael y co'. Dyma gorff o ddŵr sy'n gweithio fel ffynhonnell fwyd a charthffosiaeth i werin y gwledydd y mae'n rhedeg drwyddynt, a bu strwythur twnelog y cwch yn drap delfrydol ar gyfer y sawrau a oedd yn codi ohono.

Arhoson ni ar y ffin am ryw awr, yn disgwyl i gael ein prosesu y tu ôl i'r heidiau o dwristiaid eraill, eu lluniau'n cael eu tynnu ac ôl eu bodiau'n cael eu cofnodi gan ryw declyn. Doeddwn i ddim yn hapus iawn am y datblygiad hwnnw, gan i fy mam fy siarsio yn blentyn bob Eisteddfod i beidio â mynd at yr heddlu a chael cylch allwedd o fy olion bys, os oedden nhw'n edrych yn cŵl neu beidio. Mae'n rhaid ei bod hi wedi dychmygu dyfodol disglair i mi fel gweithredwr blaenllaw mewn rhyw achos cyfiawn yn erbyn y wladwriaeth. 'Mestyn ydw i, wrth gwrs, ond roedd hon yn enghraifft ddiriaethol o amheuaeth gyson fy rhieni o'r heddlu a'r wladwriaeth, ac fe arhosodd gyda mi. Felly, pan ofynnwyd i mi gyflwyno fy modiau i'r peiriant gael dwyn eu cyfrinachau am byth, protestiais. Rhyw hanner protest, dim byd gwerth nodi – 'ydw i'n gorfod?' – mwy fel arddegwr yn mynnu peidio â mynd â'r *bins* mas.

Ro'n i'n deall fod cyflwyno'r bodiau'n angenrheidiol er mwyn cael mynediad i'r wlad, ond eto roedd gwneud hynny'n wirfoddol yn gam ychwanegol. Nid dim ond heddlu oedden nhw ychwaith, ond yr heddlu milwrol, gyda'u lifrai milwrol, eu *lapels* a'u *berets*. Cydymffurfio wnes i yn y diwedd, gyda'r dicter tawel yn ei amlygu ei hun drwy'r chwys ar flaenau fy mysedd yn gadael ôl arall, ychwanegol ar y sganiwr o 'mlaen.

30 doler gostiodd e, rhai Americanaidd. Wynebau Hamilton a Lincoln yn prynu mynediad i wlad na fuon nhw ynddi erioed. Roedd gwerth y *riel*, arian Cambodia, cyn lleied fel bod llywodraeth y wlad ei hun yn derbyn arian gwlad estron fel cost mynediad. A dyna ni. Yn ôl i'r cwch aethon ni,

gyda'r dyn oedd yn ein tywys, Addie, er mwyn cwblhau'r siwrnai. Roedd e, Addie, wedi sylwi o bell fod rhyw broblem wedi bod wrth i mi gyflwyno fy olion bysedd, a gofynnodd beth oedd achos y cweryl. Ceisiais esbonio, ond rhwng ceisio cyfleu paranoia carfan benodol iawn o genedlaetholwyr Cymraeg, a Saesneg herciog Addie, aeth y peth ar goll yn rhywle. Gwenu'n gwrtais a nodio oedd y rwtîn wedyn, a dyna wnaethon ni.

Roedd y sgwrs honno'n nodweddiadol o 'mhrofiad i o deithio'r ardal. Y naill heb y gallu i siarad yn ei famiaith â'r llall, gan arwain at bethau'n cael eu colli yn y canol rywle, a llawer o nodio a gwenu cwrtais. Roedd hynny'n braf, a bu trigolion De-ddwyrain Asia'n barotach eu gwenu a'u nodio nag y buasai unrhyw Gymry i mi erioed, ond eto roedd hi'n teimlo fel bod y rhwystr hwn yn fy atal rhag deall gwir gymhellion a diwylliant y bobl.

Aeth gweddill y daith tuag at y brifddinas yn darthog drwy niwl arogleuon yr afon. Fe'n llywiwyd i'r lan cyn iddi nosi, a chyrhaeddon ni'r hostel yn fuan wedyn. Drannoeth, aeth y bore'n archwilio'r 'Phnom' yr enwyd y ddinas ar ei ôl. Bryn i bob pwrpas, gyda theml ar ei gopa a godwyd yn y bedwaredd ganrif ar ddeg gan wraig weddw o'r enw Penh. Roedd arddangosfa yn rhan o'r safle, a oedd yn dangos gwaith gan rai o weddwon mwy diweddar Cambodia, yn sgil hil-laddiad y Khmer Rouge yn y saithdegau. Dyma oedd y tro cyntaf i mi weld effaith llaw'r dinistr creulon hwnnw ar y wlad, a'r cadernid penderfynol a oedd gan ei phobl i oresgyn gwaddol yr hanes.

Roedd strydoedd Phnom Penh yn labyrinth o gyfadeiladau temlau sanctaidd, a rhagor o arogleuon siarp ac ecsotig. Fwy nag unwaith aethon ni ar goll wrth geisio osgoi molysgiaid a oedd wedi bod yn pobi yn y gwres trofannol drwy'r dydd, neu ddarnau o draed ieir a oedd wedi wynebu'r un dynged. Byddai golygfa o'r fath yn ysgogi rhyw droad mympwyol i'r chwith er mwyn osgoi cyfogi, a fyddai yn ei dro yn ein gadael ni'n fwy ar goll nag o'r blaen.

I gymhlethu pethau, roedd rhwystrau ar draws darnau o'r heol, a'r heddlu milwrol yn dargyfeirio'r traffig i rannau arall o'r dre. Ein cymell ni i gymryd rhagor o droadau i'r chwith wnaethon nhw, wedi i ni esbonio ein bod eisiau cyrraedd y Palas Brenhinol. Ac wrth i ni agosáu at ein nod, daeth hi'n amlwg fod tactegau'r heddlu'n gweithio. Arafodd y llif cyfarwydd o foduron a'r gwerthwyr sudd cansenni siwgr. Daeth y strydoedd yn gysgodion o'u rhialtwch arferol. Ambell feic modur, pocedi o dwristiaid yn edrych wedi'u drysu a llond lle o filwyr o fyddin Cambodia.

Efallai ei bod hi'n amlwg erbyn hyn fod rhywbeth wedi bod ar y gweill. Ar y pryd ro'n ni'n credu mai ymweliad gan Trump neu ryw ffigwr tebyg oedd yn gyfrifol gan i ni weld un neu ddau o geir ac arnynt logo'r Cenhedloedd Unedig y tu ôl i'r milwyr. Doedden ni ddim yn deall pam yr oedd y rhan honno o'r dre wedi'i chau i'r boblogaeth, ac eto doedden ni ddim yn awyddus iawn i siarad â'r milwyr â'u dryllau fwy na beth oedd raid.

Dw i'n credu i'r gwacter hwnnw ar y strydoedd bylu ysblander y Palas bondigrybwyll ychydig. Mae'n hawdd dychmygu fod yno naws dangnefeddus ar ddiwrnod arferol, rhyw ynys o dawelwch y tu ôl i furiau pymtheg troedfedd yng nghanol y dre. Roedd gofod yno, metrau i bob cyfeiriad i chi eich hunan, ffenomen sy'n anodd ei chanfod mewn dinas fel Phnom Penh. Roedd y Palas yn breswylfan i frenin Cambodia o hyd ac er gwaethaf hynny, roedd rhwydd hynt i ni grwydro rhannau o'r safle, i dynnu lluniau o'r pagodas a'r temlau bychain a oedd wedi'u gwasgaru ar hyd y lle. Digon braf.

Gadawon ni'r Palas drwy un o'r gatiau prin yn y muriau toreithiog. Ymhen dim roeddem ar sgwâr anferthol yn amgylchynu cofeb i ddathlu'r heddwch rhwng Cambodia a'i chymydog, Vietnam. Dwy wlad sy'n rhannu hanes diweddar iawn o ryfela a dinistr. Roedd hi'n ymddangos fel bod y cyffiniau wedi gwagio'n llwyr erbyn hyn, heblaw am yr heddlu a oedd yno'n eu degau o hyd. Roedd y ffordd yn ôl tua'r hostel wedi'i rhwystro, ac wrth i ni agosáu ystumiodd un o'r milwyr nad oedd modd mynd dim pellach, ac y dylid troi'n ôl. Rowndion ni ychydig, er mwyn ceisio canfod llwybr amgen, ac wrth wneud daro ar draws dau Almaenwr a oedd yn teimlo, fel ninnau, eu ffordd at ochr arall y dre.

'Dy'n nhw ddim yn eich gadael chi heibio 'chwaith?' oedd eu cyfarchiad.

Siglo ein pennau wnaethon ni'n dau.

'Nac ydyn. Be sy'n mynd mlaen, ydych chi'n gwybod?' holon ni.

Roedd golwg ddifrifol, led-bryderus ar eu hwynebau.

'Mae'r Uchel Lys yn penderfynu a yw bod yn rhan o wrthblaid yn erbyn y gyfraith.'

Roedd hi'n eiliad od. Er iddo fod yn llechu'n y cefndir drwy gydol y daith, daeth realiti ein hymwybyddiaeth Ewropeaidd i ymddangos yn glir o'n blaenau. Roedd yna nerfusrwydd, rhyw ddisgwyliad fod rhywbeth yn mynd i ddigwydd, rhyw brotest. Roedden ni, bob un ohonom, wedi ein cyflyru gan ddeiet 'orientalaidd' o newyddion am wledydd lled-ddemocrataidd fel Cambodia, ac roedd wynebu'r posibilrwydd o fod yng nghanol cythrwfl o'r fath yn cyffroi ac yn brawychu. Cyfle i fod yn rhan o achos cyfiawn dros ryddid go iawn. Ond eto, o'n hamgylch ni o leiaf, roedd popeth yn dawel, dim ond ambell filwr yn eistedd gerllaw yn tynnu ar sigarét, ac yn mwynhau gwres yr haul.

Rhaid bod y gweithredu ymhellach i ffwrdd, ar gyrion y cylch yr oedd yr heddlu milwrol wedi'i osod. Yn fyn'na fydden ni'n dod o hyd i'r bobl ac i'r chwyldro. Ymlaen yr aethon ni, felly, mewn mudandod, a cherdded ar hyd yr afon wedi'n dal mewn limbo, yn aros i weld beth oedd ar ochr arall rhwystrau'r heddlu. Tynnais lun o griw o filwyr ifanc ar lan yr afon yn sefyll o dan faner Cambodia yn mwynhau'r olygfa draw i gyfeiriad y glannau gyferbyn. Un faner ymhlith degau a oedd yn amlinellu ochr ddinesig yr afon. Darganfyddais wedyn eu bod nhw wedi cyfnewid y baneri arferol – rhai amrywiol o wledydd ar draws y byd – am y rhain wrth baratoi at y diwrnod hwnnw.

Ar ôl rhyw gwarter awr o gerdded, a dod ar draws neb heblaw rhagor o garfanau o'r fyddin a pherchnogion bwytai a siopau'n edrych braidd yn ddig am golli busnes, dyma ni'n cyrraedd ymyl yr ardal gyfyngedig. Llinell o'r heddlu milwrol a ffens ddur symudol o'u blaenau. A thu draw iddynt, neb. Wel, mi oedd yna bobl, y gyrwyr *tuk-tuk* yn ceisio dal sylw'r twristiaid, cleifion yn begera, eraill yn gwerthu nwyddau. Realiti bywyd beunyddiol Phnom Penh, heb unrhyw awgrym fod unrhyw beth wedi amharu arno. Dim placardiau, dim pobl yn gwrthwynebu, dim llafarganu. Dim byd.

Ychydig bach o siom, a dweud y gwir. Neu ro'n i'n teimlo wedi fy siomi ta beth, yn gymysg â thipyn o ryddhad nad oedd yna chwyldro wedi cychwyn a ninnau ar ein gwyliau. Ro'n ni wedi blino hefyd, erbyn hyn. Dim ond rhywfaint o haul gwledydd trofannol y mae'n bosib i Gawcasiaid fel ni ddygymod ag ef, felly ildion ni'n reit gyflym i alwadau un gyrrwr *tuk-tuk*, a chymryd pàs yn ôl tua'r hostel.

Ceisiais ofyn iddo beth oedd wrth wraidd yr holl heddlu a'r rhwystrau, er mwyn cael gwell syniad pam nad oedd protest yn y dre, a beth oedd barn pobl gyffredin am y newid cyfansoddiadol enfawr. Ei ymateb ysbrydolodd yr ysgrif hon mewn gwirionedd a hyd heddiw dw i'n gobeithio mai ei ddiffyg hyder yn y Saesneg oedd ar waith, ond mi darodd ei agwedd fel yr union beth a oedd yn peri ofn i Mam ar faes yr Eisteddfod flynyddoedd yn ôl. Aeth yn syth at y rwtîn arferol, gyfarwydd, y wên gwrtais a'r nòd nodweddiadol. Cyn troi a dweud 'I cannot speak'.

Teithiwr Talog

BEIRNIADAETH IFAN MORGAN JONES

Daeth saith ymgais i law. Mae'r gystadleuaeth wrth ei natur yn un benagored iawn, a chafwyd amrywiaeth mawr o ysgrifau ffeithiol a straeon byrion, a hynny wrth gwrs yn ei gwneud yn anos i'r beirniad benderfynu bod un yn oddrychol well na'r llall. Roeddwn i'n lwcus, felly, bod un yn amlwg yn rhagori ar y gweddill. Dyma nhw yn nhrefn teilyngdod.

Hyderus, 'Trobwynt': Ysgrif fer sy'n nadreddu o un pwnc i'r llall, gan ddechrau gyda Brexit ond yna'n mynd ar wibdaith drwy hanes crefydd yng Nghymru, mudo Cymry i'r Wladfa ac America, y Rhyfel Byd Cyntaf, a'r Ail, dinistr amgylcheddol, a thwf y we. Y pwynt, am wn i, yw bod y Cymry wedi wynebu sawl her ar hyd eu hanes. Ond nid yw'r awdur yn oedi gydag unrhyw un o'r pynciau hyn yn ddigon hir i ddweud unrhyw beth o ddiddordeb neilltuol amdanynt. Mae'r ysgrif hefyd yn frith o wallau teipio.

Derwen, 'Trobwynt': Stori fer tua 1,000 o eiriau a geir yma; llên micro estynedig, efallai. Mae dawn ddisgrifiadol nodedig yma. Rwy'n awgrymu, serch hynny, i'r awdur gydweithio â golygydd a allai gaboli rhyw fymryn ar y dweud a chywiro rhai gwallau iaith gweddol sylfaenol, er enghraifft 'Clywai Megan ... ei ferch ar y grisiau'.

Treflys, 'Trobwynt': Ceir yma archwiliad o lyfr llofnodion 'Siwsi' a fu farw yn 2006 a'r hyn y mae'r cynnwys yn ei awgrymu am drobwynt pwysig yn ei bywyd. Credaf y byddai wedi bod yn well ei gwneud yn amlwg o'r cychwyn am beth roedd yr ysgrif yn sôn er mwyn peidio â drysu'r darllenydd; mae traean cyntaf yr ysgrif yn neidio o le i le braidd. Mae'r hanes yn un diddorol ond hoffwn weld llai o restru digwyddiadau a rhagor o ddadansoddiad yr awdur o arwyddocâd yr hyn a drafodir i ddarllenwyr nad oeddent yn nabod Siwsi.

Sarnia, 'Trobwynt': Dyma hanes dirdynnol merch ifanc, Carys, sy'n dioddef o ganser y groth. Yn anffodus, nid yw'n gweithio fel stori fer yn absenoldeb unrhyw ysgrifennu disgrifiadol a deialog. Mae'n debycach i adroddiad ar ddigwyddiadau go iawn, wedi ei gyflwyno ar ffurf ffuglen. Teimlwn fod y pwnc dan sylw yn ddigon i gario 2,000 o eiriau, ac felly mae dargyfeiriad i ieuenctid rhieni Carys yn Nairobi yn teimlo fel tro braidd yn ddiangen oddi ar brif lwybr y stori ac nid yw'n ychwanegu rhyw lawer at y cyfanwaith.

Math, 'Crwn neu Sgwâr?': Dyma'r unig ymgeisydd i beidio â galw ei ysgrif yn ôl testun y gystadleuaeth, ac efallai ei fod yn haeddu pwyntiau ychwanegol am wreiddioldeb yn hynny o beth. Mae ystyr dwbl i'r ffugenw hefyd: cyfeirir at fathemateg a hen chwedlau yn yr ysgrif. Rhyw fath o argyfwng dirfodol ar ffurf ysgrif a geir yma, wrth i'r awdur drafod ai'r cylch neu'r sgwâr sydd yn gweddu orau fel trosiad am natur ddibwrpas bywyd! Mae'r ysgrif yn un ddwys a doniol ond roeddwn i'n teimlo ei bod yn troi mewn cylchoedd braidd erbyn ei diwedd.

Pobl y Llyfr, 'Trobwynt': Dyma'r ymdrech fwyaf dychmygus, amserol, a dadleuol. Stori fer arall a geir yma, a hynny am chwyldro crefyddol Mwslemaidd Cymraeg ei iaith yng Nghymru, wedi'i ariannu gan Qatar, ac wedi ei lywio gan ffigwr cudd o'r enw 'Maswr' sydd yn lledaenu'r gair drwy fudiad 'Pobl y Llyfr' fel rhyw Griffith Jones, Llanddowror Mwslemaidd. Ymddengys mai'r awgrym yw bod arweinwyr gwleidyddol Cymru – drwy gefnu ar Gristnogaeth a chofleidio neo-ryddfrydiaeth, a pheidio â gwrando ar bleidlais y bobl dros Brexit – wedi agor y drws i ddylanwadau poblyddwyr crefyddol a gwleidyddol a fydd yn cymryd mantais ar ddadrithiad y cyhoedd. Doeddwn i ddim yn hollol siŵr ai parodïo neu geisio gwneud pwynt gwleidyddol pendant yr oedd yr awdur i ddechrau; mae dweud y bydd Alun Davies yn Brif Weinidog Cymru a Neil McEvoy yn arweinydd y brif wrthblaid yn awgrymu y cyntaf. Ond mae proffwydo goruchafiaeth gwedd anoddefgar ar Islam dros Gymru yn awgrymu fel arall – Wythnos yng Nghymru Fydd *via* tudalennau'r *Daily Mail* a geir yma: neges anghynnes yn fy nhyb i i'w chynnwys rhwng cloriau'r *Cyfansoddiadau* wrth i'r Eisteddfod ymweld â Bae amlddiwylliannol Caerdydd. Roedd yn rhyddhad, felly, cael ei gosod o'r neilltu a darllen yr ysgrif nesaf.

Teithiwr Talog, 'Trobwynt': Mae'r ysgrif hon yn dal diddordeb y darllenydd o'r dechrau drwy ein gosod ar gwch ar delta Mekong yn Vietnam. Wrth gwrs, bu nifer o Gymry yn ymgyfarwyddo â'r rhan hon o'r byd yn sgil ymweliad tîm pêl-droed Cymru â'r Dwyrain Pell. Er bod yr ysgrif hon yn datblygu fel darn o ysgrifennu teithio digon dymunol i ddechrau, mae'n taro nodyn dwysach yn yr ail hanner wrth i'r Cymry grwydro i ganol chwyldro go iawn, gan amlygu'r tebygrwydd a'r gwahaniaethau rhwng y Cymry gwrthsefydliadol a thrigolion Phnom Penh sy'n wynebu gorthrymder difrifol. Mae'r awdur yn cyflwyno pwnc diddorol mewn ffordd feddylgar, ac wedi'i ysgrifennu mewn modd lliwgar ond darllenadwy.

Gellid bod wedi gwobrwyo *Math* a *Pobl y Llyfr*, ond rhoddaf y wobr i *Teithiwr Talog*.

Dyddiadur dychmygol beirniad Eisteddfod,
heb fod dros 1,500 o eiriau

Y DYDDIADUR

8 Medi

Amlen yn cyrraedd y bore 'ma, a hynny'n fy atgoffa fod yr eisteddfod fawreddog y cytunais i feirniadu ynddi yn prysur agosáu. Cofio'r ddadl fawr a fu rhyngo' i a'r ysgrifenyddes ynglŷn â'r ffi y byddwn yn ei chael, a finne'n y diwedd, wedi bargeinio dygn, yn cytuno i ddod am hanner fy ffi arferol – 'ac fe gewch chi'ch bwyd am ddim!' Yn yr amlen roedd y cynnyrch llenyddol cyntaf i gyrraedd – mae ambell gystadleuydd dan yr argraff mai'r 'cyntaf i'r felin' fydd â'r siawns orau i ennill. Bydd ffrwd fach gyson o gynhyrchion llenyddol yn siŵr o ddod nawr, yn cael eu cyflwyno ar bapur ac mewn amlenni o bob maint, lliw a llun. Yna daw'r llifeiriant wrth i'r dyddiad cau agosáu, y dyddiad y bydd llawer un yn ei lwyr anwybyddu. Heddiw, dim ond un peth oedd yn yr amlen, sef brawddeg wedi ei llunio o'r gair gosod 'CYNEFIN'. Rhes o eiriau digyswllt a gafwyd, a'r cyfanwaith yn gwneud dim synnwyr o gwbl. Dyma hi: 'Cymru Ysgol Newydd Eisteddfod Feiolin Iachus Nesaf.' Campwaith yn wir!

15 Medi

Mae nifer o gynhyrchion wedi dod erbyn hyn. Rwyf wedi ceisio gofalu eu rhoi nhw'n ddiogel mewn ffeil, rhag ofn i rywbeth fynd ar goll, fel a ddigwyddodd unwaith. Y tro hwnnw, bu'r awdur yn llythyru droeon ar ôl yr eisteddfod am na ddyfynnwyd ei limrig, a hwnnw wrth gwrs yn gampwaith a fyddai wedi ennill y gystadleuaeth yn hawdd! Diolch byth, mae mwyafrif y cystadleuwyr hyd yn hyn yn gwybod beth yw cyfrifiadur. Mae nifer o'r cynigion sydd mewn llawysgrifen yn gwbl annealladwy.

17 Medi

Cynnyrch yn cyrraedd heddiw mewn amlen gofrestredig, ac wedi costio ffortiwn i'w hanfon. Meddwl wrth ei hagor bod ynddi gampweithiau mae'n siŵr. Ond o'r siom! Dau limrig, un â chwe llinell a'r llall â saith, a dim odl ar gyfyl yr un ohonyn nhw. Y gyntaf o'r cerddi am y Gadair wedi cyrraedd, ar y testun 'Y Fflam'. Llun clamp o fflam yn ymestyn o waelod y tudalen i'r top, a honno mewn coch tywyll. Gan fod y teipio hefyd mewn coch, roedd bron yn amhosibl ei ddarllen.

18 Medi

Amlen yn cyrraedd heddiw â llathenni o dâp parseli brown yn ei dal wrth ei gilydd – prin fod lle i roi'r cyfeiriad a'r stamp arni. Ar ôl brwydro i dorri i mewn iddi, a rhwygo'r cynnwys yn ddau wrth geisio gwneud hynny, canfod mai 'englyn' oedd yno. Ond creadigaeth newydd oedd hwn, sef englyn digynghanedd, a hwnnw gan rywun a arddelai'r ffugenw 'Pencerdd Capel Betws'.

19 Medi

Galwad ffôn cyn brecwast gan y 'Pencerdd'. A oedd ei englyn wedi cyrraedd yn ddiogel? Ar ôl ateb yn gadarnhaol, gofynnwyd beth oedd fy marn amdano, a minnau hanner ffordd drwy fwyta fy uwd. Roedd am dynnu fy sylw at 'Gynghanedd Groes o Gyswllt glyfar iawn' a oedd yn y drydedd linell. Y 'Pencerdd' yn daer eisiau gwybod a oedd e'n debygol o ennill. Cael anhawster mawr i'w gael i orffen y sgwrs, ac yn y diwedd bu'n rhaid rhoi'r ffôn i lawr – un cystadleuydd wedi ei bechu'n barod, felly! Yn anffodus, ar ôl cyrraedd adref o'r gwaith, daeth galwad arall gan y 'Pencerdd', a oedd am ddal ymlaen â thrafodaeth y bore. Rhoi'r ffôn i lawr eto.

20 Medi

Ymysg y cynhyrchion a ddaeth i law heddiw, roedd dwy ochr tudalen A4 o frawddegau ar 'CYNEFIN'. Yn anffodus, doedd gan y cyfaill a'u hanfonodd ddim syniad o gwbl am ddiben y gystadleuaeth, a degau o amrywiol frawddegau gyda'r gair 'CYNEFIN' ynddynt a gafwyd. Dyma'r orau: 'Mae cwningod yn hoffi byw yn eu cynefin.' Y delyneg gyntaf yn cyrraedd, ar y testun a awgrymais i'r pwyllgor, sef 'Y Bugail'. Meddwl am Hedd Wyn oeddwn i wrth osod y testun, ond dyma ddwy linell agoriadol y delyneg hon: 'Dacw'r bugail, mae ganddo gi,/ Tase ganddo ddau arall byddai ganddo dri'. D'yw pethau ddim yn argoeli'n dda!

24 Medi

Mynd ati i gloriannu cerddi'r Gadair, gan fod yr ysgrifenyddes yn awyddus i gael ffugenw'r enillydd, er mwyn cysylltu ag ef neu hi. O ran y pwyllgor rhaid cael yr enillydd yn bresennol er mwyn sicrhau seremoni lwyddiannus, ac o ran yr enillydd rhaid ceisio bod yn bresennol neu 'atelir y wobr ariannol', fel y dywed yr 'Amodau' hollbwysig. Sylwi fod

'Pencerdd Capel Betws' yn y gystadleuaeth hon hefyd, a gweld yn fuan iawn fod ei gerdd mor dila â'i englyn. Gwneud fflam go iawn ohoni fyddai'r peth caredicaf i'w wneud. Ugain yn cystadlu, a'r safon yn amrywio o'r gwych i'r gwachul. Penderfynu rhoi'r gadair i 'Lucifer' oherwydd ei ddisgrifiadau cignoeth o un o fflamau Uffern, a'i heffaith ar drigolion y lle hwnnw. Ffonio'r ysgrifenyddes a honno'n dweud, 'O, rwy'n credu mod i'n nabod "Lucifer".' Meddwl gwneud rhyw sylw bachog, ond penderfynu mai 'taw piau hi' rhag ofn i mi groesi hon hefyd.

1 Hydref

Dydd yr eisteddfod. Rhyw foi wrth y drws yn gofyn i mi am dâl mynediad o £5. Finne'n egluro taw fi oedd y beirniad llên a llefaru. Ymddiheurodd gan ddweud, 'Bachan, bachan, d'ych chi ddim yn edrych fel beirniad'. Sut mae beirniad i fod i edrych, tybed? Plant bach dan chwech oed yn llefaru a chanu. Rwy'n gwybod mod i braidd yn drwm fy nghlyw, ond fyddai'r clyw meinaf ddim wedi gallu clywed rhai o'r rhain. 'Rhoi profiad iddyn nhw o fod ar lwyfan' yw'r esgus arferol. Faint o brofiad yw sefyll ar lwyfan yn meimio a sbio'n ddiflas, ac ambell waith dorri allan i grio, wn i ddim. Ambell fam dan yr argraff fod ganddi un o sêr y dyfodol ar ei dwylo, siŵr o fod. A dweud y gwir, doedd yr arweinydd fawr gwell, ac roedd e'n bwrw iddi gan fwmian a llyncu geiriau. Felly, wrth feirniadu un o gystadlaethau'r plant, penderfynais geisio rhoi rhyw awgrym bach iddo drwy edrych i'w gyfeiriad a dweud, 'Os ydych chi o flaen cynulleidfa, mae'n bwysig eich bod chi'n llefaru'n glir'. Rwy'n meddwl iddo ddeall at bwy roedd y gic yn cael ei hanelu, a bu'n ddigon surbwch wrthyf am weddill y dydd. Yn dilyn cyfarfod y prynhawn gweinyddwyd yr ham-a-salad arferol, gydag un o greadigaethau Mr Kipling yn bwdin.

Marathon fu sesiwn y nos. Mae pobl yn dal i gredu os nad yw eisteddfod yn mynd ymlaen hyd oriau mân y bore, mai eisteddfod wael a gafwyd. Roedd Llywydd y Nos yn greadur hirwyntog, a bu'n traddodi am bron i hanner awr, nes diflasu pawb. Gofynnwyd i minnau ymestyn fy meirniadaethau, rhag ofn i bethau orffen yn rhy gynnar. Ac yn goron ar y cyfan cafwyd toriad o ryw hanner awr 'er mwyn i chi gael paned a mestyn eich coese'. Y gobaith o gael gyrru adref ar awr resymol yn diflannu wrth y funud.

Anodd fu penderfynu pwy oedd orau ar yr Her Adroddiad. Anwybyddais bawb a adroddodd ddarnau diflas allan o bryddestau ac awdlau'r ganrif ddiwethaf, ac roedd dwy ferch ifanc landeg yn y cyfri terfynol. Rhoddais y wobr gyntaf i'r un a hoeliodd fy sylw oherwydd ei chorff lluniaidd a'r wên awgrymog, hudolus a gefais ganddi.

Yn ystod y gystadleuaeth Canu Emyn i rai dros 60 oed, cefais bwl drwg o chwerthin wrth wrando ar un hen foi yn canu allan o diwn drwy gydol y datganiad. Clywn ambell 'Druan ag e!' neu 'O, 'na biti!' yn cael eu hynganu, ond daliai'r cyfaill ati'n frwdfrydig fel Bryn Terfel mewn opera. Bu cadw wyneb syth yn ddigon anodd hefyd pan ddaeth y côr pensiynwyr lleol i'r llwyfan.

Llwyddais i lywio Seremoni'r Cadeirio yn weddol ddidrafferth, a chefais wên ddanheddog gan 'Lucifer'. Rhyw henwr musgrell o fand arian y dref gyfagos oedd yn chwythu'r Corn Gwlad, ac atgoffwyd fi o'r adeg y cyfeiriwyd at Gorn Gwlad yr Eisteddfod Genedlaethol fel 'rhech o'r cynfyd'. Wel, roedd hon yn rhech aflafar ac annymunol iawn! Trueni gweld ambell unawdydd yn gadael heb berfformio, gan y teimlent na fyddent ar eu gorau am ddau o'r gloch y bore.

5 Hydref
Llythyr digon maleisus yn cyrraedd oddi wrth 'Bencerdd Capel Betws', a hwnnw mewn amlen front o bapur a ailgylchwyd. Meddwl mai'r peth gorau fyddai bod wedi ailgylchu'r englyn a'r gerdd o'i eiddo hefyd. Fy mlagardio a wnâi'r cyfaill am nad oeddwn yn gyfarwydd â gair neu ddau a oedd yn ei englyn 'campus', ac am i mi feirniadu'r paladr braidd yn hallt. Meddai, 'Roedd cynganeddwr profiadol, sydd wedi ennill yn y Genedlaethol ar yr englyn yn y degawd hwn, wedi canmol y paladr i'r cymylau'. Yna bygythiodd roi gwybod i Gymdeithas Eisteddfodau Cymru am nad wyf, yn ei farn ef, 'yn atebol i'r dasg o feirniadu'. Trueni nad oedd y cyfaill wedi rhoi ei gyfeiriad ar ben y llythyr, neu byddwn wedi gallu ei ateb mewn geiriau yr un mor ddifrïol. Ond efallai wir fod yr amser wedi dod i mi roi heibio 'mynd o steddfod i steddfod', a rhoi fy sylw i rywbeth mwy buddiol.

Lucifer

Daeth chwe ymgais ddiddorol ac amrywiol i law.

Ambell Bwyth: Mae paragraff cyntaf ymgais *Ambell Bwyth* yn fy atgoffa o arddull stori fer. Mae yma ddeialog wedi ei chofnodi rhwng Bedwyr a'i ffrind Dafydd, y beirniad, sy'n dad i Sara. Yn ystod y sgwrs fe ddaw'n amlwg fod Bedwyr yn credu y dylai Dafydd (fel hen ffrind) sicrhau fod Sara 'sydd wedi bod yn anelu at yr uchelfannau eisteddfodol ers tro' gael llwyddiant y tro hwn. '*Nod, nod, wink wink*' a dyfynnu criw Monty Python. Ar nos Sadwrn ola'r eisteddfod, noson y corau, mae Sara ar y llwyfan yn rhes flaen un o'r corau. Ydy Dafydd yn cofio bygythiad ei ffrind? Ydy. Ydy côr Sara yn cael cynta? Nac ydy. Mae'r côr, a Sara felly, yn dod yn ail. Mae yma storïwr medrus, crefftus, sicr ei Gymraeg. Ond, yn anffodus, er i mi fwynhau darllen yr hyn a ysgrifennodd *Ambell Bwyth* yn fawr, cystadleuaeth yn gofyn am ddyddiadur dychmygol oedd hon ac nid stori fer.

Bryntirion: Mae *Bryntirion* wedi gwastraffu bron i 380 o eiriau yn penderfynu a yw am dderbyn gwahoddiad Lowri Griffiths, Ysgrifenyddes Eisteddfod Calan Penrhiwiau, i fod yn feirniad ai peidio. O'r diwedd, ar ôl sgwrs â'i enaid a threfnu ei becyn at y dywyll daith o'i flaen, wele'r frawddeg ganlynol: 'Llythyr arall gan Lowri Griffiths heddiw'n diolch i mi am gytuno i feirniadu'. Wel, hwre ddyweda i, a diolch i'r drefn. Mae *Bryntirion* yn gwynwr heb ei ail: 'Wedi blino braidd heddiw ar ôl diwrnod hir, yn pysgota yng Nghraiglwyd'. Mae o'n gofyn am gael beirniadu'n gynnar 'gan y byddai gen i daith adref go faith i'w hwynebu'. Ac ar ôl cyrraedd adre, mae o'n nodi ei fod wedi cael 'profiad digon cymysglyd ... oherwydd braidd yn denau oedd hi'. Efallai eu bod nhw'n cadw draw am eu bod nhw'n gwybod mai *Bryntirion* oedd yn beirniadu. Unwaith mae o'n mynd ati o ddifrif i lenwi ei ddyddiadur, mae ei sylwadau yn ddifyr ac yn grafog ar brydiau. Drannoeth yr eisteddfod – yn ôl y dyddiadur – mae Lowri, yr ysgrifenyddes, yn ffonio *Bryntirion* i ddiolch iddo. 'Ffarweliais â hi,' meddai *Bryntirion*, 'gan ddymuno pob llwyddiant i Eisteddfod Penrhiwiau y flwyddyn nesaf.' O ddarllen rhwng y llinellau, mae'n awgrymu, wrth gwrs, na fyddai'n dymuno beirniadu yn Eisteddfod Penrhiwiau y flwyddyn nesaf. Dw i'n siŵr y byddai Lowri druan wrth ei bodd o glywed hynny. Nid oeddwn yn gallu cynhesu tuag at *Bryntirion* fel beirniad o gwbwl, ac yn wir byddwn wedi bod yn falch iawn o glywed ei fod wedi cael *puncture* ar y ffordd adre, ar ôl gadael Eisteddfod Penrhiwiau yn gynnar. Wrth gwrs, mae'r ffaith fod y cystadleuydd hwn wedi creu cymeriad crintachlyd a beirniad *boring* a oedd yn codi fy ngwrychyn bob tro yr oeddwn yn ailddarllen y sylwadau yn ei ddyddiadur, yn profi ei fod yn ysgrifennwr medrus.

Hen a Pharchus: Roedd *Hen a Pharchus* yn credu ei fod wedi ysgrifennu digon ar ôl cyrraedd ychydig dros fil o eiriau, ac felly hwn yw'r dyddiadur byrraf yn y gystadleuaeth. Wrth gwrs, un byr oedd Syr Geraint Evans, ond fe roddod ei lais bleser i filoedd, do – ond roedd Syr Geraint yn feistr ar ei grefft. Sylwais, gyda llaw, mai'r pennawd uwchben y briwsion a gawsom gan *Hen a Pharchus* yw 'Dyddiadur Dychmygol' ond nid am ddyddiadur dychmygol unrhyw un y gofynnwyd amdano ond 'Dyddiadur dychmygol beirniad Eisteddfod'. Defnyddiodd *Hen a Pharchus* ei eiriau prin i roi cic i'r sefydliad, y Masons, cyd-feirniaid, beirdd, ein prifysgol, ac wrth gwrs – dw i'n falch o ddweud – Radio Cymru. Mae unrhyw gyhoeddusrwydd yn well na dim cyhoeddusrwydd. Mae'r dyddiadurwr yn cwyno oherwydd fod beirdd yn defnyddio geiriau anghyfarwydd yn eu cerddi gan ychwanegu, 'Pam na fedr beirdd ddefnyddio geiriau sy'n cael eu clywed ar Radio Cymru, wedi'r cyfan mae 'so' a 'reali' yn eitha hawdd i gael gair i odli gyda nhw er bod 'ffantastig' efallai yn ddigon anodd'. Anodd? Beth am 'lastig' a 'sarcastig'? Gyda llaw, gan i chi sôn am Gymraeg gwallus Radio Cymru, hoffwn dynnu'ch sylw at y gystrawen hon o'ch eiddo: 'Roedd Gwen ... yn dweud mai nid y ferch wnaeth ennill y Fedal Ddrama oedd wedi sgwennu hi o gwbwl'. Mae'r frawddeg yna yn 'reali, reali' gwallus. 'Roedd Gwen ... yn dweud nad y ferch a enillodd y Fedal ...' sy'n gywir. Fe gyfeiriwch at *Golwg* a'r *Faner Newydd* fel cylchgronau Cymraeg, ond Cymreig yw'r ansoddair cywir. Dim ond yr iaith sy'n 'Gymraeg'. Onid oes yna adnod yn y Beibl yn sôn am 'y brycheuyn yn llygad dy frawd'? Gwenais fwy nag unwaith wrth ddarllen, mae'n rhaid i mi gyfaddef, ond blinais hefyd ar y dychan parhaus.

Menna: Pe bai'r gystadleuaeth yn gofyn am stori fer yn seiliedig ar berthynas, neu ddiffyg perthynas, beirniad Eisteddfod â'i wraig, byddai *Menna* wedi ennill. Menna yw enw gwraig y beirniad. Aled yw'r dyn drws nesa'. Mae'r beirniad yn cyrraedd adre yn hwyr o Steddfod Llannerch ac mae Menna eisoes yn y gwely, ar ôl bod allan gyda ffrindiau. Ymhen y mis mae'r beirniad yn Steddfod Fforma, ac yn dod adre'n gynnar, fel roedd Aled drws nesa' yn gadael ar ôl dod draw i fenthyg llyfr ryseitiau – ond wedi anghofio mynd â'r llyfr efo fo. Felly, yn ôl y beirniad, 'Menna wedi picio â fo iddo fo! Dal heb ddod nôl fel dw i'n sgwennu hwn'. Steddfod Bryniau Môn oedd y nesa', a Menna heb fynd efo fo. Cyrraedd yn ôl yn hwyr, ac Aled hefyd yn cyrraedd yn ôl yn hwyr o rywle – a Menna yn cychwyn am y gwely fel roedd o'n mynd drwy'r drws. Does dim rhaid i chi fod yn enillydd y Daniel Owen nac yn Barbara Cartland i chi sylweddoli fod Aled a Menna yn ddeuawd, a'r beirniad druan, wel … yn feirniad. A dyma frawddeg olaf ei ddyddiadur: '… Awst 8fed 2018 Eisteddfod Genedlaethol Caerdydd … Pwy weles i heddiw, Jane drws nesa' … mae gan Aled ddynes newydd medde hi, ond tydy hi ddim yn gwybod pwy! Falle y bydd Menna yn gwbod, mi ga i holi pan fydda i adre dydd Sul'. Fe ysgrifennwyd y geiriau olaf yn y dyddiadur nos Fercher Eisteddfod Caerdydd. Os nad ydy o'n dod adre tan ddydd Sul yn ôl y dyddiadur, mae gan Menna … ac Aled bedair noson i ddarllen llyfrau ryseitiau yng nghwmni ei gilydd! Mae'r cystadleuydd hwn wedi defnyddio cyfrwng y dyddiadur i gyflwyno isblot – perthynas ei wraig efo'r dyn drws nesa' – sy'n llawer mwy diddorol na'r sylwadau am yr eisteddfodau y mae o'n eu mynychu.

Cysylltnod: Ai Cymro alltud yw'r cystadleuydd hwn? Mae'n sôn ei fod yn byw yn Nhoronto ac wedi cyfrannu i'r *New Yorker*, ond wedi llwyddo i 'gadw cysylltiad â'r henwlad gyda chymorth y dechnoleg ddiweddaraf'. Os mai Cymro alltud yw *Cysylltnod*, diolch iddo am ei ddiddordeb yn y gystadleuaeth. Dyma gystadleuydd arall sydd wedi defnyddio gofynion y gystadleuaeth i ysgrifennu stori fer mewn gwirionedd. Yn achos *Cysylltnod* mae'r berthynas rhyngddo a Nel a'i choesau lluniaidd (a 'siapus' ar dudalen arall) yn fwy diddorol na'i sylwadau dyddiadurol, fel yn achos y cystadleuydd blaenorol. Pan fo *Cysylltnod* yn agor yr amlen i ddarllen cynnyrch llenyddol yr ymgeiswyr, mae'n darganfod fod yr amlen yn wag, ar wahân i lythyr oddi wrth yr eisteddfod yn ymddiheuro oherwydd 'na chafwyd unrhyw ymateb i'r gystadleuaeth'. Ond os mai un dudalen denau sydd yn yr amlen, oni fyddai Jac y beirniad wedi sylweddoli hynny pan gyrhaeddodd yr amlen fis ynghynt? Yn hytrach, mae'n disgrifio'r amlen fel hyn: 'Chwarter modfedd o drwch! Digon o le i swmp o sgriptiau … bwriadaf sganio pob un i ddechrau'. Ond mae amlen lawn yn drymach nag amlen wag. Dylai Jac fod wedi sylweddoli hynny yn syth. Yn bersonol fe hoffwn weld y berthynas rhwng Jac a Nel 'a'i choesau hirion yn ymestyn rhwng ymyl y soffa a'r carped' yn datblygu: Jac, y beirniad llenyddol uchel ei barch, a Nel, merch ifanc ddeniadol yn byw ymhell o Gymru. Mae yna egin nofel yma'n sicr. Ond tenau yw sylwadau Jac y beirniad.

Lucifer: Dyma'r cystadleuydd a roddodd i ni yr hyn y gofynnwyd amdano, sef Dyddiadur dychmygol beirniad Eisteddfod. Dyma ddyddiadur beirniad eisteddfod fechan yn y wlad; yn wir, dyddiadur yr unig feirniad yn yr eisteddfod fechan hon yn y wlad. Y cystadlaethau llenyddol, yn cynnwys y goron, y gadair, a'r limrig: *Lucifer* sy'n eu beirniadu nhw i gyd, ynghyd â'r her adroddiad a'r unawd dros drigain oed. Mae enghreifftiau *Lucifer* yn rhoi syniad i ni o safon y cystadlu. Cyfansoddi brawddeg o'r gair CYNEFIN; dyma un ymgais: 'Cymru Ysgol Newydd Eisteddfod Feiolin Iachus Nesaf'. A beth am y delyneg? Yng ngeiriau *Lucifer*, '... y testun a awgrymais i'r pwyllgor [oedd] "Y Bugail". Meddwl am Hedd Wyn oeddwn i ... ond dyma ddwy linell agoriadol y delyneg hon: "Dacw'r bugail, mae ganddo gi,/ Tase ganddo ddau arall byddai ganddo dri".' Ychwanegodd, 'D'yw pethau ddim yn argoeli'n dda!' Yn ogystal â beirniadu, roedd *Lucifer* hefyd yn llywio seremoni'r cadeirio, ac meddai: 'Rhyw henwr musgrell o fand arian y dref gyfagos oedd yn chwythu'r "Corn Gwlad", ac atgoffwyd fi o'r adeg y cyfeiriwyd at Gorn yr Eisteddfod Genedlaethol fel "rhech o'r cynfyd". Wel, roedd hon yn rhech aflafar ac annymunol iawn!' Hydref y pumed yw'r tro olaf iddo ysgrifennu yn ei ddyddiadur, a dyma'i frawddeg olaf ar y diwrnod hwnnw: 'Ond efallai wir fod yr amser wedi dod i mi roi heibio "mynd o steddfod i steddfod" a rhoi fy sylw i rywbeth mwy buddiol.' Ar ôl darllen y frawddeg hon clywais lais yn fy mhen yn dweud, 'Peidiwch â gwneud hynny. Beth all fod yn fwy buddiol na chadw'r eisteddfodau bach ar eu traed?' Mae arddull *Lucifer* yn raenus, ac yn rhwydd i'w ddarllen, ac mae ei ddyddiadur yn ddarlun byw o eisteddfodau cefn gwlad Cymru heddiw.

Heb unrhyw amheuaeth o gwbl, rhodded y wobr gyntaf i *Lucifer*, gyda diolch iddo ef a'i debyg am wasanaethu eisteddfodau bach Cymru.

Casgliad o erthyglau i bapur bro, cyfanswm heb fod dros 2,000 o eiriau

CASGLIAD O ERTHYGLAU I BAPUR BRO *Y DINESYDD*

Dyddiadur Deurodiwr Dŵad

Na phoenwch, chi hen ddarllenwyr parchus *Dinesydd* y 70au sy'n cynhyrfu o weld pennawd sy'n adlais (bron) o'r gorffennol. Nid Goronwy Jôs sy 'di dŵad yn ôl i'ch poenydio, i'ch gwawdio, i dynnu blewiach o'ch trwyna, a gneud hwyl ar ben eich yrban shîc, wrth iddo chwilio'n ofer am yr hen New Ely.

'Mond rhyw feiciwr bach diniwad yn dŵad nôl o dro i dro, i droedio, neu a deud y gwir, i ddeurodio hen lwybra a gweld be ydy be yn 'rhen Ga'rdydd 'ma wrth iddi baratoi i groesawu Eisteddfod 2018.

'Steddfod yn y ddinas'

Rhychu beicio trwy Cooper's Fields oeddwn i. Ia, dyna chi, lle ma nhw'n cynnal seshus yfad gema pêl-droed pwysig a'r sioe floda fath â Chelsea Cymreig. Ia, tu ôl i'r Wal Anifeiliaid a'r tŷ te Pettigrew crand. Gwibiais heibio olion y Brodyr Duon – y brodor-dŷ, nid y bobl – a'i 'nelu hi am safle'r hen West Gate – na, nid y dafarn Brains sy 'di cau am byth, ond y porth go iawn. Yno yn y gongl hon o Barc Bute i weld y cerrig oeddwn i. Mae'n amlwg eu bod o bwys, mi welish i sôn amdanyn nhw yn un o'r gemau geo-guddio ar-lein 'na, ac ar Tripadfeisor, a ma nhw ar Gŵglmaps. Ond fel Cymro da mi wn, er nad oes arwydd yno, mai Meini'r Orsedd ydynt – gwaddol Steddfod yn y ddinas, un 1978, wedi eu trawsblannu yno.

'Cardiff has two sets of stones,' ddarllenish i'n rhwla, a gan ei bod yn flwyddyn Steddfod 'leni dyma logio'r celc hwn, a ffwrdd â fi i chwilota am fwy o hen olion Eisteddfodawl.

O flaen y Ganolfan Ddinesig y ma'r ail set. Druids' Gardens gynt, ond rŵan, diolch byth, Gerddi'r Orsedd, â'i ynganiad Kerdiffaidd. Ia, honno â cherflun o Loi-jôj o'i blaen, drws nesa i lle ma Winter Wonderland, sgrin fawr Grand Slams, ia, a'r Ŵyl Gyhoeddi! Defnyddiwyd cerrig cochion o Benarth ar gyfer y Cylch, ond wedi Steddfod 1899 mi s'mudwyd nhw er mwyn adeiladu Neuadd y Ddinas. Wrth ailgodi'r cerrig, fe'u cymysgwyd gan osod deuddeg maen rywsut-rywsut fama. Tydy'r Maen Cyfarwydd ddim yn y lle iawn, a gwaeth byth, mae o ar ei ochr, a toes na'm Maen Llog rŵan am fod sdiwdants yn ei hambygio fo!

Gosodwyd cylch meini Steddfod 1938 yn y Castell – chwarae teg i'r hen Fute am ganiatáu, ond wfft i dalu £10.95 i geisio sbecian arnynt heddiw. Ond mae tystiolaeth ar archif niwsrîls British Pathé â'i sylwebaeth nawddoglyd, 'Principality's quaint and historic rites', galwad y Corn Gwlad yn 'fanfare on a trumpet', y sŵn fel jàs Satchmo, a'r dyrfa yn canu 'a traditional Welsh song', sef Hen Wad Fy Nhadau! Ond ni oroesodd y meini alanastra'r Tatŵs Milwrol na'r holl Dafwyliau a fu yno ers hynny.

Ond beth am Roial Steddfod 1960? Mae gen i frith gof o fynd i honno – nid ar gefn beic, nac i weld yr HRH-iaid. Yn ôl atgof un o genod bach del y Ddawns Floda, yng Ngerddi Sophia oedd y Steddfod. Dim olion fanno chwaith – bloeddiodd maes criced SWALEC *howzat*, ac allan â nhw!

Ymlaen â fi ar fy meic ar drywydd mwy o olion Steddfod 1978 – y 'pentwr draw yn Pentwyn', chwedl Jah-man. Dyrnu reidio trwy hen faestrefi'r Waun Ddyfal a'r Mynydd Bychan, codi tua Rhyd-y-pennau at ben Cefn-coed, lawr heibio Rhyd-y-bilwa a Gwern Rhuddi i'r fan ger stad dai Glyn-coed lle bu'r 'hen ddiwylliant yn Llanedern'. Yno ar gaeau ffermydd Ty'n-y-ffynnon, Cwm-teg, a Phant-llaca roedd maes Steddfod Pentwyn – caeau ag enwau persain iddynt, megis Cae poth isha, Cae'r glwyd, Cae'r erryd, Waun ysgubor, Cae saith cyfer. Erbyn heddiw trowyd y maes yn Butterfield Park ac yn *closes, drives, ways* a *crescents* o dai: Tarragon, Borage, Almond, Oakleafe, Amblecote, The Maltings. 'Steddfod yn y ddinas, y stryd yn llawn Cymraeg' wedi gadael fawr o farc fama, felly. Siwrnai seithug i'r cyrion oedd hon a dim sôn am yr un arwydd na maen ar y Maes Menyn. Gwibiais yn ôl at ganol y ddinas – dim tyrfa 'yn *solid* fel y graig, lawr yn Tito's' ... dim Tito's ... dim olion y Brodyr Llwydion gerllaw, 'chwaith.

Beiciais draw at Gaeau Pontcanna, cartref canol-y-ddinas Steddfod 2008. Cerrig Emyr Roberts a ddefnyddiwyd 'radeg honno – ffug-feini o ddur, *jesmonite* a gwydr-ffibr a grëwyd ganddo a'i wraig, Christine. Fe'u hailddefnyddir byth ers hynny. Cerrig 'sgafnach, haws eu gosod a'u cludo o le i le. 'Steddfod *rock'n roll*' go iawn. Cânt eu defnyddio eto 'leni yn Steddfod y Bae, medda Ashok, ar bontŵn ar y dŵr (gan gopïo UEFA). Mae'r meini'n arnofio, mae'n siŵr, ond dwn 'im am yr Archdderwydd yn ei *sea-boots* gwyn, ei wisg laes, drom, a'i siaced achub euraid. 'Llifon dan ddŵr llonydd – yn y Bae ... !'

Eisteddfod sych

Beicio ar Lwybr Taf oeddwn i yng nghysgod ein Stadiwm 'Tywysogaethol', yn ceisio ffeindio'r ffordd orau i gyrraedd Bay-Fest pan ddaw hwnnw ddechrau Awst. Fydd hi'n braf cael Steddfod sych rôl llanast corsydd Môn llynadd, meddyliais wrth bedalu.

Troiais i'r chwith, croesi pont Wood Street, yna ymlaen ar hyd ceunant dwfn o lôn – agen gul rhwng adeiladau gor-dal. Syllu'n syn yno ar y tyrau gwydr a metal a'r craeniau'n 'mestyn fry; tyllau gweigion, lle bu adeiladau, yn dir braenar ar gyfer y grawn-unnos o swyddfeydd sgleiniog; ac arwyddion a lluniau'r parwydydd yn datgan gogoniannau'r 'Sgwâr Canolog' newydd.

Dyma drydydd 'corfforiad' y llecyn hwn. Rwy'n ddigon hen i gofio'r ail – Empeiar-pŵl, caffi Asteys, siop gig Clem Thomas a rhesi llochesi-aros-am-ddybl-decars yr orsaf fysiau agored o flaen gorsaf drên Cardiff General. Mae'r adeilad hardd hwnnw o'r 1930au, â 'Great Western Railway' wedi'i gerfio'n glir ar ei arwyneb calchfaen budr-wyn, rŵan yn bitw o beth yn ei gynefin nen-dyrog newydd.

Ond dim ond dolydd lleidiog y Taf oedd yma nes i Isambard Kingdom Brunel sythu a phontio'r afon wrth adeiladu'r South Wales Railway a'r orsaf gyntaf yn 1850. Rhoddodd hyn gyfle i'r Cyrnol Edward Wood adennill y tir ac i Jacob Scott Matthews ei lesio a'i ddatblygu'n ardal o resdai gweithwyr. Oherwydd daliadau dirwestol y ddau, ni chaniatawyd tafarn na diod feddwol yno. Hon, felly, oedd 'Temperance Town'. Yno, o gylch Wood Street, a'i Neuadd Ddirwest enfawr, Eglwys Dyfrig Sant a'r Ysgol Fwrdd, gorweddai tai a mân fusnesau strydoedd Park, Havelock, Scott, Gough, ac **Eisteddfod**. Chwalwyd y slymiau hyn yn y 1930au, a'r rhai olaf i orfod ymadael yn 1937 oedd Mr a Mrs Henry Arthur Hannam, o 32 Eisteddfod Street.

I mi, ystyr pensaernïol 'Sgwâr' yw casgliad o adeiladau o gwmpas darn o dir agored, megis parc, tir glas neu fan cyfarfod. Meddyliwch am Trafalgar, Albert, San Marco, Loudoun, Tiananmen, Catalunya … Yng ngwlad Groeg, yr Agora oedd canolbwynt bywyd ysbrydol, gwleidyddol, celfyddydol ac athletaidd y ddinas. Mae fama'n fwy o Times Square: canolbwynt adeiladau busnes â llifeiriant dihysbydd o arian masnachu a threthi yn ei sgil.

Ond mae sôn am ryw glwt bach o dir sbâr yng nghanol yr holl adeiladau tal a allasai fod yn barc, pe gwelasai'r haul. Ac, os na, mae pwt bach arall o dir agored rhwng yr orsaf a phalas y BBC. Beth am sicrhau, Huw, Bòs Cyngor Caerdydd, fod enw hanesyddol, addas ar y llecyn, a'i alw'n 'Eisteddfa'?

Walia' Wailes

Ar y morglawdd yn sefyll yn stond ar y beic oeddwn i (ag un droed ar y tarmac – dw i'm yn dricseiclist!) yn mwynhau'r olygfa. Roedd y bared wedi'i bario, a'i lifddorau'n agored i'r cychod a'u criwiau ddychwelyd at y marinas rôl diwrnod hegar o hwylio eangderau Môr Hafren – i Fari-eiland ac yn ôl. Chwilio am lwybr-drws-cefn oeddwn i gael sleifio mewn i Steddfod y Bae 'leni, heb dalu. Ond ddalltish i wedyn bod pob Tomos, Dic Siôn Dafydd, Harry, Megan, Amir a Kylie yn cael mynediad rhad i fanion bethau'r 'Maes'.

Draw tua'r de disgleiria Ynys Echni, tir mwyaf deheuol Cymru, yn yr haul, a'r Ynys Ronech Seisnig yn gysgod serth bygythiol drws nesa iddi. Roedd tywod Cefn-y-wrach ar fin magu rhyw lewyrchedd newydd dan ei phwn ychwanegol o laid ymbelydrol Hinckley Point.

'Gan Fôr Hafren y mae'r amrediad llanw mwya'n y byd, ac eithrio Bae Fundy yn Nova Scotia.'

Daeth geiriau Mansel Geog o'n nyddiau ysgol i'm cof, wrth i mi aros i'r dŵr yn y llociau godi a chodi'r cychod at lefel uwch. Cofio hefyd am y llaid trwchus, gludiog a garcharai'r cychod prin a ddefnyddiai'r *docks* adeg llanw isel stalwm – cyn Gweddnewidiad.

Toc, agorwyd y clwydi. Rhychu 'mlaen ffwl-sbid wedyn ar hyd lôn feicio/ loncio/cerdded prysur y morglawdd. Peth od nad oes enw arni; mae pob pwt o ffordd yn y ddinas 'ma'n cael enw rhyw gynghorydd neu frwydr neu ryw Lord a'i blant. Yn goeglyd, bathais hi'n Lôn Rowe-Beddoe er cof am waith arbennig Syr David. Dyma ddyn, o'i ŵglo, a gyfrannodd yn helaeth i fywyd cyhoeddus a chadeirio mwy o bwyllgorau a busnesau na llond pafiliwn o Archdderwyddon. Ef fu'n llywio Corfforaeth Ddatblygu Bae Caerdydd i droi 'Watch your step down the Docks' bygythiol yn 'We loves it down the Bay' deniadol; i foddi selerydd tai Grangetown a Glanyrafon (na phoenwch, mae Pontcanna'n sych – a drud); chwalu hen gymuned amlddiwylliannol; a throi Butetown yn Bay-town.

Oedais ger caffi'r bared. Tua'r gogledd, panorama min-dŵr fel hysbýs marchnata 'Dyma G'dydd': adeilad hen-ffash brics coch a thŷ gwydr bach to-fflat di-nod drws nesa iddo, slabiau llechi (lle mae'r Radyr *stone* lleol?) dan ryw swigan sgleiniog copr â graffiti arni, tai bwytafarn di-ri'n dangos ôl y gwynt a'r heli, gwesty crand â chiw-pî ar ei ben, tyrau o swyddfeydd gweigion, tyrau talach o fflatiau gorddrud Airbnb, a thyrau talach fyth o fflychau cwningod llawn sdiwdants. Rhyngom mae'r llyn dŵr croyw enfawr – neu fôr os goeliwch chi gyhoeddusrwydd yr Arg wrth lawnsio thema Blwyddyn y Môr 2018. 500 acar o ddŵr, dienw, a gyst filiynau i'w gynnal rhag llenwi â'r gwaddod a'r sbwriel a sgwriwyd gynt i'r môr yn llif y Taf a'r Elái ac sydd angen 630 pwmp ocsigen 24/24 i'w awyru rhag troi'n ferddwr difywyd.

Ond mi allasai pethau 'di bod yn wahanol iawn pe gwrandawyd ar un peiriannydd a phensaer morol nodedig, ond, ysywaeth, un sy'n angof heddiw. Brodor o Wallsend, Newcastle-upon-Tyne oedd Thomas Waters Wailes. Ar ôl iddo sefydlu ei yrfa yno fe'i denwyd yn 1882 i arwain y Mountstuart Dry Dock and Engineering Company yng Nghaerdydd – mae olion y dociau yno o hyd rhwng Techniquest a Wetherspoons. Roedd yn rhwystredig ynghylch arafwch gwleidyddion lleol i ddatblygu porthladd Caerdydd. Yn 1893 cyflwynodd gynllun uchelgeisiol i'w ehangu gan greu un a fyddai'n brysurach ac yn fwy o lawer na Lerpwl a Bryste. Trwy gyfres o forgloddiau, llifddorau, basnau a cheiau bwriedid creu 175 acer o ddociau newydd ar gyfer mewnforio, adennill 125 acer o dir i'r warysau, a chynyddu gallu'r pedwar doc a oedd yno eisoes i allforio. Cynigiwyd adeiladu rheilffyrdd newydd i gysylltu â'r dociau, ffordd lydan newydd at ganol y dre, a ffordd a phontydd i gysylltu â Phenarth. Lleolwyd y prif lifddorau'n y dŵr dyfnach ger Cefn-y-wrach i ganiatáu hwylio llongau ar bob cyflwr llanw, bron. Ac roedd y ddwy afon yn rhydd i lifo'n syth i'r môr gan gludo'u gwaddod budr ac osgoi llifogydd niweidiol.

A wireddwyd y cynllun? Cwynodd rhai am y gost, eraill nad oedd potensial i'r fath fasnachu, ac er yr honnai Wailes y byddai'r tirfeddianwyr, Ardalydd Bute a Lord Windsor, yn elwa'n arw o'r datblygu, gwrthodwyd y fenter. Bu peth datblygu wedi hynny ond dan reolaeth gadarn 'Y Teulu' – wedi'r cwbl, 'Cardiff was always a Bute-iful place'. Ond tybed a fu Syr David a Nic Crughywel yn pori yn archif hen rifynnau'r *Western Mail* ryw gan mlynedd yn ddiweddarach?

Bu farw Wailes yn 1905, cyn anterth a dirywiad enbyd Porthladd Caerdydd. Fe'i claddwyd ym Mynwent Cathays. Felly'n wobr iddo am ei weledigaeth, cynigiaf yr enw 'Lôn Wailes' ar gyfer lôn y bared, ac enwi'r llyn/môr yn 'Wailes Waters' – mi bleshith hynny'r Arg! Beth am enw Cymraeg, bloeddiwch chi? 'This is Kediff; we don't do Welsh, mate!'

Neu falla cânt enw sy'n coffáu rhyw Lord neu ddau, wedi'r cwbl!

Olwyn ap Gron

Braf oedd gweld deg wedi mentro ar y gystadleuaeth hon eleni: newyddion da i olygyddion papurau bro trwy Gymru benbaladr. O safbwynt golygydd roeddwn yn chwilio am erthyglau difyr, llawn gwreiddioldeb, a oedd yn denu rhywun i ddarllen heb waith cywiro na golygu arnynt. Ond gan mai am gasgliad yr oedd y gofyn, roeddwn hefyd yn chwilio am gydbwysedd da rhwng yr erthyglau i gyd a'u bod yn talu am eu lle. Ysgrifennodd rhai o'r awduron ar gyfer un papur bro penodol, tra gellid cyhoeddi erthyglau'r lleill yn unrhyw un ohonynt. Dyma sylw byr am bob ymgeisydd.

Ben Bembo: Natur yn bennaf yw testun yr awdur hwn ac mae wedi cynnwys delweddau lliwgar yn ei waith. Cynhwysodd bytiau difyr iawn am eirth ar stampiau, am gŵn rhyfeddol ac am ei gysylltiadau â'r gair a'r enw 'gwyn'. Gan mai ar gyfer dysgwyr y mae wedi ysgrifennu, rwy'n amau mai dysgwr yw'r awdur, ac er bod yma fân wallau, llongyfarchiadau ar y gwaith.

Llygad Llwchwr: Caiff natur sylw yma eto, yn wenyn, cyffylog ac anifeiliaid ac adar diflanedig: testunau difyr iawn. Mae'r erthygl am y Rhyfel Byd Cyntaf a'r stori druenus am rieni yn camddeall yr ymadrodd 'fatally wounded' yn un a fydd yn aros yn y cof. Byddai'n talu i'r awdur ddarllen trwy ei waith ychydig yn fwy gofalus ac rwy'n ofni bod yma un gwall ffeithiol am y gwyniad – sy'n brifo beirniad o ardal y Bala!

Llwyn y Gôg [*sic*]: Amaethyddol yw cefndir yr erthyglau hyn. Ceir trafodaeth fanwl am sefyllfa amaeth ar hyn o bryd, erthygl am ddiolch am gael diolch ac yna portread o amaethwr penodol i orffen. Er nad yw'r copi yn hollol lân bob tro, mae yma ddeunydd diddorol ac awdur sydd â chyfoeth o atgofion sy'n haeddu cael eu cofnodi. Ei fai mawr yn y gystadleuaeth arbennig hon yw'r diffyg cydbwysedd rhwng yr erthyglau. Ceir gormod o fanylder yn yr erthygl sy'n trafod byd amaeth ac oherwydd y cyfyngiad ar gyfanswm y geiriau mae'r erthyglau eraill yn dioddef.

Mistar Urdd: Diffyg cydbwysedd yw prif ddiffyg *Mistar Urdd* hefyd. Mae ganddo erthygl gyntaf ragorol am hanes Adran Bentref Penrhyndeudraeth: cofnodir hanes pwysig ynddi. Yn anffodus, nid yw'r ddwy erthygl arall, am silff ben tân a dewis rhwng archfarchnadoedd a siopau bach, yn cyrraedd yr un tir.

Y Garreg Fawr: Pedair erthygl ar gyfer papur bro Cwm Cynon, *Clochdar*, sydd yma. Maent yn erthyglau gwerthfawr iawn yn hanesyddol yn trafod eisteddfodau Cwm Cynon yn y dyddiau a fu, perthnasau (niferus iawn) yr awdur ym Mhennsylvania a ymfudodd o Gwm Cynon, hanes pwll y Werfa a phwt am ddulliau o gyfleu'r newyddion. Yn fy marn i, fe ellid bod wedi hepgor y darn hwn gan nad yw'n ychwanegu fawr at y cyfanwaith. Yn sicr mae yma ddeunydd sy'n haeddu ei gyhoeddi ond nid yw'r mynegiant yn hollol lyfn bob amser.

Lowri: Tair erthygl dan y penawdau 'Neges y gân', 'Rhybudd y chwedl' a 'Dadleniad y stori': erthyglau difyr, cyfoes sydd wedi eu saernïo yn gelfydd i arwain at neges bwysig bob tro. Mae'r awdur yn tynnu ar ein traddodiadau a'n chwedlau i gyflwyno ei ddadl a byddai'r tair erthygl yn haeddu eu lle mewn unrhyw bapur bro.

Turiwr: Llwyddodd i greu cyfanwaith taclus iawn trwy gyflwyno pedair erthygl ar y testun 'Rhestrau'. Cawn hanes Martin Luther King, Gandhi, Albert Einstein a rhestrau penodol yn gysylltiedig â nhw a rhestr o reolau clwb golff yng nghyffiniau Llundain yn ystod yr Ail Ryfel Byd. Trwy gyfrwng y rhestrau cyflwynir gwersi pwysig i ni am y ddynoliaeth, ar ei gorau a'i gwaethaf. Ymgais lwyddiannus iawn.

Pen y Bryn: Tair erthygl yn cyflwyno tair agwedd ar iaith a ddewiswyd fel thema yma. Ceir un yn sôn am y modd y mae plant yn defnyddio iaith ar sail eu profiad, un yn cyfeirio at ddawn dau gymeriad arbennig wrth drin iaith, a'r olaf yn trafod magu hyder i ddefnyddio'r Gymraeg. Mae yma ysgrifennwr medrus sydd yn cadw diddordeb y darllenydd ac yn cyflwyno ei neges yn effeithiol.

Y4C: Fel yr awgryma'r ffugenw, trafod pedair 'c' wahanol y mae'r awdur: 'Cae', 'Cymdogion', 'Cyfri' a 'Cloncan'. Pedair erthygl hynod o ddifyr a blas lleol arnynt ond â neges sy'n berthnasol i Gymru gyfan. Ynddynt mae llu o hanesion difyr a rhestrau arbennig o werthfawr o eiriau cyfri defaid ac o ymadroddion yn gysylltiedig â 'chloncan'. Gobeithio'n wir y byddant yn cael eu cyhoeddi.

Olwyn ap Gron: Dan y teitl gogleisiol, 'Dyddiadur Deurodiwr Dŵad', cyflwynir tair erthygl ar gyfer *Y Dinesydd*. Aiff yr awdur â ni efo fo ar ei feic i wahanol fannau yn y ddinas i chwilio am olion Eisteddfodau'r gorffennol, i adrodd hanes yr ardal o gwmpas yr orsaf lle bydd cartref newydd y BBC ac i ardal y Bae. Dyma sgwennwr medrus sy'n gallu tynnu blewyn o drwyn a denu rhywun i ddarllen yr un pryd ac mae ei erthyglau yn llawn gwybodaeth ddifyr a dadlennol.

Roedd nifer fawr o'r ymgeiswyr yn deilwng o'r wobr eleni, ond oherwydd ei hiwmor a newydd-deb ei ddeunydd rhoddaf y wobr i *Olwyn ap Gron*.

Casgliad o lythyron dychmygol mewn cyfnod o ryfel,
heb fod dros 2,000 o eiriau

CASGLIAD O LYTHYRON

Rhywle yn Ffrainc
18 Hydref 1915

Annwyl Mam a Nhad,

Maddeuwch imi am beidio cynnwys fy nghyfeiriad llawn, oherwydd nad oes gennym hawl dweud ym mha ran o'r wlad ydw i. Ond fel y gwelwch 'rhywle yn Ffrainc' yw'r cyfeiriad. Roedd cyfnod yr ymarferion yn Lerpwl yn ddigon hwyliog, ond ers cael ein symud dramor mae'n sefyllfa wedi newid yn llwyr, a sŵn ergydion yn gwmni cyson inni. Er nad yw'r cytia rydym yn byw ynddynt yn gyfforddus iawn, maent yn nefoedd ar y ddaear i'w cymharu â'r ffosydd yn y ffrynt. Yr unig gŵyn sydd i'w chlywed ymysg y bechgyn yw'r un am y rhai sy'n rhannu'r lle efo ni, ddydd a nos, sef y llygod mawr. Cwmni digon annifyr hefyd yw'r llau sy'n ein gyrru'n wallgo, a ninnau'n cosi o'r corun i'n sodlau. Ond y lleia o'r pethau sy'n ein poeni yw'r rhain. Mae'r daith o'r cytia, ar hyd y ffos fawr i'r prif ffosydd mwdlyd yn antur ynddi'i hun, a deud y gwir, a'r bwledi'n chwibanu uwch ein penna. Pan fyddwn ar 'diwti', rhaid bod yn wyliadwrus bob amser, a'n gynnau'n barod i'w tanio at y gelyn. Dywedodd un wrtha i mai dim ond rhyw ddeg llath sy rhyngom a ffosydd yr Almaenwyr. Pa bryd ddaw y rhyfel hyll hon i ben deudwch? Diolchwch ar fy rhan i aelodau Salem am anfon y pecyn nwyddau ataf. Roedd popeth ynddo'n dderbyniol iawn, ac yn gysur mawr i'r hogia. Rhaid terfynu rŵan, mae rhyw gynhyrfiad o gyfeiriad y ffosydd. Rhaid cadw'r bensel, a throi tuag at y peryg eto, gwaetha'r modd. On i peidiwch â phoeni gormod amdanaf, mi fyddaf yn berffaith saff ymysg y cwmni da o filwyr dewr Cymreig y Ffiwsilwyr. Rwy'n gweddïo i Dduw yn rheolaidd i'm gwarchod, ac mae fy ffydd ynddo yn fy nghadw i fynd. Cofiwch fi at weddill y teulu, a'r ffrindia a chymdogion acw yn y Llan. Anfonaf lytl yr eto pan ddaw'r cyfle. Edrychaf ymlaen yn fawr o gael eich gweld unwaith eto ar dir anwylach.

Gyda chariad mawr atoch,
Ifan

3 Bryn Llech,

Y Llan

10 Tachwedd 1915

Ein hannwyl Ifan,

Cysur mawr inni yma oedd derbyn dy lythyr heddiw, Ifan bach, a phawb yn falch dy fod yn iach. Rydym ninnau yn cadw'n eitha rhag yr heintia sydd o gwmpas, diolch am hynny. Bu dy chwaer Annie draw ddoe gyda'r plantos, a hithau'n poeni y bydd John y gŵr yn cael ei berswadio i ymuno â'r fyddin yn fuan. Mae'r ffaith fod chwareli'r ardal wedi cwtogi ar niferoedd y gweithiwrs, ac ambell un wedi cau, yn destun poen i lawer o deuluoedd yn yr ardal. Mae'n ddigon i dy rieni orfod poeni amdanat ti yn yr heldrin fawr heb gael y mab yng nghyfraith yno hefyd. Duw yn unig fydd yn penderfynu ein tynged i gyd, ac mae'n bwysig iti gofio hynny, Ifan bach.

Dim ond newyddion drwg sydd yma am nifer eraill o hogia'r Llan 'ma yn cael eu hanfon i'r brwydro. Rhyfedd meddwl bod cymaint ohonoch mor awyddus i fynd i wynebu'r peryglon mawr. Aeth Dafydd, Ty'n Mynydd, i wersyll yn Northampton ddoe, y cr'adur bach, ac yntau heb air o Saesneg rhwng ei wefusau. Sut ar y ddaear y bydd yn deall iaith y swyddogion sy'n gwestiwn. Defis, y Banc gynt, fu'n gyfrifol o'i berswadio ynta, fel chditha i dderbyn y swllt am arwyddo, a'r addewid o iwnifform a'r daith anturus i'r cyfandir. Roedd ym mhell o'i le pan ddywedodd y byddai'r rhyfel drosodd erbyn y Nadolig y llynedd. Mae'r *Herald* yn canmol Defis i'r entrychion ers iddo gael ei benodi'n Swyddog Recriwtio dros yr ardal. Bu cyfarfod llewyrchus i gefnogi'r ymgyrch recriwtio'n lleol yn y neuadd orlawn y noson o'r blaen, gyda Defis yn llywyddu. Roedd wedi llwyddo i gael yr hen Gyrnol Firbanks, y Plas, i annerch, ond yn anffodus, trwy gyfrwng y Saesneg oedd ei eiriau i gyd, a bron neb yn deall ei neges. Ond cafwyd digon o'r brodorion i lwyddo i ganu 'God Save the King' ar y diwedd, ac eraill i fwmian y dôn, a hynny'n plesio'r Cyrnol yn fawr.

Cofia di fod yn ofalus yn y trenshys 'na, a chadw dy feddwl yn fyw bob amser. Rhaid iti fod yn wyliadwrus iawn, a chadw golwg dros dy ysgwydd bob hyn a hyn. Cofia hefyd fod yn ufudd i'r swyddogion sydd yn gofalu ar danoch, a gwranda'n astud ar orchmynion y rhai sy'n eich arwain. Paid â chymryd enw Arglwydd dy Dduw yn ofer, a chofia weddïo'n aml. Y Fo fydd dy waredwr, Ifan bach.

Anfon lythyr atom yn fuan, os cei gyfle.

Gyda chariad mawr,

Dy fam a'th dad

Rhywle yn Ffrainc,
18 Chwefror 1916

Annwyl Rieni,

Maddeuwch imi am fethu cael y cyfle i anfon llythyr atoch cyn hyn. Gobeithio na fu ichi boeni'n ormodol amdana i. Gobeithio hefyd eich bod mewn iechyd da, fel ac yr ydwyf innau. Y rheswm dros yr oediad rhag anfon llythyr oedd oherwydd inni gael ein symud o amgylch yn aml, a'r ffaith fod papur sgwennu fel aur Meirion o brin yma. Treuliasom ddydd Nadolig yn y trenshys, a chawsom bryd o fwyd eitha blasus o borc a phwdin plwm, diolch i ymdrechion y swyddogion a anfonodd y cyfan atom o'u cantîn. Cawsom ganu ychydig o garolau Cymreig, er mawr bleser i'r milwyr di-Gymraeg yn ein mysg. Gorffennwyd y dathlu drwy ganu'r anthem 'God Save the King'. Mawr obeithiwn mai gartre yng Nghymru Fach y bydd inni dreulio'r Nadolig nesa. Er wynebu llawer o beryglon, fe ddois drwy'r holl ymladd heb fawr o anafiadau, dim ond rhyw ychydig o effeithiau'r nwy a ddaw o gyfeiriad ffosydd y Germaniaid. Diolch yn benna am y masgiau ardderchog a gyflenwir inni gan y criw meddygol sy'n gofalu am ein hiechyd. Yn anffodus, ni chaf anfon adroddiad am golledion yn ein mysg. Mae'r sensors yn gofalu na chawn ddatgelu gormod ar yr ochor honno. Mae'n debyg eich bod wedi darllen yn yr *Herald* am y brwydro fu yma yn ddiweddar. Ac eto, oherwydd y sensors, nid oes hawl gen i ddatgelu eto pa le yn union yr ydym ar hyn o bryd. Deallaf fod un o'r sensoriaid yn gallu darllen Cymraeg, ac yn sicrhau na fyddwn ni yn dweud gormod o wirioneddau yn yr heniaith. Fe ddaethom yma ddechrau'r flwyddyn, a'r ddaear dan orchudd trwm o eira. Roedd yn f'atgoffa o aeafa a gawn adre, a'r golygfeydd hyfryd o'r Cwm islaw dan wely gwyn. Nid oes cân aderyn, fel a geir yn y Cwm, i'w glywed o gwbl yma, a'r cyfan wedi eu tawelu dan belennau y ddwy ochr yn tanio'n ddi-baid at ei gilydd. Does dim golwg am dyfiant ar y tiroedd chwaith, a'r *shells* wedi creithio'r meysydd am filltiroedd o'n cwmpas. Golygfa ddigalon sy'n ein hamgylchynu i bob cyfeiriad, arwyddion marwolaeth ar bob llaw. Y dydd o'r blaen ffrwydrodd un o meins yr Almaenwyr, ond eto, ni chaf ehangu fy ngeiria am y rhesymau a nodais ynghynt. Dymuniad pob un ohonom yn yr uffern hon yw cael dychwelyd yn ôl yn fuddugoliaethus er mwyn ein Brenin a Phrydain Fawr. Mae fy ffydd yn Nuw i 'nghadw'n saff yn dal yn gryf. Gofalwch amdanoch eich hunain f'annwyl fam a thad, a chofiwch fi at bawb yng nghapel Salem, ac yn y Llan.

Eich mab hiraethus,
Ifan

Annwyl Ifan,

Diolch am dy lythyr a ddaeth i law y bore hwn. Diolchwn hefyd dy fod yn fyw ac yn iach yng nghanol yr holl frwydro. Gweddïwn bob awr o bob dydd am dy ddychweliad atom i'r Llan, fel y gwna perthnasau gweddill hogia'r fro am gael gweld eu meibion, gwŷr a brodyr eto. Mae dy fam a minnau'n cadw'n eitha o ran iechyd o ystyried sefyllfa fregus y byd 'ma, a'r rhyfel wedi dwyn cymaint o fechgyn Cymru o'u cynefinoedd. Mae Annie a'r ddau fach yn weddol, ac yn aros yn eiddgar bob dydd am lythyr gan John. Ni chafwyd gair ganddo ers tro. Gobeithio y dowch ar draws eich gilydd acw 'rhywle yn Ffrainc' yn fuan.

Mae casgliadau wedi eu gwneud yma i brynu ychydig o ddanteithion i'ch cysuro, a bydd y cyfan yn cael eu hanfon atoch yn fuan. Darllenwn yn y papurau am y brwydro mawr sydd ar y gorwel, ac am waith da y garfan Gymreig yn y ffosydd. Ni allwn ond gobeithio y cei osgoi'r gwaetha o'r ymladd, ac y doi drwy'r cyfan yn holliach. Yn naturiol, rydym yn pryderu'n fawr amdanat, a gweddill y milwyr dewr o Gymru sydd heddiw ar faes y gad mor bell o gartre. Da oedd darllen hanes y Brenin yn y *Chronicle* yn dymuno'r gorau i'r milwyr wrth iddynt wynebu'r gelyn creulon. Mae'n gysur inni i gyd ei fod yn meddwl amdanoch draw yn Llundain bell. Mae dros ddeugain o fechgyn o'r Llan wedi ymrestru gyda'r fyddin bellach, ers i orfodaeth ddod i rym. Mae Defis y Banc yn un o aelodau'r Tribiwnal lleol erbyn hyn, ac wedi ei ddyrchafu'n Lefftenant gan y Swyddfa Ryfel, gyda llaw. Digon amharod yw rhai o fechgyn y plwy i'ch dilyn i faes y gad erbyn hyn, yn ôl pob sôn.

Tawel iawn ydy yma yn y Llan, a'r ysbryd yn wladgarol iawn, wrth i adroddiadau da gyrraedd am fuddugoliaethau byddin Prydain Fawr mewn sawl brwydr. Cafwyd cyngerdd gwych yn y neuadd y noson o'r blaen gyda'r band a phlant yr ysgol yn eu siwtiau Iwnion Jacs yn canu eitemau a fyddai wrth fodd y Brenin. Casglwyd swm o £18.2d tuag at ymgyrch cysuron y milwyr. Mae criw o ferched y pentre wrthi'n brysur yn gwau sanau ar eich cyfer hefyd. Mae'r eisteddfod leol wedi ei chanslo oherwydd yr amgylchiadau. Rwyf inna allan o waith erbyn hyn, gwaetha'r modd. Caewyd y chwarel yr wythnos dwytha, gan fod nifer o'r gweithwyr wedi ymrestru, ac oherwydd diffyg archebion. Mae dy fam yn pryderu am sut y llwyddwn i fwydo'r teulu o hyn ymlaen, dim ond y Bod Mawr a ŵyr. Cofia gadw dy hun yn ffyddlon i'r Arglwydd Mawr, a gweddïa'n aml iddo am ddiwedd buan ar y brwydro dychrynllyd.

Gan obeithio y cawn dy gwmni annwyl eto ar yr aelwyd yma yn fuan.
Mam a Dad

Coedwig Mametz
12 Gorffennaf 1916

Annwyl Mr a Mrs Roberts,

Gyda chalon drom yr ysgrifennaf atoch i'ch hysbysu am farwolaeth eich mab, y Preifat Evan Roberts 21689, R.W.F., a laddwyd ddoe yn y frwydr fawr yng Nghoedwig Mametz. Roedd yr ymgyrch gan y fyddin Gymreig yn un hynod o ddewr. Yn anffodus, cwympodd dros 4,000 o'r milwyr, gan gynnwys eich mab, cyn llwyddo i drechu'r gelyn, a hawlio'r goedwig. Bydd y dewrder a ymddangoswyd yn y fuddugoliaeth yn cael ei gofio am byth, ac enw eich mab yn sicr o gael ei gerfio ar gofeb ymysg y gweddill a aberthodd eu bywydau yma.

Fel caplan ar yr adran y gwasanaethodd Evan ynddi, roeddwn yn ei adnabod yn dda. Byddai'n aml yn bresennol yn y gwasanaethau crefyddol a gynhaliwyd gennyf, ac yn barod i blygu glin i weddïo drosoch eich dau. Soniai amdanoch yn rheolaidd, ac roedd ei gariad tuag atoch yn angerddol, ac yn esiampl i weddill y cwmni. Byddai bob amser yn erfyn ar ei Dduw i ddod â diwedd ar y rhyfel bechadurus hon i ben, ac am gael dod adref atoch acw yng Nghymru. Roedd yn anrhydedd cael ei adnabod fel milwr a roddodd o'i orau i wasanaethu ei Frenin a Phrydain Fawr. Roedd yn un a oedd yn credu yn y pethau gorau. Dylech fod yn falch iawn ohono am aberthu ei fywyd dros yr hyn sydd mor werthfawr inni i gyd.

Gobeithio y bydd hyn o eiriau yn rhywfaint o gysur ichi yn eich colled drist. Boed i Dduw ofalu amdanoch yn eich galar.

Yr eiddoch yn gywir,
Ivor B. Rees, Chaplain, 38th Div. R.W.F.
Caplan Ivor B. Rees

Dros Gymru'n Gwlad?

Dim ond dwy ymgais a ddaeth i law. Mae'n siom o ystyried posibiliadau'r gystadleuaeth, gan fod llythyron mewn cyfnod o ryfel yn rhoi cyfle i awduron ymateb yn greadigol i rychwant o brofiadau hanesyddol. Tybed a yw'r rhan fwyaf o lenorion Cymru wedi blino ar ôl pedair blynedd o gofio'r Rhyfel Mawr? Beth bynnag, mae'r ddau gystadleuydd, *Twndish* a *Dros Gymru'n Gwlad?* wedi rhoi tipyn o ddeunydd i gnoi cil arno.

Twndish: Llythyrau rhwng mab o filwr a'i rieni yw swmp y casgliad hwn, a hynny yn ystod dwy flynedd olaf yr Ail Ryfel Byd. Mae Glyn yn ymladd yn erbyn y Siapaneaid ym Myrma ac mae'i lythyrau'n disgrifio rhai o erchyllterau'r rhan honno o'r Rhyfel mewn modd byw, gyda rhai darnau'n aros yn y cof, fel y cyfeiriad at y 'cyrff ym mhob man yn pytru yn y gwres'. Mae cyfuniad o'r iaith fwy ffurfiol – sy'n gallu nodweddu cyfrwng y llythyr – a thafodiaith y cymeriadau (o Aberdâr) yn effeithiol iawn. Mae'r casgliad yn cloi gyda llythyr oddi wrth y rhieni at eu merch, Enid, sy'n gwasanaethu gyda'r WAAF yn yr Aifft, a hynny er mwyn ei hysbysu bod ei brawd, Glyn, wedi'i ladd yn ystod dyddiau olaf yr ymladd ym Myrma. Ond mae *Twndish* yn ceisio gwneud gormod oddi mewn i ffiniau cyfyngedig ei gasgliad byr o lythyrau; ceisia adrodd gwahanol agweddau ar rawd hanes y Rhyfel, heb sôn am y tensiynau personol rhwng y milwr a'i heddychwyr o rieni. Teimlaf fod gan yr awdur hwn ddeunydd nofel yma a'i fod wedi gwneud cam ag ef trwy geisio'i wasgu i mewn i flwch mor fach.

Dros Gymru'n Gwlad?: Llythyrau rhwng milwr o fab a'i rieni yw swmp y casgliad hwn hefyd. Mae'n mynd â ni'n ôl i'r Rhyfel Byd Cyntaf, wrth i Ifan drafod rhai o'i brofiadau yn y ffosydd yn ystod y blynyddoedd 1915-16. Ac yn debyg i'r cystadleuydd arall, mae'n cloi â llythyr yn ein hysbysu bod y milwr ifanc wedi'i ladd. Epistol gan y Caplan Ivor B. Rees at rieni Ifan yw'r llythyr hwn, a cheir yn niweddglo llythyr y caplan gyfeiriad at yr holnod eironig yn ffugenw'r cystadleuydd: 'Dylech fod yn falch iawn ohono am aberthu ei fywyd dros yr hyn sydd mor werthfawr inni i gyd. Gobeithio y bydd hyn o eiriau yn rhywfaint o gysur ichi yn eich colled drist.' Er bod ambell dro emosiynol cofiadwy yma, mae *Dros Gymru'n Gwlad?* hefyd yn cynnwys y math o frawddegau fformiwläig y gellir eu gweld yn aml mewn llythyrau o'r cyfnod, megis 'Gobeithio hefyd eich bod mewn iechyd da, fel ac yr ydwyf innau.' Ond er bod ieithwedd y llythyrau'n taro deuddeg yn aml, mae yma ambell ymadrodd sy'n swnio ychydig yn anacronistaidd; credaf y byddai Cymro yn y cyfnod yn ysgrifennu 'milwyr Seisnig' neu 'Saeson' yn hytrach na 'milwyr di-Gymraeg'.

Credaf fod y ddwy ymgais yn deilwng o'r wobr er bod meflau ar y ddwy hefyd. Gan ei fod wedi ymateb ychydig yn well i her ffurf gryno'r llythyr, rwyf yn barnu mai *Dros Gymru'n Gwlad?* biau'r wobr, a hynny o drwch blewyn yn unig.

Taith dywys i gyflwyno ardal, heb fod dros 2,000 o eiriau

TAITH DYWYS O LANFAIR PWLLGWYNGYLL I LANDDANIEL-FAB, YNYS MÔN

Rhagair

Byddwch yn cerdded trwy bentref sydd wedi'i newid yn llwyr dros y trigain mlynedd diwethaf oherwydd y stadau newydd, gan sylweddoli cymaint o symbolau o filitariaeth sydd yn y fro. Cewch weld a phrofi rhyfeddodau a harddwch y Fenai cyn camu i'r cyfnod cynhanesyddol a deall bod amaethyddiaeth yn dal yn bwysig yn yr ardal.

Ni chynhwyswyd lluniau oherwydd mai cyfryngau ydynt yn aml i'r teithiwr aros yn ei unfan a theimlid nad oedd angen map gan fod y daith (oddeutu pedair milltir o hyd a phedair awr o gerdded hamddenol) mor hawdd i'w dilyn.

Y Daith

Llanfair Pwllgwyngyll – a dyma ni yno. Gan fod amser yn brin wnawn ni ddim mentro ynganu'r enw hir a ddyfeisiwyd gan deiliwr o'r Borth ar ddyfodiad y rheilffordd dros ganrif a hanner yn ôl i ddenu twristiaid – ac fe weithiodd! Cyn cychwyn o faes parcio Pringles mentrwn i Ogof Aladin y siop enfawr lle mae clamp o arwyddbost yn nodi'r pellter i rai o ddinasoedd mawrion y byd (hwylus iawn) ynghyd â bargeinion lu ar bob math o bethau dan haul gan gynnwys bwyd, diodydd, dillad a chofroddion fel yr un gyda'r geiriau 'Anyone can cuddle but only the Welsh Cwtch' arno. Hefyd mae caffi yma a'r geiriau 'Blasus Scrummy Maethlon Tasty Divine' (dwyieithrwydd go iawn!) i'ch hudo i'w gynteddau ynghyd â hen luniau trawiadol o'r ardal – hafan ar ddiwrnod glawog.

Yn y maes parcio mentrwn i'r orsaf lle mae arwydd sy'n cynorthwyo dieithriaid i ynganu'r enw hir a phont fetel liwgar dros y cledrau. Gadawn y maes parcio rhag cael ein sathru dan draed gan ffotograffwyr yn tynnu lluniau yr enw hir, at y Gofeb i filwyr coll y ddau Ryfel Mawr ac wrth syllu ar yr enwau, cynddeiriogwn wrth feddwl am eu tynged drist a ffieiddiwn wrth y gwleidyddion a'r bwtseriaid (rhai ohonynt yn wŷr 'mawr' Môn) a'u gyrrodd i Gatraeth eu dydd. Ar y Gofeb cerfiwyd geiriau yn talu teyrnged i'r rhai 'a roes eu bywyd dros wlad a brenin ar dir a môr'. Chafodd Pte M. Rowlands, Pen Wal, Penmynydd, 17 oed a laddwyd yn Ffrainc na'r llu o enwau eraill fawr o ddewis, naddo, wrth wasanaethu brenin a oedd yn ddiogel yn ei balas.

Dros y ffordd mae Tŷ Coch, hen gartref Syr John Morris-Jones (1864-1929), Athro Cymraeg cyntaf Coleg y Brifysgol, Bangor a'r ysgolhaig a roddodd seiliau mor gadarn i'r Gymraeg yn ei lyfrau: A Welsh Grammar (1913) a'r llyfr enwog am gelfyddyd barddoniaeth Gymraeg, Cerdd Dafod (1925). Unwaith bu ei gartref yn dŷ chwaethus, pensaernïol hardd, er i Syr O. M. Edwards honni mewn llythyr at ei wraig nad oedd i'w gymharu â'r Neuadd Wen, eu cartref nhw! Cythraul tai, ynte! Bellach mae'r tŷ mewn cyflwr truenus ac yn friw i'r llygaid er mawr gywilydd i bawb ohonom.

Daliwn ymlaen ar y lôn bost sef yr A5 yr honnodd Bobi Jones yn 1957 fod gormod o lwch Llundain arni, i gyfeiriad Bangor ac yn fuan ar y chwith down at yr Ysgol Gynradd sy'n ysgol lwyddiannus a chartrefol, luosog ei gweithgareddau ac sy'n rhoddi seiliau mor gadarn i'r genhedlaeth nesaf cyn pasio Garaits Volvo sydd, chwarae teg iddynt, yn hysbysebu yn y Gymraeg ar S4C ac sy'n gartref newydd i Swyddfa Bost y pentref.

Ar gyrion y pentref down at y Tolldy a'r cwt sinc sydd yn sownd ynddo lle mae amgueddfa fechan i ddathlu can mlynedd ers sefydlu'r gangen gyntaf o Sefydliad y Merched ym Mhrydain (Llanfairpwll ar y blaen eto!) yn 1915. Mae'r tolldy ei hun yn hynod o ddiddorol ac arno nodir yn fanwl restr o'r tollau a phleser yw meddwl na fuasai'n rhaid i ni heddiw dalu 1d. petaem yn mynd heibio gyda cheffyl neu ful neu asyn llwythog neu ddi-bwn.

Ar y chwith ar Graig y Ddinas lle roedd hen gaer hynafol, yn tra-arglwyddiaethu dros y pentref, mae colofn hirfain Tŵr Marcwis a godwyd rhwng 1816 a 1817 i gofio am wrhydri y Marcwis cyntaf ym Mrwydr Waterlŵ (1815) lle collodd ei goes. Fe roddwyd cerflun o'r Marcwis arno yn 1860 ac i'r cerflun hwn y canodd John Evans, Y Bardd Cocos (1827-1888) mor dreiddgar a datguddiol:

Marcwis of Anglesea
Yn eitha dyn
Yn Batl of Waterlŵ
Fe gollod ei glun
Tasa fo wedi colli'r llall
Fasa gynno fo ddim un.

Bellach mae'r Tŵr ar gau – angen grisiau newydd i fynd i'w dop a neb yn barod i dalu – yr hen, hen hanes! Beth wnawn ni ohono? Llwyfan bendigedig (pan oedd ar agor) i weld y Fenai ac Eryri ynteu symbol o rwysg a rhyfel ac imperialaeth ac eilunaddoli pendefigion? Barnwch chi.

Daliwn ymlaen ar yr A5 am chwarter milltir arall cyn cyrraedd tŷ o'r enw Bodafon ar y chwith a fu'n gartref am flynyddoedd lawer i'r hynod John Lasarus Williams (1924-2004) a wnaeth gymaint yn ystod ei oes i hybu'r Gymraeg a Chymreictod fel sefydlu Sioe Gymraeg y Borth. Roedd yn ymgyrchydd diflino, yn gadarn dros gyfiawnder ac yn dipyn o gymeriad. O na bai mwy o rai tebyg iddo!

Gadawn yr A5 gan droi i'r dde at Westy Carreg Brân lle mae llwybr i'r chwith yn ein harwain o dan yr anghenfil o bont dros y Fenai sef Pont Britannia a ailadeiladwyd rhwng 1971 a 1972 i gludo ceir ar y llawr uchaf a threnau ar y llawr isaf ar ôl i'r hen bont gael ei dinistrio gan dân ffyrnig yn 1970. Profiad gwefreiddiol yw syllu i fyny at adeiladwaith metalog hynod y bont a adeiladwyd yn wreiddiol rhwng 1846 ac 1850 gan Robert Stephenson (1803-1859) fel pont diwb ar gyfer trenau a bu'n arwyddocaol iawn yn wleidyddol ac economaidd yn hanes Prydain ac Iwerddon. Ger trac y rheilffordd gorffwysa cerfluniau enwog ac anferth dau o'r pedwar llew tew y canodd y Bardd Cocos mor athrylithgar-resymol iddynt:

> Pedwar llew tew
> Heb ddim blew
> Dau 'rochor yma
> A dau 'rochor drew.

Bellach mae eu mawredd yn guddiedig a llawer yn dadlau y dylid eu symud i fan mwy hysbys. Efallai y bydd lle iddynt ar y bont newydd arfaethedig y bu cymaint o sôn amdani ers blynyddoedd!

Dychwelwn at y gwesty cyn troi i lawr i'r chwith at yr eglwys a sylwi ar y peilonau hyf y mae'r Grid Cenedlaethol yn ei ddoethineb a'i haelioni am ein breintio â mwy ohonynt ar draws yr Ynys yn ôl y sôn.

Oherwydd bygythiad lladron, mae'r eglwys ar gau ond yn y fynwent mae beddrod urddasol ond syml Syr John Morris-Jones gyda'r geiriau 'Athro Cymraeg' arno a dyna ddweud y cyfan. Nid nepell ar fedd digon anhysbys erbyn hyn, mae englyn dirdynnol ganddo i'w nai bach, Einion, a fu farw'n llai na dwyflwydd oed:

Ai Einion mewn gwirionedd – a roddir
Heddiw yn y dyfnfedd?
Oer wyf ac nid yw ryfedd
A'm nai bach yma'n y bedd.

Wrth ddarllen yr englyn ni allwn lai na theimlo'r dwyster a'r tristwch sydd ynghlwm wrth fynwent. Hefyd gerllaw mae cofgolofn amlwg i gofio am y trueiniaid o gollodd eu bywydau wrth adeiladu Pont Britannia a chyfeiriad torcalonnus at Emma Greaves, Lake Lock ger Wakefield, Swydd Efrog a fu farw ger y bont naw diwrnod cyn y Nadolig yn ei phumed flwyddyn yn 1849. Tybed beth a'i lladdodd – aflwydd neu ddamwain? Ni allwn ond meddwl a gresynu.

Ar ôl oedi am foment i hel meddyliau am hen drigolion yr ardal, awn at y Fenai eang, yr afon nad yw'n afon, y mae ei dyfroedd weithiau'n llyfn a thawel a thro arall yn fwrlwm gwyllt ac arni ceir gweithgareddau lu yn amrywio o wibio neu hwylio mewn cychod neu wyddonwyr yn astudio'i hwyneb a'i dyfnderoedd. O'r lan gellir gweld rhyfeddodau'r tir mawr a mynyddoedd Eryri yn eu hamryfal wisgoedd a bu'n hwb i allu creadigol llawer o feirdd ac artistiaid ar hyd y blynyddoedd. Gwir y mynegodd bardd anhysbys:

Is nef nid oes un afon
Lased a hardded â hon.

O'n blaenau mae cerflun anferthol i goffáu Nelson (1758-1805), arwr Trafalgar (1805), sy'n syllu'n herfeiddiol tuag at y dyfroedd ac yn breuddwydio efallai am Ledi Hamilton. Ar y golofn mae'r geiriau: 'England expects that every man will do his duty'. Mêl ar dafodau'r rhai ffarajaidd yn ein plith, mae'n siŵr!

Fel y mwyafrif o deithiau eraill mae hon yn daith y gellir drwyddi ailgymuno â byd natur a syllu o'n cwmpas lle mae cyfoeth ym mhopeth. Ni ddylid rhuthro ond sefyll a syllu fel y dywedodd W. H. Davies ac anghofio am y byd a'i ofalon dros dro, beth bynnag, a mwynhau sgyrsiau difyr â chyd-gerddwyr a dieithriaid.

Cerddwn i'r dde gan syllu ar Blas Newydd yn y pellter wedi'i adeiladu ar safle mor odidog ac yn adlewyrchiad o freintiau'r pendefigion yn yr hen oesoedd. Mae'r glannau a ffinnir gan goed trawiadol yn garegog ac yn dipyn o her ar lanw uchel.

Gadawn y glannau ar ôl rhyw hanner milltir a dilyn Llwybr yr Arfordir heibio safle Canolfan Hyfforddi Gweithgareddau Môr y Lluoedd Arfog cyn cyrraedd porthladd bychan cysgodol Pwll Fanogl (Pwllfanog ar lafar gwlad) lle rhed afon Braint i'r môr. Ar un adeg bu'n ganolfan ar gyfer diwydiannau lleol fel cynhyrchu blawd, dadlwytho glo, ffatri marjarîn, ffatri gig moch a fframio llechi sgwennu ar gyfer ysgolion. Lle hynod o brysur ac nid tawel fel heddiw.

Yn ôl y gwybodusion enwyd afon Braint ar ôl y dduwies Geltaidd, Brigantia, y mae ei henw yn gyfarwydd yn Iwerddon a Lloegr hefyd fel yn yr enw Brentford.

Gerllaw mae'r Hen Felin sef cartref y diweddar arlunydd Kyffin Williams (1918-2006) y mae ei luniau a'i bortreadau wedi llwyddo i ddal natur a naws ei gynefin ac yn yr un modd roedd ei lyfrau hunangofiannol, *Across the Straits* (1973) a *A Wider Sky* (1991), yn destamentau cyfoethog a difyr i'r bywyd a fu. Roedd hefyd yn gymwynaswr mawr a wnaeth gymaint i ddatblygu Oriel Môn yn Llangefni. Athrylith a chymeriad hynaws. Oedwch yma ar lan y Fenai i geisio sugno rhywfaint ar y golygfeydd a ysbrydolodd Kyffin Williams.

Yna gadawn y glannau a dilyn Llwybr yr Arfordir heibio fferm garthffosiaeth am brysurdeb gwyllt Silverstonaidd yr A4080 rhwng Llanfairpwll a Brynsiencyn. Diolch i'r drefn, mae llwybr pwrpasol i'r gorllewin yn gyfochrog â'r lôn fawr ond yn fuan trown i'r dde am fferm Llwyn Onn y mae'r tŷ a'r adeiladau allanol yn cael eu haddasu'n unedau drudfawr a chostus. Gwell hyn, mae'n debyg, na gweld 'mieri lle bu mawredd' ond, serch hynny, erys peth chwithdod wrth weld yr hen ffordd o fyw yn diflannu.

Yna, gan ddilyn arwyddion, down at adfeilion trist Bryn Celli Wen cyn croesi cae a dod at afon Braint unwaith eto a'i chroesi a dilyn llwybr pwrpasol am Fryn Celli Ddu, sef y Gromlech a'r Siambar Gladdu hynod a ddisgrifiwyd gan y diweddar Bobi Jones fel un o byramidiau Môn ac sy'n perthyn i'r cyfnod Neolithig (2000-1500 C.C.). Gellir cael mynediad i'r Siambar Gladdu ac ar y byrddau gwybodaeth gerllaw ceir cyfoeth o wybodaeth. Yr hyn sy'n taro dyn yw'r dirgelwch ynglŷn â'r lle a'r 'bywyd na ŵyr ein byd ni'. Ymddengys fod newidiadau wedi digwydd yno ar un cyfnod fel sialens i'r hen ymarferion crefyddol ac mae'r lle yn baradwys i'r archaeolegwr a'r bardd fel ei gilydd ac yn rhan o etifeddiaeth pob un ohonom fel y mynegodd y bardd Gwyn Thomas yn ei gyfrol *Ysgyrion Gwaed* (1967) wrth sôn am yr hen drigolion:

Aeth eu bywyd ar ddisberod yn y gwynt
Aeth ar goll yn yr amser hir
Sy'n ymestyn rhyngom ni a'r hyn oedd gynt.

Eithr yn ein gwaed y mae eu bod
Yn gyfrinach rudd yn sugno trwy ein calonnau
Yn gwlwm bywyd, yn afael o adnabod.

Ysgytwol yn wir ac yn gwneud i ni, greaduriaid di-nod yr unfed ganrif ar hugain, deimlo ein bod yn rhan o rywbeth llawer mwy sy'n anodd ei amgyffred a'i ddirnad.

Camwn o ddirgelwch y gorffennol pell i'r maes parcio ar y lôn rhwng yr A4080 a phentref Llanddaniel-Fab. Yma mae lle i eistedd a byrddau gwybodaeth lliwgar am gyn-hanes Ynys Môn. Oddi yma trown i'r chwith heibio bwrlwm neu dawelwch Meithrinfa Siwgwr Plwm (yn dibynnu ar yr amser a'r dydd) gan sylwi ar lôn bwrpasol ar draws y caeau a grëwyd ar gyfer buchod godro ym Mharlwr Godro newydd fferm Bryn Celli Ddu.

Cerddwn ymlaen i bentref Llanddaniel-Fab sy'n gymysgfa o dai hen a newydd. Nid 'ffab' y Saesneg a geir yn yr enw ond 'fab' neu 'mab' yn golygu 'sant'. Awn heibio'r eglwys sydd bellach wedi'i chau a'i gwerthu ond heb ei datblygu eto at y Gofeb lle gorffennwn ein taith cyn dal bws Arriva yn ôl i Lanfairpwll. Ar y Gofeb mae englyn o waith Hedd Wyn i gofio am filwr a laddwyd yn uffern y Rhyfel Mawr:

Ei aberth nid â heibio, – ei wyneb
Annwyl nid â'n ango,
Er i'r Almaen ystaenio
Ei dwrn dur yn ei waed o.

Yr Almaen ddoe – a phwy yfory, tybed? Eironig iawn o gofio mai dyna oedd tynged drist Hedd Wyn ei hun. Fel yn Llanfairpwll cynddeiriogwn unwaith eto wrth weld yr enwau na chawsant y cyfle i fyw bywydau llawn a hapus yn hedd a harddwch eu cynefin.

Llyfryddiaeth:
Dewi Jones a Glyndwr Thomas (gol.), *Nabod Môn,* Gwasg Carreg Gwalch, 2003 (yn arbennig erthygl Gerwyn James, 'Llanfairpwllgwyngyll').

Philip Steele a Robert Williams, *Môn Mam Cymru: The Guide to Anglesey,* Llyfrau Magma, 2006.

John L. Williams, *Llanfair Pwllgwyngyll: Hen Enwau a Lluniau'r Lle,* a gyhoeddwyd gan yr awdur yn 1995.

Brodor

BEIRNIADAETH MYRDDIN AP DAFYDD

Ar fy eisted y bûm yn beirniadu'r teithiau hyn. O fewn dim roeddwn i'n c'noni am gael codi a gadael y tŷ i roi cynnig ar rai ohonyn nhw. Mae'r cystadleuwyr (11 ohonynt) yn mynd â ni yn llythrennol o Fôn i Fynwy. Ambell dro, rydym yn dilyn llwybr penodedig; weithiau mae'r daith wedi'i theilwra'n bersonol gan y tywysydd. Yma ac acw, mae'n rhaid wrth set o olwynion ac mae o leiaf un yn cyfuno taith ar droed a thaith foduro.

Mewn cyflwyniad o'r fath, buaswn yn disgwyl cyfarwyddiadau ynglŷn â'r man cychwyn a hyd y daith o ran milltiroedd/cilomedrau ac amser. Mae ambell gystadleuydd wedi cyflwyno map (derbyniol iawn mewn rhai mannau) neu luniau (angenrheidiol eto os bwriedir cyhoeddi'r gwaith).

Un o'r Fro: Porthmadog yw canolbwynt y daith hon. Mae'r tywysydd yn hyddysg iawn yn hanes a chymeriad yr ardal ac mae ganddo gasgliad helaeth a difyr o hen enwau ynysoedd y Traeth Mawr. Gall ddyfynnu'n bwrpasol a chyflwyno hanes yn gryno ac mae hynny'n ei wneud yn gydymaith diddorol, heb inni orfod oedi'n ormodol i glywed yr hanes. Mae ganddo luniau cyfoes ac ambell hen lun trawiadol i gyd-fynd â'r testun. Caiff ein sylw ei dynnu hefyd at adar gwylltion niferus y morfa.

Hesgyn: Tro o amgylch Cwmtirmynach gawn ni nesaf. Mae'r tywysydd yn ymfalchïo bod y rhan fwyaf o deuluoedd yr ardal ar eu haelwydydd ers dros gan mlynedd ac mae blas hanes a llên gwerin yn gryf ar y straeon a glywn yma. Bron nad yw pob aelwyd yn cynrychioli cyfnod neu ddigwyddiad yn hanes Cymru. Mynd o deulu i deulu a chasglu dolennau o'n gorffennol a geir yma, ac efallai nad oes angen inni symud o'r gadair freichiau i fwynhau'r cynnwys.

George Borrow: Mae'r cystadleuydd hwn yn deall ystyr 'trefnu taith': cawn grynodeb clir ar y dechrau sy'n nodi ardal, pa fap Explorer sydd ei angen, lle mae'r man cychwyn (a'i gyfeirnod grid) a beth yw hyd ac amseriad y tro. Manylir wedyn ar y ffyrdd i gyrraedd Pontarfynach. Mae yr un mor daclus wrth gyflwyno hanes cefndirol Pontarfynach, sef yr ardal y'n tywysir drwyddi ar y daith hon. Awn ni ddim ar goll ar y tro hwn: mae cyfarwyddiadau manwl yma am bob sticil a llidiart. Nodir digon o leoliadau i gadw llygad amdanynt ar y daith, ond efallai yn y gystadleuaeth hon y byddai mwy o straeon a llai o gyfarwyddiadau yn talu am eu lle.

Trefoel: Taith balmant yw hon i ddechrau, a hynny o amgylch tref Rhuthun, ac yna naid i'r car (os mynnwch) ac i fyny at Fryniau Clwyd. O adeilad i adeilad, dyma dywysydd gwybodus sy'n traethu gydag arddeliad ac yna o gopaon y moelydd caiff bwl o frogarwch hyfryd wrth ddatgelu harddwch ei ddyffryn inni. Derbyniol iawn, ond tywysydd digon swil yw hwn ac ni ddown yn agos at ei gymeriad na'i bersonoliaeth wrth fod yn ei gwmni.

Corn Du: I Ddyffryn Wysg yr awn yng nghwmni'r tywysydd hwn ac mae'n addo na chawn ni – na ŵyr lawer am y fro honno, efallai – ein siomi. Neidio i mewn ac allan o'r car a wnawn ni er mwyn gwneud yn fawr o'n hamser. O'r Fenni at Gamlas Mynwy a Brycheiniog ac ymlaen i Dal-y-bont. Bwrw ymlaen wedyn at Langynidr, Gilwern, Llanffwyst ac i'r Fenni. Cefnu ar y dref honno i daro heibio Crughywel, Tretŵr, Cwm-du, Talgarth, Bronllys ac yn ôl i Aberhonddu. Gwib a hanner! A dyna'r gwendid i mi: nid oedd amser i oedi a rhyfeddu ar y daith hon.

Dyma godi'n awr i'r Dosbarth Cyntaf (ond nid yw'r rhain yn cael eu rhestru mewn unrhyw drefn rhagoriaeth chwaith).

Cefndar Gongol: Tywysydd sydd wedi mynd i drafferth i baratoi'n drylwyr yw hwn, a Mynytho, Llŷn yw ei filltir sgwâr inni heddiw. Mae'r cyfarwyddiadau'n ardderchog, y cynghorion yn rhai doeth a'r pytiau gwybodaeth ychwanegol wedi'u rhwydo o sawl ffynhonnell dros gyfnod maith o amser. Cawn esboniadau a sylwadau diddorol ar enwau lleoedd a sawl stori 'cof gwlad' i'w thrysori. Cynhwysir lluniau a hefyd gapsiynau helaeth – deunydd i gyfrol yn hytrach nag i'r daith ei hun efallai. Ond pam lai, rhaid mentro cyhoeddi deunydd fel hyn, does bosib?

Siwan B: Awn o Abergwyngregyn i Landygái ar y daith hon – darn tua naw milltir o hyd o Lwybr Gogledd Cymru. Rhybudd (medd y tywysydd): mae angen bod yn eithaf heini! Ar wahân i hynny, mi wnaiff y tywysydd tebol bopeth arall drosom: mae'r cyfarwyddiadau'n ddi-ffael a'r pytiau hanesyddol yn ddifyr.

Christopher Knowles: Anodd gan rai gredu bod 'mannau dirgel' ar ôl ym Metws-y-coed, ond mynd ar ôl y rheiny y mae'r tywysydd hwn. Cawn y manylion hanfodol i gyd yn daclus ar y dechrau cyn rhestru cyfarwyddiadau a nodiadau hanesyddol bob yn ail, yn glir a chryno. Ac ydy wir, mae wedi dod ar draws un o'r 'mannau dirgel' hynny uwchlaw A5 y swfenîrs a'r bara brith. Pentref o adfeilion yw Rhiwddolion bellach, ond mae'r meini'n dal i siarad efo ni ar y daith hon. Difyr hefyd yw cael ein cyflwyno i'r copaon pell a welir o'r llwybr – cyfleoedd i grwydro eto yn y dyfodol efallai. Dyma dywysydd trylwyr a thaclus ac mae wedi bod yn werth cydgerdded gydag o.

Brodor: Ymweld â Llanfair Pwllgwyngyll yw ein braint y tro hwn. Rwy'n hoffi arddull diwastraff y tywysydd. Mae ganddo gyffyrddiadau gogleisiol a dychanol sy'n ei wneud yn gydymaith 'hoff cytûn' rwy'n siŵr. Nid yw'n swil o fynegi barn wrth basio cofebau rhyfel neu dai enwogion na chwaith o ddyfynnu barn llenorion eraill. Mae'n pwyntio at hyn a'r llall, crynhoi'i straeon a'i sylwadau'n ffraeth ac yna'n symud ymlaen. Tro sionc, dysgedig, difyr. Erbyn diwedd y daith rwy'n teimlo fy mod yn deall yr ardal yn well ond hefyd wedi dysgu llawer o wybodaeth 'ymyl y ddalen' bwysig am enwogion fel John Morris-Jones, Bobi Jones a Nelson. Ble a phryd mae'r daith nesaf, os gwelwch yn dda?

Y Griolen: Taith ar droed ym mynyddoedd y Berwyn yw hon, ond yn fwy na hynny mae'r tywysydd yn ein cynghori yn ddoeth iawn fod angen 'esgidiau cerdded' arnom. Llandrillo, ger Corwen, yw'r man cychwyn ac rydym yng nghwmni rhywun di-lol ond meddylgar, sy'n nabod ei fro fel cefn ei law. Mae'n gwybod hanes teuluoedd y murddunnod hyd yn oed ac mae'i straeon yn hynod o ddifyr. Byd natur, llwybrau'r Berwyn, llên gwerin a llongau gofod – mae storfa'r tywysydd yn ddihysbydd. Mae ganddo falchder bro deniadol iawn sy'n gwneud i ni ysu am gerdded y llwybrau hyn.

Tywysydd: Mae hwn yn mynd â ni o amgylch pentref Llanfrothen. Mae'n *sherpa* dan gamp ac yn llawn deilwng o'i ffugenw. Gyda chyfuniad difyr o lenyddiaeth a hanes, mae'n troi pob carreg i'n cadw'n ddiddig ar y daith. Crwydro mewn car a wnawn, mae'n wir, ond mae'r lonydd yn gul a'r fro'n weddol fechan, felly dydy'r manion ddim yn mynd ar goll. Mae yma reddf tywysydd i grybwyll y pytiau difyrraf cyn symud ymlaen.

Cefais fwynhad mawr yng nghwmni'r tywysyddion; diolch iddynt i gyd. Ond y bersonoliaeth a'm denodd orau i dreulio hanner diwrnod yn crwydro a chribinio yw *Brodor*. Mae'n fy atgoffa o grwydro Maesyfed yng nghwmni Francis Payne, ymweld â'r Colosseum dan arweiniad tywysydd o'r enw Roberto a thaith drwy ardal y Falls Road a'r Shankill Road ym Melffast gan ddyn tacsi o'r enw Mike. I ffwrdd â fi am Lanfair Pwllgwyngyll, felly, i'w longyfarch ar ei wobr.

Darn ffeithiol creadigol, heb fod dros 2,000 o eiriau

....

'Trigo' neu 'Pob tŷ i mi fyw ynddo erioed yn Aberystwyth'

'Dwelling is not primarily inhabiting, but taking care of and creating that space within which something comes into its own.' (Martin Heidegger)

Mae heddiw yn ddiwrnod glas.

Ar ddiwrnodau rhyfeddol o lachar fel hwn mae Aber ar ei gorau. Mae'n ddydd y bu mawr aros amdano, wedi gaeaf-rhy-hir-o-lawer pan fo pawb wedi cael digon ar bedwar wal eu cartrefi, ac yn ysu am gael bod y tu allan yn teimlo haul a gwynt ar eu hwynebau bob yn ail. Wedi misoedd o gael cwmni dim ond y rhedwyr mwyaf selog a'r gwylanod ysglyfaethus, y prom, unwaith eto, yw cyrchfan pererindod pawb.

'Mam! MA-AM! Edrych pa mor uchel ydw i! Fi yw'r person talaf yn y parc i gyd!'

Dw i'n chwifio ar G, gan amneidio waw-rwyt-ti'n-uchel-iawn sydd hefyd yn awgrymu, gobeithio, byddi-di'n-ofalus-nawr-plis. Mae S yn dechrau stwyrian yn y pram a dw i'n ei symud yn ôl ac ymlaen, yn ôl ac ymlaen, mewn ymdrech i'w suo yn ôl i gysgu. Wrth wneud cylchdaith o'r parc bach, wedi ei sodro rhwng Eglwys San Mihangel a'r Castell, dw i'n rhyfeddu, fel pob tro, at leoliad rhyfeddol y llecyn hwn. Dechreuais ryw fath o obsesiwn gyda chestyll yn fy arddegau, a hynny oherwydd yr enydau euraidd o 'fin nos, fan hyn' (chwedl Gerallt) maent yn cynnig. Gamodd rhywun o'r 12fed ganrif ar yr union garreg hon? Moment 'WTF?' go iawn i mi oedd y daranfollt honno, ond a wnaeth i hanes wneud rhyw fath o synnwyr, neu wnaeth i mi feddwl efallai am hirhoedledd rhai grymoedd arhosol, tra bod eraill yn llacio eu gafael ar y byd hwn.

Wrth syllu draw at yr Hen Goleg, safle Castle House gynt, dw i'n hel meddyliau am yr union le hwn. Pam y penderfynodd Uvedale Price, un o ddamcaniaethwyr mawr y *Picturesque*, taw fan hyn oedd y safle perffaith ar gyfer y cartref a oedd yn ymgorffori ei werthoedd? A pham taw yn Aber y cafodd John Nash ddylunio tŷ iddo a oedd yn ymgorfforiad perffaith o'r damcaniaethau hynny? Safodd Nash yma, yn 1794, yn syllu ar yr un môr, yr un adfeilion, yr un eglwys â mi? Prin yw'r olion a'r cynrychiolaethau o'r campwaith hwn, er i mi chwilio'n ddyfal. Annedd castellog ydoedd a gynlluniwyd mewn siâp triongl, i'w adeiladu yn union wrth ymyl y dŵr, er mwyn rhoi i Price a'i wraig olygfeydd o'r castell, y creigiau a'r môr.

(Castle House, St. Michael's Church and Aberystwyth Castle gan Alfred Worthington. Hawlfraint: Amgueddfa Ceredigion)

Mae G wedi fy nghyrraedd yn fochgoch i gyd. Ar amrantiad, dw i'n gwybod beth yr hoffwn i wneud nesaf. Dw i'n dweud, mewn llais gorfrwdfrydig yn y gobaith y gwnaiff egni'r brwdfrydedd ei rhwydo:

'G, beth am i ni fynd i weld pob tŷ i Mam fyw ynddo fe erioed yn Aberystwyth?'

Mae'n pwyso ei phen i un ochr, ei dwylo wedi eu plannu am ei chanol. Amheuaeth. Ond mae gen i garden arall i'w chwarae.

'Gallwn ni gael snacs ar y ffordd?'

'SNACS! HWRE!'

A dw i'n ymestyn am ei llaw ac yn ei hebrwng hithau, a S, yn y pram, drwy gât goch y parc.

Melbourne, 10 Tan y Cae (Medi 1997 – Mehefin 1998)

Dw i'n cofio sefyll yn yr un fan yn union. Y pump ohonom ni, wedi ei adael yn hwyr braidd wrth ddod o hyd i lety ar gyfer yr ail flwyddyn, ac yn gorfod dewis o blith yr hofelau oedd yn weddill. Yma y safom, wrth syllu ar y tŷ porffor a phinc o'n blaenau, yn hynod o amheus.

'Ond ... ond ...' stryffaglodd L, 'ond, mae o'n dŷ teras!'

'*So?*' atebodd K, 'dyma sut mae POB TŶ yn y cymoedd. Mae'n rhieni i yn byw mewn tŷ teras!'

A mynd am y tŷ porffor fu rhaid. '100 revellers at house party,' sgrechiodd pennawd y *Cambrian News* ar ôl un o'n partïon. Roeddem yn gandryll. Bu o leiaf 120 yno.

Ddyddiau yn unig wedi i ni symud i mewn, cynhaliwyd y refferendwm ar ddatganoli. Rhywsut, dw i'n Neuadd Pantycelyn ganol nos ac mae'r Lolfa yn bair o emosiwn ac alcohol a channoedd o gwmpas y teledu. Merched Crymych yn wylo'n dawel oherwydd i Sir Benfro bleidleisio yn erbyn. Mae'r gwynt wedi ei dynnu allan o hwyliau criwiau Caerdydd, maent yn benisel wedi i bleidlais y ddinas gael ei datgan. Yna mae John Meredith yn ymddangos, yn fochgoch, ar fin ffrwydro, gyda phleidlais Caerfyrddin ar fin ei chyhoeddi, a'i 'Ydwyf' yn addewid o ddyfodol newydd, efallai.

'Ga i dynnu llun gyda dy ffôn di, Mam?'

Lyndhurst, Ffordd y Gogledd, Aberystwyth (Medi 1998 – Mehefin 1999)

'Ti'n gwybod, un tro, fe weles i angel go iawn yn y ffenest fawr yna yng nghanol y tŷ.'

Mae ei llygaid yn agor lled y pen. Gwir pob gair. Am tua canol nos, roedd yno angel yn y ffenest fwa mewn coflaid perffaith gydag un o fy ffrindiau gorau. Roedd yntau yn dal i fod yn ei wisg gan gynnwys yr adenydd – ers perfformiad ynghynt o'r ddrama *Angels in America* gan Tony Kushner. Bûm inne hefyd yn yr un cynhyrchiad, a orffennodd gyda'r Angel yn hedfan ar draws y llwyfan (gyda'r tîm technegol yn stryffaglu gyda'r *pully* i'w wrthbwyso) i gyfeiliant 'Nimrod' gan Elgar. Y peth mwyaf *camp* a welsoch erioed, a dyna'n union oedd y bwriad.

Dyma dŷ lojin T. H. Parry-Williams, ac yn ddi-os, teimlem ysbryd Parry Bach ar hyd y lle. Cwrddais i â bardd arall tra'n byw yma. Yn ddyn wedi ei ddryllio, ymddangosodd yn achlysurol wrth ffenest fy ystafell wely, rat-a-tat ei law yn erbyn y gwydr oer yn cyhoeddi ei bresenoldeb, a'i ddwylo yn gwaedu wedi'r ymdrech o ddiorseddu rhosyn o'r ardd ffrynt anystywallt i'w gynnig i mi.

Avondale House, Marine Terrace, Aberystwyth (Mehefin 2000 – Awst 2000)

'Ti'n gweld y blwch post? Os gyfri di i fyny tua'r to, un, dau, tri – y ffenest ar y chwith oedd fy un i.'

'Fuest ti'n byw yn *fynna*, Mam? Waw, roeddet ti mor lwcus i gael byw mor agos at y pwll padlo!'

Oeddwn, roeddwn i yn lwcus. Yn lwcus i fod yn byw mewn stafell lle y gallwn weld y môr, ac yn lwcus o fod ar drothwy newid cyfnod bywyd. Ond doeddwn i ddim yn teimlo felly. Wedi dal fy ngafael ar ddyddiau coleg mor hir ag y gallwn, roedd realiti bywyd gwaith yn fy wynebu. Dw i'n cofio dweud wrth ffrind hŷn, y tu allan i'r adeilad hwn:

'Felly ... beth ... dyna'r cyfan o wyliau mae rhywun yn ei gael fel arfer wrth weithio? Felly, mae bywyd i gyd am waith a chael dim amser i gysegru i'r pethau mae 'da ti wir ddiddordeb ynddyn nhw?'

Roedd y nodio pen a atebodd fy nghwestiwn yn teimlo fel dedfryd oes.

'Fan hyn roeddwn i'n byw pan 'nes i gwrdd â Dad gyntaf.'

Mae'n chwerthin yn braf, fel bod y cysyniad ohonof fi yn cael bywyd cyn ei bodolaeth hi, neu cyn i mi adnabod ei thad, yn rhywbeth chwerthinllyd. Pan fûm yn byw yno, roedd sgaffolding wedi'i adeiladu o gwmpas yr adeilad (oedd yn dipyn o gysur, gan nad oedd rheol tân i weld yn agos at y lle). Wrth aros iddo alw yn nyddiau cynnar ein carwriaeth, a minnau'n gybolfa o gyffro a nerfusrwydd, agorais y ffenest, dringo allan ac eistedd ar y sgaffolding. Ac yng ngogoniant yr haul yn machlud dros y bae, sylwais arno o bell, bell, yn ymlwybro'n araf tuag ataf ar hyd y prom, yn ddiarwybod tan yr eiliad olaf un fy mod yn ei wylio, a minnau'n methu peidio â chwerthin mewn llawenydd ei fod ar y ffordd i guro ar fy nrws.

Mae ei choesau bach wedi blino erbyn hyn. Rydyn ni'n ymlwybro nôl adref, lawr Heol y Wig, troi i'r chwith i lawr y Stryd Fawr at Rodfa'r Gogledd tan ymuno â gwaelod Ffordd Penglais. Wrth i ni ddod o fewn ychydig o lathenni i'r tŷ, mae ail wynt yn cydio yn G, ac mae'n dechrau rhedeg ar garlam.

Bryntirion Villa, Ffordd Penglais, Aberystwyth (Rhagfyr 2010 -)

Mae'r gât yn gwichian fel arfer, dw i'n gwthio'r pram i'r llwybr coch a du sy'n arwain at y drws ffrynt. Mae hithau yno'n barod, yn mynnu tynnu'r ffôn bach o fy mhoced er mwyn gorffen ei chasgliad o luniau. Yna, yn ôl ei harfer, mae'n canu'r gloch yn wyllt ac yn gweiddi trwy'r twll post:

'DA-AD, ni AAAD-RE.'

Mae S yn dechrau deffro o'i drwmgwsg. Cyn i mi fedru estyn am fy allwedd, mae e yno, yn agor y drws ar gynhesrwydd a goleuni, ac yn sgubo G i'w freichiau.

'Dad! Ni adre!'

Wyt, cariad. Rwyt ti adre.

Dw i adre.

Tirion

Tasg go anodd oedd cloriannu'r 13 ymgais a ddaeth i law ar gyfer y gystadleuaeth hon eleni. Nid oherwydd y safon, a oedd yn gyffredinol uchel, ond oherwydd yr amrywiaeth eang o ffurfiau a chyweiriau a gafwyd. Testun agored a osodwyd, ac felly mae'n siŵr bod rhaid derbyn y byddai'r cynnyrch hefyd yn amrywio'n fawr. Ond ble, felly, mae dechrau cloriannu a chymharu'r darnau hyn â'i gilydd? Pa fath o waith a ddisgwyliwn – pa fath o waith y *dylem* ei ddisgwyl – mewn cystadleuaeth lle y gofynnir am 'ddarn [o ryddiaith] ffeithiol creadigol'? Nid, sylwer, 'ffeithiol greadigol' – bu raid imi ddychwelyd at y *Rhestr Testunau* swyddogol i'm hatgoffa fy hun o absenoldeb y treiglad.

Oblegid 'ffeithiol **g**readigol' sy'n swnio fwyaf cyfarwydd, mae'n debyg, a hynny gan mai dyna'r enw a roddir ers tro, bellach, ar y categori *miscellaneous* hwnnw yng nghystadleuaeth Llyfr y Flwyddyn. Dyma'r categori sy'n gartref i'r cyfrolau hynny na ellir eu corlannu'n dwt i gornel barddoniaeth na ffuglen, ond sydd, serch hynny, yn cynnwys rhyw elfen o 'greadigrwydd', a'r creadigrwydd hwnnw yn eu hydreiddio â 'llenyddoldeb', neu o leiaf yn eu dyrchafu uwchlaw, dyweder, y geiriau ar fwydlen neu amserlen fysys.

Ond o fewn y ddeuair hynny wedyn, ceir rhychwant hynod eang o weithiau. Yn y categori hwn, yng nghystadleuaeth Llyfr y Flwyddyn, yr ymddengys y cyfrolau academaidd a beirniadol disgleiriaf. Ynddynt hefyd y ceir ambell gofiant i chwaraewr rygbi neu gerddor neu arlunydd. Dyma briod gartref ein mynych hunangofiannau hefyd, a nifer o *genres* amrywiol eraill. Wrth ddechrau darllen drwy'r pentwr a gyrhaeddodd, dechreuais bendroni a oedd nifer o'r darnau wedi eu hanfon i'r gystadleuaeth iawn. Hynny yw, er cael nifer ohonynt yn ddifyr dros ben ac yn llawn ffeithiau diddorol ac wedi eu strwythuro'n dda, fe'm cefais fy hun yn gofyn yn aml ymhle y llechai'r 'creadigol' ynghanol y 'ffeithiol' i gyd. A fuasai'n rheitiach i rai roi cynnig ar yr ysgrif, neu ar y casgliad o erthyglau i bapur bro? Ond wrth gwrs, y mae gofyn am elfen o 'greadigrwydd' ymhob gweithred o gyfansoddi, ac felly penderfynais nad oedd modd diarddel yr un darn ar y sail hwnnw, gan fod rhaid cydnabod y weithred greadigol gychwynnol ymhob un. Yn syml, fe fyddai'r darnau hyn i gyd yn ffitio i raddau mwy neu lai helaeth na'i gilydd o fewn y rhychwant eang yr ydym wedi dod i'w ddisgwyl o fewn y categori 'ffeithiol (g/c)readigol', ac felly roeddwn yn llawen i'w derbyn.

Cystal, fodd bynnag, i mi ddweud gair am yr hyn yr oeddwn i a'm rhagfarn a'm chwaeth ryfedd wedi disgwyl ei weld cyn i'r amlen gyrraedd, hyd yn oed. Gobeithio yr oeddwn i am ddarnau a oedd mewn rhyw ffordd ffres neu wreiddiol yn mynd ati i geisio cyd-ieuo'r 'ffeithiol', y 'real', y 'go iawn', yr hanesyddol neu'r hunangofiannol, â dogn go helaeth o ddychymyg. Hynny yw, cymryd ffaith yn sail ar gyfer ffuglen, neu efallai ddefnyddio dulliau ffuglen i 'ffuglenoli' profiad real. Hyd yn oed o geisio diffinio fel hyn, y mae'r rhychwant yn eang o hyd. Clywais aml un yn dweud, er enghraifft, fod cofiant ardderchog Angharad Price i T. H. Parry-Williams, *Ffarwél i Freiburg*, yn darllen yn fwy fel un o'i nofelau na chofiant – a hynny wrth reswm yn gryn ganmoliaeth. Ond gall y fath ysgrifennu hefyd olygu rhywbeth fel nofel Angharad Tomos, *Rhagom*, yn ogystal â champwaith arall Angharad Price, *O! Tyn y Gorchudd* – dwy nofel gan ddwy Angharad o 2004 y dechreuwyd, unwaith, eu disgrifio fel 'ffeithlen'. Olrhain hanes teuluol a wna'r ddwy nofel, a llenwi'r bylchau yn yr hanes â ffuglen. Pam y peidiwyd ag arddel y *portmanteau* defnyddiol hwnnw o 'ffaith' a 'ffuglen' yn ddiweddar, wn i ddim, oni bai mai oherwydd ei fod hefyd yn cael ei ddefnyddio fel cyfieithiad o *factsheet*. O fewn y label 'ffeithiol greadigol' gellid hefyd gynnwys cyfrolau mor wahanol i'w gilydd ag astudiaeth 'epistolaidd' Rhiannon Marks o waith Menna Elfyn, ac ysgrifau natur Kathleen Jamie.

Gall y ffeithiol greadigol hefyd gynnwys yr hyn a elwir mewn gwledydd eraill yn *autofiction* neu hunanffuglen. Nid yw hon yn ffenomen newydd ar unrhyw gyfrif, ond yn nwylo meistri modern fel Sebald a Knausgaard y mae wedi ennyn edmygedd a llid i'r un graddau â'i gilydd mewn blynyddoedd diweddar. Yn gymharol ddiweddar yn Gymraeg, efallai, y daethpwyd i lwyr ymdeimlo â phosibiliadau'r *genre* hwn, ac yn nwylo rhai fel Tony Bianchi, Guto Dafydd, Llwyd Owen, Alun Cob a Mihangel Morgan, efallai ei fod yn un o'r ychydig dechnegau a oroesodd ôl-foderniaeth fel dyfais lenyddol ddefnyddiol i'n hoes ddigidol ni, lle y mae pawb fel pe bai yn cyfansoddi ei wirioneddau ei hun, ac yn cyflwyno ei amrywiol *autofictions* ei hun i'r byd trwy gyfrwng ei broffiliau ar y cyfryngau cymdeithasol.

O dderbyn, fodd bynnag, nad dyna'r trywydd y dymunai pob awdur ei ddilyn, ac o dderbyn y diffiniad o 'ffeithiol creadigol' ar ei ehangaf, yr oedd hon yn gystadleuaeth o safon. Cyfansoddwyd nifer helaeth o'r ymgeisiau ar ffurf erthyglau neu ysgrifau, a'r rheiny'n rhai hynod ddifyr y gallwn ddychmygu eu darllen mewn papur bro, dyweder, neu ar wefannau Cymru Fyw, Golwg 360 neu amrywiol flogiau. Beth amdani, felly, chi dri awdur ar ddeg? Roedd rhywbeth i ennyn diddordeb neu sbarduno trafodaeth ymhob un o'r darnau, ac anodd yn aml – eto gan mor wahanol nifer o'r darnau i'w gilydd – oedd tynnu gwahaniaeth a gosod un o flaen y llall. Anodd hefyd oedd meddwl am Ail a Thrydydd Dosbarth ac ati, gan na haeddai neb fynd i'r Trydydd mewn gwirionedd. Dyma ymgais fras, felly, ar drafod pob darn yn nhrefn eu teilyngdod (er na ddylai'r rhai ar y 'gwaelod' ddigalonni – doedd yma'r un cystadleuydd gwael).

Croesacen, 'Creu Mytholeg': Dadl bolemig go ddifyr dros yr angen i ddiwygio rhai o reolau cerdd dant, yn ogystal â sicrhau nad yw barddoniaeth yn rhy dywyll neu annealladwy a geir yma. Tipyn o ddadl dyn gwellt yw hi mewn gwirionedd, ac nid yw'r enghreifftiau a ddefnyddir yn cael eu harchwilio'n ddigonol i argyhoeddi bob tro. Cawn ein cario gan rym y dweud ar brydiau, a'r doniolwch crafog dro arall – ond gellid strwythuro'n fwy gofalus a meddwl am enghreifftiau gwell efallai. Darllen difyr a chynnes, serch hynny.

Lisa Lân, 'Beth yw pwrpas Barddoniaeth?': A 'Barddoniaeth' â 'B' fawr, sylwer! Ceir yma fyfyrdod difyr ar y cwestiwn hwnnw trwy gyfrwng arolwg bychan o farn cydnabod, a dau ddyfyniad dadlennol, y naill gan Robert Graves a'r llall gan John Gwilym Jones. Efallai y caiff y ddau ddyfyniad eu derbyn yn rhy barod gan yr awdur, a cheir ambell *non sequitur* neu ddatganiad rhy ysgubol ar brydiau. Ni theimlwn wrth ddarllen ein bod yn dod ar draws mewnwelediadau syfrdanol o newydd yn y dadansoddi barddol. Ond cawsom ysgrif ddifyr, serch hynny, sy'n plethu profiadau personol â myfyrdod ar le a diben barddoniaeth yn ein bywyd heddiw.

Cawr y Dadeni, 'Yr Anrhefn [*sic*] Creadigol': Darn yw hwn sydd yn cymharu cyfnod gwleidyddol tymhestlog y presennol â'r 'Brexit cyntaf' (term gogleisiol!) pan fynnodd Harri VIII dorri ag Eglwys Rufain. Drwy hynny cawn grynodeb difyr o fywyd a gwaith William Salesbury, gan ganolbwyntio ar y syniad bod ymchwydd creadigol yn digwydd yn ystod cyfnod o dryblith. Defnyddir hyn yn sail i lunio deialog rhwng Salesbury ac Elisabeth I wrth iddo geisio'i pherswadio hi i ganiatáu trosi'r Beibl i'r Gymraeg. Dyma awgrym, felly, o'r hyn y gobeithiwn ei weld: defnyddio'r dychymyg i lenwi'r bylchau yn yr hanes. Efallai fod angen gweithio ychydig ar y ddeialog i osgoi ystrydebau a chasgliadau rhy slic. Eto, mae yma ddadansoddi craff ynghylch y modd yr oedd Cymru ar y pryd yn dal i ymagweddu fel cenedl ar wahân i Loegr mewn nifer o ffyrdd, a diweddglo hefyd sy'n amwys a phenagored i raddau.

Asgellwr, 'Myfyrio ar drychineb Munich, 1958 (Hanes dau Gymro a Gwyddel)': Pam y Gwyddel, sgwn i? Mae'r darn hwn yn nodweddiadol o safon gyffredinol y gystadleuaeth: darn diddorol, solet sy'n cyflwyno hanes lled ddiweddar i ni mewn modd hyddysg, darllenadwy, a theimladwy hefyd ar brydiau, ar ffurf math ar erthygl nodwedd neu ysgrif. Y tro hwn, fel yr awgryma'r teitl, y drychineb ar faes awyr München yn 1958 pan laddwyd nifer helaeth o bêl-droedwyr talentog tîm Manchester United, 'Busby's babes', sydd dan sylw. Y wedd fwy arbenigol a gawn yma yw'r drafodaeth ar Jimmy Murphy a Colin Webster, dau Gymro a chanddynt gysylltiad agos â'r gyflafan. Hoffais y modd y canolbwyntiodd yr awdur ar syniadau ynghylch ffawd a'r cwestiynau 'beth petai?' a gyfyd yn sgil trasiedi o'r fath.

Aeron, 'Amgueddfa'r Genedl': Darn coeth a thelynegol sy'n cyflwyno talp bychan o brofiad personol mewn dull ffuglennol, a bron yn farddonol. Stori syml yw hi, mewn gwirionedd, sy'n creu ymdeimlad byw o le yn dda iawn drwy ddefnyddio'r holl synhwyrau. Ceir yma awyrgylch unigryw, ac mae'r dweud yn ymatalgar ac awgrymog wrth gyfosod penwythnos dedwydd yn y brifddinas ag anniddigrwydd dosbarth canol o gael ein hatgoffa o'r caledi y mae nifer o bobl ddigartref yn ei wynebu. Nid yw'r union air neu gystrawen fwyaf addas wrth law bob amser gan *Aeron*; gellid gweithio ychydig ar ystwytho'r mynegiant ac osgoi cyfieithu ymadroddion Saesneg fel '*hearty fare*' yn slafaidd. Ond arhosodd delwedd y ffrwythau, a synwyrusrwydd y clo, gyda mi am gryn amser.

William: Pêl-droed yw ei destun yntau hefyd, a thrychineb arall yn hanes y gêm – Hillsborough y tro hwn. Daeth *William* at ei destun mewn ffordd fwy cydnaws ag ysbryd y gystadleuaeth, wrth iddo adrodd yr hanes o safbwynt hyfforddwr tîm Lerpwl ar y pryd, Kenny Dalglish. Trwy gyfrwng ei fyfyrdodau ef a'i wraig, Marina, dysgwn am y gwaith dewr a wnaeth i geisio arwain a chynnal ysbryd cefnogwyr ar ddiwrnod y drychineb ac wedyn, yn ogystal â'r effaith andwyol a gafodd y cyfan arno yntau a'i deulu. Mae'r cyfan yn ddramatig a gafaelgar, a cheir deialogi effeithiol hefyd. Efallai y gellid rhoi ychydig o help llaw i'r darllenydd ddeall pwy sy'n siarad wrth i'r adrodd symud rhwng Kenny a Marina, ond mae'r golygfeydd wedi'u cyfosod yn dda a'r darnau lle mae Dalglish yn gofidio am ei fab yn y dorf yn dra theimladwy. Tybed a yw'r diweddglo fymryn yn ddisymwth a siomedig? Ond y mae yma stori dda a gafaelgar wedi'i hadrodd yn drawiadol.

Porthmon, 'Abermigneint/Pont yr Afon Gam': Eto fyth, gallaf ddychmygu darllen y darn hwn mewn papur bro neu ar y we, a chael blas mawr arno. Abermigneint, neu Bont yr Afon Gam sydd dan sylw ganddo, ym mhen uchaf

Cwm Cynfal ger Ffestiniog. Olrheinir ei stori hynod fel tafarn a chartref, a thrwy hynny cawn olwg ar lanw a thrai hanes wrth i'r preswylwyr newid – weithiau'n raddol, dro arall yn ddisymwth – fesul cyfrifiad. Trwy gyfrwng hanes un adeilad, cawn gip ar effaith y newid o amaeth i ddiwydiannaeth ac yna drachefn i ôl-ddiwydiannaeth ar gymuned gyfan ac, yn wir, ar ffordd o fyw. Iaith, arferion yfed, gwaith, byw a marw a dibyniaeth teuluoedd ar ei gilydd: maent i gyd yma. Efallai mai un peth sydd fymryn ar goll – tan y diwedd, o bosibl – yw rhagor o fyfyrdod gan yr awdur ei hun, yn hytrach na chyflwyno ffeithiau'n unig. Mae hwn yn llais hawddgar a difyr, a charwn glywed rhagor ohono.

Florence, 'Salem': Ceir darlun trawiadol ar y ddalen gyntaf. Beth tybed yw'r cyswllt rhwng llun a gair o fewn y *genre* ffeithiol greadigol? A all awdur fod yr un mor greadigol â defnydd o luniau, a'u lleoliad, ag ydyw gyda geiriau? Yn yr achos hwn, ein cyflwyno a wna'r llun o Salem Glynceiriog i'r llinyn thematig, sef hanes Bedyddwyr Albanaidd Cymru, sy'n rhedeg drwy'r ysgrif hon o hanes teuluol a phersonol. Trwy gyfrwng y llinyn hwn, cawn ddysgu nid yn unig am ddatblygiad yr enwad yng Nghymru a'i arwyddocâd, ond hefyd am fagwraeth yr awdur ei hun a'r teulu. Roedd rhywun yn cael mwy o flas wrth i'r darn fynd rhagddo, a theimlwn fod y clo yn annwyl a thyner iawn, gyda pharagraff olaf cryf dros ben.

Ffarenheit, 'Cynhesu': Myfyrdodau difyr ar oerni a gwres a gawn y tro hwn, a hynny mewn arddull sgyrsiol, addfwyn ac agos atoch. Cawn ein cyflwyno i beth wmbreth o ffeithiau am wyddoniaeth gwres, yn ogystal ag ystadegau syfrdanol am y rhai nad ydynt yn ddigon ffodus i gael gwres yn rheolaidd. Cyflwynir y ffeithiau hyn i gyd mewn ffordd slic a hygyrch, a gwreiddir yr holl fyfyrio mewn hanesion difyr o brofiad personol yr awdur, ac mewn enghreifftiau empirig. Drwy hyn yn raddol bach, deuwn i deimlo ein bod yn dechrau adnabod yr awdur, ac yn wir yn cynhesu ato. Erbyn y diwedd, sylweddolwn mai edrych yn ôl ar haf ei ieuenctid o aeaf henoed y mae *Ffarenheit*, a hydreiddir y darn cyfan ag arwyddocâd a theimladrwydd o'r newydd. Eto i gyd osgoir y sentimental ac yn hytrach na hynny cawn gyfeiriadaeth gynnil, a thocyn o hiwmor i gloi. Darn crwn, crefftus, ac yng nghwmni *Ffarenheit* a *Florence* rydym bellach wedi cyrraedd tir go uchel yn y gystadleuaeth.

La Bigoudène, 'Colofn Golygyddol [*sic*] Utgorn Cymru: Diwedd Cymru?': Gan *La Bigoudène*, hwyrach, y mae meddwl miniocaf y gystadleuaeth. Yn wir, pe bai hon yn gystadleuaeth ar gyfer erthygl wleidyddol ddeifiol, byddai'r ymgeisydd hwn ar flaen y gad heb amheuaeth. Braidd yn rhy gyffredinol ac ysgubol y cefais i'r agoriad, ond erbyn yr ail bennawd, dewisir maes difyr a dadlennol i fanylu arno, a datgelir llais sylwgar, gwreiddiol a deifiol. Golwg ffres a geir yma gan hen law neu lygad, ddwedwn i; sylwebydd hirben a allai roi hergwd i ambell genedlaetholwr Cymraeg o *'Remainer'* nad yw erioed wedi gosod troed yn y cymoedd deheuol ôl-ddiwydiannol. Yn y diweddglo hefyd cafwyd golwg newydd ar gwestiwn Iwerddon, a'i berthnasedd i Gymru, gan awgrymu y byddai edrych tua Gogledd Iwerddon yn llawer rheitiach ymarferiad i ni na chymharu'n hunain â'r Alban o hyd. Yswn am gael darllen rhagor am hynny!

Cloc, 'Deuthum o'r blaen, dro'n ôl ...': Cystal i mi gyfaddef nad oeddwn yn rhy hoff o hwn o'r darlleniad cyntaf. Cefais yr ymadroddi wrth agor braidd yn orddramatig ac ymdrechgar. Gall defnydd o'r Amser Presennol fod yn ddyfais ddramatig dda ar brydiau ond mae'n anodd cynnal stori gyfan drwyddo yn gredadwy. Ond buan y deuthum i faddau pethau fel hyn wrth gael fy nhynnu i mewn i'r stori, a'r modd y mae adroddwraig *Cloc* yn gwrthod canolbwyntio ar boendod a phryder y sefyllfa y mae ynddi drwy ofidio a ffysio dros fanion a manylion dibwys. Mae'r darn yn gwella'n sylweddol wrth fynd rhagddo, a daw'r ymadroddi yn fwy moel, ond yn gymaint mwy trawiadol o'r herwydd. Wrth i'r darllenydd sylweddoli'n araf beth yw arwyddocâd y digwydd yn y ddau deip neu ffont gwahanol, daw dyfnder a theimladrwydd y darn i'r amlwg, a'r cyfan yn taro rhywun ar ei dalcen. Lleoedd rhyfedd yw ysbytai gan eu bod yn aml yn lleoliad ar gyfer adegau hapusaf a thristaf ein bywydau, a chrisialodd *Cloc* hynny yn arbennig yma.

Haul ar fryn: Dyma ddarn hyddysg, coeth ac ieithyddol ddifrycheuyn. Mae'n batrwm o fynegiant hyderus a glân sydd hefyd yn tynnu'r darllenydd i mewn, a'r ysgrifennu'n llawn troeon ymadrodd gwreiddiol a phwrpasol. Ar ei mwyaf sylfaenol, ymdriniaeth led-academaidd o fywyd a gwaith R. S. Thomas a geir yma, gydag ychydig o *name-dropping* wrth fynd heibio. Ceir yma hiwmor cynnes a phortread difyr o'r dyn, ei waith, a'i wyneb 'bwyellog'. Heb ddod at y peth yn uniongyrchol, fodd bynnag, llwydda *Haul ar fryn* i gyfleu yr hyn yr oedd rhai fel *Lisa Lân* yn ceisio'i wneud, sef awgrymu cymaint y mae'n mwynhad o farddoniaeth mewn gwirionedd yn adlewyrchu'n ôl arnom ni ein hunain. Cofiwn y wefr gyntaf honno o glywed neu ddarllen cerdd am y tro cyntaf, a lle roeddem ar y pryd, a sut y teimlem, a sut y gwnaeth y gerdd inni deimlo. Gall cerddi fagu haenau o ystyr wedyn dros flynyddoedd yn y cof, a daw sgribliad o gyfarchiad brysiog yn rhywbeth i'w drysori ymhell wedi i'r bardd, a'r ennyd, fynd heibio. Ni chefais fy argyhoeddi gan bob rhan – gellid chwynnu ambell sgwarnog, a chanfod gwell cerddi i enghreifftio rhai dadleuon. Ond cefais fy nghyfareddu gan y diweddglo, sydd eto'n plethu'r dadansoddiad ffeithiol o waith R. S. â myfyrdodau mwy creadigol a goddrychol ar brofiad personol. Buasai mwy o hyn yn dda o beth!

Tirion, '"Trigo" neu "Pob tŷ i mi fyw ynddo erioed yn Aberystwyth"': Nid yw iaith a mynegiant *Tirion* yn ddilychwin o bell ffordd, ond y mae rhyw hyder distaw yn nodweddu'r gwaith. Mae *creadigrwydd* yn ddi-os yn hydreiddio'r mynegiant a'r digwydd, er mai ar y *ffeithiol* (honedig) y seiliwyd y cyfan. Pethau a digwyddiadau digon dinod a gofnodir yma ar un olwg, ond mae'r ffordd o fyfyrio ac edrych arnynt yn wreiddiol ac unigryw. Dyna sydd ar goll, o bosibl, o rai o'r darnau eraill: maent yn adrodd ffeithiau'n fedrus ddigon, ond yn gwneud hynny yn yr un modd ag y gallai sawl un arall. Yma, fodd bynnag, cawn weld Aberystwyth fel na allai neb ond *Tirion* weld y dref, a hynny drwy gyfrwng nifer o dai y bu hi'n byw neu'n 'trigo' ynddynt yno. Yma ceir hiwmor ac anwyldeb yn gymysg â myfyrdodau ar gelf, hanes, hunaniaeth a theulu. Mae cynildeb a lleihad yn cynnal yr hiwmor hwn, ac mae strwythur difyr i'r cyfan hefyd – dawn greadigol y llenor yn ymdrin â'r bywgraffyddol ffeithiol. Cawn gip ar damaid o hanes Cymru trwy gyfrwng hanes yr unigolyn wrth iddi newid o fod yn fyfyrwraig i fod yn fam. Hoffais yn arbennig y ddelwedd hyfryd o eistedd ar y sgaffold yn gwylio'r cariad yn cyrraedd, ac yna'r diweddglo tawel, cynnil, hyderus a oedd yn gynnes heb fod yn siwgrllyd sentimental.

Cystadleuaeth o safon, felly, ac anodd iawn oedd tynnu gwahaniaeth ar y brig. Mae'n rhyfedd sut y dringodd rhai ac y syrthiodd eraill gydag amrywiol ddarlleniadau. Erbyn y diwedd roedd *Ffarenheit*, *La Bigoudène* a *Cloc* i gyd yn hoff iawn gennyf, a heb y ddau arall byddent yn cystadlu am y wobr. Yn sicr, byddai'n dda cyhoeddi'r rhain ar ryw ffurf, a sawl darn arall hefyd. Ond rhwng coethder hyddysg *Haul ar fryn* a chreadigrwydd tawel a chynnil *Tirion* yr oedd hi yn y pen draw. Mae un, sef *Tirion*, wedi fy nghyffroi a'm cyffwrdd yn fwy na'r llall; ond mae darn *Haul ar fryn* yn fwy caboledig a gorffenedig o ran gafael ar ei adnoddau ieithyddol. Cyfyd cwestiynau wedyn ynghylch faint o waith golygu a chywiro y gellir gofyn i olygydd ei wneud, ond fe adawaf hynny i'r cylchoedd trafod ledled y wlad fel arfer. Fy hun, mae'n rhaid i mi ddilyn fy ngreddf a rhoi'r wobr i *Tirion* gyda phob clod, ond gan ei siarsio i ddefnyddio Cysill a phrawf-ddarllenydd y tro nesaf!

Adolygiad o waith creadigol sydd wedi ymddangos yn ystod yr unfed ganrif ar hugain, heb fod dros 1,500 o eiriau

ADOLYGIAD O WAITH CREADIGOL

Mae deunaw mlynedd ers i'r byd groesawu'r mileniwm newydd gyda darogan gwae am y dinistr y byddai haint cyfrifiadurol Y2K yn ei greu. Pan basiodd troad y mileniwm heb broblem o fath yn y byd, cafodd yr ofn ei ddisodli dros nos gan obaith a dyhead am ddyfodol gwell na'r ganrif flaenorol a'i ddau ryfel byd.

Wrth gwrs, fe newidiodd hynny'n llwyr ar 11 Medi 2001 gyda'r ymosodiadau terfysgol yn Efrog Newydd a'r rhyfeloedd newydd a ddilynodd. Yn y cyfnod cythryblus hwnnw, roedd cyfres deledu drama drosedd newydd sbon yn dechrau ei chyfnod cynhyrchu yn ninas Baltimore yn yr Unol Daleithiau; cyfres a fyddai'n mynd yn ei blaen i gael ei chrybwyll mewn rhestrau di-ri o'r dramâu teledu gorau erioed. Y gyfres honno yw *The Wire*.

Cafodd pum cyfres o *The Wire* eu darlledu rhwng 2002 a 2018 ac mae eleni yn nodi degawd ers dangos y bennod olaf ar y teledu. Roeddwn i'n ddilynwr brwd o'r gyfres ar y pryd ond a yw hi'n parhau i ddal ei thir ochr yn ochr â dramâu eraill sydd wedi ymddangos ers hynny? Yr unig ffordd i gael gwybod oedd trwy wylio'r 60 pennod eto o'r dechrau i'r diwedd. Lwcus, felly, 'mod i wedi dal fy ngafael ar y bocs set ... a fy chwaraewr DVD.

Ac am brofiad oedd gwylio'r cyfan am yr eilwaith. Ro'n i wedi anghofio pa mor dda oedd *The Wire* a does gen i ddim amheuaeth erbyn hyn mai hon yw'r gyfres ddrama deledu orau i mi ei gweld erioed.

I ddeall pam mod i'n teimlo felly, mae'n rhaid mynd nôl i'r dechrau. Dywedodd crëwr a phrif ysgrifennwr y ddrama, David Simon, ei fod o wedi gwerthu'r gyfres i'r darlledwr HBO fel cyfres ddrama drosedd. Er cymhlethdod y cyfresi a ddilynodd, dyna yw'r gyfres gyntaf ym mhob ystyr. Mae'n canolbwyntio ar ddwy ochr y frwydr yn erbyn y diwydiant cyffuriau – neu'n hytrach fethiant y frwydr honno – wrth i ni gael ein cyflwyno i rai o heddlu dinas Baltimore a gang y teulu Barksdale sy'n teyrnasu yng ngorllewin y ddinas.

Wrth gwrs, roedd gan David Simon ei syniadau ei hun o ba drywydd y byddai cyfresi canlynol yn ei gymryd ac mae galw'r cyfanwaith yn gyfres drosedd yn gwneud anghymwynas fawr â hi. Ond hyd yn oed wrth wylio'r gyfres am yr eildro, mae rhywbeth chwyldroadol am y ffordd y mae'r ail gyfres fwy neu lai'n gadael y cymeriadau a oedd yn ganolbwynt i'r cyntaf ar ôl wrth i'r ffocws symud o'r ystadau tlawd ar gyrion y ddinas, ble mae mwyafrif y trigolion yn ddu, i fywyd caled y dosbarth gweithiol gwyn o amgylch y porthladd yn y byd ôl-ddiwydiannol. Dyma ble mae'r bwriad i greu byd cymhleth, cyflawn yn dechrau cael ei wireddu.

Dros y cyfresi nesa, mae Simon, a oedd yn newyddiadurwr gyda phapur newydd y *Baltimore Sun* rhwng 1982 a 1995, a'i bartner sgwennu, Ed Burns, a oedd yn arfer bod yn blismon ac yna'n athro ysgol yn y ddinas, yn ein trwytho ym mywyd dinas Baltimore. O'r byd gwleidyddol i'r system addysg ac o bapur newydd y ddinas i'r undebau llafur, does neb yn dianc rhag llygaid beirniadol yr awduron wrth iddyn nhw fynd ati mewn ffordd sydd bron yn newyddiadurol i archwilio hil, tlodi, a marwolaeth y dosbarth gweithiol a'r freuddwyd Americanaidd. Mae hi'n gyfres sydd wedi cael ei chreu gan bobl sy'n adnabod y ddinas, a'i ffaeleddau, i'r dim ac mae'n rhyfeddol sut maen nhw wedi llwyddo i gyfleu anobaith y bobl gyffredin yn cael eu methu gan y system sydd i fod i'w hamddiffyn. Yn nyddiau Brexit a Trump, mae'r themâu sy'n ymddangos droeon yn y gyfres yn teimlo'n fwy perthnasol nag erioed.

O ran y cast, fe wnaethpwyd penderfyniad dewr o gastio actorion a oedd ddim yn adnabyddus iawn, sydd hefyd yn ychwanegu at y teimlad ein bod ni'r gwylwyr yn sbecian i mewn ar eu byd. Cafodd gyrfaoedd sawl actor, gan gynnwys dau Sais yn Dominic West ac Idris Elba, eu trawsnewid ac roedd nifer yr actorion du sy'n ymddangos yn y ddrama yn arloesol am y cyfnod. Rhoddwyd cyfleoedd hefyd i nifer o unigolion sydd wedi bod yn amlwg yng nghymdeithas Baltimore yn ogystal â phobl leol a oedd wedi byw'r bywyd sy'n cael ei ddarlunio ar y sgrin ac yn deall amgylchiadau'r cymeriadau yn well na neb. Roedd Felicia Pearson a chwaraeodd ran y gangster, Snoop, er enghraifft, wedi cael ei charcharu am ddynladdiad pan oedd yn 14 mlwydd oed a thrwy hap a damwain yn unig y cafodd hi'r rôl. Er hynny, dywedodd yr awdur a'r meistr ar godi ofn, Stephen King, mai Snoop yw'r cymeriad benywaidd mwyaf dychrynllyd i ymddangos mewn unrhyw ffuglen erioed. A fyddai actor proffesiynol wedi gallu dod â chymaint o realaeth i'r rôl? Dw i'n amau'n fawr.

Ond er cymaint y cymeriadau sy'n ymddangos dros y pum cyfres, does dim un cymeriad canolog i lywio'r naratif oni bai eich bod yn cyfri dinas Baltimore ei hun. Mae'n dangos dawn yr awduron unwaith eto wrth iddyn nhw gyflawni eu gweledigaeth o greu darlun realistig o ddinas Americanaidd yn seiliedig ar eu profiadau eu hunain. Wrth i'r cyfresi fynd yn eu blaenau, roedden nhw'n ddigon hyderus i ymateb i wleidyddiaeth y cyfnod yn ogystal, ac yn y drydedd gyfres, mae'r toriadau i gyllideb yr heddlu oherwydd bod yr arian yn cael ei ddargyfeirio i ymladd terfysgaeth ar draul y rhyfel yn erbyn cyffuriau yn un o'r llinynnau stori mwyaf amlwg.

Fe wnaeth *The Wire* arloesi mewn ffyrdd eraill hefyd – yn enwedig yn y ffordd y ceisiwyd datblygu steil newydd o ddweud stori ar y sgrin fach. Steil nofelyddol sydd iddi ac mae llawer o ddigwyddiadau pwysig yn digwydd oddi ar y camera sy'n golygu bod rhaid i'r gwyliwr ddilyn pob sgwrs rhwng cymeriadau i wneud yn siŵr eu bod nhw'n dilyn y naratif. Nid bod hynny'n beth hawdd ynddo'i hun gan fod y ddeialog i gyd yn llawn tafodiaith leol Baltimore. Os nad ydych chi wedi gwylio'r gyfres o'r blaen, byddwch yn barod i wylio'r penodau cyntaf gydag isdeitlau nes bod eich clust yn arfer gyda'r ddaearyddiaeth ieithyddol newydd. Ond mae hyn eto'n enghraifft wych o'r steil naturiol sy'n cyfoethogi *The Wire* ac mae gwneud i ni'r gynulleidfa weithio ar ddilyn y stori a'r ddeialog yn golygu ein bod ni'n buddsoddi llawer mwy yn y cymeriadau.

Ond pan ddaeth y profiad o wylio'r gyfres eto i ben ac wedi i fy meddwl i adael strydoedd Baltimore a dychwelyd nôl i Gymru fach, roedd drama *Craith* ar fin cychwyn ar S4C. Er 'mod i wedi mwynhau'r gyfres drosedd a leolwyd yng ngogledd Cymru, mae'n rhaid i mi holi pam nad ydyn ni'n gallu cynhyrchu drama mor gyfoethog a chraff â *The Wire* yma? Ers i'r ddrama o Ddenmarc, *The Killing*, gael gwared, i raddau helaeth, â'r snobyddrwydd a oedd yna o amgylch gwylio rhaglenni teledu gydag isdeitlau ac mewn byd darlledu sy'n ei gwneud hi'n haws nag erioed i roi cynnwys ar blatfformau ar-lein byd-eang fel Netflix ac Amazon Prime, ydyn ni'n methu cyfle?

Mi glywais i bennaeth datblygu cwmni cynhyrchu byd-eang yn dweud yn ddiweddar mai'r hyn y mae hi'n edrych amdano mewn drama yw llinyn storïol cryf i'r prif gymeriad gyda chefnlen sy'n darlunio'r ardal a'r byd ble mae'r ddrama wedi ei lleoli yn dda a chredadwy. Mae'n ymddangos i mi fod dramâu diweddar S4C fel *Y Gwyll, Bang, Un Bore Mercher* a *Craith* wedi cael eu creu gydag o leiaf un llygad ar y farchnad ryngwladol ond ar draul pethau eraill o bosib. Wrth geisio creu rhywbeth sydd ag apêl eangfrydig, mae perygl i'r dramâu golli eu hunaniaeth a theimlad o le. Pam nad oedd *Bang*, a oedd wedi ei lleoli ym Mhort Talbot, yn mynd i'r afael â phroblemau amlwg yr ardal? Pam nad oedd *Craith* wedi cyffwrdd â'r pwysau cynyddol ar wasanaethau cyhoeddus Gwynedd ble mae ysgolion yn cau a chymunedau Cymraeg yn prysur ddiflannu?

Os oedd un peth wnaeth *The Wire* ddangos i ni, does dim angen i rywun fod o rywle er mwyn cael ein cyffwrdd gan straeon o'r lle hwnnw. Os rhywbeth, mae'n cyfoethogi drama mewn ffordd unigryw iawn. Does dim dwywaith yn fy meddwl i fod gennym ni'r talent a'r gallu yma yng Nghymru i greu drama wefreiddiol yn yr iaith Gymraeg. Mae'n hen bryd i ni beidio â meddwl am beth mae pobl eraill eisiau ei weld, a chael yr hyder i greu rhywbeth sydd wedi ei wreiddio'n ddwfn yn ein gwlad sy'n delio â'r materion sy'n ein heffeithio ni. Yna, mi fydd gennym ni ddrama sy'n sefyll ochr yn ochr â champwaith fel *The Wire*.

Milcshêc

BEIRNIADAETH LOWRI COOKE

Chwech oedd yn y ras – ac am amrywiaeth barn! Er, rhaid dweud, rydan ni Gymry Cymraeg yn dal yn llawer rhy 'neis' efo'n gilydd. Mae Cymru yn wlad 'beirdd a chantorion, enwogion o fri' – ond nid beirniaid o fri, gwaetha'r modd. Rhaid i adolygydd da ei herio'i hun i dwrio'n ddwfn i wir ystyried darn o waith yn gwbl onest. Heb graffu arnom ni'n hunain, a chwestiynu ein diwylliant yn gyson, does dim gobaith i ni aeddfedu'n genedl hyderus. Yn y pen draw, wrth adolygu, rhaid cofio am y gynulleidfa bob tro: y gwyliwr, y darllenwr neu'r gwrandäwr. Does dim gobaith ennill hygrededd hirdymor heb 'dynnu blewyn' ambell waith. Ac er mor grêt yw clywed canmol, byddai pob artist yn cytuno â hynny yn sylfaenol: nid yn gyhoeddus, efallai, ond yn yr hirdymor mae'n gwneud lles mawr i bawb. Hoffwn ddiolch yn fawr i'r chwe cystadleuydd am gystadlu; roeddent i gyd o safon uchel, a hoffwn eu hannog i gyd i barhau i sgrifennu, os nad ydynt eisoes yn gwneud. Fel adolygydd, dysgais lawer wrth ddarllen pob un; yn bennaf, wrth fy atgoffa i ddilyn fy nghynghorion fy hun.

Sbardun: Molawd a gawn yma i Dafydd Glyn Jones, a addasodd swmp helaeth o'i gyfraniadau i Blog Glyn Adda ar ffurf cyfrol, *Meddyliau Glyn Adda*, yn 2017. Mae'n amlwg i'r adolygydd wirioni ar y blog, sy'n sylwebu ar faterion 'sy'n cael eu hanwybyddu gan y cyfryngau yn gyffredinol', a cheir canmoliaeth ddi-ben-draw i'r addasiad o'r sgrin i'r dudalen. Ond wrth restru'r rhagoriaethau, a phwyso a mesur gwerth addasu blog yn gyfrol, nid ystyriwyd o gwbl a oedd unrhyw wendidau yn perthyn i'r gwaith. Dyma lith trefnus, tu hwnt o raenus, a darllenadwy iawn, ond mae gen i ofn iddo fy nharo i fel datganiad i'r wasg, yn hytrach nag adolygiad cytbwys, amlddimensiwn.

Pawb a'i Farn: Rhaid darllen pum can gair o ragymadrodd yn croniclo hanes a chrefft y dyddiadur cyn i'r adolygydd hwn gyfeirio at destun ei lith, sef *Dyddiadur Dewi Llwyd*. O'r diwedd, trwy drugaredd, mae'r adolygiad ei hun yn ddifyr a deifiol dros ben. Rhoddir pìn go iawn yn swigen broliant y clawr, a beirniedir hefyd rai elfennau golygyddol. Yn fwy na dim, cwestiynir ai dyddiadur oedd y ffurf fwyaf priodol i'r darlledwr preifat fynd ati i ddiddanu ei ddarllenwyr. Cyfiawnheir pob beirniadaeth ag enghreifftiau cadarn o wendidau'r gyfrol, heb fod yn amharchus o'r dyn ei hun. Mewn môr o 'PR' a neis-neisrwydd y Cymry Cymraeg, dyma adolygiad amheuthun. Ond rhaid i'r adolygydd hwn ddilyn ei gyngor golygyddol ei hun, a hynny er lles y darllenydd.

Mefusen: Fel yn achos *Sbardun,* mae yma ganmoliaeth ddi-ben-draw gan *Mefusen* i waith ei ddewis (neu ei dewis): cyfrol fuddugol Medal Ryddiaith 2017, *Rhannu Ambarél* gan Sonia Edwards. Ond yn wahanol i *Sbardun*, ceir yma ymgais i gydbwyso, ac ystyried ambell wendid yn ogystal. Mae'r grefft o adolygu yn gelfyddyd ynddi'i hun, a'r delfryd yw canfod hanfod y gwaith yng ngeiriau'r feirniadaeth. Mae *Mefusen* ei hun yn eich swyno gyda'i g/eiriau, ac yn eich argyhoeddi'n llwyr. Rhoddir hefyd gyd-destun i hanfodion ffurf y stori fer, ond nid mewn ffordd lafurus. Fe ŵyr yr adolygydd ei hun beth yw gwendid amlycaf y llith, a phentyrru dyfyniadau o'r gyfrol yw hynny. Serch hyn, fe'm darbwyllwyd ganddo ef/hi i estyn am y gyfrol fy hun.

Brawd: Unwaith eto, dyma adolygydd a blesiwyd yn arw gan ei destun: nofel hanesyddol *Y Fro Dywyll* gan Jerry Hunter yn yr achos hwn. Mae'n sgwennwr angerddol ac yn ddarllenwr eang a gwybodus, sy'n daer dros rinweddau'r gyfrol hon. Ond unwaith eto, prin iawn yw'r ystyriaeth i wendidau'r nofel i gydbwyso'r adolygiad hwn. Ceir mân gyfeiriad at y prif gymeriad, Rhisiart Dafydd, 'nad ymhelaethir rhyw lawer am ei deimladau a'i emosiynau'; gosodiad sy'n haeddu ystyriaeth ddwysach fel gwendid, dybiwn i. Prif gam yr adolygydd yw diffyg cynildeb; dyfynnir llinellau o waith Gwenallt ac R. Williams Parry, ac mae ambell frawddeg yn ddeg llinell o hyd! Yn anffodus, methodd *Brawd* â chyflawni gofynion y gystadleuaeth hon: mae'n adolygiad sydd bron i 1750 o eiriau o hyd.

Dyfi: Dyma ddarn rhagorol o waith sy'n canu clodydd y testun, a'r awdur, dan sylw: cyfrol o gerddi, *Darn o'r Haul* gan y diweddar Sian Owen. Mae geiriau *Dyfi* yn llifo'n hamddenol, ac yn eich denu i fyd y bardd; yn hynny o beth, mae'n asio'n berffaith â natur y gwaith. Llwydda *Dyfi* i gynnig teyrnged i un a oedd yn feistres ar sawl crefft, ac fe'm darbwyllwyd i yn bendant i roi tro ar *Darn o'r Haul*. Ond ai adolygiad, mewn gwirionedd, yw'r llith hyfryd hwn? Mae yna rywbeth chwithig iawn am 'feirniadu' unrhyw waith, yn arbennig felly yn sgil marwolaeth yr awdur, neu fardd, dan sylw. Ond dyna, ysywaeth, yw rôl yr adolygydd, a gofynnir am sensitifrwydd eithriadol o dan y fath amgylchiadau. Cyflwynwyd y ganmoliaeth a'r cyd-destun yn rhagorol, a gwerthfawrogais y defnydd cynnil – a phwrpasol – o ddyfyniadau. Ond fel gwyddonydd, rwy'n tybio y byddai Sian Owen ei hun wedi gwerthfawrogi asesiad mwy cytbwys o'i gwaith.

Milcshêc: Yn olaf, ond nid lleiaf, dyma adolygiad gwych o waith creadigol di-Gymraeg. Pwyso a mesur y gyfres ddrama drosedd *The Wire* (2002-2008), a osodwyd yn ninas Baltimore, a wna *Milcshêc*. Fel un sy'n gyfarwydd â'r gyfres epig hon, denwyd fy niddordeb yn syth, yn enwedig gan haeriad *Milcshêc* mai dyma'r 'ddrama deledu orau i mi ei gweld erioed'. Wrth ddarllen a mwynhau'r dadansoddi treiddgar, roedd gen i sawl cwestiwn beirniadol fy hun. Paham adolygu cyfres deledu Americanaidd sydd dros ddegawd oed? Beth am anhawster nifer fawr o wylwyr i ddeall acen leol Baltimore, a beth am gymharu'r gyfres hon â chyfresi eraill, gan gynnwys y ddrama drosedd Gymraeg? O fewn dim, atebwyd y cwestiynau i gyd, a hynny'n deg a rhesymegol. Yn fwyaf diddorol, aethpwyd ati i wneud cymhariaeth gritigol â chyfresi *Bang* a *Craith* ar S4C. Dyma sgwennwr Cymraeg cyfoes sydd â'i bys (neu ei fys) ar y pyls, sy'n medru beirniadu gweithiau Cymreig mewn cyd-destun rhyngwladol. Serch mân frychau ieithyddol, mawr obeithiaf ddarllen rhagor o adolygiadau *Milcshêc* y ces flas amheuthun ar ei g/eiriau byrlymus.

Roedd hon yn gystadleuaeth eithriadol o glòs. Wedi cryn ystyried, dyfarnaf y wobr i *Milcshêc*.

Casgliad o hyd at 30 o enwau lleoedd unrhyw ardal, pentref neu dref yng Nghymru gyda thrafodaeth ar eu hanes a'u hystyron a chofnod o'u cyfeirnod grid. Dylid hefyd, pan fo hynny'n bosibl, nodi ffynhonnell yr wybodaeth

....

BEIRNIADAETH DAVID THORNE

Daeth 13 ymgais i law. Ceisiais bwyso a mesur yn deg rinweddau pob cyflwyniad ond roedd yn amlwg, ar yr un pryd, bod angen cryfhau a glanhau diffygion amlwg yng ngwaith amryw o'r cystadleuwyr. Dyma air byr am bob un ohonynt.

Seren y de, 'Y Wladfa ... rhan fach o Gymru': Byddai'r gwaith hwn yn llawer mwy derbyniol petai wedi'i gynllunio'n fwy gofalus. Nid oedd holl elfennau'r enwau wedi'u cyflwyno a'u diffinio mewn dull a gymeradwyir ar gyfer trafodaethau ym maes enwau lleoedd. Cafwyd llyfryddiaeth a throednodiadau defnyddiol. Nid oedd na map na chanllaw i dywys y darllenydd ac roedd hynny'n arwain yn aml iawn at aneglurder a diffyg cyd-destun. Bu'r prawf-ddarllen yn ddiffygiol.

Madyn Brith: Detholiad diddorol o enwau lleoedd ardal Ffestiniog. Cyflwyniad pwrpasol a chasgliad amrywiol a chyfoethog o enwau dan saith pennawd, gyda'r enwau a ddewiswyd yn perthyn i wahanol gyfnodau. Roedd elfennau'r enwau wedi'u hegluro'n fanwl a lluniau deniadol yn ychwanegu'n fawr at drafodaeth destunol a oedd yn dangos ôl ymchwil trylwyr ac aeddfed. Cafwyd troednodiadau, ffynonellau ysgrifenedig a llafar ynghyd â llyfryddiaeth – a'r cyfan wedi eu trefnu'n ddestlus. At hyn, da oedd gweld map a oedd yn llwyddo i roi'r holl drafodaeth mewn cyd-destun dealladwy.

Euryn, 'Enwau Lleoedd ym Mro Aled': Dewiswyd detholiad o enwau amrywiol a diddorol i'w trafod gan y cystadleuydd hwn. Roedd yn hollol amlwg ei fod wedi mwynhau'r dasg ac mae ganddo adnabyddiaeth drylwyr o ffynonellau a oedd yn cynnwys dogfennau lleol, gweithiau gan haneswyr lleol, tystiolaeth lafar yn ogystal â gweithiau awdurdodol ym maes enwau lleoedd. Amherir ar ei waith gan ddiffyg cyflwyniad digonol, diffyg cyfeiriadaeth fanwl wrth gyfeirio at ei ffynonellau ac ambell sylw di-alw-amdano. Byddai map wedi cynorthwyo i greu undod a chyd-destun cadarnach.

Sara Elen, 'Casgliad o Enwau Lleoedd Ardal Rhydcymerau': Dyma'r unig ymgeisydd i gyflwyno'i gwaith mewn llawysgrifen – a honno'n llawysgrifen ddeniadol. Ceir cyflwyniad hollol atebol sy'n cael ei ddilyn gan gyfraniad graenus gan ymchwilydd wrth reddf sydd wedi ymgydnabod yn drylwyr â'r ffynonellau hanesyddol a llenyddol lleol. Rhydd bwys dyladwy ar dystiolaeth lafar a lluniodd fap defnyddiol sydd wedi creu undod a chyd-destun clir o gwmpas y traethu manwl.

Penyberth, 'Enwau ardal Llanfair Pwllgwyngyll, Môn': Chwip o drafodaeth sy'n dangos ôl ymchwil trylwyr ac aeddfed. Cafwyd rhagarweiniad pwrpasol a chryno. Eglurwyd yr enwau'n fanwl ac roedd ei ffynonellau'n cwmpasu dogfennau lleol, gweithiau gan haneswyr lleol a sylwadau awdurdodol arbenigwyr ym maes enwau lleoedd. Roedd cyfres o fapiau yn gymorth i greu undod a chyd-destun eglur.

Chwilotwr: Detholiad o enwau o blwyfi Llanrug, Llanddeiniolen, Llanberis, Llanbeblig, Llandygái, Waunfawr a Llanwnda. Dyma waith safonol iawn gan ymchwilydd aeddfed. Roedd y dystiolaeth a gyflwynwyd yn seiliedig ar ddogfennau hanesyddol, gweithiau gan haneswyr lleol, tystiolaeth lafar a sylwadau gan arbenigwyr ym maes enwau lleoedd. Yn anffodus roedd amryw byd o'r ffynonellau heb eu cofnodi'n fanwl gyflawn. Roedd cyfres o luniau yn ychwanegiad diamheuol at y testun. Byddai cyflwyniad pwrpasol i'r ardal a map wedi creu undod a chyd-destun cyfoethocach.

Cominwr, 'Casgliad o Enwau Lleoedd Ardal y Ddwy Wendraeth': Dewiswyd trawsdoriad o enwau tra diddorol o Gydweli, Llangyndeyrn, Llandyfaelog a Llanddarog ond roedd olion brys yn amharu ar lyfnder y traethu. Roedd cyflwyniad pwrpasol ond diffygion amlwg wrth gofnodi ffynonellau'n anfanwl, cyfeirnodau grid gwallus a llithriadau o ran y defnydd o fyrfoddau. Byddai map wedi bod yn gaffaeliad diamheuol.

Glyn: Enwau lleoedd ym mhentref Glynarthen a'r cyffiniau. Cafwyd cyflwyniad derbyniol i'r drafodaeth ond gwnaed dewisiadau annoeth wrth ddewis llawer o'r enwau a drafodwyd – yn rhannol am fod *Glyn* heb fentro taflu ei rwyd yn ddigon eang. Roedd cyfor o ddeunydd diddorol a fyddai wedi llonni calon hanesydd teulu neu hanesydd tai ymhob ysgrif. Gan amlaf roeddent yn anaddas ar gyfer y gystadleuaeth hon.

Y Benglog: Dyfroedd ac afonydd sydd yma. Roedd ffynonellau'r cystadleuydd hwn yn dangos gwybodaeth o waith haneswyr ac ysgrifwyr lleol ynghyd â chyfraniadau awdurdodol ym maes enwau lleoedd. Roedd ei gyflwyniad, sut bynnag, yn amleiriog ac felly hefyd y drafodaeth gan i'r awdur ddewis dilyn amryw byd o ysgyfarnogod ar draul trafod elfennau'r enwau. Roedd yr ebychnodi cyson yn amharu ar y drafodaeth. Ni chafwyd map.

Llain y felin, 'Yn Neuar [*sic*] yr Hen Bobol': Penderfyniad y cystadleuydd hwn oedd cynnwys un cyfeirnod grid yn unig. At hyn roedd ei fyrfoddau'n anghyson a'i gyfeiriadau llyfryddol yn annigonol. Amherir yn fawr ar lyfnder y traethu gan gyfresi o sylwadau ebychiadol a chwbl ddi-alw-amdanynt.

Yr hir-glust, 'Pennant Melangell': Casgliad diddorol o enwau ynghyd ag arolwg defnyddiol o ystyron rhai ohonynt. Gwnaed defnydd gormodol o gyfraniadau gan hynafiaethwyr ar draul cyfraniadau awdurdodol diweddar. Roedd yr ebychnodau'n amharu ar rediad y testun. Dyma gyflwyniad a oedd yn ennyn diddordeb; byddai map wedi ychwanegu at y diddordeb hwnnw.

Dydd Sadwrn, 'Astudiaeth o Enwau Lleoedd Cymunedau Dolgellau, Brithdir a Llanfachreth': Gwaith gofalus a diddorol gan ymchwilydd aeddfed. Dewis diddorol o enwau wedi eu trafod ynghyd â sylwadau atodol deniadol i gyfoethogi'r dadansoddi craff. Cyflwyniad da iawn ond byddai map wedi creu undod a chyd-destun cyfoethocach.

Bedo bach, 'Rhwng Gwy a Hafren': Detholiad diddorol iawn o enwau'r ardal hon. Roedd cyflwyniad pwrpasol a chynnwys hanesyddol diddorol a pherthnasol ynghyd â dadansoddiad defnyddiol o elfennau'r enwau. Roedd cyfres o fapiau deniadol yn creu'r cyd-destun priodol. Yn anffodus, roedd amryw byd o'r ffynonellau y cyfeirir atynt yng nghorff y gwaith heb eu cofnodi'n fanwl a'r prawf-ddarllen yn esgeulus.

Gwobrwyer *Penyberth*.

Nodyn gan y Golygydd
Ymddiheurwn i'r awdur nad oedd modd cyhoeddi'r casgliad buddugol yn y gyfrol oherwydd maint a swmp y gwaith.

Dwy erthygl, o leiaf 1,000 o eiriau yr un, sy'n addas i'w cyhoeddi yn *Y Casglwr*. Ystyrir cyhoeddi'r gwaith sy'n cael ei gymeradwyo gan y beirniad yn *Y Casglwr*

....

Henri Martin ac Alfred Erny ar drywydd y Celtiaid yng Nghymru

Pe bai Henri Martin (1810-1883) ond wedi gorffen ei lyfr arfaethedig ar Iolo Morganwg, yna mae'n debyg y byddai sôn amdano hyd heddiw yng Nghymru. Ond i ebargofiant yr aeth enw'r hanesydd o Ffrainc, ac er mwyn i ninnau gael dychmygu cynnwys ei lyfr rhaid dibynnu ar ei ohebiaeth, ei ddisgrifiadau taith, ei anerchiad i Eisteddfod Aberdâr yn 1861, ac yn arbennig ar ddogfen na ddenodd unrhyw sylw o'r blaen, sef erthygl hir gan ei gyd-deithiwr yng Nghymru, Alfred Erny (g. 1838): 'Voyage dans le pays de Galles' [Taith yng Nghymru] yn *Le Tour de Monde* 15:1 (1867), 257-88. Trwy bori yn y testunau hyn, nod yr erthygl hon yw awgrymu pa fath o gyfrol a fwriadwyd gan Martin ar gyfer ei ddarllenwyr nôl yn Ffrainc.

Cofir am Martin yn Ffrainc fel awdur cyfrolau swmpus ar hanes Ffrainc ar y naill law, ac fel un o'r Celtegwyr mwyaf brwd ar y llaw arall. Er i Arglwydd Aberdâr gofio amdano fel un a garai bopeth Celtaidd yn *Cofnodion a Chyfansoddiadau Buddugol Eisteddfod Aberdâr, 1885* (Caerdydd, 1887), t. civ, go brin ei fod yn enw cyfarwydd i ddarllenwyr *Y Casglwr*, a hynny am iddo fethu ag ysgrifennu ei lyfr ar Iolo, efallai oherwydd marwolaeth ddisyfyd John Williams, ab Ithel (1811-1862), y noson cyn i Martin gyrraedd Ardudwy ddiwedd Awst 1862. Ei waith ysgolheigaidd, felly, a ddaeth â Martin i Gymru, ynghyd â'i awydd i weld Celtiaid byw â'i lygaid ei hunan fel modd o fireinio ei weledigaeth wleidyddol-Geltaidd. Roedd mynychu Eisteddfod, honnodd, yn rhan o'i ddyletswydd fel hanesydd Ffrainc, oherwydd credai fod y Cymry a'r Ffrancod yn rhannu'r un gwreiddiau Celtaidd. Mae'r anerchiad a roddodd yn Eisteddfod Aberdâr yn galw am gydgefnogaeth Geltaidd, ac yn yr achos hwn rhwng y Cymry a'r Ffrancwyr (nid y Llydawyr yn unig, sylwer). Siaradodd yn Ffrangeg, gan resynu na lwyddodd i gyfathrebu â'r Cymry yn eu hiaith eu hunain, ond gan eu sicrhau: 'If I speak with a foreign tongue I do not speak to you with a foreign heart nor have I foreign blood'. Er bod Martin yn diolch i Thomas Stephens mewn llythyr ato am gynnig cyfieithu'r anerchiad i'r Gymraeg, ymddengys mai trefnu i'w gyfaill, Mr James, gyfieithu wnaeth Stephens. Beth bynnag, dim ond fersiwn Saesneg sydd wedi goroesi, ar ffurf llawysgrif a hefyd mewn adroddiadau yn y wasg. Cyflwyna ei syniad am undod Celtaidd fel modd o sicrhau heddwch byd-eang, ond mae gan Martin syniadau rhyfedd iawn am bwy sy'n Geltiaid. Hawdd deall sut y mae'n ystyried y Ffrancwyr yn Geltiaid, oherwydd yn dilyn y Chwyldro Ffrengig, pan oedd ar Ffrainc angen fersiwn newydd o'i hanes ei hun, fe ddelfrydwyd y Galiaid, sef Celtiaid, fel hoff gyndeidiau'r bobl. Fel y dywedodd Martin yn 1861: 'As our France becomes better acquainted with its past and its origins, she feels more and more that she is not the daughter of the Germans or of the Romans'. Yr hyn sy'n annisgwyl yw iddo dderbyn y Saeson i'r teulu hefyd, yn rhyw fath o Geltiaid anrhydeddus, fel y gall y ddau bŵer gydweithio'n gytûn: 'Gallic France and British England, will, and must be Friends'.

Wrth baratoi ei daith gyntaf i Gymru holodd Martin Hersart de la Villemarqué, awdur yr enwog *Barzaz Breiz*, am gyfarwyddiadau i Gymru: 'ce mystérieux pays de Galles' [Cymru gyfriniol] mewn llythyr ar 18 Gorffennaf 1861. Erbyn mis Awst roedd yno, a gresynai La Villemarqué, a oedd wedi bod yn ne Cymru yn 1838, na chafodd ddychwelyd yno yng nghwmni Martin. Fe ymwelodd â Chaerdydd, Merthyr Tudful, Y Fenni, Llanofer, Conwy, Bangor, Yr Wyddfa, Caernarfon, Llanberis, Aberffraw a Chaergybi, yn ogystal ag Eisteddfod Aberdâr. Fe fanteisiodd hefyd ar wibdaith y 'Cambrian Archaeological Society' er mwyn ymweld ag Abertawe, Castell-nedd a Phenrhyn Gŵyr. Union flwyddyn yn ddiweddarach fe ddychwelodd Martin i Gymru, y tro hwn gydag Alfred Erny yn gwmni iddo. Tra yn ne Cymru yn 1861 daeth i gysylltiad â'r fferyllydd a'r ysgolhaig, Thomas Stephens (1821-1875), diolch i La Villemarqué a ysgrifennodd lythyr yn ei gyflwyno. Yn ystafell gefn ei siop fferyllydd ym Merthyr treuliodd rai dyddiau yn gweithio ar 'drysorau llenyddol Cymru', ond doedd cyfathrebu ddim yn hawdd oherwydd roedd Ffrangeg Stephens yn salach na Saesneg Martin hyd yn oed (yn ôl Martin mewn llythyr at La Villemarqué), a phenderfynwyd defnyddio cyfieithydd, cyn bodloni ar ysgrifennu nodiadau yn hytrach na siarad. Roedd Martin yn awyddus iawn i gwrdd â John Wiliams, ab Ithel (1811-1862), yn y gogledd oherwydd bod hwnnw wrthi'n paratoi llyfr ar Iolo Morganwg a fyddai'n trafod y llawysgrifau a brynodd Lady Augusta Hall (1802-1896) oddi wrth Taliesin Williams yn 1853, ac a gedwid yng Nghastell Llanofer. Yn eu cyfarfod byr addawodd ab Ithel anfon gwybodaeth at Martin cyn i'w lyfr ymddangos, ac fe dreuliodd Martin bedwar diwrnod yn Llanofer yn darllen llawysgrifau Iolo, a gedwid yno mewn cist. Wedi dychwelyd i Ffrainc cyhoeddodd erthyglau am ei argraffiadau taith yng Nghymru (o 1861) mewn cyfnodolyn, *Le Siècle*, ac yna ddegawd yn ddiweddarach casglwyd yr erthyglau a'u cynnwys yn ei lyfr, *Études d'archéologie celtique: notes de voyages dans les pays celtiques et scandinaves*, yn 1872, ynghyd ag ysgrif am ei ail ymweliad (1862). Cadwodd y deunydd ysgolheigaidd yn ôl yn fwriadol ar gyfer ei lyfr ef ar Iolo, a fyddai'n dilyn cyhoeddi un ab Ithel. Wrth gwrs, ni welodd yr un o'r llyfrau olau dydd. Yn ffodus iawn i ni, nid oedd rheswm gan Alfred Erny i gadw'r wybodaeth yn ôl, ac yn fy marn i mae erthygl hir ei gydymaith yn arddangos yr ysgolheictod a fyddai wedi bwydo i mewn i gyfrol Martin; yn wir mae'n fwy o draethawd llenyddol nag o ddisgrifiad taith. Erbyn ei ail ymweliad â Chymru gydag Erny yn haf 1862 roedd Martin yn dipyn o awdurdod ar bopeth Celtaidd, ac adlewyrchir hyn yn y modd y mae Erny yn agor cynifer o'i droednodiadau gyda'r geiriau: 'Fel y dywed Henri Martin wrtha i ...'. Felly, yn yr erthygl daith anghofiedig y cawn weld ffrwyth yr ymchwil a'r sgyrsiau llenyddol a ddigwyddodd yng Nghymru yn 1861 ac 1862, yn arbennig yn achos dwy gerdd sydd fel petaent yn tyfu allan o dirlun Cymru.

Wedi cyfleu prydferthwch Eryri daw sylw Erny at dŵr Dolbadarn ble y carcharwyd Owen Goch, brawd Llywelyn, rhwng 1255 ac 1277. Pwysleisia Erny unigedd y carcharor sydd â neb ond ei fardd yn gwmni, cyn cyflwyno fersiwn Ffrangeg o gân y bardd. Mae'r gerdd Ffrangeg yn un sy'n breinio natur, gyda'r carcharor yn cyfathrebu trwy gyfrwng y gwynt, a'r lleoliad yn yr uchelfannau gwyllt yn ategu'r pwyslais ar unigedd, a'r brif thema, sef marwolaeth. 'Bedd' yw'r tŵr i Owen, a disgrifir y carcharor fel un nad sydd bellach yn bod, un 'absennol', neu 'wedi ei ddileu', neu 'wedi diflannu fel chwa o fwg'. Crwydryn mewn tirlun o dristwch yw'r bardd, wrth i'r gerdd glymu'r meddyliol a'r tiroedd yn un: 'trist' yw'r mynydd, wedi tewi mae'r delyn, a 'dolur' yw'r hyn a glywir. Gan droi wedyn at y gwleidyddol, canmolir Owen am ei haelioni, ei anrhegion, ei ddewrder a'i gryfder, ac yn olaf honnir ei fod ond yn hoffi gwledydd neu wladwriaethau ('États' a geir yn y Ffrangeg) rhydd, a thry'r gerdd yn un wrth-Saesneg wrth sôn am ddafnau gwaed y Sacson. Mae'n gerdd a fyddai'n gyfforddus ei lle mewn blodeugerdd o farddoniaeth Ramantaidd Ffrangeg, ond y syndod ydy iddi gael ei seilio ar awdl Hywel Foel ap Griffri ap Pwyll Wyddel, gweler *Cyfres Beirdd y Tywysogion VII: Gwaith Bleddyn Fardd ac Eraill*, gol. Geraint Gruffydd (Caerdydd, 1996), tt.181-99. Wrth addasu neu 'gyfieithu' y gwaith canoloesol crwydra Erny yn bell o'r gwreiddiol. Collir y cymeriad dechreuol 'Gŵr', yr odl '-i' a'r gynghanedd wrth reswm, ond glastwreiddir y cynnwys hefyd wrth i'r Ffrangeg droi cais soffistigedig Owen i'w frawd i'w ryddhau – gan mai Duw yn unig sy'n meddu ar yr hawl ar ryddid dyn – yn gerdd hiraethus am fardd hunandosturiol. Fel y dywed golygydd y gerdd, Brynley Roberts: 'Nid cwyn seml sydd yn yr awdl, na chred obeithiol, ond gosodiad moesol sydd yn enghraifft drawiadol o hawl bardd i geryddu'i frenin pan fo'n methu yn ei ddyletswydd,' t. 191. Y peth arall a gollir yw'r wedd grefyddol, fel y byddid yn ei ddisgwyl gan Gelto-garwyr gweriniaethol Ffrengig yn nhraddodiad Ernest Renan. Mae'n siŵr mai yn llyfr Thomas Stephens, *The Literature of the Kymry* (1849), y daeth y Ffrancwyr o hyd i'r gerdd a chyfieithiad Saesneg ohoni, ac i Stephens yn ei dro gael hyd iddi yn y *Myvyrian Archaiology of Wales* (1801-1807).[1] Ond tra bo'r fersiwn Saesneg yn ffyddlon i'r fersiwn Cymraeg gwreiddiol, ac yn cyfieithu'n llythrennol roedd Erny, fwy na thebyg gyda help Martin, yn ail-greu'r deunydd canoloesol fel ei fod yn apelio at ddarllenwyr y dydd.

Mae achos yr ail gerdd yn nhaithysgrif Erny yn gwbl wahanol yn hyn o beth. Ar ei daith tua'r gorllewin, nid yw Erny wedi teimlo ei fod wir yng Nghymru nes cyrraedd Caerdydd a chlywed Cymraeg am y tro cyntaf. Pan gyrhaedda Gastell Caerdydd mae Erny ar drywydd dilysrwydd: nid yw'r tŷ newydd yn ei blesio, a gwell o lawer ganddo'r hen gastell a'i stori drist am Robert Dug Normandi, neu Robert Curthose (c. 1051-1134), a fu'n garcharor yno. Cyflwyna gerdd ble mae'r carcharor yn cyfarch y dderwen a wêl o'i ffenest yn y tŵr, ac sy'n rhannu sawl elfen gyda'r gerdd gyntaf: carcharor, tŵr, pwysigrwydd y berthynas â natur, cefnlen o drais milwrol. Mae hefyd yn hynod o debyg o ran ei naws ramantaidd, a rhag ofn nad yw'r darllenydd wedi sylweddoli hyn, cynigia Erny ddadansoddiad ohoni: 'Yn y gerdd hardd hon, fel sy'n amlwg, mae Robert yn ei gymharu ei hun â'r dderwen, ac yn canu ei dynged/ei thynged drist' (yn y Ffrangeg gall 'sa destinée' fod yn eiddo i'r bardd neu i'r goeden). Yn achos y gerdd gyntaf roedd Erny'n ceisio twyllo'i ddarllenwyr, ond yma y gerdd sy'n cael y gorau arno ef, gan mai un o ffugiadau Iolo Morganwg ydyw. Ceir hanes cyhoeddi'r gerdd yn y *Gentleman's Magazine* (1794), ynghyd â llythyr o esboniad gan Iolo ble mae'n ceisio achub y blaen ar gyhuddiadau o ffugio, yn *Y Casglwr*, 33 (Nadolig 1987), t.1. Felly, awgryma tystiolaeth erthygl Erny y buasai llyfr Martin wedi gwneud llawer i ledaenu ffugiadau Iolo Morganwg ar y cyfandir mewn cyfnod o ddiddordeb byw yn yr Oesoedd Canol. Lai na

---

[1] Thomas Stephens, *The Literature of the Kymry* (1849), tt. 379-381; Owen Jones, Edward Williams, William Owen Pughe, *Myvyrian Archaiology of Wales*, tair cyfrol (1801-1807). Llawysgrif Hendregadredd, LlGC 6680 yw'r unig ffynhonnell ganoloesol ar gyfer yr awdl, ond gan iddi fod ar goll rhwng y ddeunawfed ganrif ac 1910, mae'n debyg i'r gerdd gael ei chopïo o drawsysgrifiad a wnaethpwyd gan Dr John Davies, Mallwyd yn 1617. Gweler Daniel Huws, 'The Hendregadredd Manuscript' yn *Medieval Welsh Manuscripts* (Cardiff: 2000), tt. 193-226 (t. 193).

degawd wedi traethawd dylanwadol Renan ar 'farddoniaeth y Celtiaid' (1854), ond lawn genhedlaeth cyn i'r ymdeimlad pan-Geltaidd gyrraedd ei benllanw yn Eisteddfod Caerdydd (1899), perthyn Martin ac Erny i bennod anhygoel yn stori'r berthynas rhwng Ffrainc a'r Celtiaid.

Coquebert de Montbret yn ôl troed Pennant

Meddylir am Thomas Pennant (1726-1798) fel tarddiad y traddodiad ysgrifennu taith yng Nghymru; yn wir sonnir amdano fel 'tad' y ffurf, a gwelir dylanwad ei *Tours in Wales* (1778-1781) yn glir ar waith y cenedlaethau o deithwyr llengar a'i holynodd. Nid yw hyn mor wir am deithwyr o'r tu hwnt i Brydain wrth gwrs, ond eithriad nodedig yn hyn o beth yw pwnc yr ysgrif hon: Charles-Étienne Coquebert de Montbret (1755-1831), sef Ffrancwr a fu ynghlwm â chreu'r system fesur fetric, a ddysgodd ddaeareg yn yr École des mines, a daearyddiaeth (disgyblaeth newydd ar y pryd, wrth gwrs), ac yna hanes hefyd yn yr École des Quatre Nations ym Mharis, ac un a gollodd ei statws fel diplomat am gyfnod yn sgil y Chwyldro Ffrengig. Cofir amdano heddiw, os o gwbl, fel ystadegydd a daearyddwr, ond mae achos inni yng Nghymru gofio amdano fel casglwr llyfrau am Gymru, ac fel un a luniodd bortread cryno iawn o Thomas Pennant ei hun.

Mae taithysgrif Coquebert, a deithiodd drwy Gymru yng nghwmni'i fab a'i ysgrifennydd o Wyddel, ar eu ffordd i swydd ddiplomataidd newydd yn Nulyn ym Medi 1789, mewn deialog gyson gyda llyfrau taith cynharach. Yn ei 'carnets de voyage' [llyfrau nodiadau taith] a gedwir yn llyfrgell tref Rouen, nas cyhoeddwyd tan 1995 o dan y teitl *Voyage de Paris à Dublin à travers la Normandie et l'Angleterre en 1789* (Lyon: Université Saint-Etienne, 1995), mae'n mesur ei sylwadau am Gymru yn erbyn testun y meistr. Drwyddi draw ceir gosodiadau fel: 'Pennant dit que ...' [dywed Pennant ...], 'Pennant indique ...' [cyfeiria Pennant ...], 'Pennant croit que ...' [cred Pennant ...], ac yn ôl golygydd ei ddyddiaduron taith, fe ddefnyddiodd Coquebert *Journey from Chester to London* (1782) Pennant er mwyn cynllunio ei daith ei hun i'r cyfeiriad arall, sef o Lundain i Gaer, a dadleua ymhellach bod Coquebert yn gweld Cymru trwy destun Pennant: 'wrth ymweld â mannau penodol, mae'n arsylwi trwy gyfrwng y darlun a ddatblygwyd gan Pennant' (t. 22). Sonia Coquebert am lyfrau a welodd yn White's ar Fleet Street, Llundain, er na ddywed iddo eu prynu y tro hwn: sef *Pennant's tour to Wales* [sic] (1778) a *Tour to Chester* [sic] (1783), ac mae'r ddau yn ei lyfrgell (gweler y rhestr wrth droed yr erthygl hon). Roedd ei lyfrgell hefyd yn cynnwys *British*

Zoology (1769), a *The History of the Parishes of Whiteford and Holywell* (1796), *The History and Antiquity of London* (1813). Ymysg y 632 teitl ar Brydain yn gyffredinol roedd ganddo ryw 26 llyfr ar Gymru, ac yn eu plith roedd Beibl yn Gymraeg, 'La Bible en gallois' (Londres, 1769), dau eiriadur Cymraeg (sef Evans, *Vocabulaire gallois et anglais*, 1804, ac Owen, *Dictionnaire de la langue galloise expliquée en anglais*, London), nifer o ddeithlyfrau a pheth barddoniaeth: *The Heroic elegies and other pieces of Llywarç, translated by M. Owen* (London, 1792).

Mae'r llyfrau nodiadau a lenwodd tra'n teithio trwy Gymru yn gymysg iawn o ran cynnwys ac arddull. Nid teithiwr Rhamantaidd mo hwn, ond yn hytrach un a welai Gymru trwy lygaid gweinyddwr, neu gasglwr ffeithiau proffesiynol. Dychwelai at ei lyfrau nodiadau yn fynych er mwyn ychwanegu manylion a ffeithiau newydd; er enghraifft, dychwelodd at dudalen sy'n adrodd stori am Pennant i ychwanegu gwybodaeth ffeithiol am ei fywyd ychydig flynyddoedd yn ddiweddarach. Mae hyn oll yn awgrymu bod ei ddeithlyfr yn gweithredu fel rhyw fath o gronfa ddata bersonol, ac mae'n amhosibl gwybod, oherwydd y dechneg ysgrifennu, a ymwelodd â'r holl leoedd a enwir, neu a ydyw'n dibynnu ar ddisgrifiad rhywun arall, rhywun fel Pennant. Daw'r cyfeiriad cyntaf at Pennant yn nisgrifiad Coquebert o Dreffynnon a'i felinau. Yma dyfynna Pennant fel awdurdod ar sawl tunnell o ddŵr a gyflenwir bob munud, sef 21 (t. 167), cyn adrodd stori Gwenffrewi. Mae'r Ffrancwr i'w weld yn hapus i adrodd y gwelir llai a llai o bererinion bob blwyddyn yn Nhreffynnon, ac yn ddilornus o hygoeledd pobl Cymru. Gwyddom yn yr achos hwn iddo ymweld â'r lle ei hunan gan ei fod yn enwi perchennog ei lety (Beffreu Edwards, t. 168) ac mae'n disgrifio'r bwyd a gaiff yno ('Swigs', sef bara a chaws wedi mwydo mewn cymysgedd o gwrw a siwgr), a dywed hefyd bod Pennant yn sôn am nifer o gerfluniau ar hyd y ffordd, ond na welodd ef mohonynt oherwydd ei bod hi wedi nosi.

Nesaf daw disgrifiad annisgwyl, ac un na chafodd unrhyw sylw hyd yn hyn, gan i'r llyfrau nodiadau aros cyhyd yn Llyfrgell Rouen cyn cael eu cyhoeddi. Ar gyrion Treffynnon penderfyna'r teithwyr fynd ychydig filltiroedd allan o'u ffordd er mwyn ymweld â chartref Pennant: 'Downing, maison de campagne de M. Pennant, auteur de plusieurs voyages intéressants et d'ouvrages d'histoire naturelle' (t. 168) [Downing, cartref gwledig Mr Pennant, awdur nifer o ddeithlyfrau diddorol a gweithiau ar astudiaethau natur]. Â Coquebert ymlaen i ddisgrifio Pennant fel dyn 40 neu 50 mlwydd oed, sy'n edrych yn dda, yr un fath â'i fab, ac sydd newydd ddychwelyd o daith trwy Ffrainc, y Swistir a'r Eidal. Wedi cyrraedd, dywed Pennant wrtho ei fod wrthi'n paratoi disgrifiad o Lundain a chatalog o anifeiliaid India, a'i fod yn meddwl mai'r rhain fyddai ei weithiau olaf. Ond daw siom i ran Coquebert am na welodd unrhyw gasgliad o lyfrau astudiaethau naturiol yn nhŷ Pennant, fel yr oedd wedi gobeithio, ac anodd peidio â rhannu ei siom bellach wrth ddarllen am y diffyg croeso a gafodd gan 'dad' y daithysgrif Gymreig: 'la réception qu'il nous a faite à été à l'anglaise, c'est-à-dire passablement froide' (t. 169) [Roedd y derbyniad a gawsom ganddo yn Seisnig, hynny yw yn eithaf oeraidd]. Anodd i Coquebert ddeall sut y gall rhywun sydd wedi teithio cymaint ei hun, ac wedi cael digon o gyfle i werthfawrogi croeso cynnes, ddangos y fath ddifaterwch wrth ddathlu ('fêter', sef 'dathlu' yw'r gair a ddefnyddir) teithwyr sydd wedi trafferthu mynd dair milltir allan o'u ffordd er mwyn ymweld ag ef. Trwy lwc caiff Coquebert well croeso gan ysgolfeistr o Abergele, sydd hefyd yn grydd, ac yn wybodus iawn am y diwylliant Cymraeg, ond sy'n aros yn ddienw yma, yn anffodus. Oddi wrth hwn dysga Coquebert am farddoniaeth Gymraeg, am feirdd a thelynau, am Gymdeithas y Gwyneddigion yn Llundain, ac am yr Eisteddfod.

Mae Coquebert yn parhau i enwi Pennant fel awdurdod trwy weddill ei destun, ac mae'n debyg iddo chwarae rhan yn gwneud gwaith Pennant yn adnabyddus yn Ffrainc. Ymddangosodd erthygl ddeg tudalen yn y *Journal des mines* ym mis Nivôse, o flwyddyn pedwar yn ôl calendr y Chwyldro (sef Rhagfyr-Ionawr 1795) yn dwyn y teitl: 'Description des mines de cuivre de l'île d'Anglesey, dans le pays de Galles: extraite et traduite du voyage de M. Pennant, intitulé: *Tour in Wales*. Londres, 1781, tome II, pag. 265' [Disgrifiad o'r gweithfeydd copr ar Ynys Môn yng Nghymru, wedi ei ddethol a'i gyfieithu o daithlyfr Mr Pennant, *Tour in Wales*]. Cyhoeddir y cyfieithiad yn ddienw, ond mae'n debyg mai Coquebert oedd yn gyfrifol amdano, gan mai ef oedd golygydd y cyfnodolyn rhwng Medi 1793 ac Ebrill 1795, ac iddo dalu sylw i'r diwydiant yn ei nodiadau taith.

Rhestr o lyfrau Cymreig Coquebert de Montbret, o *Voyage de Paris à Dublin à travers la Normandie et l'Angleterre en 1789* (Lyon: Université Saint-Etienne, 1995):

A Collection of Welsh Travels.
A Tour through the south of England, Wales and part of Ireland (1793).
Journal of a Tour through north Wales and part of Shropshire with observations in mineralogy (1797).
La Bible en gallois (Londres, 1769).
Pensées impartiales sur les ponts que l'on projette de faire sur le Menea et la rivière Conway [Pays de Galles] (Londres, 1802).
The heroic elegies and other pieces of Llywarç, translated by M. Owen (Londres, 1792).
Tour in Wales in 1772 (Londres, 1778).
Bingley, *Voyage dans le P de G du Nord en 1798* (1800).
Caradoc, *The history of Wales* (Londres, 1774).
Cooke, *Monmouth.*
Davies, *General view of the agriculture of south Wales* (Londres, 1815).
Evans, *Vocabulaire gallois et anglais* (1804).
Evans, *Voyage à travers une partie du P de G en 1798 et enterpris principalement pour la botanique* (1802).
Gilpin, *Voyage pittoresque en Angleterre* (Paris, 1797).
Lentin, *Lettres sur l'île d'Anglesey, particulièrement sur sa mine de cuivre et ses fonderies* (Leipzig, 1800).
Lewyd, *British Remains* (1777).
Lhuyd, *Archeologica britannica* (1707).
Owen, *Dictionnaire de la langue galloise expliquée en anglais.*
Parey, *British harmony: collection of ancient Welsh airs.*
Philipps, *Esquisse d'une géologie de l'Angleterre et du P de G* (Londres, 1816).
Roberts, *Antiquités populaires des Gallois* (Londres, 1815).
Rowlands, *Mona antiqua* (Londres, 1766).
Spiker, *Travels through England, Wales and Scotland in the year 1816* (Londres, 1820).
Warner, *A Walk through Wales* (Bath, 1798).
Warner, *A second walk through Wales* (Bath, 1799).

teithiwr

Nodyn gan y Golygydd
Dymuna'r awdur gydnabod nawdd ariannol Cyngor Ymchwil y Celfyddydau a'r Dyniaethau (AHRC) wrth ymchwilio ar gyfer llunio'r erthyglau hyn.

BEIRNIADAETH ALUN JONES

'Pob Peth Printiedig' oedd y geiriau a arferai fod ar dudalen flaen Y *Casglwr* ond roedd yr egwyddor honno wedi'i rhoi o'r neilltu ymhell cyn ymddangosiad olaf y geiriau yn rhifyn 67, a bellach ni fyddai 'Pob Peth Casgladwy' yn rhy berthnasol chwaith. Un o nodweddion amlycaf y cylchgrawn yw ei fod mor amrywiol, o ran cynnwys a chyfranwyr, er ei bod yn anorfod, mae'n debyg, fod elfen hanesyddol i'r erthyglau at ei gilydd. Mae cynnyrch y gystadleuaeth hon yn adlewyrchu'r amrywiaeth, o asbri'r casglwr brwd hyd at drefnusrwydd cymen yr ymchwilydd. Anogaf bob un o'r wyth ymgeisydd i gysylltu â mi, gan y byddwn yn fodlon gweld pob ymgais yn cael eu cyhoeddi.

Edmygydd, 'Cewri'r Pwlpud/Cofio Tri': Un peth diddorol am 'Cewri'r Pwlpud' – portreadau byr o bedwar gweinidog – yw fod yr erthygl yn gallu bod yn llawn cymaint o gondemniad ag o ganmoliaeth, ac yn gondemniad o'r egwyddor yn ogystal â rhai o'r personau. Daw hyn i'r amlwg fwyaf yn y dyfyniadau gan ac am y Parch. Philip Jones. Mae'r ail erthygl yn mynd â ni i Fynwent Newydd Corwen ac yn portreadu tri pherson sydd o dan ei cherrig, gan gynnwys Elena Puw Morgan. Wrth ddarllen y ddwy erthygl raenus roeddwn yn teimlo ambell dro fod yr awdur yn cadw braidd yn agos at ei ffugenw.

Llais Afon, 'Y clefyd casglu 'ma!/Un o'r Ledis Cymreig? Gwir neu Gau?': Cardiau post yw pwnc y ddwy hyn. Cawn gip ar Borthmadog yn y gyntaf, a Neuadd y Dref yn arbennig, ac o bosib byddai wedi talu i'r awdur ganolbwyntio mwy ar hyn, a gadael y dyfyniadau o negeseuon o gardiau eraill sydd yn ail hanner yr erthygl ar gyfer erthygl arall. Tair Mary Jones ar gardiau post yn ymwneud â Phlas Tan y Bwlch ym Maentwrog yw pwnc yr ail erthygl, ac ymdrech yr awdur i olrhain y tair. Mae hon yn ddiddorol iawn. Mae yma lun camera o un Mary Jones, yn llawn o ramantiaeth ei gyfnod ac addasiad lliw o'r un llun gyda mwy fyth o ramantu gan artist ar gerdyn arall. Byddai cymhariaeth o'r ddau yn talu ar ei ganfed.

A oes heddwch? 'Eisteddfod y Cythreuliaid (1 a 2)': Bro Dwyfor, 1975 yw'r Eisteddfod, a'r Llys yw'r Cythreuliaid yn yr erthygl gyntaf (mae llawer mwy o gythreuliaid yn yr ail). Roedd Cyngor Dwyfor o fewn trwch blewyn i orfod condemnio'r Pafiliwn lai na mis cyn yr Eisteddfod yng Nghricieth, a'r hanes hwnnw a geir yn yr erthygl gyntaf, yn bennaf drwy araith ddeifiol Thomas Parry o lwyfan yr Eisteddfod wythnos neu ddwy yn ddiweddarach. Yn ddoeth iawn, mae'r awdur wedi gadael i'r erthygl siarad drosti'i hun, ar wahân i bwt ar y diwedd i ddatgan ei ffydd fod pawb a phopeth sydd ynglŷn â'r Brifwyl yn llai di-glem yn 2018 nag yr oeddent yn 1975. Mae'r ail erthygl yn mynd â ni at bobl a phethau mor amrywiol â beirniaid canu a Chronfa'r Mil o Filoedd. Unwaith eto, mae'r awdur yn gadael i ni felltithio neu chwerthin, heb ymyrryd ar ein rhan.

Glan Barlwyd, 'Thomas Williams y Glorian/Iago Glan Cyrach': Dyma ddwy erthygl gampus, a'r ymchwil manwl y tu ôl iddyn nhw i bwrpas yn ddifeth, yn enwedig yn y gyntaf. Hanes y teulu a sefydlodd bapurau *Y Glorian* ac *Yr Arweinydd* ym Mlaenau Ffestiniog, ynghyd â hanes y wasg ei hun, a geir yn honno. Crybwyllir yma bethau sy'n ddeunydd erthygl neu erthyglau ynddyn nhw'u hunain, sy'n amlygiad o gyfoeth yr erthygl. Mae'r ail yn mynd â ni i fyd James J. Hughes, llyfrwerthwr teithiol, gwerthwr penwaig a phregethwr a fu'n byw yn ardal Dwygyfylchi. Dim ond un peth bychan am hon: 'Aeth yn brynhawn, mae yn hwyrhau,/ Mae'n bryd i James gael peint neu ddau' sy'n ffitio mydr yr emyn a'r dôn, nid y 'Mae'n amser' a geir yma.

Chwilotwr, 'Y Cofiadur Anghofiedig/Alphabet Bond a'i gysylltiadau Cymreig': Dwy erthygl gampus arall. William Edward Williams (Gwilym Rhug) yw'r Cofiadur, a chawn ei hanes fel dramodydd yn Llanrug a Chaernarfon, dramodydd a oedd yn dibynnu ar eraill am ei syniadau. Cawn hefyd gip ar ei gysylltiadau â'r Orsedd, a hynny heb wastraffu yr un gair. Yr un mor fuddiol a diwastraff yw'r ail erthygl, am William Bond, artist a oedd eto â chysylltiad â Chaernarfon, ac artist a oedd yn amlwg yn dymuno anghofio ei fod wedi priodi â Jane Douglas o'r dref honno ac wedi byw yno am flynyddoedd. Mae pob ymchwil yma eto i bwrpas.

Llochwydd, 'Hanes Richard William Jones (1 a 2)': Erthygl raenus arall mewn dwy ran (dim o'i le yn hynny) sy'n dod â ni'n ôl i Borthmadog yn ei dechrau, gan mai yno y ganwyd RWJ a ddaeth yn ddiweddarach yn athro Cymraeg yn Ysgol Ramadeg Caernarfon ac yna'n weinidog ym Methesda a Chaergybi. Mae'r erthygl yn fy atgoffa o bryd i'w gilydd am y math a geir mewn papurau a chylchgronau enwadol, yn enwedig pan yw'n tueddu i groniclo'r pethau disgwyliedig, ond mae'n daclusach a llawer llai gwasgarog nag amryw o'r rheiny.

teithiwr, 'Henri Martin ac Alfred Erny ar drywydd y Celtiaid yng Nghymru/ Coquebert de Montbret yn ôl troed Pennant': Dyma ni yn yr uchelfannau unwaith yn rhagor. Dwy erthygl benigamp, y gyntaf am ddau Ffrancwr, sef yr hanesydd Henri Martin a'i gyfaill o grwydrwr, y naill ymhlith pethau eraill yn gwirioni ar Iolo Morganwg ac yn darparu llyfr arno (nas cyhoeddwyd), a'r llall ymhlith pethau eraill yn gwirioni ar hanes Owen Goch yn garcharor yng Nghastell Dolbadarn, ac yn cyfansoddi cerdd a seiliwyd ar awdl gan Hywel Foel ap Griffri ar yr hanes. Mae crebwyll *teithiwr* mor gadarn â'r ymchwil, ac mae'r cyfan yn llifo'n rhwydd ac yn drysorfa o wybodaeth. Pwnc yr ail erthygl yw Ffrancwr arall, Coquebert de Montbret, a sgrifennodd am ei daith drwy Gymru yn 1789 ac a ymwelodd â Thomas Pennant yn ogystal â dilyn llwybrau ei daith. R. S. Thomas a lamodd i fy meddwl i wrth i *teithiwr* ddyfynnu Coquebert de Montbret yn disgrifio'r croeso a gafodd gan Thomas Pennant. Dyma erthygl sydd eto'n drysorfa i'w hymylon, a cheir rhestr o lyfrau Cymreig eu naws a oedd ym meddiant Coquebert de Montbret ar ei diwedd.

Llythyr America, 'Cymdeithas goll Cymry Maine/Cardiau post o faes y gad': Dyma erthyglau mwyaf personol y gystadleuaeth (a does dim o'i le yn hynny). Mae'r gyntaf yn seiliedig ar lythyr a dderbyniodd hen nain yr awdur gan ei brawd o Maine yn Unol Daleithiau America yn 1914, a cheir hanes ymweliad yr awdur â Maine a hanes rhai o'r Cymry a fu'n byw yno, y cyfan yn ddiwastraff a heb arlliw o fanion dibwys. Mae'r ail erthygl yn fwy personol fyth wrth inni gael manylion y negeseuon ar y cardiau a anfonodd taid yr awdur o'r Rhyfel Mawr a'r cyfeiriad at fedal y 'Great War for Civilisation' a oedd wedi'i chladdu'n ddigon pell o'r golwg yng ngwaelod y drôr.

Roedd gen i dri ar y blaen, a phetai'r tri hyn heb gystadlu fyddai dim peryg i'r wobr gael ei hatal wedyn chwaith. Y tri yw *Glan Barlwyd, Chwilotwr,* a *teithiwr.* Mi fyddwn yn fwy na bodlon rhannu'r wobr rhwng y tri hyn, ac nid er mwyn cael ffordd hwylus o benderfynu chwaith. Gan fod yn rhaid penderfynu, mi setlaf yn llawen iawn (er gydag ymddiheuriadau i o leiaf ddau gystadleuydd arall) ar *teithiwr.*

Cystadleuaeth i rai sydd wedi byw yn y Wladfa ar hyd eu hoes ac yn dal i fyw yn yr Ariannin: Perthyn (hyd at 1,500 o eiriau)

PERTHYN

Clywais droeon oedolion yn holi: 'plentyn pwy wyt ti?' Naturiol iawn pe tai'r holwr yn ceisio gwybod, o ddifri, pwy ydy rhieni'r bychan, ond, tybiaf yn hollol allan o le os ydy o/hi yn nabod y plentyn a'i berthnasau a'r amcan ydy ceisio iddo/i ddweud pwy ohonynt sy'n hoffach ganddo/hi. Troeon eraill, gwaeth byth, un o'r tadau fel hyn: 'plentyn Mam ... neu plentyn Dada wyt ti ...?' gan ddisgwyl i'r creadur bach ddewis pa un fyddai'r atebiad allai foddloni'r ddau ... Mae gen i anhawster i feddwl am berchnogaeth neb a'r neb dan nen y greadigaeth yma. Ac mae fy nheimlad yn debyg ynglŷn â'r pethau sy'n rhan ohoni, cynnwys rhai a wnaeth dyn, sef y sefydliadau sy'n plethu'r gymdeithas hon yn y byd. Er hynny, ac fel mae eithriadau i fod i gadarnhau pob rheol, dw i'n cefnogi fod ambell beth i fod yn eiddo i rywun, ac nid i eraill. Fel enghraifft gyntaf, nid ydw i'n barod i rannu fy mrwsh dannedd â neb; un arall – fod hanner ac un o Archentwyr yn cefnogi – ac yn perthyn felly – i'r Clwb Boca Juniors. Ac, yn y pen arall, dw i'n cynnal fod ynysoedd y Malvinas yn perthyn i Ariannin.

Efallai fod gwraidd y teimlad acw yn y ffaith fy mod wedi cael fy ngeni a fy magu ymhlith criw o blant – y degfed un ohonynt, ond nid y lleiaf – amgylchiad a wnaeth i ffwrdd â phob syniad o berthynas yn gyfan gwbwl, a neb heb ddim dan do'r hen aelwyd. Ac am hynny, ac felly'n union, buodd rhaid i mi wisgo crysau a *pants* oedd wedi cael eu defnyddio gynt gan fy mrawd, heb sôn am siacedi oedd Mam wedi eu gwneud â brethynnau fu gynt yn rhan o drowsusau Dada ... y rhain roedd fy mrawd hefyd wedi gwneud iws ohonynt yn ei amser. Ac o'r un modd 'da bronnau ein Mam, trwy'r crud; y pot bach i eistedd arno – erbyn pan wnes i ei ddefnyddio roedd e wedi tolcio yn amryw le – ac wedi hen weld mwy nag un o benolau bach fy mrodyr a chwiorydd cyn fy un i; y gwely bach a'i fatres o wlân; y llyfrau straeon ac ambell degan – neu beth oedd yn para ohono – wedi iddo gael ei ysgytio gan fwy nag un pâr o ddwylaw a breichiau bach blêr yn eu hamser o ddysgu trin y pethau o'u cwmpas.

Oherwydd y dreftadaeth ddiwylliannol a thraddodiadol a dderbyniasom fel teulu oedd yn byw bron yng ngwaelodion Cwm Hyfryd, agos i'r ffin â Chile, fe roedd yr iaith Gymraeg yn teyrnasu'n ein cartref, o'r bore tan y nos; trwy y gweithgareddau amrywiol oedd yn cymryd lle i drefnu a chadw i fynd ymlaen gymaint o fân a mawr bethau oedd yn angenrheidiol at yr iechyd, bwyd, dillad, symudedd, addysg, darpariaethau ac ati, ac roedd y pethau hyn yn cael eu 'gwneud' yn Gymraeg, a lot ohonynt yn cael eu 'canu' yn yr hen iaith. Roedd y canu, allwn feddwl, yn ddawn etifeddol o'r ddwy nant o'n gwaed ac yn ychwanegol at hynny bu unigrwydd y lle a sut yr oeddem yn trigo rhan fwyaf o'n hamser yn gwneud i ni bwyso mwy rhyngom, ac un modd o wneud hynny oedd cydganu ar ddau, tri neu bedwar llais. Felly, roedd y gân yn rhan anwahanadwy o'n modd o fyw. Dw i'n cofio rhyw dro, tra'r oeddem ar ddiwrnod braf yng nghychwyn yr Hydref, Dada a Mam, un neu ddwy o fy chwiorydd hynach na fi a fy chwaer fechan, dros ein pennau yn y gweithgaredd o fedi'r cae tatws: hynny ydy, crafu – braidd yn debyg i waddod – y twr o bridd ger bôn y planhigion, erbyn yr amser yn dwmpathau sych, gafael y tatws â'n dwylaw a'u gwahanu yn ôl eu meintiau cyn eu gosod mewn sachau. Fel arfer, roeddwn ar y pryd yn canu, y tro yma, fel hyn: 'A helwch yn Gymraeg ... a chrafwch yn Gymraeg ... ta beth a wnelech chwithau, gwnewch e yn Gymraeg ... a thyrchwch yn Gymraeg ... cynaeafwch yn Gymraeg.'

Ond roedd ein rhieni'n hollol ymwybodol ta'r Sbaeneg oedd iaith y wlad, masnach, addysg, ac felly'n union roedd hi'n cael ei defnyddio'n naturiol ym mhob cyfle oedd fod iddi gael ei defnyddio, o ran parch at weddill y gymdeithas. Ni siaradodd ein rhieni byth Gymraeg â ni blant o flaen pobol na'i deallasant, fel yn union na siaradont Sbaeneg â ni os byddem ar ein pennau ein hunain.

Cyn gydiol â ni oedd y Gymraeg, felly hefyd roedd y cyfrifoldeb a'r ymwybyddiaeth llawn ein bod yn ddinasyddion o Ariannin, dan ei llywodraeth a'i chyfraith, y rhain roeddem yn parchu ac yn cadw'n falch ac anrhydeddus cyn gryfed a chyflawn ag oedd bosib. Rwyf yn cofio fy nhad – yn ddyn mewn oed yn ôl fy nhyb i amser hynny, pan yn blentyn – yn ôl pob tebyg, wedi derbyn gwahoddiad neu awgrym i fod yn berson wrth gefn y fyddin, ac er mwyn gwneud y gorau mewn dathliad a oedd wedi cael ei drefnu erbyn gŵyl ben-blwydd y dref (25 o Dachwedd) yn cwrdd â rhai o'r cymdogion i ymarfer gorymdeithio â'i gilydd, draw, ar y maes ... lle oedd y gwartheg godro yn arfer pori, a'r rhain yn edrych arnynt yn ddifrifol, fel pe tasent yn methu deall y fath ymddygiad anghyfarwydd gan y dynion, yn myned draw yn un criw o resi taclus dan gicio'n gynhyrfus, ar bob cam, yr awyr o'u blaen, stopio'n sydyn, troi yn ôl ar eu sodlau, ac ailgychwyn, eto'n sydyn, a phopeth ar ôl anferth sgrech gan un ohonynt ... Mae'n sicr fod yr hen wartheg yn meddwl: 'wel, wedi'r cwbwl, nid dim ond nyni sy'n cael ein gyrru o un fan i'r llall dan weiddi, ond ... er hynny ... ni chawsom byth ein gyrru fel yna ...'.

O'r un modd, derbyniasom, fy nau frawd a finnau, pob un yn ei amser, alwad i roi blwyddyn o'n hamser i'r fyddin, ac yno, addewid i amddiffyn ein gwlad hyd at roi'n bywyd pe tai angen ...

Ond, awn yn ôl at fy mhlentyndod ... Roedd fy chwaer wedi fy nysgu, erbyn y diwrnod cyntaf yn yr ysgol gynradd – ar fy chweched oed – i gyfarch 'Buenos dias, maestro' ('Bore da, athro'), a'r tri gair yna fu'r rhai cyntaf o'r Sbaeneg ddysgais yn fy oes, ond ar eu hôl, yn gyflym iawn, daeth iaith Cervantes yn fwy cyfarwydd a defnyddiol i mi bob dydd. Er hynny, roedd hi'n gorfod aros tu allan i'r drws pan roeddem yn cyrraedd gartref. Efallai gallai fod wedi mynd i mewn yn rhyw amgylchiad arbennig, eithriadol, ond roedd clust Mam yn barod i ddarganfod unrhyw ormodedd – yn ôl ei hunan ac yn ddiamheuol awdurdod – ac yn fuan iawn roedd ei llais i'w glywed: 'Blant ... beth am eich Cymraeg!'

Am yr amser hynny ysgrifennais ryw dro:

> Bu'r a-bi-ec ynghyd â'r *a-be-ce*
> pan eu hymarferais uwch fy nghloch,
> a dychmygais, yn fy nealltwriaeth prin,
> gallasai fflag y Ddraig Goch
> chwifio ger y las a gwyn ...

Ymlaen, fe drodd y Sbaeneg yn offeryn ac yn arf hanfodol i bob amcan yn fy natblygiad, pan yn amser gorfod myned allan o amgylch cul a chynnes y cartref Cymraeg ac i mewn i amgylchoedd ehangach, amrywiol, amhersonol, hollol ddi-Gymreig, pryd y bu rhaid i mi warchod yr aelwyd fwyn Gymreigaidd mewn rhyw gornel o'r galon a'r cof, yn datgysylltu â'r amgylchedd, yn ynysig ac ymhellach bob tro ar bob cam o fy nhaith yn yr amser a'r wlad. Ni allais wneud i ffwrdd â'r hiraeth wrth sylweddoli:

> ... fe giliodd mwy na'm maboed ...
> O draw, fy ngwaed ...
> ac adleisiau'r annwyl iaith ...
> Yma, ar fy nhraed
> wrth fy meunyddiol waith.

Felly, ni buodd y Gymraeg yn hanfodol bron i ddim ynglŷn ag ennill fy mara beunyddiol ar hyd mwy na hanner canrif. Ychydig gyfle gefais i'w defnyddio erioed oddi ar pan oeddwn yn fachgen 17 oed hyd nes i mi ymddeol. Hynod, ond rwyf yn cofio'n glir y tair gwaith y gwnes ddefnydd ohoni yn fy swydd: daeth y cyntaf pan nesaodd at ddesg y cwmni teithio, dyn o ddull ac acen Gymreigaidd, i ymgynghori, yn Saesneg, am gyfle o gael tywysydd dwyieithog er mwyn rhentu car a theithio i Chile. Atebais i yn Gymraeg ... a chafodd ei synnu'n fawr gan ei fod yn hollol annisgwyl clywed y fath beth. Cymro ydoedd, wedi ymfudo i Vancouver, Canada, lle roedd yn dysgu mewn ysgol ganolraddol. Buom yn teithio i Chile am gwpwl o ddyrnodiau a bu cyfle i siarad yr hen iaith, ddim llawer, oherwydd doedd ei fab, yn ei gwmni, ddim yn ei ddeall ...Yr ail dro cefais fy nghyflogi gan griw o Gymry oedd yn ffilmio o gwmpas y Parc Cenedlaethol. Myfi gafodd syndod y tro yno, canys pan ofynnes i un ohonynt o ba le o Gymru ydoedd, atebodd mewn Cymraeg rhwydd, gloyw, glân: 'nid Cymro mohono i, Pwyleg ydw i' ... A'r trydydd tro, bues yn gwmni i'r bonwr Tom Gravel a'i griw o Gymru, â chyfle i siarad helaeth iaith ein tadau ar hyd milltiroedd ac amryw ddiwrnod.

Bu'r Gymraeg yn rhan bwysig yn nhrefniadaeth yr aelwyd a adeiladodd y pâr ifanc o Ariannin – fy nhadau – a oedd yn teimlo o ddifri'r pwys a chyfrifoldeb o gadw cyn gorau ag y gallasant, gyfoeth y diwylliant roeddent wedi etifeddu trwy ymdrech ac aberth eu cyndadau yn y wlad yma.

Ac, fel dywed yr hen ddihareb: 'Cas gŵr nas caro'r wlad a'i mago' ... ac yn wir, rwyf yn caru'r wlad yma, ond dw i wedi byw fy oes heb i hynny rwystro i mi deimlo fod 'hen wlad fy nhadau yn annwyl i mi'. Efallai fy mod yn perthyn i ryw grŵp lleiafrifol – gobeithio sydd ddim mewn perygl o ddiflannu – a gallasai fod o ddiddordeb i gymdeithasegwyr neu anthropolegwyr ... ond ddim arnaf fi byddai'r bai na'r clod, ac nid ydwyf yn teimlo'n llyffant o bwll arall ...

> ... pan yn canu, o ddifri'n wir,
> dros i'r hen iaith barhau
> ac am *libertad, libertad, libertad* ...
> Ond am ryddid, am wlad fyddai'n well
> felly canodd ein arloeswyr
> ar fwrdd y Mimosa wrth ddyfod o mor bell?

Adlais

Daeth pum ymgais i law, a phleser o'r mwyaf oedd darllen eu gweithiau. Mae'r berthynas werthfawr ond cymhleth honno rhwng hunaniaeth Gymreig a hunaniaeth Archentaidd y Wladfa yn thema amlwg yn y pum darn, ond mae gan bob awdur ei ffordd ei hun o ymdrin â'r pwnc hwnnw.

Adlais: Teimlais o'r cychwyn cyntaf fel pe bawn i'n eistedd yng nghwmni'r awdur wrth iddo hel atgofion am ei blentyndod yng Nghwm Hyfryd. Mae yma ddawn dweud ragorol wrth fynd i'r afael â gwahanol ddiffiniadau o berthyn, a cheir cyffyrddiadau o hiwmor wrth iddo ddwyn i gof ei brofiadau yn un o ddeg o blant. Golygai'r perthyn hwn ei fod yn gwisgo hen ddillad ei frodyr, hyd yn oed eu dillad isaf! Ceir llonder yn y mynegiant wrth i'r awdur gofio am bwysigrwydd y Gymraeg a hunaniaeth Gymreig y cartref, cyn difrifoli rywfaint wrth ymdrin â'r cyfrifoldeb o arddel hunaniaeth Archentaidd y wlad, a'r tyndra parhaol a fodolai rhwng y ddwy. Hyfrydwch y gorffennol sy'n cynnig gobaith i'r awdur am barhad yr hunaniaeth Gymreig a Chymraeg yn y Wladfa ac am drosglwyddiad y trysor hwnnw i genedlaethau'r dyfodol.

Gwenonwy: Edrych tua'r dyfodol wna'r awdur hwn, gan ddathlu parhad y berthynas sy'n pontio'r Wladfa a Chymru a'u trigolion ers cyfnod ein cyndeidiau. Er gwaetha'r balchder amlwg o berthyn i ddwy wlad a dau ddiwylliant, ni ellir dianc rhag y cyfrifoldeb a'r tyndra sydd ynghlwm wrth hynny: 'Cymry neu Argentinos ydych chi?' Ceir pytiau diddorol o hanes drwyddi draw wrth i'r awdur olrhain perthynas brodorion Patagonia â'r tir, a'r cyfeiriad at brinder papur yn y Dyffryn. Braf yw darllen hefyd am berthynas arbennig ac unigryw'r Cymry a'r Tehuelche yn nyddiau cynnar y Wladfa. Dyma ddarn cynhwysfawr sy'n hawdd ei ddarllen, ond teimlaf y gallai'r awdur fod wedi canolbwyntio ar un trywydd drwy'r darn.

O'r Dyffryn: Ar ddechrau'r darn, myfyria'r awdur ar ystyr ehangach 'perthyn' a dyletswydd pob un ohonom tuag at yr hil ddynol, cyn mynd ati i ganolbwyntio ar deulu a'r diddordeb mewn achau. Ceir enghreifftiau o'r nodweddion a'r doniau sy'n perthyn i wahanol deuluoedd gan eu gosod yng nghyd-destun bywyd y Wladfa, megis cystadleuaeth côr teulu a mynychu angladdau lleol. Ac eto, nid rhywbeth cadarnhaol yw perthyn bob tro wrth gofio na ellir dewis ein perthnasau. Ystyrir hunaniaeth ddeuol y Wladfa, o berthyn yn naturiol i ddwy wlad a dau ddiwylliant, gan nodi fod dathliadau canmlwyddiant a hanner y Wladfa wedi cryfhau'r teimlad o berthyn yno. Dychwelyd i ystyr ehangach perthyn wna'r awdur wrth gloi, gan ddweud fod perthyn i deulu'r ffydd yn berthyn tragwyddol. Diweddglo cadarn i ddarn difyr.

Sacamata: Y berthynas rhwng y 'dyn gwyn' o Ewrop a brodorion De America sydd dan sylw'r awdur hwn. Mae ganddo/i ddawn ysgrifennu naturiol wrth gyflwyno hanes unigolion penodol, megis Georges Claraz, Llwyd ap Iwan a Demetrio Fernández, yn natblygiad y berthynas rhwng y Cymry a brodorion Chubut yn ystod degawdau cynnar y Wladfa. Nid yw'r awdur yn tynnu ar brofiadau neu deimladau personol wrth ymdrin â'r pwnc, ond mae dull storïol y dweud a'r cyfeiriadau at waith ymchwil hanesyddol yn tynnu'r darllenydd i ganol yr hanes sy'n dod yn fyw yn y geiriau.

Seren y de: Dathliad o'r gymdeithas y mae'r awdur yn perthyn iddi yw'r darn hwn. Dyma gymdeithas gwbl unigryw sydd â lle canolog i'r Gymraeg a Chymreictod, ac nid pawb sy'n ddigon ffodus o gael perthyn iddi. Ceir cyfres o gymariaethau difyr rhwng diwylliannau'r Ariannin a Chymru, megis yfed te a *maté*, *folklore* a dawnsio gwerin wrth i'r awdur fynegi'r balchder o gael meddu'r trysor hwn o gymdeithas ddeuol. Mae'r ddau ddiwylliant yn byw ochr yn ochr â'i gilydd ac mae'r gwahaniaethau sydd rhyngddynt yn creu undod a heddwch yn hytrach na rhaniadau. Diweddir y darn gyda cherdd sy'n crynhoi teimladau'r awdur. Dyma gerdd gywrain sy'n llawn darluniau a mynegiant cyfoethog wrth ddyrchafu'r gymdeithas neilltuol hon. Ond teimlaf fod yma ddau ddarn ar wahân: yr ysgrif fer a'r gerdd. Hoffwn pe bai'r awdur wedi rhoi mwy o gig ar asgwrn yr ysgrif, ac fe'i hanogaf i anfon y gerdd i gystadleuaeth farddol: mae hi'n sicr yn werth ei chyhoeddi.

Dyfarnaf y wobr i *Adlais*, gyda diolch yn fawr i bob ymgeisydd am eu gwaith.

Adran

Drama

Y Fedal Ddrama er cof am Urien Wiliam

Cyfansoddi drama lwyfan heb unrhyw gyfyngiad o ran hyd. Gwobrwyir y ddrama sydd yn dangos yr addewid mwyaf ac sydd â photensial i'w datblygu ymhellach o gael cydweithio gyda chwmni proffesiynol gyda chefnogaeth Cronfa Goffa Hugh Griffith

....

BEIRNIADAETH SARAH BICKERTON, BETSAN LLWYD, ALUN SAUNDERS

Hoffem agor y feirniadaeth hon gyda nodyn o anogaeth. Mae angen gwirioneddol hybu sgwenwyr i ddatblygu syniadau heriol a gwreiddiol, i fagu'r hyder a'r dewrder i'w rhannu gydag eraill er mwyn derbyn adborth adeiladol. Mae tirwedd theatr iaith Gymraeg o dan fygythiad o ganlyniad i nifer o ffactorau, gan gynnwys yr arian sydd ar gael. Mae arian yn medru prynu amser i ddramodwyr ymchwilio ac archwilio'u syniadau dramatig; mae arian yn medru prynu amser a gwaith dramatwrg neu gyfarwyddwr i annog sgwenwyr, i'w herio, a'u cefnogi i ddatblygu syniadau; mae arian yn cyfrannu'n enfawr at wireddu gweledigaeth dramodydd a chyfarwyddwr.

Ond, yr hyn sy'n bwysicach nag arian yw'r awch a'r angerdd sydd eu hangen ar ddramodwyr. Awch ac angerdd dramodwyr sy'n eu cymell a'u gorfodi i ddweud yr hyn sydd ganddynt i'w ddweud; i beidio â bodloni ar y drafft cyntaf; i gario 'mlaen i archwilio'r ffyrdd mwyaf gwreiddiol, cyfoes a chyffrous o gyfleu'r syniadau hynny i'r gynulleidfa a fydd, yn y pen draw, yn derbyn a dehongli'r ddrama.

Mae gennym ni, fel beirniaid, fel gweithwyr proffesiynol o fewn ein diwydiant, gyfrifoldeb i annog dramodwyr, ar bob lefel, i beidio â bodloni ar 'mi wneith y tro'; mae gennym gyfrifoldeb i gynnal a cheisio codi safon theatr yn yr iaith Gymraeg yn ein gwaith bob dydd, a hefyd o fewn y gystadleuaeth hon. Pan dderbyniwn ddramâu sy'n llawn camgymeriadau gramadegol, mae angen atgoffa ein dramodwyr y gallwn wneud yn well; pan dderbyniwn ddramâu â golygfeydd a gweithredoedd beiddgar, megis trais yn erbyn menywod, mae angen atgoffa dramodwyr o'r cyfrifoldeb anferthol sydd arnom i archwilio pynciau anodd a heriol mewn modd sensitif a dyfeisgar, ac nid yn ddi-hid.

Mae gennym gyfrifoldeb hefyd i wobrwyo a dathlu gwaith sy'n dangos ymwybyddiaeth o dechneg llwyfan, dynameg, strwythur, a deialog sy'n gweddu i'r cymeriadau. Yn anad dim, mae angen cynildeb – rhaid ennyn a chynnal chwilfrydedd y gynulleidfa yn y stori sy'n cael ei hadrodd – anaml iawn ry'n ni fel bodau dynol yn lleisio'n union yr hyn ry'n ni'n ei feddwl; pam, felly, fuasai hyn yn digwydd o fewn drama? Yn y dramâu gorau caiff y cyfan ei ddatgelu'n gyfrwys ac araf bach, gyda llawer o'r 'wybodaeth' yn gorwedd dan yr wyneb. Mae hyn yn llawer mwy trawiadol na chael y cyfan ar blât. Hoffem annog pawb sydd am sgwennu drama i fynd i'r theatr i wylio trawstoriad o gynyrchiadau o bob *genre* a chael eu hysbrydoli gan beth sy'n bosib cyn mynd ati i archwilio syniadau; i greu cymeriadau tri dimensiwn, cymhleth; i greu stori a strwythur egnïol, a'r cam olaf un yw creu'r deialog – y to sy'n gorwedd ar ben seiliau a strwythur cadarn.

Daeth 19 sgript i law. O'r rhain bu i bedwar dorri canllawiau'r gystadleuaeth gan sgwennu ar gyfer mwy na phedwar actor.

Aran, 'Babŵn': Grŵp o gystadleuwyr eisteddfodol yn eistedd yng nghefn llwyfan gyda'u rhieni. Mae sgôp i'r ffars/comedi hon, ac mae iddi ysgafnder a doniolwch gydag ambell frawddeg fachog. Ond, ar y cyfan, nid oes digon o gig a gwaed ar y cymeriadau – beth am archwilio hanfod a phwysigrwydd pob un ohonynt? O'r herwydd, mae'r sefyllfa braidd yn arwynebol a ddim digon dramatig i gadw diddordeb. Gwyliwch rhag defnyddio iaith sy'n dramgwyddus neu'n hiliol: os ei defnyddio, mae'n rhaid i hyn fod wrth wraidd natur y cymeriad, ac yn dweud rhywbeth amdano/i; fel arall mae'n weithred anghyfrifol sy'n adlewyrchu'n wael arnom ni fel dramodwyr.

Catrin, 'Plant Owain': Mae elfen Shakespearaidd i naws hanesyddol hon, yn enwedig yn yr olygfa agoriadol cyn i ni gwrdd ag Owain Glyndŵr. Mae'r dramodydd yn cynnig syniad am lwyfaniad syml, ac mae ôl gwaith ymchwil manwl yma ond ar y cyfan mae gormod o wybodaeth yn cael ei chyflwyno sy'n effeithio ar y tensiwn dramatig. Dylid archwilio'n ddyfnach sut mae datblygu strwythur y ddrama a chymeriadau triw. Mae yma enghreifftiau o ddeialogi bachog, ond mae angen cysondeb o ran ieithwedd, er enghraifft 'Fel y gwyddost ...'/ 'Rych chi'n golygu busnes, felly.'

Merch Lleiniog, 'Tyndra': Dyma ddramodydd sylwgar ac mae yma ddisgrifiadau gwirioneddol dda mewn mannau, ond ar y cyfan mae llawer o'r darn yn anghredadwy. Awgrymwn y dylid ystyried sgwennu mwy o ddeialog rhwng y cymeriadau yn hytrach na dibynnu cymaint ar ffurf monolog, ac wrth sgwennu gellir archwilio'u hemosiynau'n hytrach na chanolbwyntio ar ddigwyddiadau'n unig. Mae hefyd angen cryn waith ar ddatblygu'r cymeriadau er mwyn i ni ddeall eu cymhellion.

Twm Siôn Jac, 'Tyrd am Dro': Drama un act sy'n cyferbynnu cyflwr *dementia* â refferendwm Brexit. Mae'r sgript yn agor gyda chyfarwyddiadau llwyfan clir ac mae'r sefyllfa'n denu sylw. Down i adnabod y ddau brif gymeriad yn syth, ac mae'n braf bod yma ran gyhyrog i actores. Ceir ymdrech ddiddorol i chwarae ag amser, ond yn gyffredinol ceir yr argraff bod yma sawl syniad dechreuol diddorol ond eu bod ymhell o fod wedi eu datblygu'n llwyr. Er bod gan yr awdur rywbeth i'w ddweud, os am ddewis pwnc fel Brexit rhaid dweud rhywbeth newydd, ac weithiau mae gormod o egluro ac ail-ddweud. Dylid cwestiynu a yw'r taflunio'n ychwanegu rhywbeth mewn gwirionedd? Un o brofion mwyaf unrhyw gyflwyniad yw herio, sy'n gallu sefyll ar ei draed ei hun heb yr elfennau technegol.

Llain, 'A'r Maglau Wedi Torri': Gwraig yn mynd i gwrdd â dynes iau sy'n cael affêr efo'i gŵr. Mae'r sefyllfa braidd yn ystrydebol a hoffem annog y dramodydd i ystyried beth sy'n unigryw am ei h/archwiliad o'r pwnc. Efallai y gellid mynd â'r cymeriadau ar fwy o daith o'r dechrau hyd at y diwedd. Mae angen gofyn beth sy'n annisgwyl am ddatblygiad y stori gan fod y diweddglo'n rhy amlwg. Er bod y deialogi'n glir, ar y cyfan mae'r iaith braidd yn ffurfiol, a'r 'dweud', felly, yn lletchwith.

Seth, 'Apocalyps': Mae yma deimlad o droedio hen lwybrau, gyda'r to ifanc yn awyddus i adael eu cynefin, a'r cynefin hwnnw'n araf droi'n estron. Mae'r dramodydd am archwilio pynciau gwleidyddol a sefyllfa bresennol diwylliant Cymru, ond rhaid wrth wreiddioldeb. Ar hyn o bryd mae'r cymeriadau'n teimlo fel *mouthpieces* sy'n trafod pwnc llosg yn hytrach na chymeriadau cyflawn a chredadwy; ymhle mae'r cymeriadau sy'n lleisio safbwynt gwahanol neu wrthgyferbyniol o fewn y ddadl? Oherwydd y diffyg cynildeb, felly, nid oes tensiwn gwirioneddol i'r darn. Mae'r ddyfais o ddefnyddio gofod pwrpasol i annerch y gynulleidfa'n goglais, ond nid oes cysondeb iddi na rheswm i'w defnyddio erbyn y diwedd. Dylid cymryd gofal i wirio'r sgript gan fod yma sawl gwall teipio amlwg.

Meiriadog, 'Chwibanu ar y Sul': Drama am deulu ar chwâl yn sgil angladd mam. Mae yma ymgais i archwilio chwalu'r bedwaredd wal gan herio disgwyliadau'r gynulleidfa, ond ar y cyfan mae'r arddull braidd yn gonfensiynol, a'r cymeriad yn mynegi'i gynllwyn yn lle rhoi gofod i'r gynulleidfa ddehongli. Mae cryn dipyn o ailadrodd a'r sefyllfa'n cael ei goregluro, felly mae'n anodd cynnal unrhyw densiwn dramatig; cofier mai her y dramodydd yw goglais chwilfrydedd y gynulleidfa er mwyn iddynt fod eisiau gwybod mwy.

Brendan, 'Am Fy Meiau I': Drama sy'n ceisio mynd i'r afael â phwnc sydd angen ei wyntyllu: ewthanasia. Mae yma ŵr a gwraig yn ceisio ymdopi â'r ffaith mai misoedd yn unig sydd ganddi hi i fyw, ac mae am roi terfyn ar y cyfan. Mae sgôp gan y monologau cychwynnol ond nid oes digon o gynildeb yma, ac ar y cyfan mae'r darn yn drymlwythog o ran gwybodaeth, sy'n peri bod iddo naws braidd yn bregethwrol. Mae yma anghysondebau hefyd: er enghraifft, ar y dechrau cawn wybod nad oes triniaeth i'r claf, ond erbyn y diwedd mae'r meddyg yn ei hybu i dderbyn triniaeth; o ran y cyfarwyddiadau llwyfan – golygfa 3 – rhoddir y llythyrau ar y bwrdd ddwywaith. Eto, mae angen herio a chwestiynu ai dyma'r ffordd fwyaf gwreiddiol o fynd i'r afael â'r pwnc.

Gwladys Yates, 'Y Noson Stag': Teitl sy'n awgrymu drama go wahanol i'r hyn a geir. Mae yma gynnig o lwyfaniad trwy ddylunio set gymhleth, ond mae cymaint yn digwydd fel mai anodd gweld sut gellir ei llwyfannu gyda phedwar actor yn unig. Cofier mai rôl cyfarwyddwr a dylunydd yw hyn, yn hytrach na rôl dramodydd. Mae'r wybodaeth yn cael ei throsglwyddo braidd yn lletchwith gyda'r monologau a'r ddeialog yn egluro gormod. Mae'n bwysig rhoi lle i'r gynulleidfa ddarganfod pethau drostynt eu hunain: nid gwaith dramodydd yw bwydo â llwy. Rhaid cadw llygad ar dreigl amser wrth sgwennu cyfarwyddiadau, er enghraifft faint o amser sydd ei angen yn ymarferol i gymryd cyffuriau? Uwchlaw pob dim, mae gan y dramodydd gyfrifoldeb i fod yn sensitif a heriol wrth drafod pynciau llosg ac anodd megis trais. Ni ddylid defnyddio'r weithred o drais mewn modd ffwrdd-â-hi fel 'digwyddiad dramatig'.

Adlais, 'Celloedd': Drama sy'n ymdrin â phwnc cyfredol arall, *dementia*, ond nid oes tensiwn gwirioneddol yma. Mae angen cynildeb wrth rannu gwybodaeth, ac nid yw'r deialogi'n teimlo'n naturiol. Mae'r gefnlen/set yn ddifyr ond nid oes gwreiddioldeb yn y mynegiant. Sicrhewch fod y sgript yn cael ei gwirio'n ofalus, er enghraifft atalnodi gwallus; Beth/Meinir.

Ti di talu mêt?, 'Mewn Wisgi Mae Nerth': Braf gweld drama ar gyfer pobl hŷn, a honno'n ymdrin â phwnc heriol: gŵr a gwraig yn ceisio dygymod â'r ffaith bod eu mab wedi ei ddal yn lawrlwytho lluniau anweddus o blant. Mae'r pwnc yn bwysig, y cychwyn yn addawol, a'r egni'n dda; mae'r perthnasau rhwng y cymeriadau'n glir; mae'r ddeialog yn realistig, ond cawsom ein siomi gan i ni golli cyfle yma i archwilio'r stori mewn modd gwreiddiol a heriol, ac mae'r diweddglo'n rhy daclus. Tybed nad oes mwy i'r stori, er enghraifft hanes/cefndir y mab? Pam peidio â chynnwys y cymeriad hwn? Oni fuasai'n her go fawr i'w greu, a chlywed ei safbwynt?

Mimi.Fi.Hi, 'Pannas': Drama arall sy'n talu sylw i bynciau pwysig ond 'gormod o bwdin' efallai? Mae pob un o'r cyflyrau y sonnir amdanynt yn haeddu eu harchwilio, ond efallai nid i gyd yn yr un darn o waith. Mae'n cychwyn yn chwareus a theatrig gyda Mimi yn gweld ei genedigaeth ei hun, yna dilynwn ddirywiad ei salwch yn gronolegol ac er bod datblygiad i'w weld yn ei hobsesiwn â'i salwch gyda'r golygfeydd yn llifo'n rhwydd, mae rhythm y ddrama drwyddi draw'n teimlo braidd yn undonog; mae angen amrywio'r rhythm ac egni er mwyn cynnal cynulleidfa. Byddai wedi bod yn braf gweld y dramodydd yn fwy dewr wrth geisio chwarae â'r strwythur er mwyn adlewyrchu'r sefyllfa mewn modd cyffrous, a hefyd wrth ddatblygu cymeriadau'r fam a'r tad. Rhaid gwylio'r atalnodi gwallus sy'n gwneud y gwaith o ddarllen yn feichus. Anogwn y dramodydd i ddychwelyd at y sgript gyda'r nod o lunio drama fer a fyddai'n wirioneddol drawiadol ac effeithiol. Mae'n amlwg ei bod yn grefftwr/wraig o ran delweddaeth, o ran rhythmau deialog, ac o ran ymchwil, a'r cam nesaf fydd rhoi ystyriaeth lawn i brofiad y gynulleidfa, a sut i gyfoethogi'r profiad hwnnw.

aw-dur, 'Canol Diwedd Y Dechrau': Mae gan yr awdur rywbeth i'w ddweud ac mae'n gwthio ffiniau a'n herio wrth geisio mynegi hynny, ond mae'r cyfan yn rhy astrus. Mae'n amlwg iddo/i feddwl yn drylwyr am y berthynas rhwng yr actorion a'r gynulleidfa, ond wrth i'r gwaith fynd rhagddo nid oedd y ffocws yn ddigon clir. Os am sgwennu drama absŵrd/swreal mae'n rhaid wrth deithi meddwl/syniadaeth/mynegiant a all gyffroi ac ysgogi ond hefyd gynnal sylw a diddordeb. Mae yma lawer o fanylion am gyfeiriadau llwyfan, ond mae angen mwy o ffocws ar greu cymeriadau credadwy a thri dimensiwn yn gyntaf.

Robin, 'Mwyar': Drama mewn tafodiaith braf sydd i'w gweld yn rhoi sylw i bwnc cyfredol arall – anawsterau dysgu – ac mae diffyg cymdeithas benodol i fynd i'r afael ac i ymdrin ag unigolyn sy'n byw gyda chyflwr fel hyn yn peri fod islais tywyll yn rhedeg drwyddi. Mae yma elfennau swreal, er enghraifft ci wedi'i stwffio a mam yn troi'n aderyn – sy'n codi cwestiynau – ond teimlwn mai drafft cynnar sydd yma, ac anogwn y dramodydd i wneud cryn dipyn o ymchwil i anawsterau dysgu a phortreadau cyfoes o gymeriadau felly a'u teuluoedd cyn ei harchwilio ymhellach.

Nina, 'Hi Heno Wedi Gwrthod': Dramodydd dewr ac uchelgeisiol sydd am archwilio perthynas actor a chynulleidfa, gan iddi/iddo greu sefyllfa ddramatig sy'n mynnu eu cyfranogiad: mae gweinyddwraig mewn caffi steil Americanaidd ar yr A55 yn dal aelodau'r gynulleidfa'n wystlon. Mae'r darn wedi ei strwythuro'n dda, ac mae yma ambell frawddeg drawiadol ond mae'r ieithwedd yn anghyson. Gellir cwestiynu sut fuasai cynulleidfa fyw wir yn ymateb i gael dryll wedi'i bwyntio atynt? Mae angen gwaith mireinio ar y ddrama, ond mae potensial yma.

Ffenast, 'Drama': Darn o waith heriol, barddonol ei naws sy'n ennyn chwilfrydedd o'r dechrau ac yn glyfar a gogleisiol drwyddo draw. Ond mae angen rhywfaint o gyd-destun er mwyn cyfiawnhau mai drama yw hi o ran ffurf, yn hytrach na darn o waith a fyddai'n fwy addas ar gyfer y Fedal Ryddiaith. Er ei bod yn gyforiog o ddelweddau a digwyddiadau wedi'u plethu ynghyd, beth yw calon y ddrama mewn gwirionedd? Mae'n cynnig sialensau di-rif i gyfarwyddwr, actorion a chynulleidfaoedd, er enghraifft bom niwclear yn ffrwydro ar y llwyfan, ond mae'r llais yn un cyffrous, gyda rhywbeth i'w ddweud, a gobeithio'n wir y cawn weld rhagor o'i g/waith yn y dyfodol. Buasem yn ei h/annog i sgwennu rhagor, ac i gysylltu â chwmnïau er mwyn ennyn profiad, mentora a chydweithio.

Daeth tri chystadleuydd i'r brig:

Elffin, 'Maes Gwyddno': 2051: Tafarn yn Grangetown, Caerdydd. Mae Cymru ar fin cael ei llyncu'n llwyr gan Loegr, ac mae criw o bobl ifanc yn paratoi i brotestio'n derfysgol. Mae'r sefyllfa'n denu sylw, ac ymdriniaeth y dramodydd ohoni'n tanio a chynnal diddordeb, gyda thensiwn yn cynyddu drwyddi. Ar y cyfan, caiff y manylion eu datgelu'n grefftus; mae'r ddeialog yn llifo'n rhwydd a naturiol, ac o ran llwyfaniad mae yma ddefnydd dyfeisgar o daflunio. Fodd bynnag, mae elfennau naïf yn perthyn i'r ddrama, er enghraifft datblygiadau storïol braidd yn annhebygol. Beth yn union yw gwirionedd y byd newydd hwn? Mae angen twrio'n ddyfnach i hyn yn y lle cyntaf er mwyn gosod seiliau cadarnach i liwio a llywio cymhelliant y cymeriadau. Mae yma ymdrech i bennu nodweddion gwleidyddol a phersonol amrywiol iddynt, ond nid oeddem yn gytûn ar lwyddiant y dramodydd i greu cymeriadau â lleisiau unigryw. Fodd bynnag, yn sicr mae gan y dramodydd hwn rywbeth pwysig i'w ddweud.

Melin Wynt, 'Cleisiau': Sgript arall a rannodd farn y beirniaid. Mae'n dechrau'n drawiadol a'r sefyllfa'n ddiddorol: mae Anna wedi derbyn llythyr gan ei mam nad yw wedi'i gweld ers blynyddoedd. Mae gennym gwestiynau am y cymeriadau a'u gweithredoedd, sy'n gyffrous; mae rhythm cyfoes a sgwrsiol i'r ddeialog a dyma un o'r ychydig ddramodwyr yn y gystadleuaeth i lwyddo i blannu ofnau a phroblemau'r cymeriadau yn yr isdestun. Ond tybiwn mai drafft cynnar o'r ddrama sydd yma: mae gormod o olygfeydd, ac mae angen ymestyn rhai ohonynt i roi lle i anadlu, a pheidio â rhoi lle i'r cymeriadau allu dianc cyn gorfod wynebu'r perthnasau a'r sefyllfaoedd anodd; er enghraifft, pam fod mam Anna angen ei gweld hi rŵan? pam mai hi, nid ei brawd neu ei chwaer, gafodd y llythyr? Gwelwn benbleth Anna o ran dechrau ei theulu ei hun, ond tybed a ellir gweld y fam er mwyn i ni wir ddeall problem Anna? Gwylier hefyd rai agweddau 'teleduol', er enghraifft briw sy'n diflannu'n raddol. Teimlwn fod y momentwm yn cael ei golli yn yr ail hanner sy'n awgrymu bod y dramodydd wedi brysio braidd er mwyn ei chwblhau, ond mae yma ddrama addawol iawn.

Selene, 'In Luna': Unwaith eto, bu cryn ddadlau ac anghytuno rhyngom ynghylch hon: monolog merch ddigartref yn ei hugeiniau. Stori am gyfeillgarwch sydd yma yn y bôn: cyfeillgarwch rhwng dwy ferch ifanc ddigartref, eu perthynas â dynion, a'r hyn sy'n rhaid iddynt/maent yn dymuno'i wneud er mwyn goroesi. Mae gan yr awdur ddawn ddigamsyniol i beintio lluniau â geiriau, ac mae'r lluniau hynny'n gignoeth. Mae'r cerrig milltir yn natblygiad merch ifanc wrth iddi dyfu yn taro deuddeg, ac yn rhai y gall pob merch gydymdeimlo â nhw. Ond unwaith eto byddem wedi dymuno gweld fod y dramodydd wedi gwneud rhagor o waith cyn bodloni ar y drafft hwn, drwy archwilio pob sefyllfa i'r eithaf er mwyn treiddio i fyd person digartref gan fod yma dueddiad i gyffredinoli ar adegau. Mae yma sail gref a photensial ar gyfer drama gyfoes, drawiadol a chofiadwy, a rhan heriol ar gyfer actores.

Rydym yn gwbl gytûn fod potensial amlwg i'r tair, ac mae'r tri dramodydd yn dangos addewid digamsyniol. Ond nid oeddem yn gwbl gytûn ar ragoriaethau'r tair, gydag un ohonom yn gwyro'n gryf tuag un darn o waith, a'r ddau arall ohonom yn pendilio rhwng y ddwy sgript arall. Wedi cryn drafod a dadlau, fodd bynnag, cafwyd penderfyniad fod un dramodydd wedi mynd ati i lunio drama gyda syniadaeth fwy uchelgeisiol a heriol yn sail iddi, a theimlwn fod y dramodydd hwn yn fwy parod i ddatblygu'r syniad ymhellach gyda chefnogaeth cyfarwyddwr neu ddramatwrg proffesiynol.

Felly, o drwch blewyn yn unig, rydym yn falch o gyhoeddi bod dau ohonom yn gytûn fod *Elffin*, gyda'i ddrama 'Maes Gwyddno', yn haeddiannol o'r Fedal Ddrama eleni.

Ac anogwn y ddau ddramodydd arall *yn gryf* i barhau i sgwennu ac i ddatblygu eu gwaith ymhellach, ac estynnwn wahoddiad iddynt gysylltu'n uniongyrchol â ni er mwyn i ni gynnig pob cyngor a chefnogaeth iddynt. Mae'r dyfodol yn addawol, os oes gennych yr angerdd a'r awydd i fynd ar ei ôl.

Cyfansoddi drama (cystadleuaeth arbennig i rai dan 25 oed)
yn addas i'w pherfformio gyda hyd at bedwar cymeriad

Rydyn ni fel beirniaid wedi penderfynu peidio â rhoi'r wobr eleni gan ein bod ni'n teimlo nad oedd y gwaith o safon digon uchel. Cawsom ein siomi hefyd gan nifer y rhai a ymgeisiodd, sef dim ond un.

BEIRNIADAETH GWAWR MARTHA LLLOYD
Drych, 'Dau, Un': Mae'r awdur wedi ateb gofynion y gystadleuaeth o ran ffurf a hyd ond mae tipyn o waith datblygu ar ôl i'w gyflawni. Mae'n hollbwysig ystyried y gynulleidfa wrth fynd ati i greu a llwyfannu drama. Mae'r darnau hir o fonolog sy'n ymddangos yn gyson yn y ddrama hon yn darllen yn ddigyfeiriad braidd. Anodd fyddai i'r geiriau greu argraff na diddanu – maent yn hytrach mewn perygl o greu ffin rhwng y gynulleidfa a'r ddrama. Llwydda'r awdur i osgoi rhoi popeth ar blât i'r gynulleidfa ac mae potensial y gallai, gyda gwaith pellach, greu chwilfrydedd, ond wrth i'r ddrama fynd rhagddi mae'r diffyg datblygiad o ran stori a chymeriad yn rhwystredig ac yn pen draw yn cyflwyno profiad anghyflawn.

BEIRNIADAETH IAN STAPLES
Drych, 'Dau, Un': Teimlais i yn bersonol fod y gwaith angen mwy o ddatblygiad, a byddai'r ddrama wedi elwa o fwy o waith cymeriadu yn benodol. Wrth ymdrin â phwnc mor ddwfn â hwn, ac er mwyn ennyn y math o gydymdeimlad sydd ei angen, mae'n rhaid i'r awdur greu cymeriadau y gallwn ni fel cynulleidfa eu hoffi ac uniaethu â nhw. Teimlais nad oeddwn i'n 'nabod yr un ohonyn nhw ar ddiwedd y darn ac, o'r herwydd, yn poeni dim am eu tranc. Wedi dweud hynny, mae'n amlwg bod yr awdur yn deall theatr fel cyfrwng ac wedi llwyddo i gyfleu'r mewnol yn allanol. Mae'r syniad bod 'da' a 'drwg' yn bodoli tu mewn i bob un ohonom a bod pob dydd yn frwydr ddyddiol rhwng teimladau positif a negatif, er nad yn un newydd, yn un cryf ac atyniadol i bob sgwennwr ac yn rhywbeth gwerth ei archwilio.

Trosi un o'r canlynol i'r Gymraeg: *The History Boys,* Alan Bennett; *Grav,* Theatr y Torch. Bydd y sgriptiau a gymeradwyir gan y beirniad yn cael eu hanfon at CBAC a WAPA

....

BEIRNIADAETH MANON EAMES

Derbyniwyd dwy ymgais, gan *kaitono* a *Gwenllian,* a'r ddau gystadleuydd wedi mynd ati i gyfieithu'r fonolog, *Grav.* Mae gwaith y ddau yn foddhaol iawn, gyda defnydd da o dafodiaith liwgar sydd yn symud yn hawdd ac yn fywiog yn y ddwy sgript. Mae'r ddau yn euog yma ac acw o gamddehongli ambell frawddeg, ac felly mae'r cyfieithiadau, o ganlyniad, yn wallus mewn mannau, a hynny yn fwy amlwg yng ngwaith *kaitono.* Mae *kaitono* hefyd wedi camgymryd Amserau berfau yn weddol aml yn ei fersiwn o'r fonolog, er enghraifft 'Dad would've been furious' yn cael ei gyfleu fel 'Fydde Nhad yn gandryll' yn lle 'Fydde Nhad wedi bod yn gandryll'; a chan taw casgliad o atgofion sydd gennym yma sydd yn symud o un 'amser' i'r llall drwyddi draw, mae hyn yn wall sydd ar adegau yn tarfu ar lif y naratif, sydd fel arall yn esmwyth. Mae gan *kaitono* hefyd ambell frawddeg drwsgl yn ei ymgais.

Serch hynny, mae gwaith y ddau ymgeisydd yn grefftus ar y cyfan, yn darllen yn dda, ac o safon ddigon da i'w llwyfannu (gydag ambell gywiriad). Does dim llawer i'w ddewis rhwng y ddau, ond mae ymdrech *Gwenllian* yn fwy cywir a hefyd yn llifo dipyn yn haws. Rhoddaf y wobr, felly, i *Gwenllian.*

Cyfansoddi dwy fonolog gyferbyniol, heb fod yn hwy na phedwar munud yr un

MONOLOG 1: GWEN

(Gwen: merch ifanc tua 18-20 oed, yn gwisgo dillad eitha tywyll – ond nid gormodedd o ddu – ond gweddus i angladd. Wyneb gwelw a'r tristwch yn amlwg. Yn eistedd ar gadair a rhaglen angladd yn ei llaw)

Dim ond unwaith dw i wedi bod mewn angladd o'r blaen, a Mam wnaeth fynnu mod i'n mynd, er nad oedd gen i fawr o awydd. Dynas drws nesaond-un oedd hi, a waeth imi fod yn onast ddim a chyfadda na fedrwn i mo'i diodda hi. Dw i'n cofio mynd yno i hel pres at gancr y fron a finna ddim ond tua pedair ar ddeg. 'Be wyddost ti am betha felly?' medda hi, a finna'n gwbod ma dyna o'dd ar Mam. Rhoi deg ceiniog yn fy llaw i wnaeth hi, fel tasa hi'n rhoi ffortiwn, sbio arna i i fyny ac i lawr, wfftio fy sgert denim i cyn cau'r drws yn glep. Welais i fawr neb yn crio yn 'i hangladd hi chwaith. Yn sicr wnes i ddim.

Ond roedd heddiw'n wahanol, yn wahanol iawn a sawl un yn beichio crio. *(Yn codi ei llais)* Ond fedrwn i ddim crio, a dw i'n siŵr fod amball un yn meddwl pam, wedi'r cyfan fy nghariad i o'dd o. Ond do'dd gen i ddim dagra ar ôl. Roeddan nhw i gyd wrth ochor y gwely mewn hancesi papur yn barod i'w taflu. Ond wnes i mo'u taflu nhw. *(Yn estyn hancesi papur o'i phoced)* Dyma nhw yn dal yn wlyb, yn gynnes o wlyb.

Dw i'n lecio'r gair 'cynnes'. Wyddoch chi pam? Am mai dyna o'dd ganddo fo a fi. Cariad cynnes braf, ers dyddia ysgol, a'r cyfan sgen i ar ôl ydy hancesi papur. Wyddoch chi be ddeudodd rhywun wrtha i ar y ffordd allan o'r capal ac yn ceisio cydymdeimlo? 'Rhaid ichi symud ymlaen rŵan.' Ew, mi o'dd geiria fel'na'n brifo, a wnes i ddim diolch iddi, dim ond edrych drwyddi. Ro'dd ogla perffiwm drud arni, a dw i'n gwbod pa berffiwm odd o – Memories, Helena Rubenstein. Drud. *Forty two quid a go.* Sut dw i'n gwbod? Am mai dyna ges i gen Tom amser Dolig. Ma 'i ogla fo ar rhain *(Yn gwasgu hances bapur yn ei llaw)* Yn gymysg efo fy nagra i. *(Saib)* Fo a fi efo'n gilydd am y tro ola.

Damwain o'dd hi meddan nhw: ffordd gul, noson dywyll, wlyb a fynta'n methu stopio. Wnaeth o rioed stopio 'ngharu inna chwaith. 'Symud ymlaen' ddeudodd y ddynas 'na. Symud ymlaen i lle? I lle? (*Yn uchel*) 'Ma siŵr bod 'na reswm,' medda rhywun arall, a chynnig llaw imi, a wnes ddim meiddio ysgwyd llaw am na does 'na ddim rheswm pam bod Tom wedi marw. (*Mae hances bapur yn disgyn o'i llaw a hithau'n plygu i'w chodi*) Plygu i'r drefn meddan nhw, beth bynnag ydy'r drefn. Os oes yna drefn, fedra i mo'i diodda hi, mwy na fedrwn i ddiodda dynas drws nesa-ond-un ers talwm. Ond ma well i minna symud ymlaen.

(*Yn gadael*)

MONOLOG 2: AMANDA

(*Amanda: merch ifanc tua 20-25 mlwydd oed, yn gwisgo sgert gwta a dillad eitha lliwgar, colur trwm a chlustdlysau mawr*)

Ydw i'n edrych fath â bardd? Byddwch yn hollol onast rŵan. Ydw i? OK, sganddoch chi ddim syniad pwy ydw i. A waeth i minna fod yn onast a deud nad ydw i'n neb, wir. Ond mi ddeuda i pwy ydw i. Amanda Sabrina Teskey. Dydy enw fel'na ddim yn farddol nac ydy? Meddyliwch am funud bach be fasa'n digwydd taswn i yn cystadlu am y Goron yn y Steddfod Genedlaethol ac yn bod yn ddigon lwcus i ennill, yn enwedig taswn i wedi defnyddio llythrenna fy enw fel ffugenw: 'Ar ganiad y cyrn wnaiff AST a neb ond AST godi.' Mi fasa'n ddiddorol gweld faint fasa'n codi!

A be fasa *Barddas* yn ei ddeud? Heb sôn am lythyra yn *Golwg* a *Barn*. Ond enwa fel Mererid, Gwyneth a Dilys sy'n barddoni te? Neu dyna ma pawb yn ei feddwl, beth bynnag. Ond coeliwch ne beidio dw i'n darllan barddoniaeth yn eitha aml, yn enwedig wedi mynd i'r gwely, mae o'n help i gysgu! Ddim Dafydd ap Gwilym a belly cofiwch, ond limriga *Talwrn y Beirdd* ac amball gân ysgafn. Mi faswn i wrth fy modd yn ca'l bod mewn tîm *Talwrn* a cha'l darllan fy ngwaith o flaen y Ceri Wyn 'na. Mi fasa'r sgert yma'n werth naw i ddechra.

Ond dw i'n sgwennu limriga weithia yn fy ngwaith amsar *tea break*. Sorri, wnes i ddim deud lle dw i'n gweithio naddo. Wel, i chi ga'l gwbod dw i'n gweithio mewn dau le, Toys R Us a Lidl, a does 'na ddim llawar o feirdd mewn lle felly nagoes, ond weithia ma'r Awen yn dŵad a finna ar ganol gwerthu Shreck ne *yogurt*. Fasach chi'n lecio clywad fy ngwaith i? Rhag ofn bod yna gaptan tîm *Talwrn* yn gwrando. Basach wir? Wel, beth am y limrig yma sgwennis i yn ystod *tea break* fi ddoe? Dyma hi:

Ma boi mewn siop *chips* yn Pwllheli,
Yn gythral o bisin bach handi,
Wnes i fynd efo fo
I lle pictiwrs un tro,
Ces fwy na gwerth chwech, myn diawl i.

Sawl marc am honna tybad? Naw a hannar? *Come on,* Ceri, ma honna'n werth deg. Ac os ydy'r hogan 'ma sy'n rhedag y Steddfod o gwmpas, cofiwch anfon testunau Steddfod flwyddyn nesa i mi.

Ond faswn i'n lecio dysgu canu'n gaeth, cynghanedds a belly, cofiwch. Ond ddeudodd rhyw foi wrtha i ma rhwbath o Kama Sutra ydy croes o gyswllt. Well imi sticio efo limrics dw i'n meddwl. Wela i chi'n Steddfod nesa. OK?

Sundarela

BEIRNIADAETH FFION DAFIS

Daeth chwe ymgais i law; siomedig oedd y safon yn gyffredinol â'r monologau yn dilyn llwybrau traddodiadol o ran eu themâu. Ni chafwyd un a oedd yn deffro'r dychymyg nac yn creu drama afaelgar o'r dechrau i'r diwedd. Y mae gofynion y gystadleuaeth yn pwysleisio mai dwy fonolog *gyferbyniol* sydd eu hangen ond ni chafwyd y gyferbyniaeth angenrheidiol gan y mwyafrif.

Sundarela: Cafwyd ymgais dda i geisio creu cyferbyniad rhwng y ddwy fonolog wrth osod un ar drothwy diwrnod angladd cariad a'r llall yn eiddo i weithiwr mewn siop sydd yn breuddwydio am gael bod yn fardd llwyddiannus. Yr oedd yma gyffyrddiadau teimladwy yn y gyntaf, er enghraifft 'Roedd dagrau i gyd mewn hancesi papur yn barod i'w taflu ...' ac roedd ymdrech deg i greu comedi yn yr ail ddarn. Er braidd yn fyr, fe fwynheais rythmau y ddau ddarn.

Morgan: Er i mi werthfawrogi'r ymdrech i gysylltu'r ddwy fonolog ac yn sicr sylweddoli'r potensial i'w datblygu, nid oedd yma ddigon o gynnwys dramatig i hoelio sylw. Y mae'r syniad y tu ôl i'r ddwy yn ddiddorol ond y mae angen mwy o waith i'w datblygu i fod yn ddarnau i'w perfformio. Y mae yma arddull naturiol a llafar ond dim digon o gyferbyniad yn arddull y ddwy i ddod i'r brig. Byddai byrhau y brawddegau ac atalnodi celfydd yn ychwanegu at y tensiwn yma. Byddai rhoi cynnig arall ar chwynnu y rhain yn syniad da.

Y Gwyllt: Hunanladdiad a merch yn chwilio am gariad ydy cynnwys gwaith y dramodydd hwn. Er eu bod yn archwilio themâu cyfarwydd, ceir ymdrech i arbrofi â ffurf ond yn anffodus nid oes digon o gynildeb yn y darnau ac y mae angen gwaith i gysoni'r gwahanol leisiau yn y darnau a'u cwmpasu i fod yn eiriau i'r cymeriad canolog; mater bach fyddai gwneud hynny. Yr oedd cyffyrddiadau hyfryd i'r ddau ddarn ond yn anffodus teimlaf nad oeddynt yn anelu at unrhyw uchafbwynt gwirioneddol y byddwn yn disgwyl ei weld ar lwyfan.

Maria Grimaldi: Byddai mymryn o gyd-destun cymeriad ac angori lleoliad wedi bod o fudd ar gychwyn y darnau hyn ond mi fwynheais rythmau a brawddegau byrion y cyfansoddiadau a oedd yn gweddu i'r themâu. Yn anffodus, oherwydd ymdrech y dramodydd i gysylltu'r darnau, fe gollwyd yr elfen gyferbyniol. Er yn ymwneud â themâu cyfarwydd (hoywder a'r diffyg derbyn teuluol ohono) ceir ymdrech i ddatblygu delweddau gwreiddiol a threiddio i bennau y cymeriadau. Y mae delwedd y gawod a byd electronaidd yn gweithio yn dda ond yr oedd angen datblygu'r syniadau a'u defnyddio mewn modd mwy dramatig. Yn sicr, mae yna egin dwy fonolog lwyddiannus yma.

Cath Ddu: Dwy ferch yn trafod eu profiad o fod ynghlwm â'r broses o gael eu dewis i fod yn rhan o'r Ddawns Flodau a geir yma ac o'r herwydd, unwaith eto, y mae'r elfen gyferbyniol yn cael ei cholli. Y mae angen cyferbyniaeth arddull a theimlad yn ogystal ag ochr arall i stori neu sefyllfa. Yr oedd y brawddegau yn dueddol o fod yn hir heb ymgais wirioneddol i greu rhythmau dramatig nac anelu at uchafbwynt. Er bod cyffyrddiadau bach da yn y ddau ddarn, yn anffodus ni wnaeth yr un ohonyn nhw gyffwrdd ynof.

Mabli: Dyma ddwy fonolog sy'n ymdrin â'r un stori ac o'r herwydd teimlaf fod yr wybodaeth sydd angen ei chyfleu am y stori arbennig honno yn llethu'r darnau ar brydiau ac yn rhoi elfen ddramatig y gwaith yn eilbeth. Er hynny, y mae'r strwythur yn rhwydd ac yn llafar a'r dyfynnu cymeriadol yn gelfydd. Y mae yma yn sicr gnewyllyn dwy fonolog dda a byddwn yn hoffi gweld y rhain yn cael eu datblygu ymhellach gan ychwanegu mwy o fanylion bychan at y ddau gymeriad er mwyn dod â nhw'n fyw i'r gynulleidfa.

Rhoddaf y wobr i *Sundarela*.

Cyfansoddi drama radio mewn unrhyw *genre,* na chymer fwy na 30 munud i'w chynhyrchu

LLYTHYRAU

[Diolch i Archif Coleg Prifysgol Bangor am roi caniatâd i ddarllen llythyrau W. J. Gruffydd at Mary Davies.

Ffrwyth dychymyg yn seiliedig ar gynnwys llythyrau a chyhoeddiadau W. J. Gruffydd yw'r rhan fwyaf o'r ddrama radio hon, gydag ymddiheuriadau i'r ddau am fusnesu.]

Cymeriadau

Yr Athro W. J. Gruffydd, o Fethel ger Caernarfon yn wreiddiol ond pan ddigwydd y ddrama mae'n Athro yng Ngholeg Prifysgol Caerdydd. Mae W. J. Gruffydd yn ymddangos yn ddyn hyderus ond o dan yr *aura* mae'n ddyn sensitif iawn. Mae'n anodd disgrifio Gruffydd yn nhermau heddiw ond roedd yn ddyn o ddylanwad mawr. Roedd yn ysgolhaig, yn fardd, yn ddramodydd, yn ddarlledwr, yn wleidydd (bu'n Aelod Seneddol ar ôl cyfnod y ddrama hon), yn ddylanwadol yn yr Eisteddfod Genedlaethol ac, yn ôl y sôn, yn dipyn o ferchetwr! Mae'n 45 oed yn 1926 ar gychwyn y ddrama hon.

Ei wraig, **Gwenda,** merch gweinidog o Aber-carn, de Cymru, ddwy flynedd yn iau na'i gŵr.

Ei gariad, **Mary Davies,** merch o Harlech yn wreiddiol ond yn byw yn Llundain a Chaerdydd pan ddigwydd y ddrama. Mae hi'n ddynes ddeallus iawn, yn gyn-athrawes ond erbyn hyn yn Arolygwr ei Mawrhydi i'r Bwrdd Addysg yn Llundain; dynes y byddai rhai yn dweud ei bod o flaen ei hamser. Mae hi'n 36 oed yn 1926 ar gychwyn y ddrama.

Katie, chwaer Mary, yn 30 oed yn 1926.

Jane, gweinyddes mewn gwesty.

Digwydd y ddrama yn ystod y cyfnod 1926 hyd at 1938

Golygfa 1

(Sain: 'You Made Me Love You' gan Monaco a McCarthy yn cael ei chanu gan Al Jolson. Toddi)

Mary: Maen nhw'n werth y byd i mi. Llythyra Wil. Maen nhw i gyd yn y bocs het yma. Pob un. Mae o'n anfon dau lythyr y dydd ambell waith. Ac mae pob un ohonyn nhw yn y bocs yma, pob un.

William: Rydan ni'n llythyru'n gyson. Mae hi'n haws ysgrifennu llythyr na defnyddio'r teleffon. Mae'r teleffon mor anghyfleus. Mae Mary y tu hwnt o dda am ysgrifennu llythyr, mae hi'n ddynas mor ddeallus, ac mae ei geiriau hi'n gysur i mi wrth orfod wynebu ffyliaid bywyd ...

Mary: Mi gân' fynd i Lyfrgell fy hen goleg, Coleg Bangor, ryw ddydd. Wedi i'r ddau ohonon ni farw. Gobeithio y byddan nhw o ddiddordeb i rywun rhywdro, gobeithio, yn y dyfodol.

William: Mae Mary'n cadw fy llythyrau i gyd, mae'n debyg. Nid y peth doethaf dan yr amgylchiada ... ond un fel yna ydy Mary: trefnus ...

Mary: Mae Wil yn fardd, wedi ennill yn y Genedlaethol, mae o'n ysgolhaig hefyd ac yn olygydd *Y Llenor*. Mi allai fod yn Aelod Seneddol petai'n dymuno, rydw i'n sicr o hynny, mae Wil yn ddyn arbennig iawn ...

William: Roedden nhw'n llythyrau personol, personol iawn ...

Mary: Dynes un ar bymtheg ar hugain oed wedi syrthio dros fy mhen a'm clustia mewn cariad â dyn deng mlynedd yn hŷn na mi. Dros fy mhen a'm clustia. *Enfant terrible* Cymru ... dyna oedd rhai yn ei alw fo, wyddoch chi, pan oedd yn fardd ifanc, *enfant terrible*. Ac mae rhai, ei elynion beryg, yn ei alw'n ferchetwr. Rhai yn deud petha ofnadwy amdano fo. Ers talwm oedd hynny. Ia, ers talwm oedd hynny. Fy *enfant terrible* i ydy o rŵan. Mae'r llythyra yma yn dyst o hynny. Maen nhw'n llawn cariad. Rydw i'n cael fy amheuon ambell waith, cofiwch, fod ei waith yn bwysicach iddo na dim byd arall ond dyna fo, mae fy ngwaith inna'n bwysig i minna hefyd ....

William: Llythyrau personol iawn. Roedd rhaid bod yn ofalus, wrth reswm. Roedd rhaid i mi. Petai Gwenda, fy ngwraig ... hy, fy ngwraig ... dim ond ar bapur mae hi'n wraig i mi ers blynyddoedd bellach ...

Mary: I mi mae'r rhain yn bwysicach na'i gerddi. Mi gewch gadw *Ynys yr Hud* a'r lleill i gyd. Mae'r llythyrau yma yn werth llawer mwy i mi nag unrhyw gerdd. Wnaeth o erioed ysgrifennu cerdd amdanaf fi chwaith. Hyd yma ...

William: Mae yna lawer o bethau doeth a chysurlon yn ei llythyrau bob amser, ond trefniadau ar gyfer ein cyfarfodydd ydy'r rhan fwyaf ohonyn nhw. Ac atgofion am yr adega ddaru ni dreulio efo'n gilydd yn ei chartref ac mewn gwestai. Mewn gwestai. Amseroedd da oedd y rheiny. Ia, pethau personol sydd yn y llythyrau. Rhy bersonol.

Mary: Ble mae o? O, dyma fo, y llythyr cyntaf un.

William: Roeddwn i wedi cael gwahoddiad ganddi i dŷ ei chwaer am swper yn dilyn cyfarfod o'r Bwrdd Addysg yn Llundain.

Mary: Katie druan. Ei chartref yn cael ei ddefnyddio fel man cyfarfod darpar gariadon ...

William: Coleg Prifathrofaol Deheudir Cymru a Mynwy.

Mary: Doedd o byth yn rhoi dyddiad ar ben ei lythyra. Dim ond y cyfeiriad. Peth rhyfadd i Wil hefyd ... Rhagfyr 1926 oedd hi.

William: Annwyl Miss Davies ...

Mary: Mor ffurfiol, druan ...

William: Ysgrifennaf atoch i ddiolch am eich gwahoddiad caredig i swper yng nghartref eich chwaer yn Regent's Park Road. Gwnaf fy ngorau i geisio dod. Gyda chofion gorau. Yr eiddoch yn gywir, W. J. Gruffydd. (*Toddi*)

Golygfa 2

Katie: William, Mary, mae hi bron yn hanner nos. Hoffech chi'ch dau rywbeth i'w yfed i groesawu'r flwyddyn newydd? Port neu wisgi, William?

William: Mi fasa gwydriad o *scotch* yn goron perffaith ar ych cinio ardderchog, Katie.

Katie: Tewch. Chi'n rhy garedig o lawer. Sieri, Mary?

Mary: Ia, os gweli di'n dda.

William: Roedd o'n bryd cartref go iawn. Diolch i chi, Katie.

Katie: Does dim rhaid diolch, William. Rydw i mor falch ych bod chi wedi gallu ymuno â ni. Peth diflas ar y naw ydy bod ar ben ych hunan mewn gwesty. Yn enwedig dros y flwyddyn newydd ...

Mary: Mae William wedi hen arfer aros mewn gwestai ar ei ben ei hunan, Katie, wedi hen arfer ...

Katie: Ydech, mae'n siwr. Chi'n dipyn o bwyllgorddyn, William.

William: Ydw, debyg. Er, ar 'y mhen fy hunan oeddwn i dros y Nadolig hefyd ...

Katie: Tewch? Dim mewn gwesty?

William: Na, yn yr hen gartref ym Methel.

Katie: O?

William: Rydw i'n hoffi mynd yn ôl i Fethel, yn enwedig dros y Nadolig, ond roedd yn well gan Gwenda'r wraig a'r mab, wel, hynny ydy Gwenda yn bennaf, aros yng Nghaerdydd dros yr ŵyl, doedd hi ddim am deithio i'r Gogledd efo mi ...

Katie: Wela i ddim bai arni chwaith, achos mae Bethel mor bell o Gaerdydd.

William:	Ydy, yn bell iawn mewn sawl ffordd. Mewn sawl ffordd. Mae dyn yn teimlo mai dim ond trigo y mae o yng Nghaerdydd. Cysgu, gweithio a bwyta. Ac nid byw. Er bod Bethel wedi newid hefyd, gwaetha'r modd.
Mary:	A Harlech. Mae pob man yn newid ...
William:	Dyna natur bywyd, debyg. Ond nid heno ydy'r amser i edrych yn ôl, yn enwedig yng nghwmni dwy o ferched harddaf Cymru ...
Katie:	Mi rydach chi'n dechra gwenieithu rŵan, William. O, llai na dau funud i fynd. Mi a i nôl y diodydd.
William:	(*Yn dawel rhag i Katie glywed*) Mae'ch chwaer yn annwyl iawn, Mary, a charedig ...
Mary:	Ydy mae hi ...
William:	Diolch yn fawr iawn i chi am drefnu heno.
Mary:	Pleser, William ...
William:	Wyddoch chi ddim faint mae heno yn ei olygu i mi.
Mary:	Mae hi wedi bod yn bleser i minna hefyd ...
William:	Yn wir?
Mary:	Yn wir. 'Wir yr' fel maen nhw'n dweud yn Harlech ...
William:	Gymaint fel y ca i gyfarfod â chi eto? Dim ond chi a fi? I gael te, neu *lunch* ...
Mary:	Mi faswn i wrth fy modd.
William:	Beth am y tro nesaf y bydda i yn Llundain?
Mary:	I'r dim.
William:	Te yn y Royal yn Woburn Place? Wyddoch chi, ger Russell Square?

Mary:	Swnio'n hyfryd. Hyfryd iawn.
William:	Ardderchog. Cyfle i ni ddod i adnabod ein gilydd yn well. Mi faswn i'n hoffi hynny. Mi anfona i lythyr atoch chi i adael i chi wybod pryd y bydda i yn Llundain nesaf.
Mary:	Iawn.
William:	Ardderchog ... (*yn clywed Katie yn dod i mewn*) Ardderchog, roedd eich adroddiad i Bwyllgor Adrannol y Bwrdd Addysg yn ardderchog heddiw, Mary.

(*Sain gwydrau*)

Katie:	Dyma ni.
William:	Dweud oeddwn i, Katie, bod adroddiad Mary i'r Bwrdd heddiw yn ardderchog. Yn gryno ac i'r pwynt.
Katie:	Un cryno ac i'r pwynt fu Mary erioed.
Mary:	Diolch, Katie. Roeddwn i braidd yn nerfus i ddweud y gwir.
William:	Pam? Does dim angen i chi fod, rydach chi'n ddynas mor ddeallus a ffyliaid ydy'r rhan fwya ohonyn nhw, dynion sâl, ac mi wyddoch lawer mwy na nhw am addysg.
Mary:	Rydw i'n amau hynny, William.
William:	Ond mae'n wir, Mary.
Katie:	*Scotch* i chi, William, a sieri i ti.
William:	Diolch yn fawr, Katie. Hyfryd iawn. Mae hwn hyd yn oed yn well na'r *scotch* rydw i'n gael yn Mackie's ger Marble Arch. Dyna ffodus ydan ni nad ydan ni ddim yn yr Unol Daleithiau a'i *prohibition*, ynte?
Katie:	Neu yn Harlech yng nghartra ein rhieni ...
Mary:	O diar ia, beth fasa Tada yn ei ddweud petai o'n ein gweld ni rŵan?

William:	Gyda phob parch i'ch tad, ac mae gen i barch mawr i'ch tad fel y gwyddoch, ond mi ges i gymaint o bregethu dirwest ac o rybuddion yn erbyn y tafarnau gan fy nhad i nes i mi fynd i gasáu clywed y gair 'dirwest'. Mae dirwest yn lladd ymneilltuaeth.
Katie:	Tewch?
William:	Doedd yr hen weinidogion ddim yn credu mewn llwyrymwrthod, wyddoch chi?
Katie:	Nag oedden nhw?
William:	Na. Roedd yna weinidog ym Methel ers talwm oedd yn mynnu cael gwydriad o wisgi cyn cychwyn ar ei daith i bregethu bob tro.
Katie:	Yn wir?
William:	Oedd, yn wir i chi. 'Dyma fy merlyn i,' oedd o'n arfer dweud, 'i'm cario i bregethu'r efengyl!' Felly, dyma ein merlyn ni i'n cario i'r flwyddyn newydd. I'r flwyddyn newydd pan ddaw!
Katie:	Mae'r William yma yn un da am ddweud stori, Mary.
Mary:	Ydy, mae o. Yn un da iawn. I Mil Naw Dau Saith ...
Katie:	I Mil Naw Dau Saith!
William:	Iechyd da! Gan obeithio y daw'r flwyddyn newydd â chyfleoedd newydd a hapusrwydd yn ei sgil i ni'n tri.
Mary:	I ni'n tri. Iechyd da! (*Toddi*)

Golygfa 3

William: Coleg Prifathrofaol Deheudir Cymru a Mynwy, Caerdydd.
F'annwyl Ffrind, A ddeuwch i gael *lunch* eto ddydd Sadwrn?
Beth am gyfarfod am chwarter i un y tu allan i'r stesion
danddaearol yn Piccadilly Circus, y Piccadilly *entrance*? Yr un
man â'r tro diwethaf. Nid oes rhaid i mi ddweud gymaint o
bwys a roddaf ar eich teimladau cyfeillgar a'ch caredigrwydd
tuag ataf. Cofion cynnes. Yr eiddoch fyth, William.

Mary: Regent's Park Road, Llundain. Mawrth 1927. Annwyl William,
Bydd saith o'r gloch nos Wener yn y Regent's Palace, Piccadilly
fel yr awgrymoch yn ardderchog. Cofion cynnes, Mary.

William: Coleg Caerdydd. F'annwyl Mary, Yr wyf wedi trefnu ddyfod
i Lundain yfory. Mae arnaf hiraeth mawr am eich gweld. Pob
serch a chof. Byth, W.

Mary: Regent's Park Road, Llundain. Mai 1927. F'annwyl William,
Bydd chwarter wedi un wrth y *bookstall* yn stesion Paddington
yn gyfleus iawn. Edrychaf ymlaen i'ch gweld unwaith eto. Yr
wyf yn teimlo mwy na allaf roi ar bapur. Cofion cynnes, Mary.

William: Caerdydd. Fy nghariad bach annwyl i, Dyma fi eto yn y twll
hwn. Ac y mae hiraeth mawr amdanoch ac am y gwmnïaeth
a gawsom y tro diwethaf a phob tro arall. Yr wyf yn dyfod
i Lundain ddydd Gwener ond bydd y teulu gyda mi, ond mi
wnaf fy ngorau i'ch gweld am funud neu ddau bore Sadwrn os
byddwch i mewn. Rydw i'n siŵr y gallaf feddwl am esgus da
i'w roi iddi hi. Cusanau fyrdd a phob melys atgof, W.

Mary: Regent's Park Road, Llundain. Awst 1927. F'annwyl Wil, Mae'r
haf wedi bod mor hir heb eich gweld. Pryd fyddwch chi yn
Llundain nesaf? Cariad, Mary.

William: Lion Hotel, Shrewsbury. Cariad Fach, A yw hi'n bosibl, heb i
chwi wneuthur trafferth i chwi eich hunan, i chwi gyfarfod â
mi yn Hereford? Os na allwch ysgrifennu, a wnewch chi yrru
wire bore Gwener i'r coleg a dywedyd 'Conference Hereford
confirmed'?

Mary: *(wrth y gwrandawyr)* Roedd *conference* Hereford yn *gonference* ardderchog, un o lawer o *gonferences* pleserus yn y gwely yn ystod y blynyddoedd oedd i ddod ...

William: Caerdydd. Mary fach anwylaf yn y byd. Mi gredaf y gwnâi Church Stretton le reit dda i ni, y mae hefyd *hotel* yn Much Wenlock ond ni wn sut le sydd yno. Gyda miloedd o gusanau a phêr atgofion. Cariad a chofion, W.

Mary: Penwythnos i'w gofio oedd hwnnw yn Church Stretton, mae Wil yn gwybod sut i blesio merch ...

Golygfa 4 Ystafell Wely

William: Dw i'n falch eich bod chi wedi gwisgo'r *undies* sidan brynes i i chi ...

Mary: Mae'n anodd meddwl amdanoch chi, Wil, yn mynd i siop i brynu dillad isa i ferch.

William: Mi faswn i'n gwneud unrhyw beth i chi ...

Mary: Chi'n siŵr mai i fi y prynsoch chi nhw?

William: Dewch yma. Dw i'n ych cusanu a'ch anwylo chi yn fy meddwl y peth olaf yn y nos a'r peth cyntaf yn y bore ond does dim byd yn cymharu â hyn ...

Mary: O, William ...

William: Chi'n llwyddo i ddeffro teimladau yno' i yr oeddwn yn credu eu bod wedi hen farw, wedi hen farw. *(Toddi)*

Golygfa 5 Gardd Gwesty

Mary: Diolch, William, diolch am benwythnos hyfryd.

William: Biti bod rhaid iddo orffan.

Mary: Mae Church Stretton yma yn lle mor braf.

William:	Brafiach fyth yn ych cwmni chi. Fues i ddim mor hapus ers tro. Mary anwylaf, mae meddwl bod hebddoch chi, heb deimlo'ch corff chi'n agos ata i yn uffern. Dewch yma ...
Gweinyddes:	(*yn peswch i gael sylw ac yn llefaru ar draws llinell William*) Excuse me, sir.
William:	Diolch am fy ngwneud yn ddyn mor hapus, mor hapus. Mi allwn i'ch caru chi ddydd a nos. Gallwn wir ...
Mary:	John, the young lady wants a word.
William:	Beth? (*yn sylweddoli*) O? Sorry.
Gweinyddes:	Excuse me, Mr Morris.
William:	Sorry, Jane, I didn't realise you were there. I'm so sorry. What can I do for you, my dear?
Gweinyddes:	Sorry to disturb you, Mr Morris, but the taxi for you and your wife has arrived.
William:	Oh. Yes. Good. Thank you, Jane. And may I say how pleasant it's been to be here.
Gweinyddes:	Oh. Good. I'm so glad that you and Mrs Morris have enjoyed your stay.
William:	Oh we have, Jane. We have. Thank you very much. Tell the taxi driver Mrs Morris and I shall be there now.
Gweinyddes:	I shall do that, Mr Morris.
William:	Thank you. Merch ddel ynde? Jane ...
Mary:	Ydy mae hi, del iawn.
William:	Wel, Mrs Morris, gwaetha'r modd, mae'n rhaid wynebu'r byd real unwaith eto ...
Mary:	Oes, Mr Morris. (*Toddi*)

Golygfa 6

Mary: Denton, Radyr. Hydref 1927. F'annwyl William, Diolch am benwythnos nefolaidd. Wnes i ddim dweud wrth Katie fy mod i wedi treulio'r penwythnos efo chi yn Church Stretton. Rhag iddi ddweud wrth Mam a hithau ddweud wrth fy nhad. Mi holodd ble oeddwn i dros y penwythnos, wrth gwrs, ond mi ddeudis i fod gen i gyfarfod yn Amwythig. Mae hi wedi hen arfer â fi'n teithio'r wlad fel Arolygwr ei Mawrhydi. Cariad a diolch fil am benwythnos mor fendigedig, Mary.

William: Queen's Hotel, Aberystwyth. Cariad annwyl, yr ydych yn gysur ac yn awen i mi.mae'n anodd credu eich bod wedi symud i fyw i Radyr a minnau ond yn Rhiwbeina. Mor agos ataf. Y rhwystredigaeth yw fod gweld ein gilydd yn fwy anodd rŵan nag erioed. Rhaid i ni gael wythnos gyfan gyda'n gilydd yn rhywle. Beth am Brimpton Grange? Neu Bournemouth neu'r Blackpool Hydro? Mae Falmouth yn braf. Buasai Llandudno yn rhy beryglus. Portmeirion fel o'r blaen, efallai. Mae pobl Portmeirion yn rhai da am gadw cyfrinach. Dewiswch chi, fy nghariad. Yr wyf yn eich caru, cariad ac yn hiraethu amdanoch ac yn siarad llawer o ffolineb amdanoch gyda mi fy hunan. Cusanau fyrdd a phob melys atgof, W.

Mary: Denton. Radyr. Tachwedd 1927. F'annwyl Wil, O, mi fasa wythnos yn Bournemouth yn braf. Ydy hynny'n bosibl? Yn wir? Mi fasa hynny'n gwneud lles mawr i chi a minnau. Rydach chi'n poenydio eich hunan llawer gormod am gyflwr y genedl ac am yr hen gylchgrawn *Y Llenor* yna. Byddaf yn poeni amdanoch weithiau. O, mi faswn i'n rhoi unrhyw beth i'ch cysuro, eich dal yn fy mreichiau. Cariad, M.

William: Caerdydd. Mary fach anwylaf, Yr wyf megis mewn breuddwyd ar ôl yr amser nefol a gawsom yr wythnos diwetha yn Bournemouth ac ni all dim yn y byd fy ngwneuthur yn hollol fodlon. Am byth, W.

Mary: Denton, Radyr. Ionawr 1928. Anwylaf Wil, Y peth gorau a ddigwyddodd i mi erioed oedd i'n llwybrau ni'n dau groesi. Mae treulio amser yn eich cwmni yn bleser pur. Fel Esyllt gynt rydw i dan ddylanwad hud. Eich dylanwad hudolus chi. Fy holl gariad atoch, M.

William: Caerdydd. Mary Anwylaf, Bu coblyn o *row* yma neithiwr rhyngof i a Gwenda, coblyn o *row* ... (*Toddi*)

Golygfa 7

Gwenda: William? Gair, os gwelwch chi'n dda.

William: Ia, Gwenda? Beth sydd rŵan?

Gwenda: Ble yn union wedoch chi oeddech chi dros y Sul diwethaf?

William: Ble oeddwn i dros y Sul?

Gwenda: Ia, wyddoch chi, o nos Wener hyd fore Llun. Ble yn union oeddech chi?

William: Ers pryd mae gynnoch chi ddiddordeb yn ble ydw i'n mynd, Gwenda? Dydach chi ddim yn dangos diddordeb yn fy ngwaith i fel arfer.

Gwenda: Nid yn eich gwaith chi mae fy niddordeb i, William, ond yn ble chi'n treulio'r holl benwythnose yma. Ble oeddech chi?

William: Wel, os ydy o o ddiddordeb i chi. Yng Nghynhadledd y Celtic Board oeddwn i ...

Gwenda: Ond ble yn union oedd cynhadledd y Celtic Board, William?

William: Ble? Pam? Dach chi'n fy holi i fel petaech chi'n un o gymeriadau'r ddynes Agatha Christie yna. Pwy ydach chi'n feddwl ydach chi? Gwenda Marples?

Gwenda: Atebwch fy nghwestiwn i, William. Mae o'n un digon syml. Ble oeddech chi dros y penwythnos?

William: Mewn cynhadledd yn Amwythig. Y Celtic ...

Gwenda:	... yn Amwythig.
William:	Ia, Amwythig, Shrewsbury.
Gwenda:	Peidiwch â bod mor nawddoglyd, ddyn. Yn Amwythig ife? Nid yn Llundain? Neu Cheltenham? Onid oes cymaint o gynadleddau? Ac os nad cynhadledd, mae pwyllgor, ac os nad pwyllgor, mae arholi. Os nad ydech chi yn Rhyl rydych chi'n yr Alban neu yn Aberystwyth neu ym Mhenrhyn Gŵyr neu ble bynnag ...
William:	Nid arna i mae'r bai fod pobl yn estyn gwahoddiadau i mi, Gwenda.
Gwenda:	On'd y'ch chi'n ddyn poblogaidd?
William:	Mae gen i lawer o ddiddordebau, Gwenda ...
Gwenda:	... diddordebau, ie, diddordebau ... trueni na fydde'ch teulu'n un o'ch diddordebau.
William:	Tŷ yn Rhiwbeina a lwfans go dda. Dydw i ddim yn gweld bod ganddoch chi le i gwyno ...
Gwenda:	Lwfans! Chi'n anghredadwy! Ydech wir. A thra rydyn ni'n sôn am yr hyn sy'n gredadwy, wi'n credu eich bod chi'n dweud celwydd wrtha i, William.
William:	Celwydd?
Gwenda:	Ie, celwydd. Dylai'r gair ddim fod yn anodd i Athro'r Gelteg. Wyddoch chi, anwiredd, dywediad gau, twyll?
William:	Pa gelwydd? Na, faswn i ddim yn dweud celwydd, Gwenda.
Gwenda:	Mae yna sŵn ym mrig y morwydd, William ...
William:	Oes yna wir? A pha sŵn fasa hynny, tybed?
Gwenda:	Mi welodd un o'm ffrindiau o'r capel chi yma yng Nghaerdydd y penwythnos diwethaf ...

William: Camgymeriad, does bosib?

Gwenda: Na. Roedd hi'n bendant. Felly, nid yn Amwythig oeddech chi,
            ife? Yng Nghaerdydd oeddech chi. Ac eto doeddech chi ddim
            adre. Felly, ble yn union oeddech chi, William? Ble oeddech
            chi? Atebwch fi. Atebwch fi, ddyn.

            (*William yn dweud dim*)

Gwenda: Chi'n rhoi llawer mwy o sylw i'ch ymchwil a'ch pwyllgorau
            a'ch cynadleddau heb sôn am *Y Llenor* nag y'ch chi i Dafydd a
            mi. Mi faswn i'n llawer gwell hebddoch chi, i ddweud y gwir.
            Ac oni bai fy mod i'n briod â chi mi faswn i wedi cael cynnig.
            Sawl cynnig. Cofiwch hyn, William, cofiwch fod ganddoch
            chi gyfrifoldebau fel tad at Dafydd. Hyd yn oed os y'ch chi'n
            esgeuluso eich cyfrifoldebe ataf fi fel gŵr. Chi'n deall? Ydech
            chi? Dywedwch rywbeth, ddyn. Ydech chi? Atebwch fi. O,
            chi'n ddyn mor styfnig ac mor ddideimlad. Rydw i'n mynd
            allan o'ch golwg chi. (*Toddi*)

Golygfa 8

William: (*wrth y gwrandawyr*) Mary fach anwylaf, roeddwn i'n meddwl
            ei bod hi am fyrstio *blood vessel*. O, pam Dduw na fuasai'n
            cael rhywun yn rhywle! Gyda chusanau fil a chofion cynhesaf
            tanbeidiaf, W.

Mary: Denton, Radyr. Tachwedd 1932. F'annwyl Wil, Rydw i mor
            falch eich bod wedi llwyddo i gael y fflat ym Mhenarth.
            Byddwch yn llawer hapusach yno. Cariad, M.

William: Does gen i'r un ffrind ond chi, Mary annwyl. Ein bywyd cudd
            yw'r unig realiti sydd gen i mwyach. (*saib*) Cariad fach, yr wyf
            mor hapus i fod gyda chwi, ac yn anhapus iawn pan fyddaf
            oddi wrthych. Y gwir amdani yw fy mod wedi myned i gasáu
            bywyd bron, y mae'n gywilydd gennyf ddywedyd, a fy nghyd-
            ddynion, ond pan fyddaf gyda chwi byddaf yn gallu anghofio'r
            cwbl. (*Toddi*)

Golygfa 9   (*Sain glan y môr*)

Mary: William annwyl. O, edrychwch William. O, edrychwch ar y traeth yna. A'r môr. Edrychwch ar y môr. Mae Falmouth yma mor braf. O, edrychwch ar y plant acw. Yn cael gymaint o hwyl. Peth braf ydy bod yn blentyn, ynte? Pam ydach chi'n edrach arna i fel yna, William?

William: Edrach ar drysor ydw i.

Mary: Beth?

William: Chi. Chi'n drysor. Wyddoch chi hynny, Mary? Rydw i'n ysu i'ch cusanu, a mwy, er ein bod ni mewn lle mor gyhoeddus.

Mary: Wel, peidiwch. Arhoswch tan fyddwn ni'n ôl yn y gwesty. Mi gewch chi fy nghusanu gymaint liciwch i wedyn. A mwy.

William: Alla i ddim byw hebddoch chi, Mary. Wnewch chi ddim fy ngadael i, wnewch chi? Wnewch chi?

Mary: Beth sy'n eich poeni chi rŵan? O, mi wn i, y swydd yn East Anglia sydd ar eich meddwl, debyg?

William: Oes rhaid ymgeisio amdani?

Mary: Fel y deudis i, rydw i heb benderfynu eto.

William: Peidiwch. Plis peidiwch â cheisio amdani.

Mary: Ond, mae hi'n apelio ata i yn fawr iawn ond dydw i heb benderfynu eto os ydw i am ...

William: Beth fasa merch o Ardudwy yn ei wneud yn East Anglia?

Mary: Beth oedd bachgen o Fethel yn ei wneud yn Rhydychen?

William: Roedd hynny'n wahanol. Yn Rhydychen i dderbyn addysg oeddwn i. I wella fy hunan.

289

Mary: A dyna'n union faswn i'n ei wneud yn East Anglia. Gwella fy hunan.

William: Ond yng Nghymru mae'ch lle chi, Mary.

Mary: Ond mae'n rhaid i bawb ledu gorwelion, William ...

William: Mi fasach chi'n bell iawn oddi wrtha i wedyn. Dyma bedair blynedd a hanner hapusaf fy mywyd i. Dydw i ddim am iddo ddŵad i ben.

Mary: Does dim rhaid iddo ddŵad i ben.

William: Dw i ddim am eich colli chi. Chi ydy'r unig un sy'n fy neall i, Mary. Does neb arall yn fy neall i. Roedd Silyn yn fy neall i a dw i wedi ei golli fo am byth. Dw i ddim am eich colli chi ...

Mary: Wnewch chi ddim fy ngholli i.

William: Ond mae Norfolk mor ddiflas o wastad ac yn bell o bob man.

Mary: Gallen ni ddal i gyfarfod ac mi fydd y post yn dal yna ...

William: Edrychwch. Welwch chi'r cwch hwyliau yna draw fan'cw yn yr harbwr? Welwch chi, yr un gwyn acw ...

Mary: Gwelaf, ond beth amdano?

William: Welwch chi fel mae o'n cael ei ddal gan yr angor sy'n anweledig dan y dŵr.

Mary: Gwelaf, ond?

William: Wel, fi ydy'r llong, Mary, a chi ydy fy angor i.

Mary: Beth? Yn anweledig o dan y dŵr?

William: Dw i o ddifrif, Mary. Yng nghanol y pryder dros y naill beth a'r llall mi fyddaf yn gallu anghofio'r cwbl pan fydda i gyda chi. Peidiwch â'm gollwng. Peidiwch.

Mary:	Mae hi'n sialens newydd. Yn gyfle newydd. Ond fel y deudis i, rydw i heb benderfynu eto. Gawn ni weld. A chi fydd y cyntaf i wybod beth fydd fy mhenderfyniad. Anghofiwch Norfolk, am rŵan, dewch i ni fwynhau Cernyw, mwynhau'r foment ...

(Clywir sain y ddau yn cerdded i ffwrdd. Toddi)

Golygfa 10

Mary:	*(wrth y gwrandawyr)* Ychydig a wyddem ni'n dau tra'n crwydro Falmouth y diwrnod hwnnw am yr hyn oedd i ddigwydd. Pwy sydd? Onid ydy'r dyfodol yn ddirgelwch? A diolch am hynny.
William:	Gorffwysfa, Bethel. Cariad fach anwylaf, a ydych chwi wedi sylweddoli mai gyda'n gilydd y byddwn am ein hoes bellach?
Mary:	Erbyn hyn mae Wil yn ein hystyried yn ŵr a gwraig, gŵr a gwraig answyddogol, wrth gwrs. Felly mae'n rhaid iddi fod. Er, mi faswn i'n hapusach petai o ddim yn crwydro gymaint. Wnes i ddim ceisio am y swydd yna yn East Anglia. Am nifer o resymau ...
William:	Lion Hotel, Shrewsbury. Cariad bach annwyl, Mae'n anodd credu ond y mae'n ddeng mlynedd er pan ddaethom ynghyd ar yr amser bythgofiadwy hwnnw ar gychwyn 1927. Gwn yn iawn y symbylau sydd yn y cnawd, a gwn mai fi sy'n cael y manteision i gyd. Ond bendith arnoch chwi am eich cariad a'ch caredigrwydd. Cusanau filoedd a llawer o bethau eraill. Byth bythol, Wil.
Mary:	Llundain. Tachwedd 1937. F'annwyl Wil, Mi wyddoch faint yr wyf yn eich caru chwithau. Yn wir, mae'r ffaith i mi gyfyngu fy hunan i chi yn profi hynny. Ac rwyf wedi ymddieithrio oddi wrth fy holl gyfeillion, bron. Gwn eich bod yn brysur ac yn teithio llawer ond ambell waith teimlaf nad ydych yn sylweddoli pa mor unig yr ydwyf. Yr ydwyf mor unig ac mor ddigalon ambell waith. Efallai mai'r blinder sy'n fy llethu sy'n gwneud i mi deimlo fel hyn. Maddeuwch i mi. Eich cariad am byth, Mary.

(Toddi)

Golygfa 11

Katie: Wyt ti'n teimlo'n well ar ôl cael cwsg?

Mary: Ychydig bach. Na, dim o gwbl, i ddeud y gwir.

Katie: Faint o'r gloch wyt ti'n gweld y meddyg yfory?

Mary: Am ddeg o'r gloch.

Katie: Does dim byd i boeni amdano. Gorweithio wyt ti. Yr holl deithio yma o gwmpas ysgolion a'r pwyllgora diddiwedd yma, dyna sy'n achosi'r blinder ...

Mary: Gobeithio dy fod ti'n iawn. Gobeithio ...

Katie: Angen *tonic* sy arnat ti.

Mary: Ia, ti'n iawn. Angen *tonic* ...

Katie: Wyt ti wedi sôn wrth William am yr anhwylder yma?

Mary: Dw i wedi sôn am y blinder, do. Ond dw i ddim am iddo fynd i boeni chwaith.

Katie: Pam?

Mary: Wel, mae ganddo ddigon ar ei feddwl heb boeni amdana i.

Katie: Ydy William yn gwerthfawrogi'r aberth wyt ti'n ei wneud, Mary?

Mary: Paid, Katie, paid â dechra.

Katie: Wel, cariad rhyfedd iawn ydy caru drwy lythyru a chyfarfod yn y dirgel ...

Mary: Dyna'n dewis ni, Katie ...

Katie: Un wahanol i'r cyffredin fuest ti erioed.

Mary:	Elli di ddim rheoli pwy wyt ti'n syrthio mewn cariad â nhw.
Katie:	Na, debyg. Hyd yn oed os ydy'r dyn yn digwydd bod yn briod a beth am y straeon lu sydd amdano fo?
Mary:	O na, dim hynna eto. Roedd o'n hoffi'r *cufflinks* roist ti iddo fo'n anrheg Nadolig, gyda llaw.
Katie:	Oedd o? Da iawn. Poeni amdanat ti ydw i. Ti'n gwbod hynny. Ofn dy fod ti'n gwastraffu dy fywyd.
Mary:	Does dim angen poeni amdana i, Katie. Dydw i ddim yn gwastraffu fy mywyd. Ac mae Wil a minnau'n deall ein gilydd. Yn deall ein gilydd yn iawn. (*Toddi*)

Golygfa 12

Mary:	Llundain. Ionawr 1938. F'anwylaf Wil, Dyma'r llythyr anodda i mi orfod ysgrifennu atoch erioed. Fel y gwelwch o'r cyfeiriad uchod, rwyf yn Llundain ond nid i weithio y tro hwn. Chi yw'r unig ddyn yr wyf wedi ei garu erioed. Dywedais hynny wrthoch droeon ac mae'n wir. Chi yw'r dyn mwyaf sensitif y gwn i amdano ac mi wn eich bod yn poeni am bob dim. Ond bydd angen i chi fod yn gryf yn ystod y misoedd nesaf, fy nghariad. Bûm mewn clinic yn Windsor Forest dridiau yn ôl am brofion. Roeddwn i'n amau nad y gwaith oedd yn achosi'r blinder affwysol sydd arnaf yn ddiweddar a gwaetha'r modd roeddwn yn iawn. F'anwylaf gariad, mae'n rhaid i mi eich gweld. A ddewch chi i Lundain i'm gweld? Y penwythnos hwn? Beth am gyfarfod yn y Royal yn Woburn Place? Mr a Mrs John Morris fel arfer? Eich Mary anwylaf. (*Toddi*)

Golygfa 13

(*Sain gwesty. Royal Hotel, Woburn Place, Llundain. Mae band yn chwarae 'You Made Me Love You' yn y cefndir*)

William:	Mary fach anwylaf ...

Mary: Wil. Sut oedd y siwrna o Gaerdydd? Dim yn rhy flinedig gobeithio.

William: Siwrna hirach nag arfar gan fy mod i'n ysu i'ch gweld. Ond, sut y'ch chi sy'n bwysig. Mi wnes i ddychryn pan ges i'ch llythyr. Cancr? Does bosib ...

Mary: Ia. Cancr, mae arna i ofn, Wil. Roeddwn i'n ama mai nid blinder cyffredin oedd arna i. Fod rhywbeth mawr o'i le.

William: Ac maen nhw'n sicr? Maen nhw'n bendant ...

Mary: Ydyn. Mae arna i ofn eu bod nhw. Bydda i'n cael llawdriniaeth o fewn y pythefnos nesaf.

William: Fy nghariad bach, oes rhywbeth alla i wneud?

Mary: Dim. Heblaw gweddïo drosta i. Mae'r cwbl wedi ei drefnu ac mi rydw i mewn dwylo da. Rhaid bod yn gadarnhaol. Rhaid bod yn ddewr, William.

William: Does neb dewrach na chi, Mary.

Mary: Gwrandewch.

William: Ar beth?

Mary: Y band yn y *Ballroom*. Gwrandewch. Maen nhw'n chwarae cân Al Jolson. Chi'n cofio, Mr Morris? Chi'n cofio? 'You Made Me Love You'.

William: Y gwesty yn Bournemouth?

Mary: Ia, y gwesty yn Bournemouth. Dw i'n falch ych bod chi'n cofio, Mr Morris. Chi'n cofio deud hefyd pa mor briodol oedd y gân?

William: Wnes i?

Mary: Do.

William:	Ac mae'n wir.
Mary:	Gafaelwch yno'i, Wil. Does neb arall yma. Gafaelwch yn dynn yno' i. Diolch. Rydw i mor hapus yn eich breichiau, Wil ... Diolch.
William:	Na, i chi mae'r diolch, Mary. Yr un mlynedd ar ddeg olaf yma ydy'r cyfnod hapusaf yn fy mywyd i. Chi ydy'r unig ddynes a'm carodd i erioed.
Mary:	Mae'n anodd gen i gredu hynny, Wil. Roedd eich mam yn siŵr o fod yn eich caru chi a hyd yn oed Gwenda ar un adeg.
William:	Dydy Gwenda erioed wedi fy ngharu i. Oedd, roedd Mam yn fy ngharu i er yn gyndyn o ddangos hynny. Ond dim fel chi. Mae hwn yn gariad gwahanol. Roedd Silyn yn fy neall i ond nid fel rydach chi yn fy neall i, Mary. Mi achuboch chi fi. Chi'n gwybod hynny? Fy achub i.
Mary:	Achub? Mi alwoch chi fi yn angor unwaith. Rydw i wedi mynd o angor i wisg achub rŵan ydw i?
William:	Chi sydd wedi fy nghynnal i yn ystod y blynyddoedd diwethaf yma. Mi faswn i wedi colli mhwyll hebddoch chi. Gorfod dioddef ffyliaid. Poeni am feirniadaeth pobl faleisus ac anneallus. Mary fach anwylaf, fel rydw i wedi deud wrthoch chi droeon, allen i ddim byw hebddoch chi. Mi gawson ni amser mor hapus efo'n gilydd.
Mary:	Ac mi gawn ni eto, Wil. Mi gawn ni eto. Rydw i am fynd adra i Harlech at Mam wedi'r llawdriniaeth, i gryfhau. Ac mae Katie am ddŵad i helpu.
William:	Syniad da.
Mary:	Ddewch chi yno i'm gweld?
William:	Wrth gwrs y do i.
Mary:	Ac mi awn ni am dro o gwmpas Ardudwy yn y ffordyn.

William: Rydw i'n eich caru chi gymaint, Mary.

Mary: Wili druan. Trueni na fasa Cymru yn gweld yr ochr annwyl ohonoch chi rydw i wedi ei gweld. (*Toddi*)

Golygfa 14

(*Sain ysbyty*)

Mary: Private Ward 14, King Edward the Seventh Hospital, Windsor. Chwefror 1938. F'annwyl Wil, Diolch am ddod â Mam i'm gweld y dydd o'r blaen. Mae'n ddrwg iawn gen i na chawsoch chi fawr o groeso. Roeddwn mewn gormod o wendid. Teimlaf yn llawer cryfach erbyn hyn ac mae'r meddyg wedi cytuno y gallaf deithio i Harlech tradwy. Mi wnaiff awel Ardudwy les i mi ... Gyda'm holl gariad, Eich Mary fach anwylaf.

William: 2 Erw Delyn, Penarth. Dydd Gwener. Fy nghariad fach i, gobeithio eich bod yn weddol gysurus tua Harlech yna. Mae'n siŵr fod ganddoch ddwy nyrs ardderchog i ofalu amdanoch. Deuaf i'ch gweld cyn diwedd yr wythnos. Hyd byth bythol, Wil.

(*Toddi*)

Golygfa 15

Katie: Mary, deffra, mae William yma.

Mary: Wil. Mi ddaethoch chi. Diolch.

William: Sut ydach chi?

Mary: Yn gwella'n araf bach ...

William: Mae ganddoch chi nyrsys da.

Mary: Oes.

Katie:	Mi adawa i chi'ch dau efo'ch gilydd.
William:	Diolch, Katie ...
Mary:	Diolch i chi am ddŵad. Gobeithio na wnaeth y daith hir yna o Gaerdydd ddim eich blino.
William:	Mary fach anwyla. Mi faswn i'n fodlon teithio i'r lleuad ac yn ôl i chi. Mwy na nef ydoedd Esyllt iddo ef! Chi'n gwbod hynny.
Mary:	Trystan ac Esyllt. Trystan ac Esyllt. Mi wnaeth Elfed a'r hen John Morris-Jones yna gam â chi yn Eisteddfod Bangor.
William:	Do, mi wnaethon nhw. Trueni nad chi oedd yn beirniadu, Mary.
Mary:	Mi fasa hynny wedi bod yn hanesyddol. Plentyn deuddeg oed yn beirniadu'r Gadair yn yr Eisteddfod Genedlaethol.
William:	Mae'r hiwmor yn iach, ta beth ...
Mary:	Ydach chi'n gweddïo drosta i Wil?
William:	Bob dydd.
Mary:	Diolch i chi.
William:	Er fy mod i wedi gweddïo dair gwaith y Sul yn Bethel ers talwm a gwrando ar ugeinia o weinidogion yn gweddïo wnes i erioed gredu fawr mewn grym gweddi tan rŵan. Ond mi rydw i rŵan.
Mary:	A minna. Rydw i'n benderfynol o 'ddeffro i wanwyn arall a gwell dydd', ys dywedodd fy hoff fardd.
William:	Mary f'anwylaf. O am gael crwydro ardal Church Stretton, Bournemouth a Falmouth unwaith eto.
Mary:	Mi fasa hynny'n braf. Yn braf iawn ac mi gawn, mi gawn ni, William ...

William:	Rydw i'n cofio pob eiliad rydan ni wedi'i dreulio efo'n gilydd. Pob eiliad.
Mary:	A finna. Chi'n cofio ni'n dawnsio yn y gwesty hwnnw yn Bournemouth?
William:	Ydw. Wrth gwrs fy mod i.
Mary:	A'r band yn chwara 'You Made Me Love You'.
William:	Al Jolson.
Mary:	Wnewch chi ddawnsio efo mi, Wil?
William:	Be? Rŵan? Ydach chi'n siwr eich bod chi ddigon cryf?
Mary:	Ydw, helpwch fi i godi.
William:	Ydach chi'n siŵr?
Mary:	Ydw. Daliwch fi. Daliwch fi'n dynn.

('*You Made Me Love You*' *yn chwarae'n dawel yn y cefndir*)

Mary:	Rydw i wedi cadw pob llythyr anfonoch chi ata i, wyddoch chi. Pob un ers y cyntaf hwnnw yn 1926.
William:	Pob un? Ond mae ugeiniau ohonyn nhw, debyg ...
Mary:	Dros bum cant, Wil.
William:	Dros bum cant? Mi wnes i ysgrifennu gymaint â hynny?
Mary:	Do. Mi waredoch chi fy rhai i, wrth gwrs.
William:	Do, mi wnes i. Eu llosgi nhw. Pob un. Mae'n ddrwg gen i ond chi'n deall, roedd rhaid i mi.
Mary:	Wrth gwrs bod rhaid ichi ...
William:	Ond sut wyddech chi fy mod i wedi eu dinistrio?

Mary:	Am mai merch ydw i, Wil. Mae merch yn gwybod y petha yma. Beth ddywedoch chi amdana i rywdro? Fod gen i galon merch ...
William:	... a meddwl gŵr.
Mary:	Ia, calon merch a meddwl gŵr. Braidd yn nawddoglyd wrth gwrs, Athro Gruffydd.
William:	Braidd, Miss Davies, ond gwir serch hynny ...
Mary:	Wel, calon merch a gadwodd y llythyrau.
William:	A meddwl dyn ...
Mary:	A'u llosgodd ...

(*Sain y gerddoriaeth yn codi*)

DIWEDD

Ynys yr Hud

BEIRNIADAETH YNYR WILLIAMS
Daeth dwy ymgais i law.

Hanfod unrhyw ddrama yw cael dechrau, canol a diwedd, thema amlwg, plot cryf, cymeriadau crwn, heriau i'r cymeriadau hynny, taith glir a golygfeydd sydd wedi eu llunio i asio'r plot a'r cymeriadau at ei gilydd. Os oes anghytuno rhwng yr hyn y mae'r plot yn ei wthio ar y cymeriadau a bwriad y cymeriadau – wel, gorau oll; wedyn, mae gennym ddrama! Rhaid cofio hefyd mai am ddrama *radio* y gofynnwyd.

Madryn, 'Teulu Bach Cytun' [*sic*]: Yn ei hanfod mae yna thema gref iawn yn y ddrama hon, sef hawl pobl i gael penderfynu eu ffawd eu hunain a'u rhyddhau o deyrnreolaeth eraill. Mae'r prif gymeriadau i gyd, sef Gwen, Mari, Megan a Huw yn dioddef o hyn. Ond yn anffodus does dim digon o ôl crefftio ar y sefyllfaoedd, y golygfeydd na'r plot. Mae angen chwynnu rhai golygfeydd; mae rhai golygfeydd yn digwydd yn rhy hawdd heb greu digon o densiwn rhwng y cymeriadau ac o'r herwydd yn teimlo'n araf a dibwrpas ar brydiau. Un o sgiliau mwyaf awdur yw gwybod pryd *yn union* i ddod i mewn i olygfa, a hefyd pryd *yn union* i adael. Yn rhy aml mae yna sgwrsio dibwrpas ar ddechrau golygfeydd a dim diwedd digon cryf iddynt. Mae diwedd y ddrama gyfan hefyd yn siomedig oherwydd, yn ei hanfod, drama rhwng Gwen a Megan ddylai hon fod, ond nid dyna a gyflwynwyd.

Ynys yr Hud, 'Llythyrau': A dyna a geir yma, sef cymysgedd o olygfeydd wedi eu britho â llythyrau o Archif Prifysgol Bangor, rhwng yr ysgolhaig, y bardd a'r dramodydd, W. J. Gruffydd, a'i gariad allbriodasol, Mary Davies, Arolygwr ei Mawrhydi. Y thema ganolog yw'r rhwystrau sy'n codi o geisio cynnal perthynas guddiedig. Mae Mary yn ei haberthu ei hun yn llwyr i'r berthynas, ac yn ei rhoi ei hun yn ddigwestiwn i W. J. Gruffydd (ac yntau iddi hi i ryw raddau). Mae'r cariad rhyngddynt yn ysol, yn angerddol ac yn hollgynhwysol, ond nid yw'r dramodydd wedi llwyddo i fynd o dan groen hyn yn ddigonol; i mi, dyma'r gwendid mwyaf. Digwydd y cyfan rhwng 1926 a 1938 – 12 mlynedd o garwriaeth – a defnyddir y llythyrau yn bennaf i ddangos treigl amser. Dylai'r awdur fod wedi darganfod mecanwaith taclusach, clyfrach i wneud hyn, ac mae yma ryw ymdeimlad o 'sgimio' dros y blynyddoedd. Mae'r diwedd yn hynod o drist ac wedi ei ddweud yn dda ond oherwydd cyfyngiad amser, dybiwn i, nid oes digon o gyfle i ecsbloetio'r diwedd trasig i'r eithaf. Serch hynny, mae potensial yma i greu drama radio dda. Mae yma ddechrau a diwedd, thema gref a stori sy'n cydio. Mae yma densiwn ac ambell olygfa afaelgar, ond mae angen datblygu'r gwaith ymhellach er mwyn peintio'r elfennau archifol â brwsh ysgafnach. Petai'r addewid cynhenid sydd ynddi yn cael ei wireddu, byddai gennym ddrama radio ddigon taclus i'w chlywed ar ein tonfeddi.

O'r herwydd rydw i'n hapus i *Ynys yr Hud* dderbyn y wobr.

Ffilm fer ar unrhyw ffurf ddigidol, hyd at ddeng munud o hyd. Agored i unigolion neu grwpiau. Ystyrir dangos y goreuon yn ystod wythnos yr Eisteddfod

....

BEIRNIADAETH EUROS LYN

Un ymgeisydd oedd yn y gystadleuaeth.

Dw 'l Ali, 'Rhodfa'r Gorllewin': Ffilm haniaethol, argraffiadol o ddelweddau tref glan môr yw hon. Does dim drama, deialog na pherfformiadau i ymrwymo'r gwyliwr. Yn hytrach, mae'r cyfarwyddwr yn rhaffu delweddau bywiog, lliwgar at ei gilydd – tonnau, gwylanod, y ffair – a'u gwrthgyferbynnu â llais od wedi ei brosesu yn darllen darn o farddoniaeth ar wely sain o dincian peiriannau arcêd. Roedd y siâp sgrin Academi 4:3 yn fy atgoffa o fformat Super 8, ac yn teimlo fel casgliad o hen atgofion. Edrychaf ymlaen at weld *Dw 'l Ali* yn cyfuno'i ddawn i lunio delweddau hudol, cofiadwy gydag ymgais at lunio naratif dramatig yn y dyfodol. Byddai'n wych hyrwyddo'r gystadleuaeth hon ymhellach er mwyn denu mwy o gystadleuwyr a hybu celfyddyd ffilm yn y Gymraeg.

Rhoddaf y wobr i *Dw 'l Ali.*

Adran Dysgwyr

CYFANSODDI I DDYSGWYR

Cystadleuaeth y Gadair

Cerdd: Pellter. Lefel: Agored

....

PELLTER

Dyma fi –
merch ddiniwed â 'mhen llawn chwedlau.
Dyheu am y drych hudol
(a adlewyrchai'r fi-hardd-hyderus):
dewiniaeth,
a sgidiau mawr y cewri,
i chwalu'r pellter
rhwng mam a dad
gydag un
brasgam.

Dyma fi –
dynes ifanc â 'mhen llawn straeon.
Dyheu am dywysog golygus
(ar ei geffyl pendefig):
priodas,
i chwalu'r pellter
rhyngof fi-frwnt-effro a fi-bert-gysglyd
gydag un
sws.

Dyma fi –
mam flinedig â 'mhen llawn barddoniaeth.
Dyheu am ddoethineb dwfn
(hunaniaeth heb ymraniad):
cerdd,
i chwalu'r pellter
rhyngof fi'r-fam-aberthol a fi'r-ferch-hunanol
gydag un
pennill.

Dyma fi –
yr hen-fi-heddiw â 'mhen llawn profiad.
Wedi dysgu ing ac angerdd,
wedi blasu iachâd a chymod,
(mwy hudol na drych y gwrachod,
mwy nerthol na sgidiau'r cewri,
mwy hardd na wyneb y tywysog,
mwy dwfn na doethineb y cerddi):
cariad,
sy'n chwalu pob pellter
gydag un
cofleidiad.

'Ac efe a ddaeth, ac a bregethodd dangnefedd i chwi'r rhai pell, ac i'r rhai agos'
(Effesiaid 2:17)

Junia

BEIRNIADAETH HYWEL GRIFFITHS

Daeth ugain cerdd o'r amlen gan y Trefnydd, ac roedd eu safon, ar y cyfan, yn uchel. Roedd y testun yn cynnig amrywiaeth eang o bosibiliadau ac roeddwn yn chwilio am syniadau a mynegiant gwreiddiol, disglair, ynghyd â'r peth anghyffwrdd hwnnw sydd yn achosi i chi gofio trosiad neu ymadrodd neu gerdd gyfan ymhell ar ôl ei darllen. Roedd rhwydd hynt i'r beirdd gyfansoddi ar unrhyw fesur, a chafwyd cymysgedd o gerddi *vers libre* a cherddi mewn mydr ac odl. Dewisodd rhai o'r ymgeiswyr gyflwyno cerdd o dan deitl gwahanol, er bod thema'r gerdd yn dal i berthyn i 'Pellter'; nodir y teitl isod lle bo'n briodol. Trafodir pob cerdd yn fras yn nhrefn teilyngdod.

Sŵ Sw ac *English*: Anfonwyd yr un gerdd, am gadw'r Gymraeg yn fyw gan y Cymry alltud, gan *Sŵ Sw* ac *English*. Gosodwyd y gerdd ar ffurf englyn – pedair llinell yn odli gyda gwant yn y llinell gyntaf – ond yn anffodus nid oes cynghanedd ynddi. Dylai *Sŵ Sw/English* ddarllen *Clywed Cynghanedd* gan Myrddin ap Dafydd a mynychu un o'r dosbarthiadau cynganeddu niferus a gynhelir ar hyd y wlad er mwyn dysgu'r cynganeddion. Gair o gysur: mae sawl prifardd (gan gynnwys y beirniad) wedi llunio englynion digynghanedd ryw dro.

Dieithryn: Yn debyg i *Sŵ Sw/English* mae *Dieithryn* wedi gosod pedwar pennill y gerdd ar ffurf englynion ond unwaith eto, heb gynghanedd ynddyn nhw. Mae fflachiadau o ddweud gwreiddiol yma, er enghraifft 'Nid yw'r lleuad yn perthyn i'n byd;/ Mae hi'n rhydd'. Fodd bynnag, mae'r mynegiant yn anodd i'w ddilyn.

Colledig: Er bod enghreifftiau o ddelweddau gwreiddiol yn y gerdd fydr ac odl hon – er enghraifft 'Cleddyfau'r dŵr ryfela,/ gan falu'r tonnau mân' – nid yw'r mynegiant yn ddigon clir i rywun allu dilyn neges y gerdd. Mae'n bosibl bod cyfyngiadau'r mesur yn ormod a bod angen ymarfer ychydig gydag ysgrifennu penillion.

Tammy, 'Ar y Copa': Cerdd yn ffarwelio â chymar neu berthynas agos sydd gan *Tammy*, cerdd synhwyrus sydd yn llwyddo i gynnal delwedd gref drwyddi. Mae'r gerdd yn dechrau gwanhau tua'r diwedd, ond mae yma fflachiadau arbennig o dda. Er enghraifft, mae'r sôn am y plant yn 'edrych drwy/ ein ffotograffau gyda gwên' yn creu darlun teimladwy iawn.

Nant Merch Heulwen, 'Lle mae fy hafan?': Cerdd mewn mydr ac odl yn adrodd hanes myfyriwr o dramor yn dod i astudio ym Mangor. Mae'r gerdd yn gorffen gyda'r bardd yn pendroni a yw am aros yng Nghymru i fyw. Cerdd ddidwyll, agos atoch. Mae'r mydr yn canu, ond byddai ymgais i gynnwys mwy o ddelweddau gwreiddiol wedi cryfhau'r gerdd.

Blodyn y Gwynt: Deialog ar ffurf mydr ac odl rhwng dau gariad – un yng Nghymru ac un yn ffosydd y Rhyfel Byd Cyntaf yn Ffrainc yw'r gerdd hon. Mae'r cyferbynnu rhwng cefn gwlad blodeuog a'r ffosydd tywyll yn gelfydd iawn ond mae'r gerdd yn gorffen braidd yn rhy daclus, ac mae'r mydr ychydig yn herciog ar adegau.

Alaw Enfys: Ymweliad â De Affrica yw pwnc y gerdd *vers libre* hon. Darlunnir y profiad o deithio trwy strydoedd tlawd yn fanwl, gan ddefnyddio rhai delweddau a throsiadau effeithiol, er enghraifft 'Mae'r haul Affricanaidd yn sboncio ar y palmant gwyn' ac mae'r cyferbyniad rhwng y twristiaid cefnog a'r tlodion wedi ei ddarlunio'n gelfydd. Mae'r gerdd yn rhy hir, fodd bynnag, ac mae tueddiad i restru disgrifiadau ar draul cynildeb.

Cadwr: Cerdd o alar gan y bardd am ei gariad sydd gan *Cadwr*. Mae rhai elfennau llwyddiannus iawn yn y gerdd. Er enghraifft, mae ailadrodd 'Mor bell am byth' yn effeithiol dros ben wrth bwysleisio'r galar, ac mae'r cwestiynau rhethregol yn talu am eu lle hefyd. Mae'n gorffen yn gryf: 'Fel deryn dof, diflannodd/ I nythu yn y Nefoedd'. Mae natur bytiog y llinellau ychydig yn llai llwyddiannus.

Broc Môr: Cerdd *vers libre* yn adrodd hanes mordaith o Dde Affrica i Lerpwl sydd yma, ac mae hi'n gerdd effeithiol iawn. Mae'n dechrau'n uniongyrchol: 'Gadawn ni ym mis Chwefror,/ Haf yn Ne Affrica'. Mae'r fordaith yn llawn pryder ac mae 'niwl trwchus ... chwerw' yn disgwyl amdano/i yn Lerpwl aeafol. Mae'r cyferbynnu rhwng y ddau leoliad yn taro deuddeg.

Meredydd: Gellid dychmygu'r gerdd hon yn cael ei chanu:

> Paham mae pellter rhyngom ni?
> Rhyngot ti a fi?
> Paham mae dicter rhyngddom [*sic*] ni?
> Rhyngot ti a fi?'

Mae'r syniadau yn dangos ôl meddwl hefyd: 'Roedd y pellter rhyngom yn bwysig unwaith./ Er mwyn datblygu pellter'. Cerdd uniongyrchol a thwyllodrus o syml gydag ailadrodd yn cael ei ddefnyddio i bwrpas.

Sinah Gwyn, 'Ceg: Cegin': Cerdd *vers libre* sydd yn swnio'n dda iawn ond lle mae'r ystyr yn dywyll iawn. Hyd y gallaf ddeall, cerdd am berthynas y bardd â'r Eisteddfod, a'r ffordd y gall yr Ŵyl ddyfnhau ymwybyddiaeth rhywun o Gymreictod, yw hi. Mae ynddi linellau unigol cryf ac mae ymgais lew i gynnal delwedd o wledd drwyddi, ond braidd yn ddryslyd yw hi yn y pen draw. Mae potensial mawr yma, fodd bynnag.

Geufron: Cerdd mewn cwpledi odledig yn ymdrin â marwolaeth tad. Nid yw'r pennill cyntaf yn arbennig o ddisglair ond mae'r ail bennill yn dangos gwreiddioldeb: 'Rhedwr mewn ras gyfnewid/ Dw i'. Neges y gerdd yw'r ffordd y mae pob cenhedlaeth yn gorfod wynebu'r un boen â'r genhedlaeth o'i blaen ac mae wedi mynegi hyn mewn iaith lân. Mwy o ddelweddau a throsiadau sydd eu hangen ar y gerdd hon.

Llais y Pren: Mae'r gerdd hon yn cyferbynnu'r pellter sydd yn amlwg wrth edrych ar y ddaear o'r gofod a'r agosatrwydd (honedig?) a gawn wrth gysylltu â phobl trwy'r we a ffonau symudol. Mae'r bardd yn ein hannog i 'Anelu yn raddol/ At berthynas o bell/ Efo gweddill y byd'. Mae'r gerdd yn dechrau gyda darlun diriaethol, ond yn yr ail hanner mae'n fwy haniaethol ac yn llai llwyddiannus o'r herwydd.

Bronwen 2018: Mae hon yn gerdd mewn tair rhan a phob un yn dechrau gyda'r cwestiwn, 'Ydyn ni bron yna?' Taith wyliau plentyn yw'r darn cyntaf, ac mae'r darlun o'r gwyliau yn gartrefol yn llawn *nostalgia*. Yn yr ail ran, taith tuag at heddwch a chyfiawnder sydd o dan sylw a gyda digwyddiadau fel dymchwel Wal Berlin a chytundeb Gwener y Groglith roedd gobaith o gyrraedd pen y daith. Mae'r rhan olaf yn llai gobeithiol gyda datblygiadau rhyngwladol diweddar yn golygu ein bod 'ymhellach i ffwrdd nag erioed'. 'Gwneud y pethau bychain' yw cyngor *Bronwen 2018*. Cerdd ag iddi strwythur cryf, syniad creiddiol gwreiddiol a'r gallu i gyfathrebu yn uniongyrchol yn amlwg. Llai o ddweud a mwy o ddangos trwy ddarluniau a throsiadau sydd ei angen.

Gwalch y Pysgod: Mae'r gerdd hon yn dechrau'n dda:

> Pa mor bell i blentyn bach ansicr,
> Yn petruso cyn fentro'i [*sic*] gam cyntaf,
> Yw diogelwch breichiau ei fam?
> Mor ddewr fel dyn yn mynd i'r lleuad ...

Cerdd athronyddol, hyderus ei mynegiant ar y cyfan, sydd yn ceisio mynd i'r afael â chwestiynau mawr. Mae gan *Gwalch y Pysgod* ddawn i ddiriaethu'r cwestiynau mawr hyn, fodd bynnag. Mae'n bosib bod y gerdd yn rhy hir ac y byddai ychydig o docio a thynhau yn ei gwella.

Catrin Afonydd: Cerdd *vers libre* yn hel atgofion am orffennol o ryddid cyffrous teithio. Nid yw'n gerdd sentimental, fodd bynnag. Defnyddia'r bardd ddwy afon i gynrychioli'r gorffennol cyffrous a dieithr (afon Ganga) a'r presennol cysurus, cartrefol (afon Clydach). Mae'r gerdd yn llawn dweud hyderus, delweddol, sydd yn llwyddo i greu awyrgylch: 'Pum mil milltir ac ugain mlynedd rhwng ieuenctid/ a chanol oed. Un eiliad rhwng morwyn a mam'. Mwynheais y gerdd hon yn fawr.

wrth y ffenest: Dyma gerdd *vers libre* arbennig o dda, yn darlunio menyw oedrannus yn cerdded tuag at gyfarfod o ryw fath mewn festri capel. Digwyddiad digon di-nod efallai, ond cryfder y gerdd hon yw'r ffordd y mae arwyddocâd personol mawr y weithred hon yn cael ei bwysleisio'n gynnil. Dangosir bod y weithred o gamu allan o'r tŷ wedi golygu llawer iawn i'r fenyw. Mae'r bardd yn gadael i'r weithred siarad drosti ei hun, ac mae ambell enghraifft o ddweud hyfryd, megis 'Clyw hi sŵn y cwrdd clebran/ yn dolennu tuag ati gyda gwynt y sŵp'. Mae angen ychydig mwy o ofal oherwydd mae'r dweud yn anwastad ac mae ambell air nad yw'n talu am ei le. Hoffais hon yn fawr iawn, fodd bynnag.

Y *Wennol*: Soned gelfydd yn darlunio'r rhai sydd yn mentro ar gychod bychain a bregus er mwyn mudo i Ewrop. O ran y mesur, mae'r bardd yn parchu'r gofynion mydryddol. Mae'n dechrau'n uniongyrchol ac effeithiol: 'Uwchben y môr mae'r wennol fach a hed/ Yn edrych lawr ...'. Mae'r wennol fach yn gwylio'r teuluoedd yn mentro i'r cychod ar y traeth. Mae'r wennol yn ddewis mor dda, wrth gwrs, gan ei bod yn mudo, ac yn rhydd i wneud hynny yn flynyddol. Cyferbynnir rhyddid y wennol gyda'r mudwyr a gofynnir a fydd y mudwyr 'fyth yn codi lan o'r gwyll'. Mae Y *Wennol* yn fardd da iawn. Prif wendid y soned hon yw bod cryn esgeulustod gyda'r atalnodi, hyd nes ei bod yn anodd dilyn rhediad ambell gymal.

Junia: Datblygiad merch o blentyndod i henoed sydd gan *Junia*, a darlunnir sut y mae blaenoriaethau yn newid gydag amser o greadigrwydd a diniweidrwydd y plentyn i ddyheadau dynes ifanc a phrofiad a doethineb henoed, sydd, o bosib, wedi ei ysbrydoli gan brofiadau Cristnogol. Mae'r iaith yn safonol a llinellau fel 'i chwalu'r pellter/ rhyngof fi-frwnt-effro a fi-bert-gysglyd' yn dangos gwreiddioldeb hyderus. Dyma gerdd orffenedig, unedig, sicr ei neges.

Gan *Junia*, *Gwalch y Pysgod*, *wrth y ffenest*, Y *Wennol* a *Catrin Afonydd* y cafwyd cerddi gorau'r gystadleuaeth ac mae'r pump yn deilwng o'r Gadair. Rhwng Y *Wennol* a *Junia* y mae hi, ac ar sail ei gwreiddioldeb gorffenedig, *Junia* sy'n mynd â hi.

Cystadleuaeth y Tlws Rhyddiaith

Darn o ryddiaith, tua 500 o eiriau: Darganfod. Lefel: Agored

DARGANFOD

'Dydy darllen ddim yr un peth â deall,' meddai Mrs Widgery wrth ein dosbarth ni. Darganfyddiad: mae Mrs Widgery yn iawn. Dyma ni, fi a Nhad, yn cerdded adre heibio'r orsaf bws, a fi mor falch mod i'n medru darllen pob gair sydd wedi cael ei beintio mewn llythrennau lliwgar ar y wal. Darllen, ie, ond heb ddeall. Methu deall ystyr y geiriau hyll Saesneg. Heb ddeall pam oedd yr hen Mrs Jones yn chwerthin nerth ei phen. Methu deall pam oedd Dad mor grac gyda fi.

Darganfyddiad: mae rhai geiriau sy'n bwysig i'w darllen, fel y rheina ar wal y dosbarth. Ac wedyn mae rhai eraill na ddylet ti byth eu darllen, fel y rheina ar wal yr orsaf bws. Ond sut i wybod pa un yw pa un? Hoffwn i ofyn i Dad, ond mae ofn arnaf i. Rydyn ni mor wahanol, fi a Nhad – fi a fy llyfrau, fe a'i rygbi; fy ngwallt i mor olau, ei wallt e mor dywyll. Mae'n anodd weithiau credu ein bod ni'n perthyn i'n gilydd.

Gofyn i Mrs Widgery yn lle. Darganfyddiad: mae'n dibynnu ar bwy sy'n ysgrifennu'r geiriau. Os ydy rhywun swyddogol fel athrawes yn eu sgwennu, maen nhw'n eiriau pwysig. Geiriau i'w cofio. Os ydy'r bobl ifanc yn eu sgwennu yng nghanol nos ar waliau'r orsaf bws, ddylet ti ddim eu darllen. Geiriau i'w hanghofio.

Gofyn i Dad wedyn – beth am y papur newydd? Geiriau i'w cofio, neu eiriau i'w hanghofio? Darganfyddiad: mae newyddion gwir, ac mae newyddion ffug hefyd. Sut i wybod pa un yw pa un? Unwaith eto, mae'n dibynnu ar bwy sy'n ysgrifennu'r newyddion.

Dw i'n teimlo seiliau fy mywyd yn siglo yng ngwynt y darganfyddiad yma. Teimlad yn fy stumog fel y tro yna pan es i lawr i'r seler yn y tywyllwch ac anghofiais i am y cam olaf. Aros yn ddeffro trwy'r nos, yn poeni am hynny. Gofyn i Mam, felly: sut i wybod pwy i ymddiried ynddo? 'Paid â phoeni,' meddai Mam. 'Rwyt ti'n gallu dibynnu arna i a Dad. Fydden ni byth yn dweud celwydd wrthyt.'

Teimlo'n well ar ôl clywed hynny, a phenderfynu ysgrifennu rhyw eiriau fy hun. Geiriau da, geiriau dibynadwy, geiriau i'w cofio. Edrych am ddarn o bapur a phen. Dod o hyd i'r pen, ond dim y papur. Mynd lawr i'r seler i edrych am bapur yn nesg Dad, ond cofio'r tro yma i roi'r golau ymlaen! Darganfyddiad: darn o bapur mewn drôr. Mor falch i weld fy enw arno. Mor falch i fedru darllen gair hir fel 'tystysgrif' hefyd. Mae'n edrych mor swyddogol; geiriau i'w darllen, geiriau i'w cofio.

Ond dydy darllen ddim yr un peth â deall. 'Dad, pam nad ydy fy nghyfenw ar y papur yma yr un cyfenw â ti a Mam?'

Darganfyddiad newydd sbon: mae rhai geiriau swyddogol na ddylet ti byth eu darllen.

Junia

BEIRNIADAETH SIWAN ROSSER

Wrth edrych ymlaen at feirniadu'r gystadleuaeth hon, roeddwn yn chwilio am ddarn gafaelgar o ryddiaith mewn Cymraeg cadarn. Ond yn fwy na hynny, roeddwn yn gobeithio gweld sbarc o wreiddioldeb gan awdur â'r mentergarwch i arbrofi ac ymestyn ei ddefnydd o'i ail iaith. Ni chefais fy siomi. Pleser oedd darllen pob un o'r 25 cynnig a ddaeth i law – o'r eitemau hunangofiannol am ddysgu'r Gymraeg i'r darnau mwy uchelgeisiol a dychmygus. Roedd yr iaith yn llifo'n esmwyth ym mhob darn, ac asbri'r dweud yn cyfleu rôl arbennig y Gymraeg ym mywydau'r awduron.

Rhennir y ceisiadau yn dri dosbarth.

Dosbarth 3
Bachgen Castell Coch: Cofnod ffeithiol o'r modd yr aeth yr awdur ati i ddysgu'r Gymraeg a'r cyfleon a gaiff i fynychu digwyddiadau cymdeithasol i gynyddu ei hyder yn defnyddio'r iaith yn ardal Caerdydd. Darn cadarnhaol a llawn gobaith.

Broc Môr: Darganfod cyfrinach am deulu ffrind gorau'r awdur sydd wedi sbarduno'r darn uchelgeisiol hwn. Mae yma gyffyrddiadau disgrifiadol hyfryd o atgofion gwyliau plentyndod a'r teimladau cymysg y mae'r celwyddau a'r cyfrinachau'n eu creu.

Efroges: Darganfod achau teuluol a drafodir yn y darn ffeithiol hwn. Byddai'n dda gweld yr awdur yn rhoi cynnig ar lunio stori ar sail un o'r hanesion a geir yma er mwyn ymestyn ei ddefnydd o'r iaith.

Jac-y-do: Disgrifiad o ferch sy'n darganfod ei bod yn feichiog a'r teimladau cymysg a ddaw yn sgil hynny a gawn yn y darn hwn. Mae yma adeiladwaith gofalus i'r darn, ond mae angen rhoi sylw i strwythur cystrawennau.

Yr Enfys: Mae dysgu'r Gymraeg wedi rhoi hyder newydd i'r awdur hwn yn gymdeithasol, ac wedi ei alluogi i ddysgu mwy am hanes a diwylliant Cymru. Cofnod difyr o'r broses ddysgu.

Alarch: Mae'r awdur yn trafod y ffordd y mae dysgu'r Gymraeg wedi ei alluogi i wneud ffrindiau a dilyn diddordebau newydd yn ardal Caerffili. Cofnod eglur a hoffus.

Brynteg: Cawn ddarlun o'r broses o ddarganfod hanes a diwylliant Cymru wrth ddysgu'r Gymraeg yn y darn hwn. Mae'r awdur yn falch o ailgydio yn iaith y teulu wedi i'w rieni ddewis peidio â siarad Cymraeg â'u plant. Cofnod difyr ac apelgar.

Y Swynwr: Mae'r darn hwn yn adrodd hanes mynd i angladd yn Amwythig a darganfod taith hyfryd Rheilffordd Calon Cymru. Ffurfiau llafar a ddefnyddir ar y cyfan sy'n cyfleu hwyl a hiwmor y darn.

Dosbarth 2

Merch Llangynwyd: Myfyrdod gŵr a gollodd ei wraig ac a ailgydiodd yn ei fywyd pan fentrodd brynu beic ar hap un diwrnod a gawn yma. Darn da sy'n cyfleu rhyddhad yr adroddwr o ganfod llwybr newydd i'w fywyd ac mae'r iaith yn llifo'n esmwyth.

Taliesin: Darn ffeithiol ond teimladwy iawn yn adrodd am salwch angheuol gwraig yr awdur. Roedd y modd yr aeth y ddau ati i fyw y misoedd olaf i'r eithaf yn ysbrydoliaeth.

Blodyn y Gwynt: Stori fer yw hon am wraig feichiog ifanc a gafodd ei dal mewn ffrwydrad yn Llundain yn ystod yr Ail Ryfel Byd. Dyma ymgais dda sy'n cyfleu'r ofn yn effeithiol iawn er y gellid bod wedi datblygu mwy ar y cymeriadau.

Pili-Pala: Cofnod bywiog o'r modd y mae darganfod y Gymraeg wedi newid bywyd yr awdur sydd yma. Mae'r Gymraeg yn rhan o hanes ei theulu ac mae'r awdur yn ymfalchïo ei bod bellach yn ailgydio yn ei gwreiddiau.

Gellideg: Disgrifiad braf o'r broses o ddysgu Cymraeg yn ardal Caerffili a'r cyfleon cymdeithasol sy'n codi yn sgil hynny. Darn uniongyrchol a hoffus.

Seren Haf: Darn diffuant sy'n crynhoi sut mae dysgu Cymraeg wedi 'cyfoethogi bywyd' yr awdur. Er bod dysgu'n anodd weithiau, dyma ymgeisydd sy'n benderfynol o ddal ati. Ysbrydoledig.

Bedo: Dyma ymateb hynod o wreiddiol i'r testun wrth i'r awdur ddisgrifio 'seiniau darganfyddiad': 'w', 'ych', 'aha' ac ati. Mae yma hiwmor ac athronyddu hefyd wrth i'r awdur ddadlau bod angen inni dderbyn 'holl rychwant yr emosiynau' sy'n cyd-fynd â thaith bywyd. Darn a wnaeth i mi oedi a meddwl.

Wimbury: Mae'r awdur hwn yn trafod sut mae dysgu'r Gymraeg wedi arwain at ddarganfod diwylliant a ffordd wahanol o feddwl. Cawn flas ar yr idiomau sydd wedi cydio yn y dychymyg, er enghraifft 'yn dywyll fel bol buwch', a'r modd y mae'r daith i ddysgu'r iaith yn 'antur o ddarganfod' i'r awdur. Darn bywiog ac ysbrydoledig.

Dosbarth 1

Plu'r gweunydd: Hanes dau ffrind ar antur i ddarganfod y tylwyth teg ym Mrycheiniog a gawn yma. Siom sy'n wynebu'r cyfeillion, ond cryfder y darn yw'r modd y mae'r antur yn ysgogi'r awdur i hel atgofion, yn arbennig am hel llus gyda'i thad-cu ers talwm. Llwydda i greu darlun hyfryd o '[d]dau ffurf ar ein cwrcwd gyda'n hen dybiau margarîn yng nghanol y llwyni bychain'. Ysgrifennu gafaelgar iawn.

Merch y morwr: Fe welodd y cenedlaethau o filwyr a ymladdodd yn y ddau Ryfel Byd olygfeydd na allwn mo'u hamgyffred, a dychwelodd nifer fawr at eu bywydau bob dydd wedyn heb fanylu byth ar yr erchyllterau a'r ofn. Ni soniodd tad yr awdur am ei brofiadau ar y môr yn ystod yr Ail Ryfel Byd, ond wedi ei farwolaeth caiff *Merch y morwr* gipolwg ar fyd ei thad drwy gyfrwng ei bapurau ac ymweliad â H.M.S. Belfast. Darn trawiadol ac effeithiol iawn.

Tylluan Fach: Disgrifiad o chwilfrydedd plentyn a dewrder dieithryn a gawn yn y darn hyfryd hwn wrth i'r adroddwr ddarganfod mai arwr milwrol oedd y cardotyn a achubodd ei fywyd un tro pan oedd yn blentyn. Darn gwreiddiol ac effeithiol.

Ffordd Las: Hanes difyr darganfod cyfrinachau hen ffermdy o'r ail ganrif ar bymtheg sydd yma. Cawn glywed am yr hen gapel Pabyddol cudd o fewn y muriau a'r hen goelion sy'n perthyn i'r tŷ. Darn diddorol ac eglur iawn.

Pen y Cae: Mae'r awdur hwn yn disgrifio sut mae darganfod y Gymraeg wedi newid ei fywyd o ddydd i ddydd, ond yn bwysicach na hynny cawn fewnwelediad i'r modd y mae dysgu Cymraeg yn 'cysylltu â rhywbeth sydd yn hynafol, yn naturiol – yn reddfol, hyd yn oed' i un â'i wreiddiau yng Nghymru. Darn effeithiol sy'n gwneud mwy na chofnodi'r broses o ddysgu'r iaith; mae'n cyfleu'r emosiwn sy'n rhan o'r profiad hefyd.

Yr Hwntw: Dyma gynnig gwreiddiol ac anghyffredin, sef stori arswyd fer am ddirgelwch mewn caffi oer, distaw ym Mannau Brycheiniog. Dyma awdur sy'n gallu creu awyrgylch a thyndra ac sy'n barod i fentro gyda'i ddychymyg. Mae peth aneglurder mewn mannau, ond mae'r darn yn llawn potensial i'r dyfodol. Edrychaf ymlaen at ddarllen rhagor gan *Yr Hwntw* maes o law.

Iago ab Ynys Wyth: Cyfres o gwestiynau sy'n rhoi strwythur i'r darn trawiadol hwn wrth i'r awdur ofyn 'Beth yw darganfyddiad?' Dyma awdur â gafael dda ar gywair llenyddol y Gymraeg. Gall ddisgrifio'n groyw gan amrywio rhythm a thempo'r brawddegau'n effeithiol, er enghraifft 'Beth yw darganfyddiad? Yr hen lyfr anghofiedig mewn siop elusen? Ei glawr wedi'i rwygo. Ei dudalennau wedi'u melynu.' Mae hwn yn ddarn da iawn, ond mae ambell ddisgrifiad tywyll ei ystyr, er enghraifft 'gwan yn y golau gwywo' a rhai elfennau llafar sydd braidd yn lletchwith mewn darn mor llenyddol ei arddull. Dylai'r ymgeisydd hwn ddal ati yn sicr i ysgrifennu, arbrofi a meistroli ei gyfrwng er mwyn datblygu ei ddawn ymhellach.

Teithiwr: Mae gafael yr awdur hwn ar fynegiant grymus a chyfoethog yn glir o'r cychwyn cyntaf wrth iddo gyrchu at 'yr aflonydd fôr' i chwilio am ateb i gwestiwn sylfaenol ein bodolaeth. Darn myfyrgar, athronyddol yw hwn gan un sydd wedi llwyr feistroli'r iaith. Mae'r amrywiaeth o gystrawennau a ddefnyddia yn hynod o drawiadol ac mae'r cyfan yn gwau â'i gilydd i gyfleu diddymdra ein bod, 'Dyma fi'n aros yn llonydd felly ar lan yr aflonydd fôr, gan alaru dros beth a fu, am bethau sydd, ac am bethau a allasai fod'. Gellid yn hawdd wobrwyo'r awdur hwn a gobeithiaf weld rhagor ganddo yn y dyfodol.

Junia: Dyma ddarn arbennig iawn am gyfres o ddarganfyddiadau sy'n arwain plentyn i gwestiynu'r 'gwirionedd' a gyflwynir iddo gan yr oedolion o'i gwmpas. Yn araf bach, daw'r adroddwr, a ninnau, i sylweddoli na all ddibynnu ar ei rieni, hyd yn oed. Dyma awdur mwyaf cynnil y gystadleuaeth a'r ymgeisydd a lwyddodd orau i gydio yn fy nychymyg. Mae'r mynegiant yn dyner ac eto'n llawn tyndra wrth i *Junia* ein harwain at uchafbwynt y darganfyddiad tyngedfennol ar ddiwedd y darn. Un ymadrodd chwithig a gafwyd, sef 'yn lle' ar gyfer *instead* (gellid ei newid i 'Gofyn i Mrs Widgery yn lle Dad'), ond nid yw hynny'n effeithio ar y cyfanwaith. Mae hwn yn ddarn ardderchog sy'n llwyr haeddu'r Tlws Rhyddiaith eleni.

Llythyr i'w roi mewn capsiwl amser, tua 250 o eiriau.
Lefel: Agored

....

Y LLYTHYR

Mawrth 2018

Helo!

Does gen i ddim syniad faint o flynyddoedd sydd wedi hedfan heibio ers claddu hwn, felly gobeithio dach chi'n gallu darllen (a deall!) fy llythyr. Gobeithio fod yr iaith Gymraeg yn blodeuo ledled Cymru a bod breuddwyd ein llywodraeth i gael miliwn o siaradwyr Cymraeg erbyn 2050, wedi dod yn wir.

Croesi bysedd dach chi i gyd yn dyfalbarhau i sicrhau dyfodol i iaith y nefoedd ar ôl y trwbl, fel dysgwraig, dw i wedi cael!

Efallai maen nhw wedi gwneud yr iaith yn haws i'w dysgu, fel cael gwared o dreigladau? 'Dw i'n hoffi Bangor, byw ym Mangor, mynd i Fangor?' Rîli? Tri lle?

Neu wedi cael syniad bendigedig i wneud enwau niwtral – benywaidd neu wrywaidd? Rhaid i mi dreulio oriau yn edrych enwau i fyny. A pham cymaint o ffyrdd i ddweud 'Yes' neu 'No' – bob tro mae rhywun yn gofyn cwestiwn i mi, rhaid i mi stopio am bum munud i feddwl am yr ateb cywir, wedyn dw i wedi anghofio y cwestiwn!

Gobeithio bod nhw wedi cael gwared o eiriau sy'n debyg fel 'rhiw', 'rhyw', 'rhew' a 'rhaw'. Ro'n i mewn trwbl ar ôl dweud wrth fy nhiwtor, 'mi aethon ni i dafarn rhyw yn Norwy'. Chwithig iawn!

A diolch byth mae ansoddeiriau yn dod ar ôl yr enw – dw i ddim eisiau defnyddio unrhywbeth i wneud efo Buckingham Palace o gwbl! (Ydy'r Teulu Brenhinol dal yna?)

Mae'r iaith Gymraeg wedi goroesi trwy niwloedd amser, er gwaetha Harri'r 8fed a Brad y Llyfrau Gleision. Dyna beth sy'n bwysig i fi – dim pethau diflas fel Brexit a phethau twp sy'n dod allan o geg Donald Trump.

317

Wel, mae amser wedi dod i balu twll a chladdu y capsiwl amser. Os ydy dyfodol yr iaith yn dal yn eich dwylo chi, cofiwch ein Anthem Genedlaethol, 'O bydded i'r heniaith barhau!'

Cofion cynnes

Eich ffrind o'r gorffennol

Blodyn y Gwynt

BEIRNIADAETH EIRIAN WYN CONLON

Daeth 13 ymgais i law, pob un yn werth ei darllen. Mi sonia i amdanyn nhw yn y drefn y gwnes i eu darllen, ar wahân i'r rhai sydd yn y Dosbarth Cyntaf.

Dafydd: Llythyr yn sôn am sefyllfa Cymru a'r Gymraeg fel ag y mae. Eitha cryno a threiddgar, ond yn llawer byrrach na'r gweddill, felly'n dweud llai.

Rislan: Ymgais ddiddorol yn sôn am ei sefyllfa bersonol ond hefyd ychydig bach am Gymru 2018 a'r amgylchedd. Diweddglo diddorol yn gofyn i'r darllenydd o'r dyfodol sut mae'r Gymraeg wedi newid er 2018.

Sali Llew: Ymgais deimladwy efo geirfa gyfoethog yn sôn am bwysigrwydd y Gymraeg iddi hi, ac yn annog darllenydd y dyfodol i ddefnyddio'r iaith er mwyn ei gwarchod.

Deborah Brookes: Diddorol ond rhestru'n ffeithiol a wna yn hytrach na rhoi ei barn. Mi ddysges i bethau diddorol am y Ddraig Goch!

Bryn Tara: Mwy ffeithiol na dychmygus unwaith eto, ond cymysgedd diddorol o hanes personol a chenedlaethol wedi'i ysgrifennu yn rhwydd a chywir.

Maesnant: Llythyr hyfryd i'w gladdu ar ben yr Wyddfa yn sôn am bwysigrwydd Cymru a'r Gymraeg iddi hi.

Y Geiriadyn: Ymgais ddifyr yn dangos hoffter mawr o eiriaduron Cymraeg a hyd yn oed yn rhoi llun o ffon 'cof bach' yn y capsiwl efo'i eiriadur personol ei hun!

Mae chwech yn codi i'r Dosbarth Cyntaf – un ai am neges ychydig yn annisgwyl i'r dyfodol wedi'i throslwyddo'n effeithiol, neu am ddyfeisgarwch a hiwmor arbennig.

Morgana Vaughan: Llythyr cwbl bersonol gan nain at ei hŵyr, yn dal cyfnod arbennig plentyndod a'u perthynas gynnes ar gyfer ei ddyfodol o. Cymraeg graenus iawn.

Mochyn daear: Disgrifiad cryno o sefyllfa wleidyddol Cymru a Phrydain yn 2018, ac yn dadansoddi'r rhesymau am hynny. Cyffwrdd â thechnoleg newydd mewn ffordd ddifyr.

Sisial y Brwyn: Roedd hiwmor yr awdur yn amlwg o'r frawddeg gynta. Trafod hanes Prydain yn ystod y flwyddyn gythryblus hon yn gryno ac effeithiol.

Blodyn y Gwynt: Doniol iawn. Wedi mynd i'r drafferth o ddewis ffont tebyg i lawysgrifen i blesio'r beirniad. Cwbl amserol, a chwbl Gymreig, yn dangos rhwystredigaeth dysgwr. Llawn hiwmor, a diweddglo gorau'r gystadleuaeth.

Gwyfyn y Môr: Dyfeisgar iawn. Dewis ysgrifennu o 2033, ac yn sôn am gynghrair danddaearol efo'r Llydawyr i warchod yr iaith. Stori gyfan mewn un dudalen, yn fy atgoffa i o glasur Islwyn Ffowc Elis, *Wythnos yng Nghymru Fydd*.

Cath Gysglyd: Neges bwysig ac amserol am yr amgylchedd. Ambell ergyd llawn hiwmor, efo cocynnau hitio cwbl haeddiannol, sef papurau newydd, Brexit a rygbi.

Mi faswn i wedi bod yn hapus iawn i roi'r wobr i unrhyw un o'r chwech hyn. Dw i wedi meddwl ac ailfeddwl. Mi hoffwn i fedru rhoi ail a thrydedd wobr, ond yn y pen draw, rhaid dewis un i gael y fraint o fod ar gof a chadw yng *Nghyfansoddiadau a Beirniadaethau* 2018. Felly, am ei hiwmor iach, ei ddisgrifiad doniol o broblemau dysgwyr a'i dinc cwbl amserol, llythyr *Blodyn y Gwynt* sy'n ennill ac yn cael mynd i'r Capsiwl Amser.

Fy Hoff Ap, tua 200 o eiriau. Lefel: Canolradd

FY HOFF AP

Mae hi newydd droi saith o'r gloch a dw i'n edrych ymlaen at setlo i lawr efo paned o de a Cherys y gath ar fy nglin. Beth sy ar y teledu? Wrth gwrs: *Heno*. Problem! Dw i ddim eisiau colli'r rhaglen ond mae fy merch yn ymarfer ffliwt yn y lolfa. Dw i'n gwbod bydd hi ddim eisiau symud ar ôl iddi hi ddechrau. Syniad! Wna i nôl fy nhabled a chwilio am *Heno* ar ap iPlayer. Llynedd mi brynodd fy ngŵr i dabled i fi a ro'n i wrth fy modd.

Mae hi'n gynnes yn y gegin. Mi fasai'n well gen i aros yn y lolfa ond mae angen i gyfaddawdu mewn teulu.

Yn bendant fy hoff ap ydy iPlayer. Dim angen i fewngofnodi neu gofio cyfrinair – dim ond i gyffwrdd ag icon a dyna ni. Pan dw i'n meddwl amdano, mae'n anhygoel beth mae hi'n bosibl i wneud efo'r ap. Mi alla i wylio rhaglenni tra maen nhw cael eu darlledu, gwylio rhaglenni ar ôl iddyn nhw gael eu darlledu, a hyd yn oed aros a dechrau rhaglen mor aml â dw i eisiau. Y peth ola i sôn amdano ydy'r isdeitlau. Dydy fy nghlyw ddim cystal ag oedd o blynyddoedd yn ôl. Felly mae'r isdeitlau yn help mawr. Yn anffodus, yn Saesneg maen nhw!

Does gen i ddim teledu yn y gegin. Felly mi alla i ddefnyddio'r ap i wylio rhaglen pan dw i'n coginio pryd o fwyd.

Mae'r ap yn ddefnyddiol ar wyliau oherwydd does dim angen y rhyngrwyd. Beth bynnag, rhaid i mi lwytho fy hoff raglenni i lawr cyn i mi adael adref. Ar hyn o bryd dw i'n defnyddio'r ap mwy nag erioed.

Mae'r dechnoleg yn wych!

Mary Georgina

Daeth 11 ymgais i law, a phob un yn trafod apiau gwahanol iawn, o apiau bancio i apiau cyfryngau cymdeithasol neu rai i'w defnyddio gyda'r teulu. Roedd y safon yn amrywiol, gyda rhai darnau yn glynu at ffeithiau am yr ap, ble roedd darnau eraill yn fwy disgrifiadol.

Gordon: Mae'r ymgeisydd yn trafod ap Lingo Newydd. Mae'n llwyddo i egluro beth ydy pwrpas yr ap a'r rhesymau pam ei fod yn gweld yr ap yn un defnyddiol. Gwelir defnydd da iawn o eiriau ymestynnol ar adegau ond mae angen treulio mwy o amser yn darllen dros y gwaith.

Betsi: Yma ceir darn yn egluro sut y daeth ap cyfathrebu yn rhan bwysig wrth gynorthwyo teulu i ddod dros drasiedi deuluol. Mae'r ymgeisydd yn egluro sut mae WhatsApp wedi dod â'r teulu sydd ar wasgar at ei gilydd a hynny ar gyfnod anodd, a pha mor llesol ydy gallu rhannu lluniau a straeon fel hyn. Er i'r darn ddarllen yn rhwydd, mae ambell gamgymeriad yn atal y llif ar adegau.

Grace Jones: Mae'r ymgeisydd yn egluro sut mae ap siopa ar-lein wedi dod yn rhan greiddiol o'i arferion ar-lein dros y blynyddoedd diwethaf. Mae'n llwyddo i ddefnyddio nifer o batrymau wrth sôn am yr ap, ond byddai bwrw golwg arall dros y darn er mwyn sicrhau cywirdeb wedi ei wella.

Lili Wen: Dyma ddarn sy'n dechrau drwy egluro cymaint o apiau sydd ar gael y dyddiau hyn. Â ymlaen i drafod ei hoff ap, sef ap bancio. Mae'n egluro pwysigrwydd yr ap hwn gan fod y banc lleol bellach wedi cau. Eto, mae yma elfennau ieithyddol da, ond mae mân gamgymeriadau yn rhwystro llif y darn ar adegau.

Allison Jones: Darn byr yn disgrifio gêm ar ffurf ap ydy hwn. Mae'n egluro pwrpas y gêm a pham mai dyma hoff ap yr ymgeisydd. Defnyddir patrymau cymhleth a geirfa estynedig yn gywir. Byddai'n braf clywed mwy am brofiad yr ymgeisydd yn chwarae'r gêm. Byr iawn ydy'r darn.

Ceridwen: Dyma'r unig ymgeisydd i drafod ap sy'n gymorth wrth ddysgu Cymraeg. Mae *Ceridwen* yn egluro pa elfennau sydd ynghlwm ag ap SSiW a pham eu bod yn werthfawr wrth ddysgu'r Gymraeg. Mae'n defnyddio geirfa dda iawn, ond weithiau mae gwallau gramadegol/cystrawennol yn torri ar lif y darn.

Kyffin: Mae *Kyffin* yn disgrifio ap i gynorthwyo'r defnyddiwr gyda theithiau cerdded. Mae'r darn wedi ei ysgrifennu mewn tafodiaith ogleddol gref ac mae'n braf gweld geiriau megis 'diffodd' yn cael eu defnyddio yn hytrach na chyfieithiadau slafaidd o'r Saesneg.

Jack Jones: Darn yn trafod ap Byd Cyw yw hwn. Mae'r ymgeisydd yn egluro pa mor ddefnyddiol ydy'r ap wrth ddysgu Cymraeg a magu teulu. Mae'r darn yn mynd yn ei flaen i egluro sut mae'r ap wedi codi awydd i brynu trugareddau Cyw yn y siop leol. Mae safon yr iaith yn dda drwy'r holl ddarn, ond efallai y gellid bod yn fwy disgrifiadol ar adegau er mwyn ei wneud yn fwy diddorol i'r darllenydd.

Pengwin: Mae *Pengwin* yn mwynhau defnyddio ap Facebook er mwyn cadw mewn cysylltiad gyda theulu a ffrindiau. Mae'n llwyddo i egluro pam bod yr ap yn ddefnyddiol mewn Cymraeg cywir. Cawn enghreifftiau o'r adegau mae'r ap yn ddefnyddiol gan gynnwys dysgu Cymraeg. Eto, mae safon Cymraeg *Pengwin* yn dda iawn, gyda mân gamgymeriadau yn unig.

Mary Georgina: Dyma ddarn sy'n cydio sylw'r darllenydd yn syth gyda'i naws storïol hamddenol. Mae'r ymgeisydd yn llwyddo i sôn am ei hoff ap, ond hefyd yn cynnal diddordeb y darllenydd drwy'r darn. Mae'n llwyddo i ddefnyddio amrywiol batrymau yn gywir, ac mae llif y darn yn golygu bod modd anwybyddu ambell gamgymeriad bach.

Y Gwrandäwr: Darn sy'n dechrau gyda deialog a chwestiwn, sydd yn gafael yn chwilfrydedd y darllenydd. Buan y cawn wybod mai holi pam fod y darllenydd yn defnyddio'i ffôn yn y theatr oedd y cwestiwn, a chawn wybod mai oherwydd ei hoff ap, Sibrwd, oedd hyn. Mae'r darn wedi ei ysgrifennu yn rhesymegol, gan gyflwyno'r ap a'i fanteision drwy arddull sgwrs anffurfiol, syml. Pe byddai *Y Gwrandäwr* wedi edrych dros ei waith yn fanylach a sicrhau nad oedd gwallau blêr neu gamsillafu diangen, byddai modd ystyried dyfarnu'r wobr iddo/iddi.

Rhoddaf y wobr i *Mary Georgina*.

Sgwrs rhwng dau berson dros y ffens, tua 100 o eiriau.
Lefel: Mynediad

···

SGWRS DROS Y FFENS

Stori o ddwy lawnt

J: Bore da, Mr Smith. Sut wyt ti?

S: Dw i'n grêt, Mr Jones, a diolch. A ti?

J: Dw i'n iawn, diolch. Mae eich gardd yn edrych yn daclus.

S: Diolch, ond beth yw'r crompiau ar eich lawnt?

J: O! Y rhai hynny yw'r gwahaddod. Mae e'n fy wneud yn wallgof!

S: Beth wyt ti'n gallu gwneud?

J: Wel, heddiw dw i'n mynd i wneud e fynd ffwrdd.

S: Pob lwc!

(Y diwrnod nesaf)

S: Bore da, Mr Jones. Mae'ch lawnt yn edrych yn dda.

J: Ydy, dw i'n rhoi finegr, a drain, a dyfais sonig i lawr ... ac mae'r gwahaddod wedi mynd!
... ond beth yw'r crompiau hynny ar EICH lawnt???

Kathy

BEIRNIADAETH DAFYDD W. GRIFFITHS

Roedd y 28 sgript a dderbyniwyd – yn deipiedig neu mewn llawysgrifen – yn rhwydd i'w darllen er bod ambell un heb nodi pwy oedd yn siarad.

I mi roedd tri gair allweddol yn y teitl, sef 'dros y ffens', a oedd yn gofyn am sgwrs wahanol ei natur i sgwrs yn sôn am y tywydd, teulu, gwaith, diddordebau, neu iechyd, er enghraifft – pynciau arferol dysgwyr ar Lefel

Mynediad. Y gamp fyddai defnyddio'r amrywiol batrymau brawddegol sy gan ddysgwyr ar y lefel hon i greu sgwrs ychydig yn wahanol. Roedd yn gyfle hefyd i ychwanegu ambell air newydd at y geiriau craidd sy ar gael i ddysgwyr ar y lefel hon, er mwyn creu sgwrs 'dros y ffens'. Croeso, felly, i 'fflawtian/fflawntio' gan *Jac Codi Baw* a chroeso hefyd i nifer dda o sgyrsiau a barodd i mi wenu.

Ar y cyfan roedd safon y Gymraeg yn ddigon cywir gyda phob sgript yn ddealladwy ar y darlleniad cyntaf. Y gwendid pennaf oedd methu â dangos gafael ddigon cadarn ar wahanol Amserau'r ferf. Roedd rhai wedi mentro defnyddio Cymraeg sydd heb fod o fewn eu cyrraedd eto, gan adlewyrchu cyfieithu yr hyn roedden nhw eisiau ei ddweud o'r Saesneg. Gan fod llithriadau iaith yn y cyfansoddiadau, byddai'n syniad i'r ymgeiswyr fwrw golwg mwy manwl drostyn nhw, cyn eu hanfon i'r gystadleuaeth.

Llwyddodd *Gelert, Blodwyn, Sion a Sian, Tom, Welsh Daffodil, Hedd Wyn, Dai, Dai Ditto* ac *Angela* i lunio sgyrsiau digon derbyniol. Roedd ymdrechion *Lena* ac *Awel o'r Môr* yn cynnwys elfen o sgwrs 'dros y ffens' ond y rhai a lwyddodd orau i lunio elfen gryfach o sgwrs felly oedd *Mirain, Marcella Heneby, Charles Windsor, Eluned, Hel Straeon, Y Cerddwyr, Betsi Bach, Grwyne, Jac Codi Baw, D. I. Unman, Malinain, Popty ping, Myfanwy, Honey Badger, Anka Jangles, Kathy* a *Wheeler.* Yn anffodus doeddwn i ddim yn barod i dderbyn 7 o'r 17 sgwrs yma gan i nifer y geiriau amrywio o tua 130 hyd at bron i 250. Penderfynais mai sgyrsiau rhwng 80 gair a 125 gair fyddwn i'n eu hystyrid fel 'tua 100 o eiriau'.

Mae deg sgwrs ar ôl, felly. O'r rhain, roedd y sgyrsiau hyn wedi fy mhlesio'n fawr: sgwrs gryno a chywir iawn ei Chymraeg gan *Grwyne* am ennill y loteri, cyn darganfod mai hen docyn oedd yr un buddugol; sgwrs *Jac Codi Baw* a greodd ddarlun byw o gymydog yn ysbïo ar y wraig drws nesa wrth iddi hi dorheulo; sgwrs *D. I. Unman* a oedd yn rhoi bai ar gam ar gi'r gymdoges am ddifetha ei gwely rhosod/rhosynnau a sgwrs *Popty ping* am gymydog newydd a oedd yn cyflwyno'i hun fel Carlo Rizzi, gydag ymateb yr un a oedd yn ei groesawu: 'Ha! Ha! Tom Jones dw i!'

Er cystal y pedwar hyn, mae rhediad sgwrs daclus a chywir *Kathy* a'r ergyd effeithiol ar y diwedd yn ei gosod hi, o ychydig, ar y brig. Rhodder y wobr i *Kathy* gyda diolch i'r holl gystadleuwyr am roi cynnig arni.

Darn i bapur bro yn hysbysebu digwyddiad, tua 150 o eiriau.

Lefel: Sylfaen

DARN I BAPUR BRO

Mynd am dro i fyny'r Wyddfa yng ngolau'r lleuad
Nos Wener, 21 Mehefin

Dan ni'n mynd i fyny'r Wyddfa nos Wener, 21 Mehefin. Mi fyddwn ni'n dechrau am naw o'r gloch y nos o'r maes parcio a mi fyddwn ni'n cerdded yn araf i'r copa. Dan ni'n meddwl mi fyddwn ni'n cyrraedd y copa ar ôl tua pedair awr. Pan fydd pawb yn cyrraedd y copa, os bydd hi'n braf dan ni'n cael barbeciw. Os bydd hi'n wlyb bydd y bwyd yn cael ei fwyta yn y caffi (Hafod Eryri). Gobeithio bydd y tywydd yn dda!

Mi fyddwn ni'n aros ar y copa i wylio'r haul yn codi ac wedyn mi fyddwn ni'n dechrau ar ein taith i lawr. Mae croeso i bawb a chŵn hefyd. Pris y daith ydy chwe phunt y pen am ddiod a barbeciw. Mi fyddwn ni'n cael llawer o hwyl!

Os dach chi â diddordeb mewn dod efo ni, ffoniwch: 01352 666666.

T Naves

BEIRNIADAETH ERYL R. JONES
Daeth 11 ymgais i law.

Cyfle Cyffrous: Darn llawn hiwmor sych yn ceisio denu pobl i fynd ar daith hanesyddol unigryw mewn peiriant amser. Defnydd cywir iawn ar y cyfan o'r iaith a dim llawer o wallau. Efallai y dylai'r ymgeisydd ystyried ymgeisio ar Lefel Canolradd y tro nesa.

Y Gath Ddu: Hysbysebu penwythnos o hwyl oedd yma ac roedd y darn wedi'i osod yn daclus iawn. Ychydig iawn o wallau oedd ynddo ac roedd y manylion am y diwrnod yn glir ac yn addas. Daliwch ati.

Sali Mali: Hysbyseb i ddathlu Dydd Sant Ffolant mewn *bistro* oedd yma. Cafwyd rhestr o fwyd a diodydd sydd ar gael yn y *bistro* gydag adloniant i ddilyn. Roedd y dewis o fwyd yn hyfryd ac yn amlwg roedd yr ymgeisydd wedi ymdrechu yn galed i gyfieithu bwydlen. Daliwch ati.

Illtud Mawr: Cyfle i redeg ras 10 cilomedr oedd gan yr ymgeisydd hwn ac aeth ati i esbonio'r daith yn drylwyr gan gynnwys gwobrau gwerth chweil i'r enillwyr. Mae yna ymdrech dda iawn i gynnwys nifer o batrymau amrywiol. Er hyn roedd nifer o gamgymeriadau bach a fydd, gydag amser, yn diflannu wrth i'r ymgeisydd barhau i ddysgu. Da iawn.

Nellie Spencer: Mae'r ymgeisydd yn ein gwahodd i weithdy canu. Mae'n ysgrifennu yn gywir iawn ac yn treiglo yn arbennig o dda. Mae yna ymdrech dda iawn i amrywio Amserau'r ferf gan gynnwys sawl patrwm. Eto buaswn yn argymell *Nellie Spencer* i ymgeisio ar Lefel Canolradd y tro nesa. Gwych – daliwch ati.

Bethan Gwyn: Dyma ymdrech dda gan yr ymgeisydd i ysgrifennu am nifer o ddigwyddiadau yn yr ardal dan sylw. Mae'n siarad am ben-blwydd ei mam yng Nghaerdydd yn gweld Dusty Springfield cyn mynd ymlaen i sôn am nifer o gyfleoedd yn yr ardal i siarad Cymraeg. Mae yna nifer o gamgymeriadau bach ac efallai nad yw'r ymgeisydd wedi ateb gofynion y gystadleuaeth yn llwyr. Daliwch ati.

Oscar: Darn yn hysbysebu'r ffair flynyddol yn y pentref sydd yma. Mae'n rhestru'r holl bethau arferol mewn ffair gan gynnwys elfen o hiwmor. Roedd un neu ddau o gamgymeriadau bach – ond ar y cyfan dyma ymdrech dda iawn i hysbysebu digwyddiad ac adrodd stori fach hefyd. Da iawn.

Mwsog: Mae *Mwsog* yn ein gwahodd i gefnogi'r ras i gopa'r Wyddfa. Yn ogystal â rhoi manylion y ras i ni rydym yn cael ychydig o hanes yr ardal hefyd. Mae wedi defnyddio nifer o ansoddeiriau da iawn i ddisgrifio'r ras ond yn anffodus roedd yna sawl camgymeriad ac un neu ddau y gallai *Mwsog* fod wedi eu hosgoi gydag ychydig bach mwy o ofal. Er hyn, dyma ymdrech dda iawn.

Ceridwen: Hysbyseb liwgar iawn oedd yma i hysbysebu Twmpath Dawns. Mae'r hysbyseb yn tynnu sylw yn syth ac mae'r wybodaeth ar y poster yn gywir iawn. Mae *Ceridwen* wedi cynnwys enwau hyfryd a dw i'n gobeithio'n fawr fod y bandiau a'r dawnswyr hyn yn bodoli! Roedd *Ceridwen* yn agos iawn at gipio'r wobr. Daliwch ati.

Estrys: Hysbysebu digwyddiad gwahanol iawn sydd gan *Estrys*, sef cerdded Nordig. Dyma ddarn arbennig o dda wedi'i ysgrifennu'n dda iawn. Nid hysbyseb yn unig sydd yma ond rhesymau manwl dros gerdded Nordig gan egluro gwerth yr ymarfer arbennig hwn i'r corff a'r enaid. Os nad ydych wedi cerdded Nordig o'r blaen, byddai darllen yr hysbyseb hon gan *Estrys* yn eich ysbrydoli i roi cynnig arni. Gwaith ardderchog a ddaeth yn agos iawn at ennill y wobr. Rhoddir canmoliaeth uchel i *Estrys*.

T Naves: Hysbyseb i fynd am dro i fyny'r Wyddfa gyda'r nos sydd yma. Mae yna fanylion manwl am y daith gyda gwybodaeth syml am y daith a'r hyn fydd ei angen ar y siwrne i fyny i'r copa. Mae'r ymgeisydd wedi llwyddo i gyfleu'r holl wybodaeth mewn modd sy'n denu'r darllenydd. Mae'n gwbl naturiol ac mae'r ymgeisydd wedi defnyddio nifer amrywiol o gystrawennau cywir a phrin iawn yw'r camgymeriadau. Mae *T Naves* wedi fy nenu i i fyny'r Wyddfa!

Rhoddaf y wobr i *T Naves*; roedd *Estrys* a *Ceridwen* yn agos iawn ac roedd yn anodd dewis rhwng y tri. Daliwch ati: roedd y safon yn uchel iawn a braf oedd eu darllen i gyd.

Gwaith grŵp neu unigol

Llyfr lloffion, dim mwy na phedair tudalen A4, yn cymharu Cymru 1918 â 2018. Lefel: Agored (ac ar gyfer disgyblion ail iaith ysgolion uwchradd hefyd)

....

BEIRNIADAETH SYLFIA FISHER

Daeth dwy ymgais i law, sef eiddo *Poppy Edwards* a *Dysgwyr y Ddraig*. Mae'r ddau ymgeisydd wedi creu llyfrau lloffion gwahanol iawn i'w gilydd ac mae wedi bod yn bleser i'w darllen.

Poppy Edwards: Llyfr lloffion trefnus wedi ei gynllunio'n dda. Mae'r awdur wedi dewis tair agwedd ar fywyd Cymru, sef Newyddion, Gwaith a Diwylliant. Trwy gyfrwng lluniau ac erthyglau newyddion mae wedi dangos sut mae elfennau o fywyd Cymru wedi newid dros y ganrif – a rhai heb newid o gwbl. Mae'n cyfosod lluniau yn effeithiol i ddangos y cyferbyniad rhwng y gorffennol a'r presennol, er enghraifft llun o ddynion yn gweithio mewn chwarel lechi a llun o Zip World Chwarel y Penrhyn. Braidd yn wan yw'r adran ar ddiwylliant Cymru. Mae'r ymgeisydd yn tynnu sylw at rai nodweddion o'n diwylliant sydd yn boblogaidd o hyd, megis corau meibion ond nid yw'n cyfeirio o gwbl at ddiwylliant cyfoes Cymru. Byddai wedi bod yn braf hefyd cael ychydig rhagor o sylwadau personol gan yr awdur. Er hynny, mae'n llyfr lloffion diddorol ac yn sbardun trafod ardderchog ar gyfer grŵp o ddysgwyr Cymraeg.

Dysgwyr y Ddraig: Mae'r ffugenw yn awgrymu mai gwaith grŵp yw'r llyfr lloffion hwn. Mae *Dysgwyr y Ddraig* wedi dehongli briff y gystadleuaeth mewn ffordd wahanol, drwy ddefnyddio tref y Trallwng i gynrychioli Cymru gyfan. Rhaid gofyn, felly, a ydynt wir wedi cyflawni gofynion y gystadleuaeth, sef cymharu Cymru 1918 â 2018. Er hynny, dyma lyfr diddorol dros ben ac mae'n rhaid canmol y gwaith ymchwil sydd yn amlwg wedi ei wneud wrth greu'r llyfr. Mae'n cynnwys cyfres o erthyglau yn llawn ffeithiau am farchnad y Trallwng, y rheilffordd, y Rhyfel Mawr a Gwesty'r Dderwen Frenhinol. A dweud y gwir, mae gormod o ddeunydd ar bob tudalen a byddai gwahanu'r ffeithiau a'u gosod dan benawdau 1918/2018 wedi dangos y gwahaniaethau rhwng 1918 a 2018 yn fwy effeithiol. Mae lluniau diddorol o orffennol y Trallwng ond trueni nad oedd rhagor o luniau o'r Trallwng heddiw ochr yn ochr â nhw i ddangos y gwahaniaethau.

Mae'r wobr yn mynd i *Poppy Edwards*.

PARATOI DEUNYDD AR GYFER DYSGWYR

Agored i ddysgwyr a siaradwyr Cymraeg rhugl
Gwaith unigol

Tasgau dosbarth yn seiliedig ar dair cân Gymraeg

BEIRNIADAETH ANGHARAD POWELL

Un ymgais a ddaeth i law.

Alarch y nos, 'Cyfres o wersi yn seiliedig ar dair cân': Mwynheais y dewis o ganeuon gyda rhywbeth i apelio at bawb. Mae'r gwersi wedi'u paratoi'n drylwyr a'r camau'n hawdd i'w dilyn, gydag ymdrech yr ymgeisydd yn amlwg. Mae'r tasgau'n cyffwrdd â nifer o bynciau iaith sydd yn berthnasol i ddysgwyr ar wahanol lefelau ac o wahanol oedrannau. Yn ogystal â'r tasgau iaith, dewiswyd erthyglau i'w trafod gan eu cysylltu â themâu'r caneuon; syniad da iawn sydd yn galluogi'r dysgwyr i ymarfer y pynciau gramadegol dan sylw. Defnyddiwyd technoleg gwybodaeth ar ffurf Pŵerbwynt a chodau QR i ategu at y wers sydd yn dangos bod yr ymgeisydd wedi meddwl am lunwedd y dosbarth modern. Mae'r ymgeisydd wedi llwyddo i greu cyfres o wersi diddorol sydd yn tynnu gwahanol elfennau addysgiadol at ei gilydd yn effeithiol.

Rhoddaf y wobr i *Alarch y nos*

Adran Cerddoriaeth

Tlws y Cerddor

Darn i gerddorfa lawn a fyddai'n gweddu i ddrama dditectif ar y teledu, heb fod yn hwy na 7 munud

BEIRNIADAETH JOHN RAE, JOHN HARDY, OWAIN LLWYD

Daeth 16 ymgais i law, o safon amrywiol iawn. Mae'r arddull y mae'r briff yn gofyn amdano yn ddibynnol iawn ar ddeall cyd-destun dramatig a phroffesiynol y cyflwyniad sain a sgôr. Roedd safon y tri darn gorau yn uchel iawn, a dewis enillydd yn anodd iawn; mae'r tri yn haeddu clod am safon y gerddoriaeth a'u dealltwriaeth o'r briff.

Gwdihŵ, 'Rhwng nos a dydd ...': Dyma gyfansoddwr addawol, gyda syniadau cerddorol syml yn dangos ymwybyddiaeth o arddull cerddoriaeth ddramatig ar gyfer teledu; buasai'r darn hwn yn addas i ddrama dditectif i blant efallai. Mae syniadau'r llinynnau a phiano yn gweithio'n dda ar y cyfan, er bod y defnydd o harmoni a strwythur cerddorol wedi eu seilio gan amlaf ar bedwar cord amlwg yn G leiaf. Does dim digon o fanylion yn y sgôr o ran y gerddorfaeth; rhaid mentro mwy os am greu gwir ddirgelwch!

Dant y Blaidd, Di-Deitl: Dyma ymdriniaeth fodern, mewn steil gerddorol pop/sgôr ffilm. Mae'r syniad yn un cynnil a chryf, ond braidd yn ailadroddus, heb ddigon o ddatblygu harmonig. Nid yw'r steil yn teimlo'n addas i ddrama deledu – ond yn hytrach i hysbysebion neu *promos* ffilm ar y sgrin fawr.

Annela, Di-Deitl: Dyma ddarn efo tri symudiad, yn dangos dylanwad Ffrengig amlwg yn y symudiad cyntaf, yn nefnydd y delyn fel y prif lais offerynnol, ac yn debyg i ddramâu teledu, er enghraifft y gyfres *Maigret*. Mae'r ail symudiad yn ddigyfeiriad braidd, efo gormod o syniadau yn cael eu cyflwyno heb gynllun amlwg, a llawer yn rhy brysur i'w ddefnyddio mewn cyd-destun dramatig. Mae cordiau mawr y trydydd symudiad yn ddramatig iawn, ac yn atgoffa rhywun o ddelweddau o *Gosford Park* yn y glaw! O bosib, dyma gyfansoddwr ifanc sydd yn dysgu'r grefft o gyfansoddi ar gyfer ffilm. Nid oedd safon y sgôr, na'r recordiad, yn dda iawn.

Mammac, 'Amser Brin' [*sic*]: Mae yma thema agoriadol syml, gref, werinol ei naws, sy'n dangos addewid, ac yn gadael lle i'r ddrama ddatblygu. Mae'r defnydd o ddrôn yn y bas yn effeithiol ac yn cryfhau'r syniad o ddirgelwch.

Serch hyn, mae'r nodiant a'r gerddorfaeth yn eithaf ystrydebol ac yn wan (nodiant, brawddegu cerddorol ac ynganiad). Mae ailadrodd y thema a newid y tempo yn gyson yn tueddu i dynnu sylw at y broses gerddorol yn hytrach na pharatoi'r gynulleidfa am y stori/drama sydd i ddilyn. Er yr ymdrech foddhaol hon, bydd angen i *Mammac* ymchwilio i arddulliau dramâu ditectif sy'n berthnasol i'r diwydiant heddiw.

Gwyrdd, 'Y Cyfnos': Dyma sgôr wedi ei chyflwyno'n dda ac yn glir, ond nid yw safon y recordiad sain yn ddigon proffesiynol, yn enwedig safon y samplau offerynnol. Rhaid cofio bod chwarae fersiynau sain yn hanfodol yn y diwydiant erbyn hyn, cyn mynd yn agos at gerddorfa go iawn! Mae'r sgôr yn argoeli'n dda wrth ddatgan y pum symudiad: 'Cyn y Difrod', 'Lleisiau', 'Rhy Hwyr', 'Galar' ac 'Wedi'r Difrod'. Serch hynny, mae'r syniadau cerddorol angen ychydig mwy o gig ar yr asgwrn. Yn wir, nid oes defnydd llawn o'r gerddorfa o gwbl yma (er bod cerddorfa fawr ar gael). Hefyd, rhaid gosod yn synhwyrol ac ymarferol ar gyfer y gerddorfa gan gofio bod y broses o recordio cerddorfa yn y diwydiant yn un gostus iawn.

Glas y Dorlan, 'Y Bae': Mae ymgais arbennig iawn yma o ran creu stori, sgript a hyd yn oed ddeialog (a *foley*)! Yn wir, mae hyn i'w gymeradwyo'n fawr, ond yn anffodus, er yr holl ymdrech i'r elfennau 'sain', nid yw synau meddalwedd Sibelius (sy'n cynrychioli'r gerddorfa) yn gwneud cyfiawnder â'r gweddill. Os am ymdrechu gyda'r elfennau sain, rhaid hefyd gynnal y safon uchaf yng nghynhyrchiad y gerddoriaeth. Mae'r iaith harmonig, ddeiatonig yn eitha syml ar y cyfan, ond mae sgil a chlust dda i'w gweld yn yr offeryniaeth: er enghraifft mae'r sgwennu i'r llinynnau yn dda o ffigwr B, a'r llif o giw i giw yn dangos sensitifrwydd i'r cyd-destun dramatig, ac yn adeiladu i ddiweddglo pwerus.

Blodwyn Gwyn, 'Hardwired': Nid oes recordiad o'r gwaith. Mae'n debygol bod y darn hwn yn deillio o ddarn mwy sylweddol ar gyfer cerddorfa ym maes cerddoriaeth gyfoes. Nid oes amheuaeth nad yw *Blodwyn Gwyn* yn gyfansoddwr medrus iawn wrth gyflwyno campwaith cerddorfaol. Y cwestiwn yw, a yw'r darn yn addas ar gyfer y gystadleuaeth? Mae'r rhythmau bachog a byrlymus mewn amsernodau amrywiol sy'n cyfnewid rhwng 5/8, 7/8, 3/8 a 2/4 yn drawiadol iawn, ond yn eu cynnig eu hunain ar gyfer cerddoriaeth *genre* '*action*' yn fwy na '*dirgel*' sydd o dan sylw yn y gystadleuaeth hon.

Y *Gwcw*, 'Y Ditectif': Dyma sgôr sy'n dangos gwybodaeth am offeryniaeth a cherddorfaeth glir, ond mae fersiwn y sain electronig o safon isel: mae cydbwysedd yr offeryniaeth yn anghywir mewn sawl lle (er enghraifft y chwythbrennau yn rhy uchel yn y mics). Realiti gweithio yn y maes hwn yw creu fersiynau sain i'w chwarae i gyfarwyddwyr a chynhyrchwyr, a rhaid dysgu sut i wireddu syniadau mewn ffordd fwy proffesiynol os yn ymateb i friff. Serch hynny, mae'r cyfansoddwr yn amlwg yn deall sut i gyfansoddi ar gyfer y gerddorfa (er bod ambell wall amlwg), ac yn medru creu awyrgylch effeithiol iawn.

Sŵn y Cŷn, 'Ar Fryn': Agoriad dirgel ac annelwig iawn sy'n creu uchafbwynt hynod ddramatig ac emosiynol hyd far 35. Mae dylanwad y cyfansoddwr ffilm, Jerry Goldsmith, ac efallai John Barry, yn gryf yma. Nid yw'r sgôr o safon uchel, yn anffodus; mae'r nodiant yn gyntefig iawn ac yn edrych yn debyg i sgôr Logic Audio, y feddalwedd ar gyfer cyfansoddi. Mae elfennau deniadol a hiraethus yma, ac ansawdd y recordiad yn ddigonol ar gyfer *demo*, gyda rhan y piano yn arbennig o dda. Serch hynny, mae'r sgôr yn fwy addas ar gyfer ffilm o'r chwedegau yn hytrach na chyfres deledu.

Y Rygarŷg, 'Llwyd yr Anial': Dyma sgôr hynod o ddramatig, egnïol a llawn creadigrwydd sy'n addas iawn ar gyfer y neuadd gyngerdd gyfoes. Yn wir, ceir adegau hynod o gyffrous drwy'r defnydd o adeiladu haenau cerddorfaol diddorol, megis telyn a *marimba*, *celesta* a chwyth ac yna llinynnau a'r adran pres. Nid oes recordiad efo'r cynnig hwn, a heb y fersiwn sain, mae braidd yn anodd dadansoddi'r darn yn llawn, yn enwedig yr harmonïau a'r cordiau *cluster*, ond mae'n amlwg fod yma gyfansoddwr talentog tu hwnt, efo clust arbennig a llais unigryw. Er y sgiliau sydd i'w gweld yma, nid yw'r arddull yn addas fel sgôr i ddrama dditectif ar deledu, ond yn hytrach fel darn i'w glywed yn y neuadd gyngerdd. Rhaid ystyried bod sesiynau recordio ar gyfer ffilm a theledu yn gofyn i'r cerddorion chwarae wrth weld am y tro cyntaf. Felly, mae'n rhaid inni fel cyfansoddwyr ddarparu cerddoriaeth addas er mwyn medru recordio dan amodau amser tyn sesiwn recordio broffesiynol. Er yr holl waith creadigol hwn, nid yw'r gerddoriaeth yn addas ar gyfer y briff, yn anffodus.

Tîm A, 'Dirgelwch': Mae arddull y darn hwn ein hatgoffa o gân bop, yn hytrach na cherddoriaeth ar gyfer drama dditectif, pwynt dechrau teitlau agoriadol, neu arwyddgan efallai. Yn gerddorol, mae'r prif themâu yn y *misterioso* a'r *animato* yn teimlo fel alawon sydd wedi eu sgwennu'n wreiddiol ar gyfer y llais, ac wedi eu haildrefnu; hynny yw, yn wreiddiol yn alawon i'w canu yn hytrach nag yn ddarnau offerynnol. Yn gerddorol, mae yma agoriad rhythmig sy'n gosod yr awyrgylch. Mae'r piano yn cyflwyno'r rhan fwyaf o'r dirgelwch hwn. Mae yma brif thema gref iawn ac mae'r defnydd o'r gerddorfa yn syml ond effeithiol. Yr uchafbwynt efallai yw'r adran *inquieto*. Dyma adran gelfydd sy'n cyfleu llawer o ddrama a thechnegau diddorol ar gyfer y llinynnau yn arbennig. Ceir recordiad safonol o'r darn, sy'n cyfleu naws y gerddorfaeth yn dda. Yn wir, mae'r samplau yn addas iawn ar gyfer *demo* neu *mock-up* cynnar. Nid yw o safon broffesiynol, ond bron iawn yn cyrraedd lefel ddisgwyliedig y diwydiant. Er yr holl syniadau egnïol, rhythmig a thematig, efallai bod modd i'r cyfansoddwr hwn arbrofi mwy o ran strwythur a defnydd o harmoni. Mae'n bwysig hefyd gosod testun y gerddoriaeth yn uniongyrchol: hynny yw, nodi at ba ddefnydd yn union y bwriadwyd y gerddoriaeth hon. Tybed a oedd delweddau pendant mewn golwg wrth gyfansoddi?

Meirion, Di-Deitl: Cyflwynodd y cyfansoddwr hwn y gerddoriaeth ar ffurf sain yn unig, heb sgôr. Yn y byd proffesiynol dyma'r ffordd y mae cyfansoddwyr yn cyflwyno syniadau i gyfarwyddwr neu gynhyrchydd, sy'n rhan hollbwysig o'r broses erbyn hyn. Byddem wedi hoffi gweld y sgôr er mwyn gwerthfawrogi sgiliau cerddorfaeth y cyfansoddwr, neu o leiaf weld y trefniant cyfrifiadurol (hynny yw, meddalwedd Logic Audio neu Cubase). Serch hyn, mae'r recordiad yn dda ac o safon uchel. Mae'r cyfansoddwr hwn yn amlwg yn gweithio mewn GAD (Gweithle Awdio Digidol) sy'n cynnig nifer o offerynnau o ansawdd uchel, gan gynnwys synau sy'n eu cynnig eu hunain ar gyfer rhaglen dditectif/drama oddi mewn i'r cyd-destun cerddorfaol. Mae'r baswn a'r piano yn offerynnau amlwg drwyddo draw. Ceir adrannau dirgel iawn sydd gan amlaf yn adran y llinynnau (ac sydd o safon uchel o ran y recordiad). Mae'r offerynnau taro hefyd yn cynnig nifer o dechnegau anarferol (sydd yn dibynnu ar y pecyn synau a ddefnyddiwyd). Mae'r adran 'darnau'n disgyn i'w lle' yn andros o effeithiol gyda'r uchafbwynt yn arwain yn llwyddiannus tuag at 'dim dianc'. Heb os, mae'r adran hon yn gryf ac yn llawn egni. Er i'r cyfanwaith hwn gynnig nifer o emosiynau penodol i gyfrwng y gyfres dditectif, nid yw'r syniadau eu hunain yn ddigon hir; dim ond pytiau byr sydd yma.

Columbo ei hun, 'Hwyrnos': Sgôr clir a recordiad sain uchel iawn ei safon. Mae'r naratif gerddorol yn dda iawn a'r motifau sy'n ymddangos fel alawon – gan ailymddangos yn y cyfeiliant – yn amlygu gwybodaeth am dechneg y *letimotif* mewn cerddoriaeth ffilm. Mae'r glust am offeryniaeth unigryw yn dda: defnydd o'r *glass harmonium* a'r *kalimba* yn dangos cyfansoddwr mentrus. Mae'r 'agoriad' yn gweithredu, o bosib, fel teitlau i'r rhaglen. Yma ceir y brif thema sy'n gosod naws ddirgel a phwerus. Yn yr 'hen ffactri' ceir nifer o effeithiau cerddorfaol effeithiol, megis technegau estynedig ar gyfer y piano, llinynnau a phres (gyda dylanwad sgorau'r cyfansoddwr ffilm, Marco Beltrami, yn glir i'w glywed). Mae'r ciw 'corff yn yr eira' yn fyr ond yn cyflawni'r effaith o gynildeb teimladwy. Drwy'r 'noson hwyr' ceir ymdeimlad angerddol wrth i'r cordiau adeiladu at uchafbwynt emosiynol. Mae symudiad 5, 'ar y trywydd', yn ymdebygu i gerddoriaeth Murray Gold ar gyfer *Doctor Who*, yn enwedig wrth ystyried adeiladwaith y cordiau poblogaidd yng nghyd-destun stori yn agor allan. Mae'r diweddglo yn fawr ac yn apelgar iawn (bron mewn arddull treilar/hysbyseb ffilm). Nid oes amheuaeth nad yw *Columbo ei hun* yn meddu ar y sgiliau i gyfansoddi ar gyfer ffilm a theledu. Ond, rhaid ystyried y briff gwreiddiol yn fwy manwl. Mae'r gofynion yn glir mai ar gyfer cyfres deledu y mae'r gerddoriaeth hon i fod. Mae'r ymdriniaeth hynod ffilmaidd hon, felly, yn peri problem wrth feirniadu.

Sbarc, 'Datgeliad': Dyma sgôr atmosfferig a chynnil, mewn tair rhan, yn rhoi cyd-destun dramatig i'r gerddoriaeth. Cyflwynwyd y sgôr yn dda – heblaw nad yw cynllun yr offerynnau ddim cweit yn gywir: mae'r offerynnau taro, y *timps* a'r llinellau unawdol i fod uwchben y llinynnau, ond pwynt bach yw hwn. Mae'r cyflwyniad sain hefyd yn dda iawn: yn rhoi blas ar y byd offerynnol, ac o safon broffesiynol. Dyma i ni gyfansoddwr sy'n deall y *genre* i'r dim. Mae'r gerddoriaeth o safon uchel iawn o ran y recordiad ac yn amserol iawn. Yn wir, ceir dylanwadau Olafur Arnalds a'r diweddar Johann Johanssen yma sy'n creu awyrgylch Llychlynaidd priodol addas (megis y math o gerddoriaeth sydd ynghlwm wrth raglenni *The Bridge* a *Broadchurch*). Mae'r sgôr yn drylwyr iawn ac yn cynnig nifer o dechnegau diddorol megis *sul tasto* a *sul ponticello* yn y llinynnau, sy'n amlwg yn deillio o'r samplau diweddar ar y farchnad. Mae yma awyrgylch o ddirgelwch, cwestiynu, a'r anhysbys – llongyfarchiadau! Trueni nad oedd mwy o'r gerddoriaeth: roedd y darn y para am 3 munud 40 eiliad. Yn wir, roedd modd datblygu mwy o awyrgylch tua'r diweddglo.

Cerddor yr Hafod, Di-Deitl: Llwyddiant *Cerddor yr Hafod* yw gosod awyrgylch. O'r eiliad agoriadol hyd y diwedd ceir nifer o dechnegau estynedig ar gyfer y gerddorfa; pob un yn addas o ran cyfrwng drama dditectif. Ceir cyflwyniad sain o safon uchel yma, a sgorio diddorol a lliwgar. Bwriad sgôr fel hyn yw tanseilio'r teimlad o ddirgelwch a byd seicolegol y cymeriadau, ac mae hwn yn galluogi rhywun i ddychmygu'r cymeriadau hyn tra'n gwrando. Mae'r symudiadau yn gasgliad o *ostinati* mewn idiom gerddorfaol gyfoes, yn defnyddio'r offeryniaeth i greu lliw a naws. Beth sy'n arbennig yw gwybodaeth y cyfansoddwr o dechnegau offerynnol, yn y defnydd o linynnau yn chwarae *col legno tratto*, a'r defnydd o'r corn Ffrengig *handstopped* ym mar 33-37, a hefyd y symbalau *bowed*. Lliwiau cerddorol godidog! Er bod y sgôr yn edrych yn syml, mae'r cyfansoddwr hwn wedi deall un o agweddau hanfodol yr arddull: creu awyrgylch o ansicrwydd, cwestiynu, a dirgelwch. Da iawn.

Dewin y Dysgu, 'Gafael ar y Gwir': Dyma waith o safon uchel iawn, gan gyfansoddwr profiadol sydd yn feistr ar y grefft o ysgrifennu i gerddorfa lawn. Ceir sgôr cywir A3 a chyflwyniad sain da, yr offeryniaeth yn glir, ond rhai o'r offerynnau allan o berspectif efallai, er enghraifft yr unawd sacsoffon ychydig yn rhy uchel yn y mics. Ond ar y cyfan dyma waith godidog drwyddo draw. I bob pwrpas, pecyn addysgiadol yw 'Gafael ar y Gwir'. Rhaid inni 'ddeall y stori yn y gerddoriaeth, ac felly i ddatrys y dirgelwch o bwy sy'n euog'. Mae'r ymdriniaeth hon yn un sy'n debyg i gyngerdd cerddorfaol ar gyfer plant ac ysgolion sy'n dod â cherddoriaeth y rhaglen dditectif fwyaf poblogaidd yn fyw. Mae'r syniad hwn yn ddiddorol o ran cyd-destun cystadleuaeth Tlws y Cerddor, sef cyflwyno croesdoriad o themâu ar gyfer drama dditectif ffug. Heb os, mae'r cyfansoddwr hwn gyda disgyblaeth lwyr (ac, o bosib, y ddisgyblaeth gryfaf yn y gystadleuaeth). Hoffem glywed cyfraniad y cyfansoddwr hwn i *genre* y ddrama dditectif ar gyfer y teledu.

Enillydd Tlws y Cerddor yw *Dewin y Dysgu*.

Emyn-dôn i eiriau'r Parchedig Denzil Ieuan John

'Yr Aes'

1. Pwy sy'n de-all grym ma-ddeu-ant – grym sy'n drech na thrych-want trais;

llaw dy - ne - rach na'r dwrn creu - lon, clust a glyw'r ta - we - laf lais.

Car-iad sy'n gwrth - se - fyll ton - nau dic-ter a di - a - ledd cas;

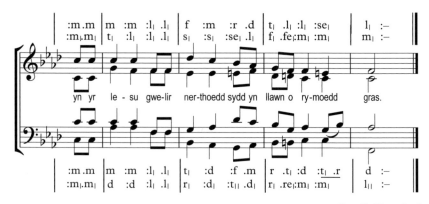

Harri'r Chweched

Pwy sy'n deall grym maddeuant -
grym sy'n drech na thrychwant trais;
llaw dynerach na'r dwrn creulon,
clust a glyw'r tyneraf lais.
Cariad sy'n gwrthsefyll tonnau
dicter a dialedd cas;
yn yr Iesu gwelir nerthoedd
sydd yn llawn o rymoedd gras.

Pwy sy'n deall gwerth maddeuant
pan fo'r euog ar y llawr,
un a'i gyffes yn rhagdybio
iddo fyw ei olaf awr.
Cariad sy'n cofleidio'r euog,
cariad sy'n gweld gwerth mewn dyn;
dyma fodd i adfer enaid
drwy drugaredd Duw ei hun.

Pwy sy'n deall gwyrth maddeuant -
greddf sy'n troi gelynion gynt
yn gyfeillion a chyd-weithwyr
sy'n cydgerdded ar eu hynt.
Dyma wyrth nad oes esboniad
ar y chwyldro mwya 'rioed
yn dwyn cymod lle bu rhyfel
Duw a dyn yn cadw oed.

Denzil Ieuan John

BEIRNIADAETH EUROS RHYS EVANS

Y dasg a osodwyd eleni eto oedd cyfansoddi emyn-dôn i eiriau a ysgrifennwyd yn arbennig ar gyfer y gystadleuaeth hon. Mae mesur yr emyn hwn yn un cyffredin a chyfarwydd, sef 8787 dwbl, ac mae'r mydr a'r acenion yn gwbl gyson sy'n hwyluso gwaith y cyfansoddwr yn fawr. Ceir amrywiaeth trawiadol yn y geiriau: o'r 'grym', y 'trychwant trais' a'r 'tonnau dicter' ar un pegwn, a llinellau tyner, tawel a meddylgar sy'n cynnwys geiriau megis 'cofleidio', 'trugaredd' a 'cymod' ar y pegwn arall. Felly, er bod y mesur yn un sylfaenol, cwbl draddodiadol, roeddwn yn chwilio am emyn-dôn a fyddai'n llwyddo i adlewyrchu'r gwrthgyferbyniad a'r amrywiaeth arbennig a welir yn y geiriau.

Daeth 26 ymgais i law ac rwyf wedi eu gosod mewn tri dosbarth.

Dosbarth 3
Yr oedd rhinweddau a chryfderau yn perthyn i nifer o'r tonau yn y Dosbarth hwn ond roedd hefyd ffaeleddau a gwendidau a oedd yn eu gwanhau'n ormodol. Yr oedd nifer o wallau gramadegol i gynghanedd rhai, tra bo'r cysodi'n wallus gan eraill. Yr oedd sawl tôn yn teimlo'n orgyfarwydd a'r ymadroddi a'r patrymau harmonig yn arwynebol ac elfennol. Yn gyffredinol, ni lwyddodd yr ymgeiswyr a berthyn i'r Dosbarth hwn i adlewyrchu naws, dwyster a phŵer geiriau'r emyn.

Capten, 'Croesgoch': Yr oedd yma alaw afaelgar a nifer o adrannau effeithiol, ond yn anffodus, roedd tueddiad i ailadrodd patrymau melodig yn ormodol ac roedd y gwallau gramadegol yn gwanhau'r gynghanedd yn sylweddol.

Codwr y Canu: Teimlais fod yma ymgais weddol lwyddiannus i adlewyrchu natur y geiriau, ond roedd y cyfosod yn wallus drwyddi draw, a defnydd rhy anghyson o lithrennau (*slurs*). Cafwyd wythawdau dilynol mewn sawl lle ac roedd gwallau yn y nodau ym mar 23. Serch hynny, roedd yma adeiladwaith addawol a gweddol gadarn.

Emelgan: Cafwyd cynghanedd gadarn yma ac roedd ambell gyffyrddiad hyfryd, er enghraifft y cwpled olaf. Yn anffodus, teimlais fod naws y dôn yn rhy leddf ac roedd tinc cyfarwydd iawn i batrymau'r gynghanedd a'r alaw ar brydiau.

Bryncerdin, 'Stryd yr Allt': Yn anffodus, er bod yma gyffyrddiadau addawol ac effeithiol, roedd gwallau niferus o ran cynghanedd a chyfosod geiriau a olygai na fyddai cynulleidfa'n ei chael hi'n hawdd i ganu'r dôn. Roedd y rhan i'r tenoriaid hefyd yn rhy isel ar brydiau, a'r llinell fas yn estyn i'r C o dan yr erwydd, sy'n amhosibl bron i unrhyw faswr ei gyrraedd.

Olwen: Yr oedd yr amseriad 6 chwafer mewn bar (6/8) yn golygu fod naws ysgafn a hwyliog i'r dôn hon, ac roedd yr arddull yn ddigon sionc drwyddi draw. Yn anffodus, roedd nifer o wallau, er enghraifft fe gafwyd newid amser dirybudd yn y canol i chwe chrosiet mewn bar (6/4), ond ni nodwyd yr arwydd amser newydd ar y copi. Yn ogystal, cafwyd trawsgyweiriad, ond roedd yr arwydd cywair yn anghywir. Gan fod dau gymal o'r dôn bron yn union yr un peth, yr oedd tueddiad i'r cyfanwaith swnio ychydig yn undonog.

Dyn o'r Dyffryn: Ymdriniaeth draddodiadol gyda rhai cyffyrddiadau effeithiol. Yn anffodus, roedd yma adrannau a oedd yn swnio'n gyfarwydd a braidd yn rhy geidwadol o ran patrymau'r gynghanedd. Roedd gwallau'n tueddu i amharu ar y cyfanwaith ac fe deimlais hefyd fod natur rhythmig y gosodiad fel petai'n gwrthdaro'n erbyn naws faddeugar y geiriau.

Moel Arthur: Roedd yma gynghanedd gadarn ac fe fyddai cynulleidfa wedi cael blas ar ganu'r dôn rymus hon, ond yn anffodus, roedd tueddiad i ailadrodd patrymau'n ormodol, ac roedd tinc cyfarwydd iawn i nifer o'r llinellau.

Nant, 'Pwy sy'n deall': Dyma alaw afaelgar, hynod gerddorol, ond roedd y gosodiad yn rhy ymwthiol, o ystyried natur y geiriau. Cafwyd gwallau yn y gynghanedd ac fe welwyd newid amser dirybudd tua'r diwedd i bedwar crosiet yn y bar (4/4) a hynny'n amharu'n ormodol ar lif naturiol y gerddoriaeth.

Alaw Trallwm, 'Pwy sy'n deall grym maddeuant ...': Er bod yma alaw afaelgar, yr oedd yma wallau niferus yn y gynghanedd, ac roedd anghytsain rhwng y lleisiau ar sawl achlysur. Yr oedd y cyfosod hefyd yn anghyson a gwan, gan fod disgwyl i'r alto ganu nodau is na'r tenor ar sawl achlysur.

Menai, 'Cân Maddeuant': Yr oedd yma gyffyrddiadau cerddorol gyda thrawsgyweirio'n ychwanegu tipyn o liw. Yn anffodus, braidd yn ddigyfeiriad oedd yr adeiladwaith ac roedd gosodiad y llinell 'Cariad sy'n gwrthsefyll tonnau' yn rhy frysiog.

Mab-y-Cwm: Roedd y gosodiad yn gywir drwyddo draw, ond roedd tueddiad i'r arddull fod yn ordraddodiadol, gan fod y gynghanedd ychydig yn rhy undonog a chyfarwydd.

Dosbarth 2
Fe lwyddodd y cystadleuwyr a osodais yn yr Ail Ddosbarth i godi i diroedd tipyn yn uwch ac fe gafwyd nifer o donau safonol ac effeithiol. Yn gyffredinol, roedd y gynghanedd yn gryfach, er nad yn gwbl gywir ar bob achlysur, ac roedd ymgais weddol lwyddiannus i greu lliwiau yn y llinellau melodig, gan lwyddo'n weddol dda i adlewyrchu awyrgylch y geiriau. Serch hynny, yr oedd ambell gyfansoddwr wedi ceisio gorlwytho'r trawsgyweirio, a'r cyfanwaith o'r herwydd yn teimlo'n orymdrechgar a llafurus.

Y meddyg sy'n canu: Dyma gyfansoddiad cymharol gyfoes o ran arddull, a'r trefniant wedi ei osod ar y copi i bedwar llais annibynnol. Yr oedd y trefniant yn tyfu'n gerddorol a'r alaw'n cael ei throsglwyddo'n effeithiol o'r naill lais i'r llall. Yr oedd tueddiad i'r cyfanwaith fod ychydig yn orgymhleth, serch hynny, ac nid oedd seiliau'r gynghanedd bob tro'n taro deuddeg. Braidd yn statig oedd y ddau gymal olaf o'u cymharu ag amrywiaeth rhythmig y penillion blaenorol.

Glas y Dorlan: Er bod y gosodiad yn draddodiadol ei naws, roedd yma nifer o adrannau gafaelgar ac effeithiol. Cafwyd ymgais lwyddiannus i adlewyrchu natur y geiriau, ond nid oedd digon o wreiddioldeb a newydd-deb o ran adeiladwaith a phatrymau'r gynghanedd.

Saron, 'Y Garnedd': Dyma agoriad rhagorol – y gynghanedd yn gafael ar unwaith a'r alaw'n tyfu'n gerddorol. Yn anffodus, collwyd cyfeiriad yn y trydydd cymal, gan fynd yn rhy ymdrechgar yn sgil gorlwytho'r trawsgyweirio. Trueni am hyn, gan fod cerddor dawnus ar waith yma.

Bryn Rhosyn, 'Glyntraean': Cafwyd cynghanedd hyfryd yma, yn enwedig yn rhan gynta'r cyfansoddiad, ond roedd natur ychydig yn rhy 'dywyll' ac anobeithiol i'r gosodiad a'r diweddglo ychydig yn arwynebol.

Caswis, 'Maddeuant': Dyma dôn bwerus a'r gosodiad yn gadarn i'r pedwar llais. Yn anffodus, yr oedd ambell dinc hynod gyfarwydd, a'r trawsgyweirio weithiau'n arwynebol. Gwelwyd gwall hefyd o ran perthynas gau rhwng nodau C llonnod ac C naturiol ar un achlysur.

Emyr: Dyma gyfansoddiad mentrus ac arbrofol gyda thrawsgyweirio anturus. Yn anffodus, yr oedd y cyfanwaith braidd yn rhy ymdrechgar o ran cynghanedd ac roedd hi'n anodd dilyn rhesymeg gerddorol y cyweiriau yn yr adran ganol. Serch hynny, roedd yma gyffyrddiadau hyfryd.

Bro Aled: Dyma gyfansoddiad cywir a graenus. Efallai fod yr ymdriniaeth gerddorol ychydig yn rhy ysgafn o ystyried natur y geiriau ac roedd angen mwy o liw o ran cynghanedd a thrawsgyweirio.

Llwyd y Lleuad, 'Perthi': Cafwyd adeiladwaith cyson a chadarn yma ac roedd ambell gord gwefreiddiol. Yn anffodus, roedd tinc cyfarwydd i'r dôn ac nid oedd y gynghanedd yn gwbl gywir ar brydiau.

Llwynog: Dyma alaw orau'r gystadleuaeth ac fe fydd ambell gymal yn aros yn fy nghof am amser hir, er enghraifft y gosodiad o 'Cariad sy'n gwrthsefyll tonnau/ dicter a dialedd cas'. Yn anffodus, nid oedd y gynghanedd bob amser yn gadarn, ac roedd rhai geiriau'n cael eu rhuthro'n ormodol drwy orddefnydd o gwaferi.

Castanwydden, 'Llansteffan': Dyma dôn fawreddog ag iddi seiliau cynghanedd cadarn. Yr oedd yr adran ganol yn E fwyaf yn hynod effeithiol, ond yn anffodus, nid oedd y dychwelyd i gywair A feddalnod fwyaf yn llwyddiannus, ac roedd natur yr alaw yn y cymal olaf yn ymdebygu'n ormodol i raddfa, gan ddringo fesul nodyn, cyn gostwng yn ôl tua'r tonydd ar y diwedd.

Dosbarth 1

Mae pum ymgais yn weddill, ac fe berthyn pob un ohonynt i'r Dosbarth Cyntaf. Dyma hufen y gystadleuaeth, ac fe fu'n rhaid i mi bendroni a chloriannu am beth amser cyn dod i benderfyniad terfynol. Mae'r emyndonau hyn yn gafael ar unwaith, gan arddangos ôl meddwl dwfn, dychymyg o ran alawon a gwreiddioldeb o ran cynghanedd. Yn ogystal, fe lwyddodd pob un i adlewyrchu naws ddefosiynol, amrywiol y geiriau ac fe fyddai wedi bod yn bosibl gwobrwyo unrhyw un ohonynt.

Madryn: Dyma dôn safonol ac effeithiol. Cafwyd adeiladwaith cerddorol grymus a'r gynghanedd yn gadarn. Roedd ambell gord cywasg yn ychwanegu lliw bendigedig, ond nid oedd pob cord yn llwyddiannus, er enghraifft y D feddalnod fwyaf ym mar 27. Yn ogystal, roedd y llinell i'r tenoriaid braidd yn rhy isel mewn ambell ran.

Marc: O bosibl, dyma'r agoriad mwyaf grymus o blith yr holl gyfansoddiadau. Roedd seiliau'r gynghanedd yn odidog a chywir, gydag un gwall yn unig. Yr oedd yma ddigon o liw ond roedd tueddiad i'r cyfanwaith swnio ychydig yn orgyfarwydd ar brydiau ac roedd y trawsgyweiriad i gywair A leiaf fymryn yn arwynebol. Daeth *Marc* yn agos iawn at gyrraedd y brig.

Beca: Gosodiad bendigedig o'r geiriau. Roedd yr arddull yn gyfoes, gan ddechrau mewn unsain cyn rhannu i bedwar llais yn ail hanner yr emyn. Roedd y gynghanedd yn atyniadol a'r cyfanwaith yn hynod swynol a ffres. Cryfder a gwendid y cyfansoddiad oedd ei symlder: roedd yr alaw'n llifo'n rhwydd a diymdrech ond fe deimlais fod angen ychydig mwy o ddatblygu syniadau cerddorol gan fod patrymau'r cordiau ychydig yn rhy elfennol. Daeth *Beca* yn agos at gyrraedd y brig.

Harri'r Chweched, 'Yr Aes': Hon oedd y dôn a'm denodd yn ôl ati, dro ar ôl tro'n ddi-ffael ac fe'm swynwyd yn llwyr ganddi. Mae'n grefftus o ran cynghanedd a'i halaw'n afaelgar a hudolus. Mae'n mynd â ni i gyfeiriadau annisgwyl o ran cyweiriau, sy'n ychwanegu lliw a ffresni i'r cyfanwaith, a hynny heb orlwytho'r trawsgyweirio. Mae yma gadernid a grym ar y naill law, ond hefyd fe geir tynerwch, llonyddwch a thawelwch ar y llall.

Bro Maelor: Dyma dôn gref, hynod gerddorol o ran ei hadeiladwaith. Roedd y gynghanedd yn gywir drwyddi draw gan lwyddo i adlewyrchu natur y geiriau'n fendigedig. Unig wendid y cyfanwaith oedd ei fod ychydig yn ordraddodiadol, gan ddangos peth diffyg cyfeiriad cerddorol a gwreiddioldeb o bryd i'w gilydd.

Gan ddiolch i bob ymgeisydd, rhoddaf y wobr i gyfansoddwr cwbl deilwng, sef *Harri'r Chweched*.

Cân wreiddiol gan ddefnyddio geiriau yn ymwneud â Chaerdydd, heb fod yn hwy na phum munud. Gellir defnyddio geiriau sydd yn bodoli eisoes neu rai gwreiddiol

BEIRNIADAETH EUROS RHYS EVANS

Dim ond un ymgais a dderbyniwyd sy'n peri ychydig syndod a siom, yn enwedig o gofio fod cyfansoddi, ers blynyddoedd bellach, wedi bod yn rhan annatod o'r cwricwlwm Cerdd yn ein hysgolion a'n prifysgolion. Yr oedd gofynion y gystadleuaeth yn ddigon eang a phenagored, a'r unig amod oedd fod geiriau'r gân yn ymwneud â Chaerdydd. Tybed a fyddai modd i'r Eisteddfod ohebu a chyfathrebu ag Adrannau Cerdd ein hysgolion a'n colegau, gan ddynnu sylw at y cystadlaethau cyfansoddi er mwyn hybu gwell ymateb a mwy o ddiddordeb, efallai?

Mae'r gân 'Caerdydd' a gyfansoddwyd gan *Brawd* yn syml, effeithiol a chymharol draddodiadol o ran ei chynghanedd a'i hadeiladwaith. Mae iddi dair rhan benodol, sef ffurf ABA, ac fe geir cyfarwyddyd clir ar y dechrau ynglŷn â'r tempo, sef *Con moto et sempre rubato,* er mai *e sempre rubato* sy'n ramadegol gywir yn yr Eidaleg, nid *et sempre rubato.* Mae'r *rubato* yn awgrymu fod y gân yn un deimladwy, ac yn sicr, mae'r gerddoriaeth yn llwyddo i adlewyrchu natur a naws y geiriau.

Mae pob brawddeg yng ngeiriau'r gân yn gofyn cwestiwn gwahanol, a'r thema ganolog yw'r tyndra a geir wrth i berson adael cefn gwlad yng ngogledd Cymru a chefnu ar y bywyd gwledig er mwyn symud i'r 'ddinas fawr', sef Caerdydd. Mae'r adran gyntaf (A), er enghraifft, yn gorffen gyda 'Wyt ti'n dechau setlo nawr yn y ddinas fawr?' Mae'r ail adran (B) ychydig yn fwy miniog wrth i'r bardd ofyn ymhellach, 'Oes 'na chwant am awyr iach? Oes ansicrwydd am dy fach [*sic*] o ddewis mynd i lawr?' Mae'r adran olaf (A) yn gofyn cwestiynau ynglŷn â dychwelyd nôl i fro mebyd, er enghraifft, 'Wyt ti wedi dod i'th derfyn? Wyt ti wedi gwreiddio'r hedyn? Ddoi di nôl o'r ddinas nawr i ddweud hwyl fawr?'

Does dim atebion yn cael eu cynnig gan awdur y geiriau, dim ond cwestiynau ac mae'r gerddoriaeth yn cyfleu'r cwestiynu cyson hyn yn effeithiol. Mae *Brawd* wedi dewis cywair E fwyaf, sy'n awgrymu fod natur gadarnhaol i'r gân ac yn sicr mae'r agoriad yn deimladwy ond eto'n obeithiol o ran ei naws. Ond mae'r newid amser o 3 chrosiet yn y bar i 7 cwafer yn ein haflonyddu'n gwbl fwriadol, wrth i ni glywed y geiriau, 'Wyt ti'n dechrau setlo ...'

Mae'r adran ganol (B) yn ein haflonyddu ymhellach drwy amrywio mydr y gerddoriaeth yn fwy cyson – tri chrosiet i'r bar i ddechrau, yna newid fesul bar i saith cwafer, dau grosiet, saith cwafer eto a phum cwafer i orffen yr adran. Mae'r cynnwys harmonig hefyd fan hyn yn llai sefydlog wrth fynd â ni i gyweiriau mwy tywyll, gan orffen yn D feddalnod fwyaf. Llwydda hyn eto i gyfleu natur fwy miniog, heriol y cwestiynau a geir yn y geiriau.

Mae'r adran olaf (A) yn fwy llonydd gan ddychwelyd at gywair ac arddull yr adran agoriadol. Ond nid oes dedwyddwch i'w ganfod yn y gerddoriaeth a hynny'n adlewyrchu cynnwys y geiriau. Mae'r mydr yn newid yn gyson tua diwedd y gân ac fe geir saib effeithiol cyn y cwestiwn mawr a geir yn y diweddglo, '... i ddweud hwyl fawr?' Y mae'r cord olaf un gan y cyfeiliant piano yn un agored o ran ei adeiladwaith – nid yw'n gord cyflawn, sy'n adlewyrchu'r ffaith fod holl gwestiynau'r gân heb eu hateb.

Felly, mae'r gân yn llwyddo i gyfleu ac adlewyrchu emosiwn y geiriau. Mae'r harmonïau a ddefnyddir yn aml yn ychwanegu lliw a theimlad yn y cyfeiliant. Mae'r alawon, er yn syml, yn llawn cymeriad.

Er bod nifer o gryfderau amlwg i'r cyfansoddiad, yn anffodus fe gollwyd ar y cyfle i ddatblygu syniadau cerddorol yma, gan fod yr ymdriniaeth yn tueddu i fod braidd yn arwynebol. Gellid bod wedi ymestyn pob un adran, drwy ddatblygu ymhellach a phwysleisio ambell gymal. Yn ogystal, prin iawn yw'r cyfarwyddiadau o ran dynameg i'r canwr, ac mae'r gân, o ddilyn y tempo a awgrymwyd, sef 'crosiet = c124', yn para tipyn llai na dwy funud, sy'n teimlo braidd yn fyr, er ei bod yn cydymffurfio â gofynion y gystadleuaeth, sef 'heb fod yn hwy na 5 munud'.

Mae yma gyffyrddiadau hyfryd – mae'r cyfansoddwr wedi creu awyrgylch ac rwy'n arbennig o hoff o symlder a llonyddwch y gerddoriaeth. Ond fe ellid bod wedi ymestyn, datblygu a mireinio'r deunydd ymhellach, sy'n golygu fod yn rhaid atal y wobr, yn anffodus.

Darn i *ensemble jazz,* heb fod yn hwy na phedwar munud

BEIRNIADAETH PAULA GARDINER

Mae'r ddau ymgeisydd yn arddangos dealltwriaeth dda o arddull *jazz*, gan ddefnyddio harmoni ac alawon da iawn sy'n cael eu cyflwyno'n wych. Dilynir nifer o'r protocolau cywir mewn arddull gyfansoddol *jazz* yn y naill ddarn a'r llall mewn modd llwyddiannus iawn.

Tachwedd, 'Chwilio': Dengys y darn hwn elfennau arbennig o uchelgeisiol ac mae'n arddangos hyder yn y cyfansoddi gogyfer â band gyda lefel uchel o fedr technegol. Mae'r alaw wedi'i saernïo'n gelfydd, gan ddefnyddio un syniad ac yna'i ddatblygu drwy ddilyniad harmonig. Mae'r dilyniad harmonig ei hun yn gryf iawn a'r trawsnodiadau o ddilyniant syml yn effeithiol. Datblygir y trawsnodiadau hyn i fod yn drawsgyweiriadau ac mae'r cyfansoddwr yn dynesu tuag atynt yn effeithiol gyda defnydd o harmoni confensiynol ond gyda'r canlyniad o gael adferiad trithon sy'n peri syndod – ardderchog!

Datblyga'r gweadau cyfansoddol drwy gydol y darn ac mae'r dwysedd rhythmig a'r amrywiadau yn y ffigyrau cefndirol yn tyfu'n briodweddol. Mae gan y darn ymdeimlad braf drwyddo draw ac yn gyfrwng gwych i'r datganiad ar y pryd gan y trombôn.

Pwmpen, 'Iselder': Mae'r darn hwn yn defnyddio'r harmoni mwyaf-lleiaf mewn modd arbennig. Crëir awyrgylch trwmfyfyriol drwy'r camu syml yn y canolbwynt cyweiraidd. Mae gan yr alaw batrwm ffigurol rhythmig cryf sy'n cael ei gynnal drwy'r darn. Sylfaenir yr unawd piano ar ddilyniant harmonig newydd sy'n fwy statig na'r agoriad. Byddai mwy o ddefnydd o'r deunydd thematig dechreuol yn gwneud mwy o synnwyr i'r darn fel cyfansoddiad i fod yn gyfrwng i ddatganiad ar y pryd. Mae'r ymestyn yn hyd y barrau yn creu tensiwn ac mae yna gysondeb mewn ymdeimlad drwy'r darn sy'n awgrymu gweledigaeth gerddorol hyderus.

Gwobrwyer *Tachwedd* am ei fawredd a'i grefftwriaeth.

Trefnu alaw werin Gymreig ar gyfer unrhyw gyfuniad o offerynnau, heb fod yn hwy na phum munud

BEIRNIADAETH SIÂN JAMES

Daeth pedwar trefniant i law. Roedd tri o'r ymgeiswyr wedi dewis trefnu ar gyfer offerynnau pres, a chafwyd un trefniant ar gyfer telyn, ffidil, ffliwt, soddgrwth ac offerynnau taro.

Pwdin Stwbwrn, 'Rîl Llanofer': Dewiswyd yr alaw Rîl Llanofer ac fe'i triniwyd yn gelfydd iawn gogyfer â band pres llawn. Hoffais eich dewis o guriad 5/4 sydd yn parhau gydol y darn hyd y barrau olaf. Teimlaf efallai y byddech chi wedi medru amrywio'r amseru'n gynt, yn hytrach nag aros tan y barrau olaf, gan i mi deimlo bod y cynnwys yn cael ei lethu rywsut gan y curiad o bump didrugaredd. Ond hoffais yn fawr y newid amser o 5/4 i 4/4 i 3/4 ac yna 2/4 yn y cymal olaf ac yn sicr fe lwyddoch i gynyddu'r tensiwn tuag at uchafbwynt y diwedd. Roeddwn wrth fy modd efo'r rhagarweiniad a'r linciau rhwng y brif thema; ac fe lwyddoch i drin yr alaw yn gelfydd rhwng yr offerynnau gwahanol drwyddi draw. Mae'n amlwg eich bod yn meddu ar ddealltwriaeth gref o'r math hwn o gyfuniad offerynnol ac mae eich dirnadaeth o arlliwiau cerddoriaeth *jazz* yn gelfydd. Dychmygwn y byddai'n dipyn o her cadw'r band dan reolaeth o ystyried y trawsacennu heriol! Ond dyma drefniant difyr tu hwnt.

Cadi Ha', 'Dili Dwd': Hoffais y cyfuniad o offerynnau yma ac fe lwyddoch i greu naws disgybledig a chain dros ben. Mae'r croesacennu tri chrosiet yng nghuriad 6/8 yr alaw yn effeithiol iawn ar ddiwedd pob cymal ac mi hoffais y modd y defnyddioch chi'r nodwedd hon i gadw diddordeb y gwrandäwr gydol y darn. Hoffais y trawsgyweiriad i'r lleddf ym mar 109 ond gresyn na fyddech chi wedi datblygu hyn ymhellach drwy estynnu'r alaw a'i thrawsnewid hi hyd yn oed yn fwy. Teimlais hefyd efallai bod y cymal i'r delyn ym mar 97 angen tipyn bach mwy o ddatblygiad. Efallai y byddech chi wedi medru ein tywys i'r adran lleddf gyda ffigwr/cyfalaw dipyn bach mwy mentrus. Ond roedd yma ymdeimlad hyfryd a syml drwyddi draw a'r holl drefniant yn dlws a gosgeiddig dros ben.

Isabella, 'Dadl Dau': Dyma'r trefniant byrraf o'r pedwar ond i mi roedd hyn yn gaffaeliad. Mae yma drefnu cynnil ond difyr ac fe lwyddwyd i gadw fy niddordeb hyd y diwedd. Mae yma ddealltwriaeth gref o'r gelfyddyd o drefnu, wrth i'r alaw fownsio o un offeryn i'r llall a hynny wedi'i gyflawni'n gynnil. Mae'r newid cyweirnodau yn rhwydd ac effeithiol heb deimlo'n llafurus a thrawsacennu barrau 78-81 yn effeithiol dros ben. Hoffais yn fawr y ffigwr cromatig disgynnol ym mar 60-63 ac roeddwn yn falch i chi beidio â disgyn i'r trap o'i ailddefnyddio. Roedd hyn yn dangos eich dealltwriaeth o hiwmor yr alaw wreiddiol ac, i mi, yr hiwmor hwn sydd yn cyfrannu at lwyddiant y trefniant. Yn sicr, mae'n codi gwên! Mae'r holl gyflwyniad yn gryno heb geisio gorlwytho'r cynnwys gyda gormod o ddyfeisiau a fyddai'n medru ymddangos yn glogyrnaidd.

Mared Emlys, 'Dafydd y Garreg Wen': Dewiswyd cyfuniad o offerynnau pres yma eto a chafwyd trefniant mentrus o'r alaw adnabyddus hon. Mae yma drefnu celfydd yn amlwg, a'r harmonïau difyr yn cael eu datblygu'n ddiddorol ymysg yr offerynnau. Serch hynny, ni theimlais eich bod wedi hoelio emosiwn yr alaw, gyda'r trefniant yn teimlo braidd yn frysiog mewn mannau. Efallai eich bod wedi colli cyfle i ddatblygu'n gerddorol naws deimladwy yr alaw wreiddiol – hyd yn oed petai hynny wedi digwydd yn fwy pendant ar ddechrau'r trefniant. Serch hynny, dyma ymgais hynod o gelfydd a difyr dros ben.

Rhoddaf y wobr i *Isabella*.

Darn gwreiddiol i *ensemble* lleisiol tri llais a fyddai'n addas ar gyfer disgyblion oedran cynradd (CA2), heb fod yn hwy na thri munud. Gellir defnyddio geiriau sydd yn bodoli eisoes neu rai gwreiddiol

....

BEIRNIADAETH LOIS EIFION

Daeth pedair ymgais i law yn y gystadleuaeth hon. Ar ôl gwrando a darllen y pedair ymgais, mae'n amlwg fod gan yr ymgeiswyr weledigaeth a syniad gwahanol bob un wrth iddynt feddwl am y term *'ensemble* lleisiol', gan i un fod yn ddigyfeiliant, dau â chyfeiliant piano, ac un yn waith ar gyfer dosbarth o blant. Er nad yw'r testunau'n gofyn am ddarn digyfeiliant, credaf yn bersonol y dylai darn ar gyfer *ensemble* lleisiol fod yn ddarn ar gyfer lleisiau yn unig, ac mae ychwanegu cyfeiliant piano ac offerynnau eraill yn newid testun y gwaith.

Dyma air byr am bob un.

Meri-Ann, 'Canu Cân': Dyma ddarn digyfeiliant hynod sionc ar gyfer SSA sy'n cynnwys canu homoffonig yn ogystal â rhannu i arddull cwestiwn ac ateb. Hoffais y naws hwyliog a'r tinc o ganu siop barbwr yn y darn hwn; er iddo fod yn eithaf heriol ar brydiau, byddai'n bendant yn ddarn a fyddai'n apelio at griw o gantorion ifanc profiadol.

Shrek, 'carol y plant': Dyma garol fach gyda chyfeiliant piano sy'n cychwyn gydag unawd lleisiol, yna'n agor i ddau lais ac yna'n datblygu i dri llais. Mae'r gwaith yn ymddangos fymryn yn frysiog o edrych ar y sgôr, a hefyd yn gorddefnyddio nodau uchel a fyddai efallai'n broblem i blant oedran cynradd.

Troy, 'Ganwyd Crist': Dyma eto garol syml â chyfeiliant piano. Hoffwn petai'r rhannau lleisiol wedi bod yn fwy trillais drwyddi draw yn hytrach na defnyddio gormod o unsain a deulais, gan mai darn ar gyfer tri llais yw'r testun i fod. Er hyn, ceir digon o her i'r tri llais ar y dudalen olaf gan fod gofyn iddynt ganu rhythmau hollol wahanol i'w gilydd.

Orion, 'Carol Sêr Bethlehem': Dyma waith cyflawn iawn ar gyfer tri llais, dau *glockenspiel,* triongl a phiano neu delyn. Ceir cyfarwyddiadau manwl i gyd-fynd â'r darn, sy'n awgrymu i mi ei fod yn fwy addas ar gyfer dosbarth o blant Cyfnod Allweddol 2. Ceir defnydd o arddull tôn gron yma sy'n hynod hwyliog ar gyfer plant cynradd, ac mae'r rhannau ychwanegol yn rhoi cyfle i blant arbrofi efo rhannau gwahanol a defnyddio offerynnau.

O ystyried gofynion y gystadleuaeth, credaf fod un yn eu hateb yn fwy na'r gweddill ac am hynny rwy'n gwobrwyo *Meri-Ann*.

Cystadleuaeth i ddisgyblion 16 ac o dan 19 oed.
Casgliad o ddarnau mewn unrhyw gyfrwng, na chymer fwy nag wyth munud

....

BEIRNIADAETH IEUAN PEREDUR WYN

Yn anffodus, dim ond un ymgais a ddaeth i law eleni. Byddai wedi bod yn braf cael gweld gwaith mwy o fyfyrwyr ysgol neu goleg yn cael ei gynnig yn y gystadleuaeth hon gan ei fod yn gyfle i gael adborth allanol ar eich gwaith. *Athrylith* yw ffugenw'r un a ymgeisiodd eleni; mae'n cyflwyno ymgais mewn arddull annisgwyl, ond sydd yn dangos addewid.

Athrylith, 'Sigaret': Cân roc sydd yn cychwyn gyda chymal bachog ar y bas a'r brif gitâr. Mae'r alaw yn gweddu'n dda ar gyfer y darn ac yn cyd-fynd gyda'r effeithiau a grëir gan y gitarau cefndirol. Efallai y byddai cyflwyno *middle 8* gyda syniadau newydd a gwahanol wedi codi safon y darn. Yn hytrach na'r cyfansoddi ei hun, teimlaf mai un o gryfderau'r darn hwn yw'r effeithiau sain sy'n cael eu creu gan y gitarau; mae hon yn grefft ynddi'i hun ac yn werth ei chydnabod.

'Teras': Cân yw hon sydd â mwy o naws cerddoriaeth bop iddi na'r ymgais arall. Clywir darn bachog gan y *glockenspiel* sydd yn cael ei ailadrodd yn aml ac yn aros yn y cof. Mae'r rhythmau ar y gitâr a'r piano yn gweithio yn dda yn erbyn y *pad* cefndirol ond eto, yn anffodus, nid oes yma ddatblygiad mawr o syniadau ar wahân i'r rhai a gyflwynir ar ddechrau'r darn. Daliwch ati i gyfansoddi yn y modd hwn ond ystyriwch arbrofi gyda chordiau a ffurfiau sydd y tu hwnt i'r lle rydych yn gyfforddus ynddo ar hyn o bryd.

Yn y dyfodol, pan fyddwch yn cyflwyno'r math hwn o waith, ystyriwch gynnwys copi o'r geiriau, os yn briodol, ac efallai grynodeb o'r offeryniaeth ynghyd â'r cordiau a ddefnyddiwyd. Er hyn, mae'r darnau a gyflwynwyd yn dangos dawn dda i gyfansoddi caneuon.

Dyfarnaf y wobr gyntaf i *Athrylith*.

Cystadleuaeth Tlws Sbardun

Cân werinol ac acwstig ei naws. Rhaid i'r gerddoriaeth a'r geiriau fod yn wreiddiol, a dylid cyflwyno'r gân ar gryno ddisg neu MP3. Caniateir cywaith. Ystyrir perfformio'r gân fuddugol yn yr Eisteddfod y flwyddyn ganlynol

....

BEIRNIADAETH HEATHER JONES, RICHARD REES
Daeth saith ymgais i law.

Dr William Price, 'Clychau'r Gog': Mae geiriau'r gân hon yn gelfydd, yn ddiddorol ac yn emosiynol: cân sy'n dweud stori gan ddefnyddio delweddau hyfryd o fyd natur. Mae'r dôn yn afaelgar ac yn apelio'n syth gyda gwaith gitâr medrus, yn syml ond yn effeithiol iawn. Cyfansoddiad sydd wedi deall anghenion y gystadleuaeth i'r dim.

Llygad y Dydd, 'Adenydd': Cân sy'n sôn am adael y nyth, gadael cartref efallai. Mae'r geiriau yn sôn am rywun sydd yn symud ymlaen â'u bywyd, ac unwaith eto yn gwneud hynny mewn ffordd ddiddorol. Mae'r dôn hefyd yn afaelgar ac yn gweithio'n dda ar y piano. Unwaith eto, cân sydd yn llwyddo i ddweud stori. Er hynny, mae hi'n fwy o gân bop yn hytrach na math o gân werin acwstig y byddem yn ei chysylltu gyda Sbardun. Petai hon yn cael ei chyhoeddi fe fyddai'n gweithio'n dda fel cân bop ar y radio.

Ow, 'Ffrind am Oes': Cân arall sydd yn dweud stori ddifyr am dyfu, ond heb anghofio ffrindiau y dyddiau a fu yn y coleg; un ffrind a pherthynas arbennig, efallai. Unwaith eto, geiriau diddorol wedi eu plethu'n gelfydd. Mae ôl tipyn o gynhyrchu ar y gân hon sydd yn cynnwys gwaith gitâr acwstig da a thôn sydd yn gafael yn syth. Cân arall sydd wedi llwyddo i ymateb i ofynion y gystadleuaeth.

Dwbidwbidi, 'Storm Heno': Er nad ydym yn siŵr sut i ddisgrifio steil y gân hon, nid yw wedi ei hysgrifennu yn steil Sbardun. Nid oedd syniad na stori'r gân hon yn glir iawn. Ai cân am rywun sydd wedi pechu neu achosi niwed mawr yw hi, neu a oes yna gyd-destun crefyddol? Nid yw'r geiriau, felly, yn cyfleu'r stori, ac mae'r dôn yn undonog iawn. Nid oedd y gân hon yn mynd i unman o ran y geiriau na'r gerddoriaeth sydd yn ailadroddus.

Llain (*1*), 'Mor dawel yw yn Aber-fan': Cân sydd yn amlwg yn cofnodi'r drychineb erchyll yn Aber-fan. Geiriau da ond roedd y dôn a steil y gân yn ein hatgoffa ni o sioe gerdd. Dyma'r math o gân y byddai rhywun yn disgwyl ei chlywed hanner ffordd drwy sioe gerdd neu opera roc, yn hytrach nag mewn cystadleuaeth cân werin yn steil Sbardun. Er hynny, llais arbennig o dda sy'n gweithio'n dda gyda'r piano.

Llain (*2*), 'Llam yma'n Llamhidydd': Mae'n anodd meddwl sut y cyrhaeddodd y gân hon y gystadleuaeth. Nid bod unrhyw beth o'i le arni fel cân i barti o leisiau merched, neu barti cerdd dant efallai, ond nid oedd hi'n addas ar gyfer cystadleuaeth cân werin acwstig yn steil Sbardun. Ni allem feddwl am un o ganeuon Sbardun sydd wedi ei hysgrifennu yn y steil yma.

Llain (*3*), 'Golau Gwan': Dyma'r drydedd gân gan *Llain* yn y gystadleuaeth a hon yw'r unig un sydd yn ymdebygu o gwbl i steil caneuon Sbardun. Roedd hi'n anodd deall y geiriau ar brydiau ond roedd y dôn yn ddiddorol ac yn ddigon apelgar. Er hynny, unwaith eto mae hi'n nes o ran steil i sioe gerdd neu opera roc.

Rydym yn rhoi'r wobr i *Dr William Price*.

Adran
Dawns

Cyfansoddi dawns ffair i bedwar neu chwe chwpl ar yr alaw 'Ffair Fach', Rhiain Bebb, *Cofia Dy Werin* (Tant). Anfonir y ddawns fuddugol at Gymdeithas Genedlaethol Dawns Werin Cymru gyda'r bwriad o'i chyhoeddi

....

BEIRNIADAETH IAN ROBERTS

Daeth dwy ymgais i law yn y gystadleuaeth hon.

Elfed, 'Ffair y Bae – 2018': Dawns i 4 cwpl a gafwyd yma, dawns mewn tair rhan a byrdwn rhwng pob rhan ac ar y diwedd.

Rhan 1: Defnyddiwyd y gair 'gyferbyn' sawl gwaith. Tybed ai 'cymar' ddylai fod yma oherwydd roedd yn anodd, os nad yn amhosibl, i gyrraedd rhan 1.2 ffigur 2 os mai 'gyferbyn' – ac nid 'cymar' – oedd i fod, hynny yw B1 a M1 nid B1 a M2 efallai. Hefyd, yn rhan 1.4 mae'n rhaid i gyplau 2 a 3 droi unwaith a hanner neu hanner i gyrraedd y llefydd yn ffigur 4.

Rhan 2: Cafwyd problemau yma hefyd gyda'r term 'gyferbyn'. Mae'n anodd cyrraedd ffigur 9 o'r cylch sy'n gorffen y byrdwn. Dylid cael mwy o eglurhad ynghylch pwy sy'n troi gyda phwy – nid y 'person agosaf'. Patrymau ar ffurf croes yn dda ond nid oeddwn yn siŵr am y rhai i'r corneli.

Rhan 3: Patrymau celfydd yma ond eisiau mwy o esboniad yn rhan 3.17. Hefyd roedd M4 yn eisiau yn ffigur 19a. Efallai y byddai'n anodd cyrraedd 17a o'r byrdwn eto.

Ar y cyfan roedd yma ymgais dda i greu dawns newydd ond roedd eisiau mwy o gyfarwyddiadau pendant a hefyd llai o batrymau efallai. Mae'n werth i'r ymgeisydd edrych ar rai pethau eto ac wedyn fe fyddai gennym ddawns ffair ddiddorol.

Siwan, 'Nos Sadwrn yn Barry Island': Dawns i chwe chwpl a gafwyd yma, dawns mewn pum rhan. Yn syth sylweddolais nad oedd y cyfansoddwr wedi rhoi rhif penodedig i'r dawnswyr, er enghraifft M1, B1, M2. Fe fyddai gwneud hynny yn gymorth mawr i ddarllen y ddawns.

Cylch 1: Byddai'n llawer gwell dweud pa gyplau sy'n gwneud pa seren. Hefyd yn A2 mae'r ddwy saeth yn mynd gyda'r cloc. Yn B mae'r patrymau yn ddiddorol ond heb unrhyw syniad o bwy ydy pwy.

Cylch 2: 'Y Meri-go-Rownd Ceffylau'. Symudiadau diddorol ond efallai bod eisiau mwy na dau 1/4 cylch ar gyfer 12 o ddawnswyr.

Cylch 3: 'Y Cychod Siglo'. Unwaith eto, symudiad diddorol ond mae eisiau mwy o eglurhad sut mae pawb yn gorffen mewn dwy llinell syth ar ddiwedd y symudiad, hynny yw a ydynt yn wynebu ei gilydd ai peidio.

Cylch 4: 'Y Dodgems'. Symudiadau yn llifo o'r naill i'r llall tan B2 ble mae angen esboniad ynghylch pwy sy'n dawnsio gyda phwy.

Cylch 5: 'Y Waltsers'. Mae'r diagram yn dangos ble mae'r cylchoedd ond nid pwy sydd ynddynt. Patrymau dyfeisgar yma. Rwy'n hoff iawn o'r symud o un cylch i'r nesaf. Rwy'n credu bod eisiau mwy o fanylion ar ddiwedd y symudiadau, hynny yw hanner pleth a ffurfio cyplau.

Dyma ddawns newydd sydd â llawer o uchafbwyntiau ond mae yna sawl elfen yn eisiau, er enghraifft rhifo'r cyplau. Mae eisiau edrych eto ar y ddawns i'w gwneud yn fwy eglur ac ar ôl gwneud y newidiadau, fe fydd hon yn ddawns hwylus iawn.

Wedi pwyso a mesur y ddwy ddawns, yn anffodus teimlaf nad oes un ohonynt yn ddigon gorffenedig i haeddu ennill y wobr. Felly, mae'r wobr yn cael ei hatal – ond diolch yn fawr iawn i'r ddau am eu hymdrechion.

Adran Gwyddoniaeth a Thechnoleg

Erthygl Gymraeg yn ymwneud â phwnc gwyddonol ac yn addas i gynulleidfa eang, heb fod yn hwy na 1,000 o eiriau. Croesewir y defnydd o dablau, diagramau a lluniau amrywiol. Croesewir gwaith unigolyn neu waith grŵp o unrhyw oedran. Ystyrir cyhoeddi'r erthygl fuddugol mewn cydweithrediad â'r cyfnodolyn *Gwerddon*

....

EDRYCH YN ÔL ER MWYN EDRYCH YMLAEN: DARGANFOD LLUDW FOLCANIG YNG NGHYMRU

Mae'n siŵr bod llawer ohonoch yn cofio echdoriad a'r cwmwl lludw o losgfynydd Eyjafjallajökull yng Ngwlad yr Iâ ym mis Ebrill 2010. Efallai y bu newid yng nghynlluniau teithio rhai ohonoch yn sgil effaith yr echdoriad. Achoswyd aflonyddwch mawr yn niwydiant awyrennau Ewrop a chanslwyd dros 100,000 o deithiau a effeithiodd ar dros 10 miliwn o deithwyr a chostio tua $3.3 biliwn i'r diwydiant awyrennau (Mazzocchi et al., 2010). Dim ond echdoriad maint canolig oedd hwn, er mwyn cynnig blas i ni o'r math o boendod y mae llosgfynyddoedd yn gallu creu. Er bod lludw folcanig yn gallu peri nifer o anawsterau fel yn yr enghraifft uchod, i rai gwyddonwyr sy'n astudio'r lludw sy'n cael ei chwistrellu gan echdoriadau folcanig ffrwydrol, maent yn gallu bod yn ddefnyddiol dros ben. Sut felly?

Yn ystod echdoriad llosgfynydd, caiff lludw folcanig ei gludo yn bell drwy'r awyr gan y gwynt cyn disgyn i'r ddaear fwy neu lai ar unwaith. Gall pellter cludo lludw amrywio o filltir neu ddwy o'r llosgfynydd ei hun i hyd at filoedd o filltiroedd pan fydd y gwyntoedd yn gryf a'r lludw'n ysgafn. Wedi i'r lludw ddisgyn, mae'n bosib iddo ddisgyn ar lyn, cors mawn, llen iâ neu yn y cefnfor, a chydag amser mi fydd yr haenen o ludw yn cael ei chadw yn y recordiau gwaddodol hyn mewn modd tebyg i gau blodyn yng nghanol tudalennau llyfr trwm. Ein gwaith ni fel gwyddonwyr yw darganfod yr haenau o ludw folcanig yn y creiddiau o waddodion o'r llynnoedd, corsydd mawn neu len iâ er mwyn helpu datgelu cyfrinachau hinsoddol y gorffennol. Mewn creiddiau gwaddodol sy'n agos at losgfynydd, ceir haenau trwchus o ludw, ond y pellaf yr ewch o'r llosgfynydd y mwyaf tenau fydd yr haenau. Mewn rhai achosion mae modd darganfod haenau o ludw microsgopig sy'n anweledig i'r llygad noeth (Davies, 2002; Lowe, 2011). Sut felly y mae'r lludw folcanig hwn yn ein helpu i ddysgu mwy am newid hinsawdd yn y gorffennol?

Mae gan ludw o bob echdoriad folcanig gyfansoddiad cemegol unigryw, fel ôl bys, felly gellir adnabod pob haenen o ludw trwy ddadansoddi'r cyfansoddiad cemegol gan ddefnyddio peiriant Electron-Probe Micro Analysis. Oherwydd hyn, mae'n bosib defnyddio'r haenau o ludw fel marcwyr amser-cyfochrog i gysylltu recordiau gwaddodol, megis creiddiau o lynnoedd a chreiddiau iâ, ar draws ardal ddaearyddol eang fel Ewrop (Meara, 2012). Mae'r dechneg hon yn galluogi cywirdeb llawer manylach na'r dulliau dyddio traddodiadol fel radiocarbon. Mae nifer cynyddol o astudiaethau lled ddiweddar yn canolbwyntio ar ddarganfod haenau meicrosgopig o ludw sy'n anweledig i'r llygad noeth, ar gyfer ymledu'r dechneg dros ardal ehangach (e.e. Davies, 2015; Timms et al., 2016; Jones et al., 2017).

Tan yn ddiweddar, doedd dim tystiolaeth fod cymylau lludw'r gorffennol wedi ymestyn dros Gymru (Ffigwr 1). Ond o ganlyniad i astudiaethau diweddar, gan gynnwys Jones et al., (2017) a Watson et al., (2017), darganfuwyd haenau o ludw folcanig mewn gwaddodion o Gymru.

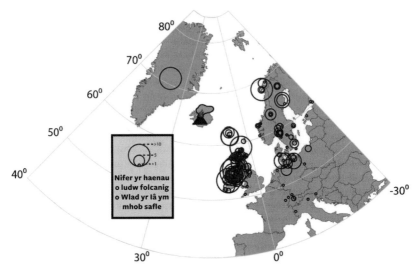

Ffigwr 1: Map o Ewrop sy'n dangos safleoedd a recordiau gwaddodol sy'n cynnwys haenau o ludw folcanig o Wlad yr Iâ (safleodd Gwlad yr Iâ heb eu cynnwys). Mae maint y cylchoedd glas yn dynodi nifer yr haenau a ddarganfuwyd ym mhob safle. Sylwch nad oes un safle yng Nghymru heblaw am yr astudiaethau diweddar gan Jones et al. (2017) a Watson et al. (2017). Casglwyd y data ar gyfer y ffigwr hwn drwy ddefnyddio bas data RESET (Bronk Ramsey et al., 2015) yn ogystal ag erthyglau eraill: Grönvold et al. (1995); Mortensen et al. (2005); Wulf et al. (2016); Timms et al. (2016); a Watson et al. (2016, 2017).

Astudiaeth Achos: Pant-y-Llyn, Sir Gaerfyrddin

Yn ddiweddar, astudiwyd record gwaddodol o Bant-y-Llyn yn Sir Gaerfyrddin. Mae Pant-y-Llyn yn enghraifft brin o lyn diflannol (*turlough*). Ceir nifer o lynnoedd diflannol yn Iwerddon ond Pant-y-Llyn yw'r unig enghraifft ym Mhrydain. Corff o ddŵr tymhorol sy'n gysylltiedig â daeareg calchfaen ydy llyn diflannol. Mae dŵr yn bresennol trwy'r hydref, y gaeaf a'r gwanwyn ond mae'r dŵr yn draenio yn yr haf (Ffigwr 2). Bwriad astudio'r record gwaddodol ym Mhant-y-Llyn oedd darparu mewnwelediad i ffurfiant a datblygiad y nodweddion prin hyn yn ogystal â dadansoddi'r record hinsoddol. Rhan bwysig o'r astudiaeth oedd darparu cronoleg a/neu ddarganfod pryd y ffurfiwyd y llyn diflannol.

Pant-y-Llyn yn wag (tynnwyd y llun ym mis Awst 2010)   *Pant-y-Llyn yn llawn (tynnwyd y llun ym mis Ebrill 2010)*

Ffigwr 2: Ffotograffau o Bant-y-Llyn yn dangos nodweddion llyn diflannol, lle mae dŵr yn bresennol trwy'r hydref, y gaeaf a'r gwanwyn ond yn draenio yn yr haf. Tynnwyd y ffotograffau gan Gareth Farr (Arolwg Daearegol Prydain) o'r un lleoliad mewn perthynas â'r llyn, yn edrych i lawr tuag at y de o ochr ogleddol y llyn.

Doedd dim haenau gweledol i'w gweld yn y craidd felly roedd rhaid bwrw ati i brosesu'r craidd i chwilio am haenau meicrosgopig. Mae'r gwaith hwn yn llafurus, fel chwilio am Wi-Fi ar faes yr Eisteddfod! Yn gyntaf rhaid samplu tua 2cm^3 bob 1cm ar hyd y craidd, llosgi'r samplau ar dymheredd o 550°C i waredu'r cyfansoddiad organig, yna dyddodi'r sampl mewn asid i waredu'r elfen *carbonate*. I ddilyn, dylid gwahanu'r lludw oddi wrth weddill y sampl drwy ridyllu (maint 25-80 meicron) a defnyddio hylif y gellir penodi'i ddwysedd yn fanwl (Turney, 1998). Yna caiff y sampl ei roi ar sleid a'i archwilio o dan y microsgop. Adnabyddir y lludw drwy edrych am ronynnau clir gydag arlliw o liw pinc gydag ochrau syth, miniog a chrwn (Ffigwr 3). Ceir gronynnau o ludw brown ar ffurf blociau a hefyd rhai sy'n cynnwys ceudodau a swigod sy'n gysylltiedig â llosgfynyddoedd penodol.

Pe bai sampl a oedd yn cynnwys nifer o ronynnau yn cael ei ddarganfod, mi fyddai'r sampl hwnnw'n cael ei ddynodi fel haenen. Dadansoddir cyfansoddiad cemegol y gronynnau o'r sampl er mwyn dynodi'r union echdoriad a achosodd yr haenen. A thrwy hynny, darperir dyddiad manwl a marciwr amser-cyfochrog ar gyfer y sampl hwnnw yn y record gwaddodol.

Yn record gwaddodol Pant-y-Llyn darganfuwyd un haenen o ludw yn sampl 499-500cm (50cm o waelod y record), gyda 80 gronyn o ludw. Ar ôl dadansoddi'r cyfansoddiad cemegol roedd modd cysylltu'r haenen gydag echdoriad o'r enw Askja-S.

Echdorodd yr Askja-S o losgfynydd Dyngjufjöll yng Ngwlad yr Iâ 10,830 ± 57 o flynyddoedd cyn heddiw (Bronk Ramsey et al., 2015). Mae'r darganfyddiad hwn wedi darparu dyddiad manwl ar gyfer 499-500cm yn y record gwaddodol ac oed ceidwadol posibl ar gyfer ffurfiant Pant-y-Llyn. Mae'r haenen Askja-S hefyd wedi'i darganfod mewn nifer o recordiau gwaddodol ar draws Ewrop sydd yn ein galluogi i gydgysylltu'r recordiau gwaddodol hyn gyda Phant-y-Llyn (Ffigwr 4). At hyn, mi fydd modd dadansoddi a chwestiynu cyflymder a graddau'r newidiadau amgylcheddol a hinsoddol ar draws y safleoedd hyn.

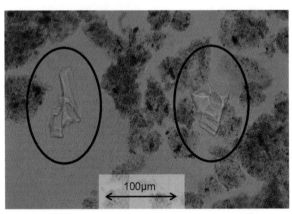

Ffigwr 3: Ffotograff o ddau ronyn o ludw folcanig. Sylwch ar y lliw clir gydag arlliw o binc gydag ochrau syth, miniog a chrwn.

Mae'r canfyddiad hwn o ludw folcanig a ddarganfuwyd mewn record gwaddodol yng Nghymru yn cynnig tystiolaeth gyffrous sy'n amlygu potensial defnyddio'r dull gyda rhagor o waddodion o safleoedd yng Nghymru. Yn y pen draw, gobeithir y bydd astudiaethau o'r math hyn yn

gallu helpu ein dealltwriaeth o fecanwaith y system hinsawdd er mwyn
darogan hinsawdd y dyfodol.

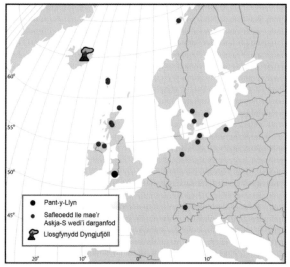

Ffigwr 4: Map o Ewrop yn dangos y safleoedd lle mae'r lludw Askja-S wedi'i
ddarganfod. Rhestr o'r safleoedd i'w gweld yn Jones et al. (2017).

Llyfryddiaeth:

Bronk Ramsey, B., Albert, P. G., Blockley, S. P. E., Hardiman, M., Housley,
R. A., Lane, C. S., Lee, S., Matthews, I. P., Smith, V. C. & Lowe, J. J. (2015).
Improved age estimates for key Late Quaternary European tephra horizons
in the RESET lattice. *Quaternary Science Reviews,* 118, 18-32.

Bronk Ramsey, B., Housley, R. A., Lane, C. S., Smith, V. C. & Pollard, A.
M. (2015b). The RESET tephra database and associated analytical tools.
Quaternary Science Reviews, 118, 33-47.

Davies, S. M. (2002). Llwch yn Rhagweld Hinsawdd y Dyfodol? *Y
Naturiaethwr,* 2, 10, 5-7.

Davies, S. M. (2015). Cryptotephras: the revolution in correlation and
precision dating. *Journal of Quaternary Science,* 30, 114-130.

Grönvold, K., Óskarsson, N., Johnsen, S. J., Clausen, H. B., Hammer, C. U.,
Bond, G. & Bard, E. (1995). Ash Layers from Iceland in the Greenland GRIP
ice core correlated with oceanic and land sediments. *Earth and Planetary
Science Letters,* 135, 149-155.

Jones, G., Davies, S. M. Farr, G. J. & Bevan, J. (2017a). Identification of the Askja-S Tephra in a rare turlough record from Pant-y-Llyn, south Wales. *Proceedings of the Geologists' Association*, 128, 523-530.

Jones, G., Lane, C. S., Brauer, A., Davies, S. M., Bruijn, R., Engels, S., Haliuc, A., Hoek, W. Z., Merkt, J. & Sachse, D. (2017b). The Lateglacial to early Holocene tephrochronological record from Lake Hämelsee, Germany: a key site within the European tephra framework. *Boreas*, 47, 1, 28-40.

Lowe, D. J. (2011). Tephrochronology and its application: A review. *Quaternary Geochronology*, 6, 107-153.

Mazzocchi, M., Hansstein, F. & Ragona, M. (2010). The 2010 volcanic ash cloud and its financial impact on the European airline industry. *CESifo Forum*, 11, 92-100.

Meara, R. (2013). Pwysigrwydd llofnod cemegol lludw folcanig o Wlad yr Iâ: Teffra 'Grákolla' o losgfynydd Torfajökull. *Gwerddon*, 13, 66-77.

Mortensen, A. K., Bigler, M., Grönvold, K., Steffensen, J. P. & Johnsen, S. J. (2005). Volcanic ash layers from the Last Glacial Termination in the NGRIP ice core. *Journal of Quaternary Science*, 20, 209-219.

Timms, R. G. O., Matthews, I. P., Palmer, A. P., Candy, I. & Abel, L. (2016). A high-resolution tephrostratigraphy from Quoyloo Meadow, Orkney, Scotland: Implications for the tephrostratigraphy of NW Europe during the Last Glacial-Interglacial Transition. *Quaternary Geochronology*, 40, 67-81.

Turney, C. S. M. (1998). Extraction of rhyolitic component of Vedde microtephra from minerogenic lake sediments. *Journal of Paleolimnology*, 19, 199-206.

Watson, E. J., Swindles, G. T., Lawson, I. T. & Savov, I. P. (2016). Do peatlands or lakes provide the most comprehensive distal tephra records? *Quaternary Science Reviews*, 139, 110-128.

Watson, E. J., Swindles, G. T., Lawson, I. T, Savov, I. P. & Wastegård, S. (2017b). The presence of Holocene cryptotephra in Wales and southern England. *Journal of Quaternary Science*, 32, 493-500.

Wulf, S., Dräger, N., Ott, F., Serb, J., Appelt, O., Guðmundsdóttir, E., van den Bogaard, C., Słowiński, M., Błaszkiewicz, M. & Brauer, A. (2016). Holocene tephrostratigraphy of varved sediment records from Lakes Tiefer See (NE Germany) and Czechowskie (N Poland). *Quaternary Science Reviews*, 132, 1-14.

Teffratastig

BEIRNIADAETH DERI TOMOS

Daeth deg ymgais i law, pob un yn ddiddorol ac yn bleser i'w darllen. Oherwydd geiriad eang canllawiau'r gystadleuaeth, bu'n rhaid i'r beirniad geisio ystyried oedran a phrofiad yr awduron wrth eu gosod mewn trefn. Roedd gan bob ymgeisydd gryfderau yn y cyd-destun hwn.

Roedd erthyglau *Lili-Jên* (manylion am y blaned Mawrth), *Mr Pugh* (Pa organ o'r corff yw'r pwysicaf?) ac *Aderyn Glo* (robotiaid) wedi'u hanelu at gynulleidfa cylchgronau pobl ifanc megis *Aquila* neu *Focus*. Tueddent i fod braidd yn 'anecdotaidd' ddramatig, gydag ychydig iawn o drafod a thafoli. Mae angen ychydig mwy o sylw i'r Gymraeg hefyd gan un neu ddau ohonynt. Ond roedd diddordeb y tri yn eu pynciau'n amlwg. Gobeithio y cawn weld mwy o'u gwaith yn y dyfodol.

Roedd erthygl *99* yn wahanol iawn. Mae'n ymdrin â Gematria, sef yr hen arfer o ddarllen ystyron cudd mewn geiriau yn ôl rheolau arithmetic; enghraifft gyfarwydd (i'r beirniad) fyddai'r Kabbalah. Yn anffodus, collwyd cyfle i baratoi erthygl wych. Nid oedd esboniad o seiliau'r 'codau' a rhaid oedd derbyn gair yr awdur am sut y cyrhaeddwyd at y rhifau cyfriniol. Cynhwyswyd llu o enghreifftiau megis 666, rhif y diafol, ar gyfer yr Ymerawdwr Nero. Er hyn, nid oedd unrhyw drefn iddynt – dim ond sylwadau awgrymog blith draphlith drwy'r erthygl. Pe byddai *99* heb restru cymaint o enghreifftiau ac ailadrodd gryn dipyn, byddai wedi bod modd trafod defnydd a dylanwad Gematria dros y *milenia*. Yn sicr, ni wireddwyd addewid y teitl, a oedd yn ymwneud â bodolaeth Duw.

Mae'n debyg mai prosiect modiwl prifysgol yw sail erthygl *Bitw*, a da yw gweld hynny: sut mae denu mwy o ddarpar ddoctoriaid Cymraeg i'r Ysgolion Meddygol? Y mae ar ffurf papur ymchwil academaidd (gan gynnwys y dull a'r canlyniadau ar ffurf tablau a graffiau) ac yn disgrifio ymweliadau â rhai o ysgolion dalgylch Eisteddfod yr Urdd 2017. Disgrifiwyd ymateb myfyrwyr blynyddoedd 8 i 12 i nifer o gwestiynau ac i sesiwn profiad ymarferol uchelgeisiol. Barn y beirniad oedd bod *Bitw* yn ceisio atebion syml mewn cyd-destun cymhleth iawn ac yn fuan roedd ganddo fwy o gwestiynau nag o atebion. Pob llwyddiant i *Bitw* a'i chyd-fyfyrwyr wrth geisio cynyddu nifer doctoriaid Cymraeg ein gwlad.

Anodd oedd deall union fwriad *Esyllwg* wrth drafod y niwrolegydd Ernest Jones, cyfieithydd Sigmund Freud a gŵr Morfydd Llwyn Owen. Swmp yr erthygl oedd cymharu ei waith arloesol o adolygu systematig basau data'r bedwaredd ganrif ar bymtheg â gwaith diweddar tebyg. Bwriad ardderchog, ond er y manylion diddorol, nid oedd yr ymdriniaeth ystadegol yn eglur ac ni wnaed unrhyw ymgais i dafoli'r gymhariaeth. Ymhlyg yn hyn yr oedd ambell sylw awgrymog am fywyd Ernest Jones, ac yn sicr dyna oedd awgrym y teitl.

Byd ystadegau a hel gwybodaeth feddygol oedd testun *Y Wiwer Goch* hefyd. Olrhain y twf rhyfeddol ymddangosiadol yn niferoedd dioddefwyr awtistiaeth dros y degawdau diwethaf sydd yma. Dechreua'r naratif yn dda trwy esbonio hanes diagnosis y cyflwr gan arwain at y cwestiwn 'ai cynnydd yn y niferoedd neu ai diagnosis gwell sy'n gyfrifol am y syniad o "epidemig"?' Yn anffodus i'r darllenydd, y mae ail hanner yr erthygl, er mor ddiddorol, yn mynd ar grwydr ac nid oes ymgais i ateb y cwestiwn, neu i egluro os nad oes modd ei ateb.

Mae lluniau *Terra Nova* o lygredd plastig yn nŵr Bae Caerdydd yn gyflwyniad amserol a pherthnasol (o ystyried lleoliad yr Ŵyl eleni) i'w erthygl ar 'Y Pla Plastig'. Ceir yma ymdriniaeth wyddonol hawdd ei darllen ac, yn arbennig, yr ymateb gwleidyddol a chymdeithasol i un o broblemau ein hoes. Mae erthygl *Terra Nova* yn dangos ôl profiad trin materion tebyg yn y Gymraeg. Gobeithio y bydd modd gweld yr erthygl hon yn un o gylchgronau poblogaidd ein gwlad.

Tybiaf fod y ddau awdur olaf, *Yr Alltud Wyddonol* a *Teffratastig*, yn perthyn i'r to ifanc o wyddonwyr proffesiynol sydd wedi blodeuo yn sgil y Coleg Cymraeg Cenedlaethol. Ceir yma ddisgrifiadau Cymraeg naturiol o ymchwil y foment. Maent yn esiamplau sy'n profi'n ddigamsyniol nad oes rhaid i'r Gymraeg gymryd ail le i unrhyw iaith arall wrth drafod Gwyddoniaeth a Thechnoleg. Trafodir dau bwnc pur wahanol.

I'r gofod yr awn gyda'r *Alltud Wyddonol* – ond drwy ystyried y tyrfedd mewn cwpaned o de yn gyntaf. Camp yr awdur yw llwyddo i esbonio'n eglur (efallai ar ôl yr ail ddarlleniad) fanylion sut mae canfod a mesur gwahanol fathau o dyrfedd yng ngwynt yr haul ac yna ein cyflwyno i'r data a ddaw o loerennau *Cluster* yr Undeb Ewropeaidd.

Lludw folcanig yw pwnc *Teffratastig.* Mae disgrifiad syml ond trylwyr o'r cefndir, y cwestiwn a'r dull o'i ateb. Mae'r naratif ymchwil yn cydio hyd y diwedd. A oes tystiolaeth o echdoriad Askja-S, 10,830 o flynyddoedd yn ôl, yng Nghymru? Mae'r lluniau a'r mapiau yn datgelu'r canlyniad yn glir. Yn ddiymdrech, er gwaethaf y cyfyngu ar nifer y geiriau, mae'r awdur hefyd yn ein dysgu am fath arbennig o lyn – y llyn diflannol. (Dim ond un sydd gennym yng Nghymru.) Braf, hefyd, yw gweld cyfeiriadau at bapurau safonol yn y Gymraeg yn y rhestr cyfeiriadau trylwyr.

Anodd iawn oedd penderfynu rhwng *Teffratastig* a'r *Alltud Wyddonol* yn y gystadleuaeth hon. Yn sicr, gobeithio y bydd modd gweld gwaith y ddau ar dudalennau *Gwerddon.* Bu'n rhaid dewis, a gwnaed hynny ar y dybiaeth y byddai yr erthygl ar ludw ychydig yn haws i'r darllenydd cyffredin ei ddarllen ac y byddai iddi gynulleidfa ychydig yn ehangach, felly, na'r erthygl ar dyrfedd.

Teffratastig sy'n mynd â'r wobr y tro hwn.

Gwobr Dyfeisio/Arloesedd

Cystadleuaeth i wobrwyo syniad arloesol a chreadigol sydd er budd i'r gymdeithas. Gall fod yn syniad neu ddyfais hollol newydd neu yn ateb i broblem bresennol mewn unrhyw faes (e.e. amgylchedd, amaethyddiaeth, meddygaeth, technoleg, peirianneg). Gofynnir am geisiadau heb fod yn hwy na 1,000 o eiriau sy'n amlinellu'r syniad. Gall fod yn waith sydd wedi ei gyflawni yn barod neu yn gysyniad newydd

------

Cyflwyniad

Sail y prosiect hwn oedd i ddatblygu adnodd i ysbarduno disgyblion ysgolion uwchradd Cymraeg i ystyried Meddygaeth fel gyrfa i'r dyfodol, a'u cefnogi i fynd ati i ymgeisio. Mae ein hysfa i ysbrydoli disgyblion a chynyddu niferoedd ymgeiswyr Cymraeg i Ysgol Meddygaeth Caerdydd yn tarddu o ganfyddiadau prosiect tebyg gan dîm o fyfyrwyr y flwyddyn flaenorol.

Yn eu gwaith, tynnwyd sylw at y prinder o geisiadau ymysg Cymry i'r Ysgol Feddygol yng Nghaerdydd, a'i effaith anochel ar y Gwasanaeth Iechyd Cenedlaethol[1]. Profwyd y lleiafswm o geisiadau gan ddisgyblion Cymraeg i Ysgol Meddygaeth Caerdydd ac i weddill ysgolion meddygaeth Prydain yn 2016, a cheir ffigyrau tebyg yn 2017[2]. Gydag ond 30% o fyfyrwyr meddygol presennol Caerdydd yn dod o Gymru[3], mae'r cyn lleied o feddygon a fydd yn aros i wasanaethu'r wlad ar ôl eu hastudiaethau yn destun pryder.

Pwynt pwysig a ddaeth yn amlwg ar derfyn gwaith ymchwil myfyrwyr y blynyddoedd blaenorol oedd yr angen i adnabod beth yn union fuasai'n cael y dylanwad mwyaf positif ar ddisgyblion Cymreig i ystyried Meddygaeth. Dyma fan cychwyn naturiol i'n prosiect ni, felly.

Dull

Y Dull Dethol

Y cam cyntaf oedd i ddewis pa ysgolion a pha ddisgyblion i'w defnyddio fel ein grŵp sampl ar gyfer y grŵp ffocws cychwynnol a'r gweithgareddau dilynol.

Dewis yr ysgolion

Yn ôl mudiad 'Mwy na Geiriau' ac adroddiadau ymchwil tebyg[8,9], gwerthfawroga cleifion y cyfle i gyfathrebu gydag aelodau o staff gofal iechyd yn eu mamiaith, ac felly dyma sail ein penderfyniad i dargedu ysgolion cyfrwng Cymraeg. Dewisom bedair ysgol yn ardal Pen-y-bont ar Ogwr yn seiliedig ar leoliad Eisteddfod yr Urdd yn 2017, a'r posibilrwydd o hysbysebu'r adnodd a dreialir yn lleol i'r gymuned Gymraeg genedlaethol.

Dewis y disgyblion
Er tegwch, roeddwn yn ofalus i beidio â chyflwyno meini prawf a oedd yn eithrio disgyblion yn ôl gallu, rhyw, neu unrhyw ffactor arall. Gofynnwyd i'r athrawon ddewis disgyblion ar hap o'r blynyddoedd priodol er mwyn osgoi rhagfarn.

Dull Gweithredu'r Grŵp Ffocws
Mewn sesiwn anffurfiol awr o hyd, gofynnwyd cwestiynau ar lafar i grŵp o ddeg disgybl; rhyw ddau o bob blwyddyn, o flynyddoedd 8 i 12. Derbyniwyd ffurflenni caniatâd oddi wrth eu gwarchodwyr cyn y sesiwn, a phwysleisiwyd hawliau'r disgyblion i wrthod eu cyfranogiad ar unrhyw adeg. Ar ddiwedd y sesiwn, cwblhawyd holiadur deg cwestiwn o hyd yn gwbl ddienw er mwyn cadw cyfrinachedd. Ailadroddwyd y broses yn y pedair ysgol. Casglwyd yr adborth a'i fewnbynnu i ddogfennau Excel er mwyn cyfrifo'r canrannau, cymedrau a moddau.

Canlyniadau
Canlyniadau'r Grŵp Ffocws

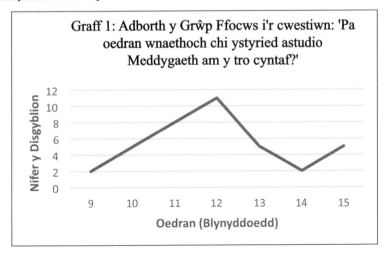

Graff 1: Adborth y Grŵp Ffocws i'r cwestiwn: 'Pa oedran wnaethoch chi ystyried astudio Meddygaeth am y tro cyntaf?'

Wrth ddadansoddi'r adborth, daeth i'r amlwg bod yna wahaniaeth sylweddol rhwng gofynion disgyblion blynyddoedd 7-9 o'u cymharu â disgyblion blynyddoedd 10-13. Roedd y disgyblion iau yn ysu am y cyfle i gael blas ymarferol ar waith meddyg, a'r hŷn yn awyddus i ddysgu am y broses ymgeisio (graff 2). Canolbwyntiais ar ddarparu ar gyfer y disgyblion iau gan fod bron i 70% o ddisgyblion yn datgan bod eu diddordeb mewn Meddygaeth wedi cychwyn yn 12 mlwydd oed neu'n iau (gweler graff 1). Mae'n synhwyrol, felly, i ni dargedu'r oedran hwn, sef disgyblion ym mlynyddoedd 8 a 9, i gynnal eu diddordeb mewn Meddygaeth ac i annog eu chwilfrydedd. Noder: fe ddatblygwyd adnodd arall ar gyfer disgyblion blynyddoedd 11 a 12, a sonnir am hwnnw gan fy nghyd-fyfyriwr, Lowri Roberts[10].

Dewis yr adnodd
Roedd y broses o ddewis pa adnodd i'w ddatblygu ar gyfer blynyddoedd 8 a 9 yn gymharol syml. Ni ellir dadlau yn erbyn y galw am weithdy clinigol ymarferol, gyda 94% a ddisgyblion blwyddyn 8 a 64% o ddisgyblion blwyddyn 9 yn enwi sesiwn blasu fel adnodd buddiol iddynt hwy (gweler graff 2).

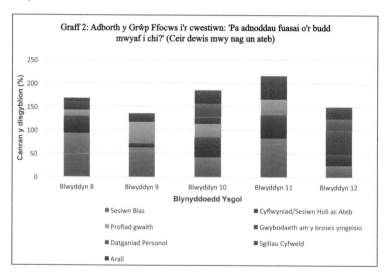

Graff 2: Adborth y Grŵp Ffocws i'r cwestiwn: 'Pa adnoddau fuasai o'r budd mwyaf i chi?' (Ceir dewis mwy nag un ateb)

Adborth ar lafar gan y disgyblion oedd sail cynnwys y sesiwn blasu. Roedd y mwyafrif yn gytûn eu bod wedi diflasu efo sesiynau hyfforddi Cymorth Cyntaf oddi mewn i'r ysgol, ond cawsom sawl awgrym yn eu lle, gan gynnwys defnyddio offer llawfeddygol ac ymarfer gwneud dyraniadau.

Datblygu'r sesiynau blasu

Yn sgil yr adborth hwn, crëwyd sesiwn blasu awr a hanner o hyd i 15 disgybl ym mhob ysgol, gyda chyfanswm o 60 disgybl yn ein bas data terfynol. Ym mhob sesiwn, bu tri grŵp o bum disgybl o flynyddoedd 8 a 9 yn cylchdroi o gwmpas tair tasg. Gan fod y thema lawfeddygol yn un gyson ymysg y pedwar grŵp ffocws, tybiwyd ei bod hi'n addas seilio dwy dasg ar lawfeddygaeth; un yn cynnwys offer laparosgopig, a'r ail yn cynnwys offer clymu llawfeddygol. Er mwyn rhoi blas ar fwy nag un agwedd o Feddygaeth, roedd y dasg olaf yn ymwneud ag anatomi a sgiliau cyfathrebu, gan roi cyfle i'r disgyblion lynu lluniau o organau'r corff ar eu partneriaid, a thrafod sut i ymdrin â sefyllfaoedd clinigol. I gloi, darparwyd prosbectysau Ysgol Meddygaeth Caerdydd, a dosbarthwyd holiadur saith cwestiwn o hyd i ddadansoddi gwerth y sesiwn blasu.

Canlyniadau y sesiwn blasu

Roedd yr adborth yn galonogol iawn gydag 85% o'r disgyblion yn datgan eu bod wedi cael eu '[h]ysbrydoli i ystyried Meddygaeth fel gyrfa', a 100% o'r disgyblion yn datgan diddordeb mewn sesiwn debyg eto. Ar ddiwedd y sesiwn, dywedodd 80% o ddisgyblion eu bod nhw yn debygol neu'n debygol iawn o ddewis astudio Meddygaeth yn y brifysgol, o gymharu â 35% ar gychwyn y sesiwn (gweler graff 3).

O ran cynnwys, y dasg offer laparosgopig oedd y ffefryn ymysg 80% o'r disgyblion am ei bod yn 'heriol', yn 'hwyl' ac yn 'realistig' (gweler graff 4).

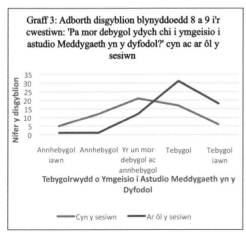

Graff 3: Adborth disgyblion blynyddoedd 8 a 9 i'r cwestiwn: 'Pa mor debygol ydych chi i ymgeisio i astudio Meddygaeth yn y dyfodol?' cyn ac ar ôl y sesiwn

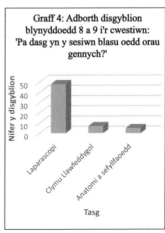

Graff 4: Adborth disgyblion blynyddoedd 8 a 9 i'r cwestiwn: 'Pa dasg yn y sesiwn blasu oedd orau gennych?'

Casgliad

O ran grŵp sampl profwyd bod modd ysbrydoli y mwyafrif llethol (85%) o ddisgyblion Cymraeg ym mlynyddoedd 8 a 9 i ystyried Meddygaeth, trwy gyflwyno sesiwn blasu yn eu hysgolion. Gan feddwl am gynaladwyedd y prosiect, bydd angen ymchwilio i gostau llogi neu brynu'r cyfarpar llawfeddygol, a bydd angen recriwtio sawl myfyriwr rhugl yn y Gymraeg i'n helpu gyda'r llwyth gwaith bob blwyddyn. Gwnaethom lansio'r sesiwn blasu ar lwyfan Cymraeg cenedlaethol yn Tafwyl ac yn Eisteddfod yr Urdd yr 2017. Yn sgil yr ymatebion positif, hoffem barhau i ddarparu ar gyfer y ddwy ŵyl yn flynyddol.

Cyfeiriadaeth

[1] Berry, E. Sut y gall Prifysgol Caerdydd arbed y nifer dirywiedig o fyfyrwyr o Gymru sy'n derbyn lle i astudio Meddygaeth? (Prosiect SSC) Caerdydd: Prifysgol Caerdydd, 2016.

[2] Kitchen, D. *Applicant Domicile Analysis: C4ME Data Unit*. Caerdydd: Prifysgol Caerdydd, 2016.

[3] Coleg Brenhinol y Meddygon (Cymru). *Meddygon ar y Rheng Flaen. Y Gweithlu Meddygol yng Nghymru yn 2016*.Caerdydd: RCP, 2016 [Agorwyd Ebrill 4ydd 2017]. Ar lein: https:llwww.rcplondon.ac.uklfilel5959/download?token=8KuPfPgJ

[4] Brooks, R. G., Walsh, M., Mardon, R. E., Lewis, M., Clawson, A. The Roles of Nature and Nurture in the Recruitment and Retention of Primary Care Physicians in Rural Areas: A Review of the Literature. *Academic Medicine*. 2002; 77(8): 790-798.

[5] Coleg Brenhinol y Meddygon. *Underdoctored. Underfunded. Overstretched. The NHS in 2016*. Llundain: RCP; 2016 [Agorwyd Ebrill 4ydd 2017]. Ar lein: https:llwww. rcplondon.ac. u klfile/4567/download?token=tNXd3flD

[6] Data Deoniaeth Cymru. *Recruiting and Retaining Medical Talent in Wales – Summary of Current Evidence*. 2013.

[7] Rhys, G. Meddygon Yfory: Recriwtio, Dewis a Derbyn Myfyrwyr Meddygol o Gymru i Brifysgol Caerdydd [Prosiect SSC]. Caerdydd: Prifysgol Caerdydd, 2016.

8 Llywodraeth Cymru. Mwy na Geiriau; Fframwaith Strategol ar gyfer Gwasanaethau Cymraeg mewn Iechyd, Gwasanaethau Cymdeithasol a Gofal Cymdeithasol. Caerdydd: Uned Polisi Iaith Gymraeg, 2012 [Agorwyd Ebrill 4ydd 2017]. Ar lein: http:llwww. wal e s. nh s . u kls ites3ld ocu m ents14151W E B %20-%2016184_N a r rative_w_W EB. pdf

9 Carrasquillo, O., Orav, E. J., Brennan, T. A., and Burstin, H. R. Impact of language barriers on patient satisfaction in an emergency department. *J Gen Intern Med*. 1999, 14(2): 82-87.

10 Roberts, L. L. A Oes Modd Datblygu Adnodd i Annog Disgyblion Ysgolion Uwchradd Cymraeg i Ystyried Gyrfa mewn Meddygaeth? Gwaith Ymchwil ar Adnodd Blynyddoedd 11 a 12 [Prosiect SSC]. Caerdydd: Prifysgol Caerdydd, 2017.

Cydnabyddiaeth
Miss Awen Iorwerth am ei harweiniad trwy gydol y prosiect.

Sara Whittam, Rheolwr Datblygu y Gymraeg, am ei pharodrwydd i rannu cysylltiadau a data yn ystod y prosiect.

Dr Neil Warren a'i dîm yn WIMAT (Welsh Institute of Minimal Access Therapy) am fenthyca'r cyfarpar ar gyfer y sesiynau blasu.

Mr David Kitchen am ddarparu ystadegau a data am Ysgol Meddygaeth Caerdydd.

Myfyrwyr grŵp SSC y flwyddyn flaenorol: Elen Berry, Luned Nicholas, Gwenllian Rhys, Mared Roberts, Tomos Parry-Williams am rannu eu gwaith ymchwil.

Jess McVeigh, myfyriwr meddygol yn y drydedd flwyddyn, am helpu gyda'r cwis anatomi yn ystod y sesiynau blasu.

John O'Rouke, myfyriwr meddygol blwyddyn 4 sydd wrthi nawr yn astudio gradd mewn Addysg Meddygol, am ei gyngor ar ôl iddo gynnal sesiynau tebyg i flynyddoedd cyfan.

Ysgolion Llangynwyd, Gartholwg, y Cymer a Llanhari am eu cydweithrediad a'u croeso cynnes.

Bitw

Bitw oedd yr unig ymgeisydd yn y gystadleuaeth, sy'n syndod o ystyried bod y wobr yn un hael. Ymchwil sydd yma i fodd effeithiol o danio dychymyg disgyblion ysgol er mwyn iddynt ystyried gyrfa yn y byd meddygol, a thrwy hynny gynyddu nifer y myfyrwyr meddygol yng Nghymru, er lles ein cymdeithas. Defnyddiwyd sesiynau anffurfiol i drafod diddordeb grwpiau o ddisgyblion rhwng 9 a 15 oed mewn meddygaeth a'u cael i lenwi holiadur i gasglu data priodol. O ddadansoddi'r atebion, sefydlwyd mai creu sesiynau blasu ar gyfer plant hyd at 12 oed, a darparu adnodd ymarferol ynglŷn ag ymgeisio ar gyfer disgyblion hŷn, fyddai'r camau mwyaf buddiol.

Canolbwyntiodd *Bitw* ar y cyntaf o'r rhain gan ddatblygu cylch blasu o dri gweithgaredd yn seiliedig ar laparosgopi, clymu llawfeddygol, a lleoliad yr organau gwahanol yn y corff. Bu cyfanswm o 60 disgybl yn treialu'r cylch blasu ac o ddadansoddi eu hadborth daeth yn amlwg bod cynnydd sylweddol yn eu diddordeb yn y maes a'u bod wedi gwir fwynhau eu profiad gyda'r offer laparosgopi! Mae *Bitw* yn terfynu gyda chasgliadau priodol ac ystyriaeth o'r adnoddau y bydd eu hangen i fanteisio ar ei syniad.

Mae'r adroddiad yn ddiddorol ac yn hawdd ei ddarllen. Defnyddiwyd taenlen i drafod y data, i gasglu'r ystadegau ac i ddarparu graffiau priodol sy'n fodd o fywiogi'r cyflwyniad. Mae deg ffynhonnell yn y gyfeiriadaeth er mai dim ond at bedwar ohonynt y cyfeirir sylw – mae'n siŵr mai gwasgfa'r 1000 o eiriau yw'r rheswm, ac o bosibl byddai torri a gludo graff gan greu'r teitl yn y ddogfen yn fwy twt a chynnil. Ond manion yw'r rhain ac mae'r gwaith yn llawn haeddu'r wobr a chymeradwyaeth y beirniad.